KB211219

베드로전서
- 유다서

ESV 성경 해설 주석

편집자 주

• 성경의 문단과 절 구분은 ESV 성경의 구분을 기준하였습니다.
• 본문의 성경은 《성경전서 개역개정판》과 ESV 역을 주로 사용하였습니다.

ESV *Expository Commentary*: *1Peter-Jude*

베드로전서
- 유다서

ESV 성경 해설 주석

샘 스톰즈 • 메튜 S. 하몬 • 레이 반 네스티 지음
이언 두기드·제이 스클라·제임스 해밀턴 편집
김명희 옮김

국제제자훈련원

성경은 하나님의 생명의 맥박이다. 성경은 사망에서 생명으로 옮겨 주는 생명의 책
이다. 성경은 하나님의 창조와 구원 디자인에 따라 삶을 풍요롭게 하는 생활의 책이
다. 성경을 바로 이해하고 적용해서 그대로 살면 우선 내가 살고 또 남을 살릴 수 있
다. '하나님의 생기'가 약동하는 성경을 바로 강해하면 성령을 통한 생명과 생활의
변화가 분출된다. 이번에 〈ESV 성경 해설 주석〉 시리즈가 나왔다. 미국 필라델피아
웨스트민스터신학교의 이언 두기드 교수와 남침례교신학교의 제임스 해밀턴 교수
와 커버넌트신학교의 제이 스클라 교수 등이 편집했다. 학문이 뛰어나고 경험이 많
은 신세대 목회자/신학자들이 대거 주석 집필에 동참했다. 일단 개혁주의 성경신학
교수들이 편집한 주석으로 신학적으로 건전하다. 〈ESV 성경 해설 주석〉은 또한 목
회와 신앙생활 전반에 소중한 자료다. 성경 내용을 총체적으로 이해하고 적용한 주
석으로 읽고 사용하기가 쉽게 되어 있다. 성경 각 권의 개요와 주제와 저자와 집필
연대, 문학 형태, 성경 전체와의 관계, 해석적 도전 등을 서론으로 정리한 후 구절마
다 충실하게 주석해 두었다. 정금보다 더 값지고 꿀보다 더 달고 태양보다 더 밝은
성경 말씀을 개혁주의 성경 해석의 원리에 따라 탁월하게 해석하고 적용한 〈ESV 성
경 해설 주석〉이 지구촌 각 교회 지도자들과 성도들에게 널리 읽혀서 생명과 생활
의 변화를 통해 하나님의 영광이 극대화되기 바란다.

권성수 | 대구 동신교회 담임목사

〈ESV 성경 해설 주석〉은 미국의 건전한 개혁주의 전통에 서 있는 젊고 탁월한 학자들을 중심으로 집필된 해설 주석이다. 이 책은 매우 읽기 쉬운 주석임에도 세세한 부분까지 놓치지 않고 해설을 집필해 놓았다. 성경 전체를 아우르는 신학적 큰 그림을 견지하면서도 난제는 간결하고 핵심을 찌르듯 해설하고 있다. 목회자들이나 성경을 연구하는 이들은 이 주석을 통해 성경 기자의 의도를 쉽게 파악하여 설교와 삶의 적용에 적절하게 활용할 수 있을 것이다.

김성수 | 고려신학대학원 구약학 교수

ESV 성경은 복음주의 학자들이 원문에 충실하게 현대 언어로 번역한다는 원칙으로 2001년에 출간된 성경이다. ESV 번역을 기초로 한 이 해설 주석은 성경 본문의 역사적 의미를 밝힘으로써 독자로 하여금 하나님의 영감된 메시지를 발견하도록 도울 목적으로 기획되었다. 각 저자는 본문에 대한 학문적 논의에 근거하여 일반 독자가 이해하고 적용할 수 있도록 충실하게 안내하고 있다. 또한 성경 각 권에 대한 서론은 저자와 본문을 이해하는 데 큰 도움을 준다. 이 주석은 말씀을 사모하는 모든 사람들, 특별히 말씀을 선포하고 가르치는 책임을 맡은 이들에게 신뢰할 만하고 사용하기에 유익한 안내서다.

김영봉 | 와싱톤사귐의교회 담임목사

〈ESV 성경 해설 주석〉은 성경 해석의 정확성, 명료성, 간결성, 통합성을 두루 갖춘 '건실한 주석'이다. 단단한 문법적 분석의 토대 위에 문학적 테크닉을 따라 복음 스토리의 흐름을 잘 따라가며, 구약 본문과의 연관성 속에서 견고한 성경신학적 함의를 제시한다. 성경을 이해하는 데 관심 있는 일반 독자들은 이 책을 통해 최신 해석들을 접할 수 있으며, 설교자들은 영적 묵상과 현대적 적용에 통찰을 얻을 수 있을 것이다.

김정우 | 총신대학교 명예교수, 한국신학정보연구원 원장

〈ESV 성경 해설 주석〉은 단락 개요, 주석 그리고 응답의 구조로 전개되기 때문에 독자는 성경의 말씀들을 독자 자신의 영적 형편에 적합하게 적용할 수 있다. 특히 절 단위의 분절적인 주석이 아니라 각 단락을 하나의 이야기로 묶어 해석하기 때문에 본서는 성경이라는 전체 숲을 파악하는 데 더없이 유익하다. 목회자, 성경 교사, 그리고 성경 애호적인 평신도들에게 추천할 만하다.

김회권 | 숭실대학교 기독교학과 구약신학 교수

성경 주석의 가장 중요한 사명은 하나님의 말씀을 바르게 해석하고 오늘날 청중에게 유익하게 적용할 수 있도록 안내하는 일이다. 〈ESV 성경 해설 주석〉은 목회자와 성도 모두에게 성경에 새겨진 하나님의 마음을 읽게 함으로 진리의 샘물을 마시게 할 뿐 아니라 하나님을 더욱 사랑하는 마음을 불러일으킨다. 성경과 함께 〈ESV 성경 해설 주석〉을 곁에 두라. 목회자는 강단에 생명력 있는 설교에 도움을 얻을 것이고 일반 독자는 말씀을 더 깊이 깨닫는 기쁨을 누릴 것이다.

류응렬 | 와싱톤중앙장로교회 담임목사, 고든콘웰신학교 객원교수

주석들의 주석이 아니라 성경을 섬기는 주석을, 학자들만의 유희의 공간이 아니라 현장을 섬기는 주석을, 역사적 의미만이 아니라 역사 속의 의미와 오늘 여기를 향하는 의미를 고민하는 주석을, 기발함보다는 기본에 충실한 주석을 보고 싶었다. 그래서 책장 속에 진열되는 주석이 아니라 책상 위에 있어 늘 손이 가는 주석을 기다렸다. 학문성을 갖추면서도 말씀의 능력을 믿으며 쓰고, 은혜를 갈망하며 쓰고, 교회를 염두에 두고 쓴 주석을 기대했다. 〈ESV 성경 해설 주석〉은 나를 성경으로 돌아가게 하고 그 성경으로 설교하고 싶게 한다. 내가 가진 다른 주석들을 대체하지 않으면서도 가장 먼저 찾게 할 만큼 탄탄하고 적실하다. 현학과 현란을 내려놓고 수수하고 담백하게 성경 본문을 도드라지게 한다.

박대영 | 광주소명교회 책임목사, 《묵상과 설교》 편집장

또 하나의 주석을 접하며 무엇이 특별한가 하는 질문부터 하게 된다. 먼저 디테일하고 전문적인 주석과 학문적인 논의의 지루함을 면케 해주면서도 성경 본문의 흐름과 의미 그리고 중요한 주제의 핵심을 잘 파악하게 해 준다는 점을 들 수 있다. 그래서 분주한 사역과 삶으로 쫓기는 이들의 시간과 에너지를 절약해 준다는 이점이 있다. 또한 본문에 대한 충실한 해석뿐 아니라 그 적용까지 이끌어낼 수 있도록 돕는다는 점이 유익하다. 더불어 가독성이 뛰어나다는 점에서 설교를 준비하는 이들뿐 아니라 성경을 바로 이해하기 원하는 모든 교인들에게 적합한 주석이다.

박영돈 | 작은목자들교회 담임목사, 고려신학대학원 교의학 명예교수

성경이 질문하고 성경이 답변하게 하는 방법을 찾는 것은 이 시대에 성경을 연구하거나 가르치거나 설교하는 이들의 가장 큰 고민거리라고 할 수 있다. 그동안 접했던 많은 성경 주석서들은 내용이 너무 간략하거나 지나치게 방대했다. 〈ESV 성경 해설 주석〉은 이 시대의 목회자들뿐만 아니라 진리를 갈망하는 모든 신자들, 특히 제자

훈련을 경험하는 모든 동역자들에게 매우 신선하고 깊이 있는 영감을 공급하는 주석이다. 첫째, 해석이 매우 간결하고 담백하면서도 깊이가 있다. 둘째, 영어 성경과 대조해서 본문을 폭넓게 이해할 수 있다. 셋째, 성경 원어 이해를 돕기 위한 세심한 배려는 목회자뿐만 아니라 성경의 깊이를 탐구하는 모든 신앙인들에게도 큰 유익을 준다. 넷째, 이 한 권으로 충분할 수 있다. 성경이 말하기를 갈망하는 목회자의 서재뿐만 아니라 말씀을 사랑하는 모든 신앙인들의 거실과 믿음 안에서 자라나는 다음 세대의 공부방들도 〈ESV 성경 해설 주석〉이 선물하는 그 풍성한 말씀의 보고(寶庫)가 되기를 염원한다.

박정식 | 은혜의교회 담임목사

〈ESV 성경 해설 주석〉는 성경 본문을 통해 저자가 드러내기 원하는 사고의 흐름을 따라가면서 예수님을 중심으로 하는 구원계시사적 관점에서 친절히 해설한다. 《ESV 스터디 바이블》의 묘미를 맛본 분이라면, 이번 〈ESV 성경 해설 주석〉을 통해 복음에 충실한 개혁주의 해설 주석의 간명하고도 풍성한 진미를 기대해도 좋다. 설교자는 물론 성경을 진지하게 읽음으로 복음의 유익을 얻기 원하는 모든 크리스천에게 독자 친화적이며 목회 적용적인 이 주석 시리즈를 기쁘게 추천한다.

송영목 | 고신대학교 신학과 신약학 교수

일반 성도들이 성경을 읽을 때 곁에 두고 참고할 만한 자료가 의외로 많지 않다. 그런 점에서 〈ESV 성경 해설 주석〉이 한국에 소개되는 것을 매우 기쁘게 생각한다. 학술적이지 않으면서도 깊이가 있는 성경 강해를 명료하게 담아내고 있기 때문이다. 성경을 바르고 분명하게 이해하려는 모든 성도들에게 큰 도움이 되리라 확신하며 추천한다.

송태근 | 삼일교회 담임목사, Orthotomeo 아카데미 대표

본 시리즈는 장황한 문법적·구문론적 논의는 피하고 본문의 흐름을 따라 단락별로 본문의 핵심을 파악할 수 있도록 도와주는 매우 간결하고 효율적인 주석 시리즈다. 본 시리즈는 석의 과정에서 성경신학적으로 건전한 관점을 지향하면서도, 각 책의 고유한 신학적 특성을 드러내 보여주는 것도 소홀히 하지 않는다. 특히 본 시리즈는 목회자들이 설교를 준비할 때 본문 이해의 시발점으로 사용하기에 적절하며, 평신도들이 읽기에도 과히 어렵지 않은 독자 친화적 주석이다. 본 시리즈는 성경을 연구하는 모든 이들에게 매우 요긴한 동반자가 될 것이다.

양용의 | 에스라성경대학원대학교 신학과 교수

메시아적 시각을 평신도의 눈높이로 풀어낸 주석이다. 주석은 그저 어려운 책이라는 편견을 깨뜨리고 성경을 사랑하는 모든 이의 가슴 속으로 살갑게 파고든다. 좋은 책은 평생의 친구처럼 이야기를 듣고 들려주면서 함께 호흡한다는 점에서 〈ESV 성경 해설 주석〉은 가히 독보적이다. 깊이에서는 신학적이요, 통찰에서는 목회적이며, 영감에서는 말씀에 갈급한 모든 이들에게 열린 책이라고 할 수 있다. 서사적 구조와 시의 적절한 비유적 서술은 누구라도 마음의 빗장을 해제하고, 침실의 머리맡에 두면서 읽어도 좋을 만큼 영혼의 위로를 주면서도, 말씀이 주는 은혜로 새벽녘까지 심령을 사로잡을 것으로 믿는다. 비대면의 일상화 속에서 말씀을 가까이하는 모든 이들이 재산을 팔아 진주가 묻힌 밭을 사는 심정으로 사서 평생의 반려자처럼 품어야 할 책이다.

오정현 | 사랑의교회 담임목사, SaRang Global Academy 총장

〈ESV 성경 해설 주석〉 시리즈의 특징은 신학자나 목회자들에게도 도움이 되겠지만 평신도 지도자인 소그룹 인도자들의 성경본문 이해에 대한 통찰력을 제공한다. 건강한 교회의 공통분모인 소그룹 활성화를 위하여 인도자의 영적 양식은 물론 그룹원들의 일상을 새로운 각도에서 조명하는 원리를 찾아주는 데 도움을 준다. 서로 마음이 통하는 반가운 친구처럼 손 가까이 두고 싶은 책으로 추천하고 싶다.

오정호 | 새로남교회 담임목사, 제자훈련 목회자네트워크(CAL-NET) 이사장

〈ESV 성경 해설 주석〉은 내용이 충실하여 활용성이 높고, 문체와 편집이 돋보여 생동감을 주기에 충분하다. 이와 함께 본문의 의미를 최대한 살려내는 심오한 해석은 기존의 우수한 주석들과 어깨를 나란히 할 만큼 정교하다. 또한 본 시리즈는 성경 각 권을 주석함과 동시에 성경 전체를 관통하는 그리스도 중심의 구속사적 관점을 생생하게 적용함으로써 탁월함을 보인다. 설교자와 성경 연구자에게는 본문에 대한 알찬 주석을 제공한다는 차원에서 오아시스와 같고, 실용적인 주석을 기다려온 평신도들에게는 설명이 뛰어나다는 점에서 가장 이상적인 해설서로 적극 추천한다.

윤철원 | 서울신학대학원 신약학 교수, 한국신약학회 회장

설교자들은 늘 신학적으로 탄탄하면서도 성경신학적인 주석서가 목말랐다. 학문적으로 치우쳐 부담되거나 석의가 부실한 가벼운 주석서들과는 달리 〈ESV 성경 해설 주석〉은 깊이 있는 주해와 적용에 이르기까지 여러 면에서 균형을 고루 갖춘 해설 주석서다. 한국 교회 강단을 풍성케 할 역작으로 기대된다.

이규현 | 수영로교회 담임목사

ESV 성경은 원문을 최대한 살려서 가장 최근에 현대 영어로 번역한 성경이다. 100여 명의 대표적인 복음주의 학자와 목회자들로 구성된 팀이 만든 ESV 성경은 '단어의 정확성'과 문학적 우수성뿐만 아니라 그 의미를 깊이 있게 드러내는 영어 성경이다. 2001년에 출간된 이후 교회 지도자들과 수많은 교파와 기독교 단체에서 널리 사용되었고, 현재 전 세계 수백만의 그리스도인들이 사용하고 있다. 〈ESV 성경 해설 주석〉은 무엇보다 개관, 개요, 주석이 명료하고 탁월하다. 포스트모던 시대에도 진지한 강해설교를 고민하는 모든 목회자들과 성경공부 인도자들에게 마음을 다하여 추천하고 싶다. 이 책을 손에 잡은 모든 이들은 손에 하늘의 보물을 잡은 감사를 느끼게 될 것이다.

이동원 | 지구촌교회 원로목사, 지구촌 목회리더십센터 대표

〈ESV 성경 해설 주석〉은 '성경'을 '말씀'으로 대하는 신중함과 경건함이 부드럽지만 강렬하게 느껴지는 저술이다. 본문의 흐름과 배경을 알기 쉽게 보여주면서 본문의 핵심을 명확하게 제시하는 묘한 힘을 가지고 있다. 연구와 통찰이 질서 있고 조화롭게 제공되고 있어, 본문을 보는 안목을 깊게 해 주고, 말씀을 받아들이는 마음을 곧 추세우게 해 준다. 주석서에서 기대하는 바가 한꺼번에 채워지는 느낌이다. 설교를 준비하는 목회자, 성경을 연구하는 신학생, 말씀으로 하나님을 만나려는 성도 모두에게 단비 같은 주석이다.

이진섭 | 에스라성경대학원대학교 신약학 교수

ESV 성경 간행에 이은 〈ESV 성경 해설 주석〉의 발간은 이 땅을 살아가는 '말씀의 사역자'들은 물론, 모든 '한 책의 백성'들에게 주어진 이중의 선물이다. 본서는 구속사에 대한 거시적 시각과 각 구절에 대한 미시적 통찰, 학자들을 위한 학술적 깊이와 설교자들을 위한 주해적 풀이, 그리고 본문에 대한 탁월한 설명과 현장에 대한 감동적인 적용을 다 아우르고 있는 성경의 '끝장 주석'이라 할 만하다.

전광식 | 고신대학교 신학과, 전 고신대학교 총장

〈ESV 성경 해설 주석〉은 처음부터 그 목적을 분명히 하고 집필되었다. 자기 스스로 경건에 이르도록 성장하기 위해서, 또 다른 사람들을 가르치기 위해서, 성경을 진지하게 연구하는 모든 사람들에게 도움을 주기 위해서라고 밝히고 있다. 목사들에게는 목회에 유익한 주석이요, 성도들에게는 적용을 돕는 주석이다. 또 누구에게나 따뜻한 감동을 안겨주는, 그리하여 주석도 은혜가 된다는 것을 새삼 확인할 것이다.

학적인 주석을 의도하지 않았지만, 이 주석의 구성도 주목할 만하다. 한글과 영어로 된 본문, 단락 개관, 개요, 주해, 응답으로 구성되어 있다. 만약 신구약 한 질의 주석을 곁에 두길 원하는 성도라면, 〈ESV 성경 해설 주석〉 시리즈는 틀림없이 실망시키지 아니할 것이라고 확신한다.

정근두 | 울산교회 원로목사

말씀을 깊이 연구하는 일부의 사람들에게는 원어 주해가 도움이 되겠지만, 강단에서는 설교자들에게는 오히려 해설 주석이 더 요긴하다. 〈ESV 성경 해설 주석〉은 본문 해설에 있어 정통 신학, 폭넓은 정보, 목회적 활용성, 그리고 적용에 초점을 두었다. 이 책은 한마디로 설교자를 위한 책이다. 헬라어나 히브리어에 능숙하지 않아도 친숙하게 성경 본문을 연구할 수 있다는 점에서 주변 목회자들에게 적극적으로 추천하고 싶다. 목회자가 아닌 일반 성도들도 깊고 풍성한 말씀에 대한 갈증이 있다면, 본 주석 시리즈를 참고할 것을 강력하게 권하고 싶다.

정성욱 | 덴버신학교 조직신학 교수

입고 있는 옷이 있어도 새 옷이 필요할 때가 있다. 기존의 것이 낡아서라기보다는 신상품의 맞춤식 매력이 탁월하기 때문이다. 〈ESV 성경 해설 주석〉 시리즈는 분주한 오늘의 목회자와 신학생뿐 아니라 성경교사 및 일반 그리스도인의 허기지고 목마른 영성의 시냇가에 심기게 될 각종 푸르른 실과나무이자 물 댄 동산과도 같다. 실력으로 검증받은 젊은 저자들은 개혁/복음주의 신학과 신앙의 깊은 닻을 내리고, 성경 각 권의 구조와 문맥의 틀 안에서 저자의 의도를 핵심적으로 포착하여 침침했던 본문에 빛을 던져준다. 아울러 구속사적 관점 아래 그리스도 중심적 의미와 교회-설교-실천적 적용의 돛을 바라보게 함으로써 본문의 지평을 가일층 활짝 열어준다. 한글/영어 대역으로 성경 본문이 제공된다는 점은 한국인 독자만이 누리는 보너스이리라. "좋은 주석은 두툽고 어렵지 않을까"라는 우려를 씻어주듯 이 시리즈 주석서는 적절한 분량으로 구성된 '착한 성경 해설서'라 불리는 데 손색이 없다. 한국 교회 성도의 말씀 묵상, 신학생의 성경 경외, 목회자의 바른 설교를 업그레이드하는 데 〈ESV 성경 해설 주석〉 시리즈만큼 각 사람에게 골고루 영향을 끼칠 주석은 찾기 어려울 듯싶다. 기쁨과 확신 가운데 추천할 수 있는 이유다.

허주 | 아세아연합신학대학교 신약학 교수, 한국복음주의신약학회 회장

〈ESV 성경 해설 주석〉은 정확무오한 하나님의 말씀을 전하는 설교자와 전도자들에게 훌륭한 참고서다. 성경적으로 건전하고 신학적으로 충실할 뿐 아니라 목회 현장에 실질적인 도움이 된다. 나 또한 나의 설교와 가르침의 사역에 활용할 수 있기를 고대한다.

대니얼 에이킨(Daniel L. Akin) | 사우스이스턴침례신학교 총장

하나님은 그의 아들에 대해 아는 것으로 모든 열방을 축복하시려는 영원하고 세계적인 계획을 그의 말씀을 통해 드러내신다. 이 주석이 출간되어 교회들이 활용할 수 있게 된 것만으로 행복하고, 성경에 대한 명확한 해설로 말미암아 충실하게 이해할 수 있게 해 준 것은 열방에 대한 축복이다. 물이 바다를 덮음같이 하나님의 영광에 대한 지식이 온 땅에 충만해지는데 이 주석이 사용되길 바란다.

이언 추(Ian Chew) | 목사, 싱가포르 케이포로드침례교회

〈ESV 성경 해설 주석〉은 탁월한 성경 해설과 깊이 있는 성경신학에 바탕한 보물 같은 주석이다. 수준 높은 학구적 자료를 찾는 독자들뿐만 아니라 읽기 쉽고 이해하기 쉽도록 잘 정리된 주석을 원하는 사람들에게도 적합하다. 목회자, 성경교사, 신학생들에게 이 귀한 주석이 큰 도움이 되고 믿을 수 있는 길잡이가 되리라 확신한다.

데이비드 도커리(David S. Dockery) | 사우스이스턴침례신학교 석좌교수

대단한 주석! 성경을 배우는 모든 학생들에게 도움이 될 수 있도록 최고 수준의 학자들이 성경의 정수를 정리하여 접근성을 높여서 빠르게 참고하기에 이상적인 주석이다. 나 또한 설교 준비와 성경 연구에 자주 참고하고 있다.

아지스 페르난도(Ajith Fernando) | 스리랑카 YFC 교육이사, *Discipling in a Multicultural World* 저자

〈ESV 성경 해설 주석〉은 성경교사들의 기초 자료로서 활용성 높은 최고의 주석 중 하나다. 일반 독자들도 쉽게 이해할 수 있는 동시에 강해설교가들에게 충분한 배움을 제공한다. 이 주석 시리즈는 성경을 제대로 배우고자 하는 전 세계 신학생들에게도 표준 참고서가 될 것이다.

필립 라이켄(Philip Graham Ryken) | 휘튼칼리지 총장

〈ESV 성경 해설 주석〉에 대하여

성경은 생명으로 맥동한다. 성령은 믿음으로 성경을 읽고 소화해서 말씀
대로 살아가는 사람들에게 맥동하는 생명력을 전해 준다. 하나님이 성경
안에 자신을 계시하셨기 때문에 성경은 꿀보다 달고 금보다 귀하며, 모든
부(富)보다 가치 있다. 주님은 온 세상을 위해 생명의 말씀인 성경을 자신
의 교회에 맡기셨다.

　또한 주님은 교회에 교사들을 세우셔서 하나님의 말씀이 무엇을 의미
하는지를 설명해 주고 각 세대에 어떻게 적용해야 하는지를 분명하게 보
여주도록 하셨다. 우리는 이 주석이 하나님의 말씀을 진지하게 공부하는
모든 사람들, 즉 다른 사람들에게 가르치기 위해 성경을 연구하는 사람들
과 스스로 경건에 이르도록 성장하기 위해 성경을 공부하는 사람들에게
큰 유익을 주길 기도한다. 우리의 목표는 성경 본문을 그리스도 중심적으
로 명료하고 뚜렷하게 설명하는 것이다. 모든 성경은 그리스도에 대해 말
하고 있으며(눅 24:27), 우리는 성경의 각 책이 우리가 "예수 그리스도의 얼
굴에 있는 하나님의 영광을 아는 빛"(고후 4:6)을 보도록 어떻게 돕고 있는
지 알려주길 원한다. 그런 목표를 이루고자 이 주석 시리즈를 집필하는 저
자들에게 다음과 같은 원칙을 제시했다.

- 올바른 석의를 토대로 한 주석 성경 본문에 나타나 있는 사고의 흐름과 추론 방식을 충실하게 따를 것.
- 철저하게 성경신학적인 주석 성경은 다양한 내용들을 다루지만, 그리스도 안에서 완성된 구속이라는 단일한 주제를 말하고 있다는 점에서 성경 전체를 하나의 통일된 관점으로 볼 수 있게 할 것.
- 전 세계를 대상으로 한 주석 성경과 신학적으로 신뢰할 만한 자료들을 가능한 한 많은 사람들에게 공급하겠다는 크로스웨이 (Crossway)의 선교 목적에 맞게 전 세계 독자들이 공감하고 필요로 하는 주석으로 집필할 것.
- 폭넓은 개혁주의 주석 종교개혁의 역사적 흐름 안에서 오직 은혜와 오직 믿음으로 말미암아 오직 그리스도 안에서 오직 성경의 가르침을 따라 오직 하나님의 영광을 위한 구원을 천명하고, 큰 죄인에게 큰 은혜를 베푸신 크신 하나님을 높일 것.
- 교리 친화적인 주석 신학적 담론도 중요하므로 역사적 또는 오늘날 신학적으로 중요한 문제들과 성경 본문에 대한 주석을 서로 연결하여 적절하고 함축성 있게 다룰 것.
- 목회에 유익한 주석 문법적이거나 구문론적인 긴 논쟁을 피하고, 하나님을 경외하는 마음으로 '성경 본문 아래 앉아' 경청하게 할 것.
- 적용을 염두에 둔 주석 오늘날 서구권은 물론이고 그 밖의 다른 세계에서 살아가는 사람들이 처한 상황과 성경 본문이 어떻게 연결되는지를 간결하면서도 일관되게 제시할 것(이 주석은 전 세계 다양한 상황 가운데 살아가는 사람들을 대상으로 하기 때문에).
- 간결하면서도 핵심을 찌르는 주석 성경에 나오는 단어들을 일일이 분석하는 대신, 본문의 흐름을 짚어내서 간결한 언어로 생동감 있게 강해할 것.

이 주석서에서 기본적으로 사용한 영역 성경은 ESV이지만, 집필자들에게 원어 성경을 참조해서 강해와 주석을 집필하도록 요청했다. 또한 무조건 ESV 성경 번역자들의 결해(結解)를 따르라고 요구하지도 않았다.

인간이 세운 문명은 시간이 흐르면 무너져서 폐허가 되지만, 하나님의 말씀은 영원히 서 있다. 우리 또한 바로 그 말씀 위에 서 있다. 성경의 위대한 진리들은 시간과 공간을 뛰어넘어 말하고, 우리의 목표는 전 세계적으로 적용될 수 있는 방식으로 그 진리들을 전하는 것이다.

하나님께서 자신의 말씀을 연구하는 일에 복을 주시고, 그 말씀을 강해하고 설명하려는 이 시도에 흡족해 하시기를 기도한다.

차례

약어표

참고 자료 I

AB Anchor Bible

ACCS Ancient Christian Commentary on Scripture

BDAG Bauer W., F. W. Danker, W. F. Arndt, and F. W. Gingrich. *A Greek-English Lexicon of the New Testament and Other Early Christian Literature.* 3rd ed. Chicago: University of Chicago Press, 1999.

BECNT Baker Exegetical Commentary on the New Testament

CBQ *Catholic Biblical Quarterly*

LSJ Liddell, Henry George, Robert Scott, and Henry Stuart Jones. *A Greek-English Lexicon.* 9th ed. with revised supplement. Oxford: Clarendon, 1996.

MM Moulton, James H., and George Milligan, *The Vocabulary of the Greek Testament.* London, 1930. Repr. Peabody, MA: Hendrickson, 1997.

NAC New American Commentary

NICNT New International Commentary on the New Testament

NIDNTT *New International Dictionary of New Testament Theology.* Edited by Colin Brown. 4 vols. Grand Rapids, MI: Zondervan, 1975–1978.

NIDNTTE *New International Dictionary of New Testament Theology.* Edited by Colin Brown. 4 vols. Grand Rapids, MI: Zondervan, 2014.

NIVAC NIV Application Commentary

PNTC Pillar New Testament Commentary

TDNT *Theological Dictionary of the New Testament.* Edited by Gerhard Kittel and Gerhard Friedrich. Translated by Geoffrey W. Bromiley. 10 vols. Grand Rapids, MI: Eerdmans: 1964–1976.

TNTC Tyndale New Testament Commentaries

WBC Word Biblical Commentary

WTJ *Westminster Theological Journal*

ZECNT Zondervan Exegetical Commentary on the New Testament

ZNW *Zeitschrift für die neutestamentliche Wissenschaft und die Kunde der älteren Kirche*

성경 |

구약 ▶		사	이사야	행	사도행전
창	창세기	렘	예레미야	롬	로마서
출	출애굽기	애	예레미야애가	고전	고린도전서
레	레위기	겔	에스겔	고후	고린도후서
민	민수기	단	다니엘	갈	갈라디아서
신	신명기	호	호세아	엡	에베소서
수	여호수아	욜	요엘	빌	빌립보서
삿	사사기	암	아모스	골	골로새서
룻	룻기	옵	오바댜	살전	데살로니가전서
삼상	사무엘상	욘	요나	살후	데살로니가후서
삼하	사무엘하	미	미가	딤전	디모데전서
왕상	열왕기상	나	나훔	딤후	디모데후서
왕하	열왕기하	합	하박국	딛	디도서
대상	역대상	습	스바냐	몬	빌레몬서
대하	역대하	학	학개	히	히브리서
스	에스라	슥	스가랴	약	야고보서
느	느헤미야	말	말라기	벧전	베드로전서
에	에스더			벧후	베드로후서
욥	욥기	신약 ▶		요일	요한일서
시	시편	마	마태복음	요이	요한이서
잠	잠언	막	마가복음	요삼	요한삼서
전	전도서	눅	누가복음	유	유다서
아	아가	요	요한복음	계	요한계시록

베드로전서

ESV 성경 해설 주석

샘 스톰즈 지음

ESV Expository Commentary
1 Peter

베드로전서 서론

개관

성경의 여러 책들은 동일하게 영감으로 기록되었고 그리스도인의 삶에 유익하기에 우리는 그 책들에 순위를 매기려는 유혹을 떨쳐내야 한다. 그렇지만 많은 사람이 베드로전서를 특별히 사랑하는 이유는 이해할 만하다. 베드로전서는 그리스도의 재림 때 주어질 장래의 복에 초점을 맞추는 데서부터 현재 믿음 때문에 고난을 겪는 이들에게 주는 격려에 이르기까지, 모든 곳의 모든 그리스도인이 가지는 필요, 염려, 소망, 매우 흔한 두려움들에 대해 이야기한다.

이 서신이 제시하는 주요 주제는, 그리스도인이 이 땅에서 가지는 나그네와 거류민이라는 정체성에서부터 매일 마주하는 구체적인 윤리적 책임들 및 지역 교회의 일원으로 살아갈 때에 다른 신자들과의 관계에서 어떻게 행동해야 하는 지에 이른다. 처음부터 끝까지 베드로는 그리스도 안에서 우리가 누구인지, 어떻게 거기에 이르렀는지에 주의를 집중시킨다. 간단히 말해서, 그것은 모두 은혜로 말미암는다. 곧 하나님의 영광스럽고 과분한 관대함과 구원을 베푸시는 긍휼에 의한 것이다. 이것이 우리에게 순종할 힘을 주고 우리로 하여금 박해와 고통에 시달려도 버티게 한다. 베드로는 바로 이 적대적인 반대를 맞닥뜨릴 때 신실함이 절박하다는 후반부의 주안점에 목회적인 에너지를 가장 많이 쏟는다. 이생에는 사람들이 바라지 않는 만큼의 고난이 있기 마련이다. 그리스도인들은 믿지 않는 적대적인 사회로부터 비방과 비난을 받을 때 놀라서는 안 된다. 하나님은 모든 것을, 심지어 고통까지도 주관하신다. 그분이 고통을 통해 목적하신 바는, 우리 믿음을 연단하시고 그리스도께서 다시 오실 때 반드시 주어질 최종적인 기업을 받도록 우리를 준비시키는 것이다.

저자

먼저 베드로전서 1:1을 보자. 여기서 저자는 자신을 "베드로"라 명시하고, 뒤에서는 예수님의 고난의 증인이라 주장한다(벧전 5:1). 베드로후서의 저자는 자신이 "둘째 편지"를 쓴다고 말한다(벧후 3:1). 베드로전서 5:13에서 로마가 언급되는 점 역시 베드로의 말년의 삶과 잘 맞는다.

베드로가 저자임을 지지하는 외적 증거는 상당히 많다. 도널드 거스리(Donald Guthrie)는 대부분의 복음주의 학자를 대변하여 이렇게 결론 내린다. "증거가 존재하는 데까지 거슬러 올라가 볼 때, 초기 교회는 베드로전서를 진짜 베드로의 서신으로 여겼다. 따라서 베드로가 저자임을 반대하는 어떤 논의든 이 사실을 충분히 고려해야 한다."[1]

---

1 Donald Guthrie, *New Testament Introduction* (Downers Grove, IL: InterVarsity Press, 1970), 773. 《신약 서론》(CH북스). 이 모든 내용은 베드로가 저자임을 부인하는 논증들과 비교 검토되어야 한다. 가명을 사용했다는 주장을 포함하여 베드로가 저자임을 반대하는 논증들에 대한 완벽하고 설득력 있는 대응으로는, Thomas R. Schreiner, *1, 2 Peter, Jude*, NAC (Nashville: Broadman & Holman, 2003), 22-36; Daniel B. Wallace, *First Peter: Introduction, Argument, and Outline* (www.bible.org, 2000), 7-8을 보라.

대니얼 월리스(Daniel Wallace)는 베드로가 저자임을 반대하는 주장을 언어학적, 역사적, 교리적 측면으로 분류했다.[2] 언어학에 근거한 반대는, 베드로전서의 헬라어가 매우 수준 높고 세련되어서 "학문 없는"(행 4:13) 갈릴리 어부의 작품이 아니라고 주장한다.[3] 그러나 사도행전에 나오는 이 묘사는, 베드로가 글을 몰랐거나 교육을 전혀 받지 못했다는 뜻이 아니라 랍비로 공식 훈련을 받지 않았다는 뜻일 가능성이 높음을 염두에 두어야 한다. 더 나아가 베드로가 처음 예수님을 만나고 이 서신을 쓰기까지는 약 30년의 시간이 흘렀다. 이 30년 동안 그의 헬라어 숙련도와 문학적 기량이 크게 향상되었다고 생각하는 것이 이치에 맞지 않는가?

월리스는 그 해결책이 베드로전서 5:12에 있다고 생각한다. 이 구절은 실루아노(참고. 고후 1:19; 살전 1:1; 살후 1:1)로 "말미암아" 이 서신이 쓰였다고 언급한다(참고. 벧전 5:12 주석). 몇몇 학자는 이 말이 실루아노가 이 서신을 수신자에게 전달한 것만 가리킨다고 주장한다. 반면에 월리스는 실루아노가 베드로의 대필자였으며, 이 서신의 특출난 헬라어 산문체는 베드로가 아니라 그의 언어 능력이 반영된 것이라고 주장한다. 고대의 서기들(secretaries)에게는 저자의 사상을 기록하는 데에 상당한 자유가 주어지곤 했다. 그렇다면 베드로전서는 베드로가 궁극적인 저자이고, 실루아노(실라)가 집필자(writer)가 될 것이다. 또는 실루아노가 아니라면 베드로의 다른 무명의 동료가 베드로전서의 탁월한 헬라어를 구사하였을 것이다.

그러나 이 이론 역시 문제가 있다. 일부 학자들은 실루아노가 대필자(amanuensis)였다면, 바울의 기록인(scribe)으로서 로마서를 기록한 더디오의 경우처럼(참고. 롬 16:22) 왜 그가 직접 문안 인사를 하지 않느냐고 주장한다.

---

2 Wallace, *First Peter*, 1.

3 많은 사람들은 베드로후서의 수준 낮은 헬라어를 구사한 사람이 베드로전서를 썼을 리가 없으며 그 반대도 마찬가지라고 주장한다. 이 의문에 대한 몇 가지 탁월한 논의가 있다. Karen Jobes, "Excursus: The Syntax of 1 Peter: How Good Is the Greek?" in *1 Peter* (Grand Rapids, MI: BakerAcademic, 2005), 325-338.《베드로전서》, BECNT (부흥과개혁사); Paul J. Achtemeier, *1 Peter*, Hermeneia (Minneapolis: Fortress, 1996), 2-9; Wayne A. Grudem, *The First Epistle of Peter: An Introduction and Commentary*, TNTC (Grand Rapids, MI: Eerdmans, 1988), 24-31의 논평들을 보라.《베드로전서》, 틴데일 신약주석 시리즈 (CLC).

거스리는 다음과 같이 확신한다. 만약 실루아노가 대필자라고 할 때, 베드로전서 5:12은 "실제로 베드로가 직접 이 결론을 덧붙이지 않았다면 실루아노가 자화자찬하는 다소 불쾌한 표현이 될 것이다. 또 1절 이하의 직접적인 호소가 서기(secretary)의 간접적인 작업이라고는 상상하기 어렵다. 개인적인 권위가 매우 확실하기에 서신의 이 부분은 사도가 받아쓰게 했다고 주장해야 할 것이다."[4]

역사에 근거하여 베드로가 저자임을 반대하는 주장은, 베드로가 살아 있을 당시 로마 제국에 실재했다고 알려진 고난에 대해 베드로전서가 묘사하는 것과 조화되기 어렵다. 더욱이 이후 네로가 가한 박해가 베드로의 청중이 거주했던 지방에 퍼졌다는 암시는 없다. 물론 베드로는 이 사실을 알지 못했을 테고, 분명 1세기에 예수님을 따르는 이들 대부분이 어느 정도의 박해를 당연히 받았으리라고 전제했을 것이다. 더 가능성 있는 이론은, 이 서신에서 염두에 둔 박해가 그리스도인이 사는 곳 어디에서나 일반적이었다는 것이다.

더 자세히 살펴보면, 이 교회들이 겪은 고통은 (이들에게만 해당되는 것은 아닐지라도) 대체로 구두 비방, 비난, 거짓 고소였다(참고. 벧전 1:6; 2:12, 15; 3:9, 16; 4:12, 16). 베드로전서의 상황은 그리스도인들에 대한 위협이 아직 신자들이 목숨을 잃는 데까지 진행되지 않은 시기를 나타내는 듯하다. 예수님을 따르는 자들은 그분을 주님으로 모시고 구별된 삶을 살기에, 기독교 신앙을 두려워하고 불쾌해하는 사람들의 개인적인 반대와 비난을 불러오리라 예상해야 했다(참고. 2:12과 4:4). 다음과 같은 거스리의 말은 옳은 듯하다. "베드로전서에 나오는 '박해'는 교회가 시작될 때부터 그리스도인들이 겪어야 했던 반대와 거의 다를 바 없다."[5]

이곳에 언급된 박해는 국가가 주도하지 않은, 산발적이고 조직화되지

---

4 Guthrie, *New Testament Introduction*, 780.

5 같은 책, 783.

않은 박해였던 것 같다. "베드로는 고난 그리고 전 세계적으로(5:9) 그 고난을 초래한 박해를 묘사하는데, 이 박해가 어떤 한 장소에서 공식적인 로마 정책으로 집행된 것이 아니라 '그리스도인이라는 이유로' 모든 그리스도인을 위협했을 유형의 것이었음을 암시한다."[6]

베드로 저작에 관한 중요한 교리적 반대는, 베드로전서 전체에서 바울 서신에 의존하는 듯 보이는 일관된 패턴이 나타난다는 것이다. 그러나 캐런 좁스(Karen Jobes)가 지적하듯이, "베드로전서는 바울이나 그의 서신에 대해 언급하지 않으며, 두 서신의 유사성은 용어와 주제의 유사성에 근거한다. 이는 두 저자가 공통된 기독교 전통, 아마도 특히 로마의 기독교 전통을 의지하고 있다고 타당하게 설명될 수 있다."[7]

저작 연대와 배경

고난이라는 주제는 저자가 서신을 쓸 당시 수신자들이 처한 상황을 파악하는 데뿐만 아니라, 서신을 언제 썼는지를 파악하는 데도 중요하다(참고. 벧전 1:6; 3:9, 14; 4:1, 12, 16, 19; 5:9 – 10). 이미 언급했듯이, 만약 베드로가 로마에서 편지를 썼다면, 아마 당연히 반기독교 정서의 확산을 예상했을 것이다. 그레그 포브스(Greg Forbes)는 다음과 같이 제안했다. "2:11-17에 나오는 국가에 대한 긍정적인 언급을 볼 때, 국가의 억압이 문제였을 가능성은 낮아진다."[8] 토머스 슈라이너(Thomas Schreiner)는 베드로의 편지를 받는 이들 가운데 박해 아래서 누군가가 죽었다는 암시가 없음을 상기시킨다. 그러므로 "서신은 틀림없이 네로 치하에서 기록되었을 것인데, 당시는 기독교

---

6 Jobes, *1 Peter*, 9.

7 같은 책, 12.

8 Greg W. Forbes, *1 Peter: Exegetical Guide to the Greek New Testament* (Nashville: B&H, 2014), 3.

운동에 대한 반대가 지역적으로 이뤄졌다."[9] 따라서 베드로는 주후 60년대 중반에 이 서신을 썼을 것이다. 슈라이너는 이 서신의 연대를 네로의 박해가 시작되기 이전인 주후 62-63년쯤으로 추정한다.[10]

수신자와 독자들의 상황

베드로전서 5:13에 언급된 바벨론은 아마 로마를 가리키는 암호일 것이다. 이 표현은 베드로가 이 서신을 기록할 당시 살았던 곳을 암시한다. 어떤 사람들은 역사적 바벨론을 언급한다고 지적하지만, 베드로나 실루아노나 마가가 그곳에 있었다는 증거도 없을 뿐 아니라 동시에 있었다는 증거는 더더욱 없다.

이 서신의 수신인들은 "본도, 갈라디아, 갑바도기아, 아시아와 비두니아" 곳곳에 흩어진 신자들이다(벧전 1:1). 이들은 흑해 연안 소아시아의 북서쪽 사분면에 살고 있던 그리스도인들이었을 것이다.

베드로전서와 관련하여 더욱 논쟁이 되는 사안은, 그의 독자들이 주로 유대인이었느냐 아니면 이방인이었느냐이다. 베드로가 구약을 자주 언급하거나 인용하는 것을 볼 때(1:16, 24-25; 2:3, 6-10, 22; 3:10-12; 4:18; 5:5), 분명 그는 독자들이 구약에 익숙하다고 전제한다. 그는 사라와 아브라함(3:6), 그리고 노아(3:20)도 언급한다.

그러나 대부분의 복음주의 학자들은 이 증거가 베드로의 첫 독자들이 유대인이었다는 주장을 확증하는데 충분하지 않다고 여긴다. 특히 두 가지 요소에 근거해, 그들은 베드로가 주로 이방인 청중에게 편지를 썼다는 결론에 이르렀다. 첫째, "전에 알지 못[한]" 채 살았다는 1:14의 묘사는 서신의 수신자들이 이전에 이교도로서 우상을 숭배했음을 가리킨다. 둘째,

---

9 Schreiner, *1, 2 Peter, Jude*, 31

10 같은 책, 37.

1:18에 따르면(참고. 4:3), 이 독자들은 "너희[그들의] 조상이 물려준 헛된 행실에서 대속함을" 받았다. 좁스가 지적하는 것처럼, 대다수의 견해는 "1세기 디아스포라 유대인은 절대 그렇게 영적으로 파산했다는 식으로 묘사될 수 없다…유대교는 절대 '헛된 행실'로 묘사될 수 없었을 것이다"라고 주장한다.[11]

물론 이 중 어느 의견도 소아시아의 교회들이 전부 이방인으로 이루어졌다는 주장으로 받아들여서는 안 되지만, 그 교회들 대부분은 이방인으로 이루어져 있었다. 이에 제기되는 한 가지 반대는, 바울이 이방인에게 가도록 정해진 것처럼 베드로에게는 복음을 들고 유대인에게 가는 임무가 '정해졌다'는 결론에 근거한다(참고. 갈 2:6-10). 하지만 이를 두 사람이 사역하는 동안 특정 선교 전략에 갇혀 있었다는 뜻으로 받아들여서는 안 된다. 베드로도 안디옥의 이방인들 가운데 있었고(갈 2:11), 바울도 자주 유대인 회당에서 설교했다. 다음의 말이 아마 이 논쟁점에 대한 가장 균형 잡힌 요약일 것이다.

저자는 흔히 말하는 유대인이나 이방인이 아니라, 그리스도 안에서 하나님의 백성이 된 이들에게 관심이 있던 것으로 보인다. 물론 일부 유대인 개종자도 있었겠지만, 이름이 명시된 지방들에서 온 이들이 대부분 이방인이었다는 데에는 의심의 여지가 없다. 그러나 강조점은 그들이 어떤 존재가 되었느냐지, 원래 어떤 존재였느냐가 아니다.[12]

---

11 Jobes, *1 Peter*, 23.

12 D. A. Carson, Douglas J. Moo, and Leon Morris, *An Introduction to the New Testament* (Grand Rapids, MI: Zondervan, 1992), 425. 《신약개론》(은성).

장르와 문학적 구조

좁스는 베드로전서의 장르가 "개인적인 서신"이라고 정당하게 묘사한다.[13] 폴 악트마이어(Paul Achtemeier)도 이에 동의하며 "베드로전서를 소아시아의 북반구에 흩어져 있던 그리스도인 공동체들에게 보낸 순회 서신으로 보는 데 의문을 품을 이유가 거의 없다"고 결론 내린다.[14] 몇몇 사람들은 베드로 전서를 세례 문서로 간주하고자 한다. 그러나 이 견해를 지지하는 이들이 아무리 다수의 다른 본문들에서 세례 예식에 대한 암시를 찾으려 해도, 물 세례는 베드로전서 3:21에만 언급된다. 그래서 필자는 다음과 같이 말한 그루뎀과 의견을 같이한다. "베드로전서가 원래 전례문이나 세례식 설교 였을 것이라는 이론은 여전히 설득력이 없으며, 그 서신이 작성된 상황을 만족스럽게 설명하지도 못한다. 베드로전서는 베드로가 이 서신의 가르침 과 격려를 정말 필요로 하는 멀리 떨어져 있는 그리스도인들에게 썼다고 이해하는 편이 훨씬 낫다."[15]

매우 비판적인 학자들만이 이 서신을 짜깁기한 작품이라고 생각한다. 몇몇 학자는 4:11의 송영이 편지의 주요부가 끝났음을 알려주므로, 서신 의 나머지 부분은 완전히 다른 글이라고 주장한다. 이는 후반부가 심화된 박해를 묘사한다는 생각에 근거한다. 그러나 "오늘날 학계의 유력한 견해 는, 베드로전서가 한 명의 저자에 의해 특정한 한 시기에 한 가지 목적으 로 기록된 통일된 문서라는 것이다."[16]

---

13 Jobes, *1 Peter*, 54.

14 Achtemeier, *1 Peter*, 62.

15 Grudem, *First Epistle of Peter*, 41.

16 Jobes, *1 Peter*, 53.

신학

베드로전서는 매우 많은 신학적 주제를 담고 있지만, 그중 다음 네 가지 주제는 특별히 주의 깊게 살필 필요가 있다.

예수 그리스도

베드로전서는 철저하게 그리스도 중심적이다. 이 서신에서 그리스도의 인격과 구원 사역을 제외하면 아무런 의미도 남지 않는다. 그리스도인은 '예수 그리스도께 순종'하기 위해 구원받고 구별되며(벧전 1:2), 그분은 아버지와 함께 '찬송'을 받으신다(1:3). 오직 '예수 그리스도께서 죽은 자 가운데서 부활'하셨기 때문에 우리에게 소망이 있다(1:3). 매일 시련의 불로 연단 받는 우리의 믿음은, 역사의 끝에 '그리스도께서 나타나실' 때 전시될 것이다(1:7, 13). 그날이 오기 전까지 우리는 비록 '예수를 보지 못할'지라도 '그분을 사랑하고 믿는다'(1:8).

구원을 위한 예수님의 삶과 죽음과 부활이 중심이라는 점은, 옛 언약의 "선지자들"이 그분의 "고난"과 "후에 받으실 영광"을 예언한 사실에서 가장 잘 드러난다(1:10-11).

우리는 우리의 구속이 "그리스도의 보배로운 피"(1:19) 흘림으로 이루어진 것임을 알고 기뻐한다. 우리는 그리스도로 말미암아 지금 "하나님을…믿는[다]"(1:21). 예수님은 교회가 세워지는 "산 돌"(2:4)이시고, 우리의 "신령한 제사"(2:5)는 그분으로 말미암아 하나님이 받으실 만한 것이 된다. 온 인류는 예수님께 어떻게 반응하는 지에 따라 나뉜다. 그분을 믿는 사람들은 부끄러움을 당하지 않지만(2:6), 그분을 믿지 않는 사람들은 걸려 넘어져 멸망에 이른다(2:7-8).

우리가 믿지 않는 세상의 손에 부당하게 고난당할 때, 예수 그리스도는 우리가 보여야 할 반응의 유일한 본을 제공하신다(2:21-25).

우리 죄는 예수님이 십자가에서 "그 몸으로 우리 죄를 담당하셨[다]"(2:24)는 단 한 가지 이유로 말미암아 사함 받는다.

예수님의 존재와 그분이 지옥에 가야 마땅한 죄인들을 위해 하신 일 때문에, 우리는 항상 그분에게 둔 우리 소망을 설명할 준비를 해야 한다(3:15). 우리가 "하나님 앞으로" 인도되는 유일한 이유는 예수님이 우리 "죄를 위하여 죽으[셨기]" 때문이다(3:18). 또한 우리가 담대하게 모든 반대에 직면할 수 있음은, 그분이 죽음을 정복하시고 마귀의 권세에 대해 승리를 선언하셔서 지금 마귀가 그분의 주권적 통치 아래 굴복하고 있음을 알기 때문이다(3:19-22).

우리는 그리스도께서 죄를 이기신 사실에 근거하여 죄와 싸운다(4:1-2). 우리가 고난 중에도 즐거워할 수 있는 것은, 지금 그리고 특히 그분이 다시 오실 때 그 영광이 우리 가운데서 드러날 것을 알기 때문이다(4:12-14). 장로들은 영혼의 목자장 되신 그리스도의 권위 아래서 교회를 섬긴다(5:1-4). 우리는 그분의 "영원한 영광"에 들어가도록 부름받았고(5:10), 그분을 통해서만 말로 표현할 수 없는 "평강"의 위로와 기쁨을 얻는다(5:14).

종말론

이 서신의 기독론적 초점과 어울리게도, 베드로는 그리스도의 재림의 성취 및 그분의 재림 때 함께 임할 은혜와 영광을 기반으로 윤리적 권고를 하는 모습을 자주 보인다. 그리스도의 다시 오심이 확실하고 그로 말미암는 기대가 있기에 베드로에게는 추측하거나 죄를 짓거나 나태해질 구실이 전혀 없다. 그리스도의 오심은 항상 그리고 유일하게 신자가 온 마음을 다해 열정적으로 순종할 동기가 된다.

그리스도인은 "말세에 나타내기로 예비하신" 구원을 위해 보호하심을 받고 있다(벧전 1:5). "예수 그리스도께서 나타나실 때" 우리 믿음은 시련으로 인해 정결해졌음이 드러날 것이다(1:7). 그리스도의 다시 오심이 우리가 마음을 두어야 할 '소망'(1:13, 개역개정은 "바랄지어다")이다. "오시는 날"(2:12)

은 하나님이 우리의 선한 행실을 통해 영광을 받으실 기회가 될 것이다. 실제로 "만물의 마지막이 가까이 왔으니"(4:7), 정신을 차리고 근신하여 기도하는 것이 요구된다. 그리스도께서 "영광을 나타내실 때"(4:13), 우리는 그분의 고난에 참여한 것으로 인해 기뻐할 것이다. 베드로는 교회의 장로들과 함께한 자이자 곧 "나타날 영광에 참여할"(5:1) 자로서 그들에게 권고한다. 장로들은 "목자장이 나타나실 때에"(5:4) 받을 시들지 않는 영광의 관을 기대하며, 선을 행하는 일에 절대 지치지 않아야 한다.

고난

베드로가 독자들에게 하는 핵심적인 호소는, 그들이 고난을 견뎌야만 할지라도 변함없이 믿음을 지키라는 것이다. 시련은 아무리 심해도 일시적이며, 그 시련들을 통해 믿음이 연단 받기 때문에 실제로 기뻐할 기회이다(벧전 1:6-7). 하나님은 그분의 백성이 부당한 고난을 견딜 때 특히 기뻐하신다. 바로 이를 통해 그리스도의 영광이 알려지기 때문이다(2:19-25). 의를 위해 고난 받는 것은 복을 가져오고(3:14), 소망이 그리스도에게 있는 이유를 합리적으로 옹호하고 설명하는 관문이 된다(3:15-16).

그리스도인에게 고난은 당연한 것이다. 그러나 그리스도의 영광이 나타날 때 인내는 기쁨을 낳는다(4:13). 하나님은 모욕과 비방을 견디는 이들이 그분의 영으로부터 기이하게 힘을 주입받는다고 약속하신다(4:14). 누군가가 "그리스도인"이라는 이유만으로 박해를 받을 때 하나님이 영광을 받으신다(4:16).

그리스도인이 되었기 때문에 학대를 받는 것이 "하나님의 뜻"(4:19)을 따른 것이라는 베드로의 말은 그보다 더 분명할 수 없다. 베드로는 경건하고 신실하게 살면 신자들이 어려움을 당하지 않는다고 주장하는 이들에게 반대하며, 오히려 박해가 있으리라고 장담한다. 하지만 고통에서 벗어나는 것보다 그분의 은총을 더 소중히 여기는 이들에게는 하나님이 "미쁘신 창조주"(4:19)이심을 드러내실 것이다.

마지막으로, 우리는 혼자 고난당하지 않음을 알고 힘을 얻고 인내한다. "세상에 있는 너희[우리의] 형제들"도 마찬가지로 "동일한 고난"을 당하고 있다(5:9). 그러므로 우리의 고난이 아무리 힘겹더라도 "잠깐"일 뿐임을 절대 잊지 말아야 한다(5:10). 그 모든 것을 통해 하나님은 우리를 "온전하게 하시며 굳건하게 하시며 강하게 하시며 터를 견고하게"(5:10) 하신다고 약속하셨다.

거류민과 나그네

이어지는 주석에서 훨씬 많이 언급되겠지만, 여기서는 그리스도인이 세상나라의 시민일 뿐만 아니라 세상 곳곳에서 "[택함 받은] 나그네"(벧전 1:1)로 살아야 한다는, 반복해서 나오는 주제에 잠시 주목해 보자. 우리가 "나그네로 있을 때"(1:17)에는, 경건한 두려움과 경외의 행동이 요구된다. 왜냐하면 우리가 이 타락한 세상에 뿌리박은 육체의 정욕을 제어해야 하는 "거류민과 나그네"(2:11)이기 때문이다.

성경 다른 본문 및 그리스도와의 관련성

베드로는 적어도 20회 이상 구약성경을 인용하지만, 카슨(D. A. Carson)이 주목하듯이, "그 인용(quotations)들은 전체 이야기의 일부에 불과하다. 왜냐하면 베드로전서가 구약에 대한 암시(allusions)로도 장식되었기 때문이다"[17] 어느 저자는 무려 41회의 암시를 밝혀냈지만, "반향"(echoes)을 포함하면

---

17 D. A. Carson, "1 Peter," in G. K. Beale and D. A. Carson, eds., *Commentary on the New Testament Use of the Old Testament* (Grand Rapids, MI: Baker Academic, 2007), 1015. 《일반서신 · 요한계시록》, 신약의 구약 사용 주석 시리즈(CLC).

"이 서신에서 단 한 절도 제외되지 않을 것이다."[18]

아마도 이와 관련하여 주목할만한 가장 중요한 특징은, 베드로가 이스라엘을 하나님의 백성으로 묘사하면서 구약을 인용하고, 그 명칭과 특권과 설명하는 어구를 신약의 교회에 적용하는 방식이다(벧전 2:9-10). 베드로가 보기에 택함 받은 하나님의 백성은 하나만 존재하는데, 이들은 인종과 상관없이 지금 함께 예수 그리스도의 교회를 이루고 있다.

이러한 연속성이라는 요소는, 베드로가 예수 그리스도를 무수한 구약 예언의 약속과 예표를 성취하신 분으로 말하는 데서 가장 분명하게 드러난다. 수많은 구약 본문이 그리스도의 "고난과 후에 받으실 영광"(1:11)을 예시하고, 예표하고, 예언하고, 상징했다. "그리스도의 보배로운 피"는 유월절 어린양이 흘린 피의 성취로(1:19), 이 피만이 영혼들을 죄의 속박에서 구속할 수 있다. 시온에 놓인 "모퉁잇돌"은 그리스도셨다(2:6). 그리고 이사야 53장의 고난 받는 종은 이제 공개적으로 그리스도로 명시되는데, 그분이 "상함으로"(새번역) 우리가 "나음을 얻었[다]"(벧전 2:24).

또한 베드로는 옛 언약의 시대에 메시아에 관해 주어진 모든 예언은 "그리스도의 영"(1:11)이신 성령이 영감하고 유지시킨 것임을 상기시킨다. 따라서 "베드로는 기독교 복음이 구약의 예언 메시지와 어떻게 연속성을 이루는지를 보임으로써, 십자가를 변호하고 독자들을 향한 권고의 토대를 마련한다."[19] 다음에 인용한 좁스의 요약은 유용하다.

> 베드로의 구약 해석은 기독교 복음을 이스라엘 종교가 활짝 꽃핀 것으로 본다. 따라서 그는 유대인 회심자든 이방인 회심자든 그리스도인인 그의 독자들을 위해 구약에 담긴 표현과 도덕적 비전을 자유롭게 끌어다 쓴다…구약의 종교와 기독교 둘 다에 그리스도가 관여하고 있다는

---

18 같은 글.

19 Karen H. Jobes, *Letters to the Church: A Survey of Hebrews and the General Epistles* (Grand Rapids, MI: Zondervan, 2011), 303.

것이야말로 이 통일성을 가장 잘 보여준다. 이스라엘의 옛 예언자들에게 영감하신 분은 바로 이미 존재하신 그리스도의 영, 십자가에 못 박히신 이 메시아의 영이셨다. 그리고 이 하나님의 성령이 전도자들을 통해 기독교 복음을 선포하신다. 기독교 신앙은 새 영이 촉발한 새 종교가 아니라, 택함 받은 백성 이스라엘을 통해 시작된 하나님의 구속 사역을 이야기하는 단일한 종교다.[20]

베드로전서 설교하기

베드로전서를 설교하는 것은 목회자의 기쁨이다! 서신을 따라가며 한 절씩 다루는 쪽을 택하든 주제에 따라 전하는 쪽을 택하든, 베드로전서는 그리스도께서 다시 오실 때까지 하나님의 백성에게 자양분이 될 신학적, 윤리적, 목회적 보화가 거의 무한정 담긴 보고다. 풍성하고 다양한 베드로의 이미지는 직설적인 산문보다 많은 사람에게 더 쉽게 다가갈 것이다. 예를 들어, 베드로는 우리가 미래에 받을 기업을 "썩지 않고 더럽지 않고 쇠하지 아니하는"(벧전 1:4) 것으로, 우리 믿음을 불로 연단된 금처럼 찌꺼기를 없앤 것으로(1:7) 묘사한다. 그리스도는 "흠 없고 점 없는 어린양"(1:19) 같으신 분이다. 우리의 거듭남은, "살아 있고 항상 있는 하나님의 말씀"인 썩지 않는 "씨"가 심김으로 일어난다(1:23). 하나님은 맛이 좋다!(2:3) "순전하고 신령한 젖"인 말씀은 우리를 구원에 이르도록 자라게 할 수 있다(2:2).

2장에서 베드로가 제시하는 이미지는 특별히 생생해서, 하나님의 백성이라는 우리의 정체성에 생기를 불어넣는다. 우리는 "신령한 집"의 "산돌" 같고(2:5), "택하신 족속이요 왕 같은 제사장들이요 거룩한 나라"(2:9)

---

20 같은 책, 304.

다. 예수님은 우리 영혼의 "목자와 감독"(2:25)이시다. 이 외에도 인용할 예는 아주 많다.

또한 이 서신에는 따로 떼어 가르칠 주제가 될 수 있는 간결하고 함축적인 선언이 아주 많이 담겨 있다. "예수를 너희가…믿고 말할 수 없는 영광스러운 즐거움으로 기뻐하니"(1:8). "내가 거룩하니 너희도 거룩할지어다"(1:16). "너희 믿음과 소망이 하나님께 있게 하셨느니라"(1:21). "너희가 주의 인자하심을 맛보았으면 그리하라"(2:3). 우리는 "[우리를] 어두운 데서 불러내어 그의 기이한 빛에 들어가게 하신 이의 아름다운 덕을 선포하[기 위해]"(2:9) 존재한다. 우리는 "뭇 사람을 공경하며 형제를 사랑하며 하나님을 두려워하며 왕을 존대[해야]"(2:17) 한다. 이렇게 밀도 높게 채워진 신학적 선언들은 이 서신 곳곳에서 계속된다.

해석상 과제

베드로전서에는 당황스러운 구절들이 많지만, 베드로전서 3:18-22만큼 당혹스러운 구절은 없다. 난해하기로 악명 높은 이 본문은 문법과 구문론, 구약과의 관계, 죽음과 사후세계 신학에 대한 주의 깊은 분석을 요한다. 그 복잡함 및 이 구절로 인한 신학적 논란 때문에 이 서신의 다른 어느 단락보다 이 본문에 대한 설명과 해석에 더 많은 지면을 할애할 것이다.

개요

I. 서두의 인사(1:1-2)

   A. 저자(1:1a)

   B. 수신자(1:1b-2)

II. 하나님의 백성의 정체성(1:3-2:10)

   A. 하나님의 자비와 우리의 구원(1:3-12)

      1. 구원이 소망을 가져온다(1:3-5)

      2. 구원이 기쁨을 가져온다(1:6-9)

      3. 구원이 특권을 가져온다(1:10-12)

   B. 거룩한 생활 방식(1:13-2:3)

      1. 하나님을 본받음(1:13-16)

      2. 하나님을 두려워함(1:17-21)

      3. 서로 사랑함(1:22-25)

      4. 말씀으로 양육 받음(2:1-3)

   C. 거룩한 제사장(2:4-10)

      1. 영적 제사를 드림(2:4-5)

      2. 그리스도를 중심에 둠(2:6-8)

      3. 하나님의 아름다운 덕을 선포하도록 택함 받음(2:9-10)

III. 하나님의 백성의 영적, 도덕적 삶(2:11-4:11)

   A. 육체의 정욕을 제어함(2:11-12)

      1. 소극적인 면(2:11)

      2. 적극적인 면(2:12)

36 __ ESV 성경 해설 주석

B. 권위에 순종하는 생활 방식(2:13-3:12)

  1. 모든 사람은 통치권을 가진 이들에게 순종하라(2:13-17)

  2. 사환은 주인에게 순종하라(2:18-25)

    a. 훈계(1:18-20)

    b. 본보기(2:21-25)

  3. 아내는 남편에게 순종하라(3:1-6)

    a. 훈계(3:1-4)

    b. 본보기(3:5-6)

  4. 남편은 아내를 귀히 여기라(3:7)

  5. 서로 존중하고 모든 사람을 사랑하라(3:8-12)

C. 만사에 선을 행하는 데 열심을 내는 것과 약속된 변호(3:13-4:6)

  1. 선을 행함으로 고난받음(3:13-17)

  2. 그리스도께서 승리하시고 변호 받으심(3:18-22)

  3. 그리스도인들이 승리하고 변호 받음(4:1-6)

    a. 그리스도의 본보기(4:1-2)

    b. 이전 삶의 방식(4:3)

    c. 장차 임할 심판(4:4-6)

D. 사랑, 대접, 봉사(4:7-11)

  1. 서로를 위해 기도하라(4:7)

  2. 서로 사랑하라(4:8)

  3. 서로 대접하라(4:9)

  4. 서로 봉사하라(4:10-11)

IV. 하나님의 영광을 위해 시련을 견딤(4:12-19)

  A. 하나님의 영광을 위해 고난받을 때 복이 임함(4:12-14)

  B. 죄인이 아니라 그리스도인으로 고난받음(4:15-19)

1 Peter
베드로전서
1:1-12

¹ 예수 그리스도의 사도 베드로는 본도, 갈라디아, 갑바도기아, 아시아와 비두니아에 흩어진 나그네 ² 곧 하나님 아버지의 미리 아심을 따라 성령이 거룩하게 하심으로 순종함과 예수 그리스도의 피 뿌림을 얻기 위하여 택하심을 받은 자들에게 편지하노니 은혜와 평강이 너희에게 더욱 많을지어다

¹ Peter, an apostle of Jesus Christ, To those who are elect exiles of the Dispersion in Pontus, Galatia, Cappadocia, Asia, and Bithynia, ² according to the foreknowledge of God the Father, in the sanctification of the Spirit, for obedience to Jesus Christ and for sprinkling with his blood: May grace and peace be multiplied to you.

³ 우리 주 예수 그리스도의 아버지 하나님을 찬송하리로다 그의 많으신 긍휼대로 예수 그리스도를 죽은 자 가운데서 부활하게 하심으로 말미암아 우리를 거듭나게 하사 산 소망이 있게 하시며 ⁴ 썩지 않고 더럽지 않고 쇠하지 아니하는 유업을 잇게 하시나니 곧 너희를 위하여 하늘에 간직하신 것이라 ⁵ 너희는 말세에 나타내기로 예비하신 구

원을 얻기 위하여 믿음으로 말미암아 하나님의 능력으로 보호하심을
받았느니라

3 Blessed be the God and Father of our Lord Jesus Christ! According
to his great mercy, he has caused us to be born again to a living
hope through the resurrection of Jesus Christ from the dead, 4 to an
inheritance that is imperishable, undefiled, and unfading, kept in heaven
for you, 5 who by God's power are being guarded through faith for a
salvation ready to be revealed in the last time.

6 그러므로 너희가 이제 여러 가지 시험으로 말미암아 잠깐 근심하게
되지 않을 수 없으나 오히려 크게 기뻐하는도다 7 너희 믿음의 확실함
은 불로 연단하여도 없어질 금보다 더 귀하여 예수 그리스도께서 나
타나실 때에 칭찬과 영광과 존귀를 얻게 할 것이니라 8 예수를 너희가
보지 못하였으나 사랑하는도다 이제도 보지 못하나 믿고 말할 수 없
는 영광스러운 즐거움으로 기뻐하니 9 믿음의 결국 곧 영혼의 구원을
받음이라

6 In this you rejoice, though now for a little while, if necessary, you
have been grieved by various trials, 7 so that the tested genuineness of
your faith—more precious than gold that perishes though it is tested
by fire—may be found to result in praise and glory and honor at the
revelation of Jesus Christ. 8 Though you have not seen him, you love
him. Though you do not now see him, you believe in him and rejoice
with joy that is inexpressible and filled with glory, 9 obtaining the
outcome of your faith, the salvation of your souls.

10 이 구원에 대하여는 너희에게 임할 은혜를 예언하던 선지자들이
연구하고 부지런히 살펴서 11 자기 속에 계신 그리스도의 영이 그 받

으실 고난과 후에 받으실 영광을 미리 증언하여 누구를 또는 어떠한 때를 지시하시는지 상고하니라 12 이 섬긴 바가 자기를 위한 것이 아니요 너희를 위한 것임이 계시로 알게 되었으니 이것은 하늘로부터 보내신 성령을 힘입어 복음을 전하는 자들로 이제 너희에게 알린 것이요 천사들도 살펴보기를 원하는 것이니라

10 Concerning this salvation, the prophets who prophesied about the grace that was to be yours searched and inquired carefully, 11 inquiring what person or time[1] the Spirit of Christ in them was indicating when he predicted the sufferings of Christ and the subsequent glories. 12 It was revealed to them that they were serving not themselves but you, in the things that have now been announced to you through those who preached the good news to you by the Holy Spirit sent from heaven, things into which angels long to look.

1 Or *what time or circumstances*

〰〰〰 단락 개관 〰〰〰

신약의 많은 서신이 일반적으로 그러하듯이, 베드로전서의 저자도 자신과 청중을 밝히며 시작한다. 그는 청중이 하나님의 택하심을 받은 자들이라고 짧게 설명한다. 하나님의 백성을 억압하려는 세상에서 바르고 경건하게 살 수 있는 능력의 핵심은, 하나님이 그리스도 안에서 베푸신 자비로 말미암는 영광스러운 구원을 기억하는 것이다. 그 구원의 일시적인 혜택과 영원한 혜택에 초점을 맞추면서 말이다. 간헐적이지만 극심한 박해 가운데 있던 이 신자들은, 이 서두에서 하나님이 그리스도 안에서 베푸신

"많으신 긍휼"(벧전 1:3)로 인해 그들의 소망이 확실하다는 사실에 안심한다. 신자들은 압제당하며 억압받고 있을지라도 하나님이 최종 구원을 위해 믿음으로 말미암아 그들을 보호하시는 데 전념하심을 기억해야 한다.

하나님의 섭리 가운데, 우리가 견디는 가혹한 시련들은 그리스도에 대한 우리의 사랑과 그분 안에서 누리는 즐거움이 강해지고 깊어지도록 돕는다. 이 구원은 실로 영광스러운 특권이요 옛 예언자들이 알려준 것이자 천사들도 살펴보기 원하는 것이다.

≋≋≋≋ 단락 개요 ≋≋≋≋

Ⅰ. 서두의 인사(1:1-2)
 A. 저자(1:1a)
 B. 수신자(1:1b-2)
Ⅱ. 하나님의 백성의 정체성(1:3-2:10)
 A. 하나님의 자비와 우리의 구원(1:3-12)
  1. 구원이 소망을 가져온다(1:3-5)
  2. 구원이 기쁨을 가져온다(1:6-9)
  3. 구원이 특권을 가져온다(1:10-12)

≋≋≋≋ 주석 ≋≋≋≋

1:1-2 대부분의 신약 서신이 일반적으로 그러하듯, 베드로는 자신이 "예수 그리스도의 사도"임을 밝히며 시작한다. 소유격 "예수 그리스도의"는 아마 소유한 이를 가리키는 것이겠지만, 예수님이 보내시거나 위임하셨다는 개념도 제시한다. 베드로는 다른 열한 명과(맛디아가 가룟 유다를 대신함) 똑

같이 그리스도의 사도 중 하나다. 그는 그리스도를 대신하여 말하고 그리스도의 사절 또는 대리인으로 행동할 충분한 권위를 가진다. 신약에서 '사도들'로 불린 다른 이들은 영적으로 더 낮은 권위를 가지고 사역했다(고후 8:23; 빌 2:25, 아마도 롬 16:7).

편지의 수신자들은 "본도, 갈라디아, 갑바도기아, 아시아와 비두니아에 흩어진 [택하심을 받은] 나그네"로 명시된다. 이 지역은 모두 오늘날의 터키에 해당한다. 이 지역으로 둘러싸인 땅은 엄청나게 커서 거의 35만 제곱킬로미터에 이르며, 대략 뉴욕과 펜실베이니아와 오하이오 주를 합한 면적에 해당한다.

"택하심을 받은"으로 번역된 헬라어는 신약에서 22회 사용되는데, 이 서신에서는 예수님과 관련하여 두 번 나온다(벧전 2:4, 6, 참고. 눅 23:35). 이 22회의 용례 중에 17회는 하나님의 "택하심을 받은 자들", 영생을 유업으로 받도록 택함 받은 자들에게 사용된다(마 22:14; 24:22, 24, 31; 막 13:20, 22, 27; 눅 18:7; 롬 8:33; 골 3:12; 딤후 2:10; 딛 1:1; 벧전 1:1; 2:9; 요이 1, 13절; 계 17:14).

하나님의 주권적인 선택을 받은 대상은 특히 '유배자'("exile")나 "거류민"이나 "나그네"로 명시된다(참고. 벧전 1:17과 2:11). 베드로가 이 단어를 사용한 의도에 대해 질문이 제기된다. 그는 택함 받는 자들이 어떤 이들인지, 즉 앞에 언급된 다양한 지역 곳곳에 흩어진 나그네임을 설명하려 하는가? 아니면 그의 편지를 받는 이들이 어떤 나그네인지, 즉 '택하심을 받은' 나그네임을 묘사하려 하는가? 어느 쪽이든 가능하지만, 후자일 가능성이 크다. 이 신자들에 관해 다른 어떤 말을 하든, 그들의 본질을 규정하는 기본적인 정체성은 하나님의 구원하시는 은혜로 "택하심을 받은" 이들이라는 것이다.

일부 학자들은 이 용어가 베드로의 청중이 지닌 정치적·사회적 지위를 나타낸다고 주장한다.[21] 이 견해에 따르면, 그들은 그들이 사는 땅에서

---

21 이 견해를 가장 열렬하게 지지하는 책은 John H. Elliott, *1 Peter: A New Translation with Introduction and Commentary*, AB (New York: Doubleday, 2000)다.

말 그대로 '외국인'이었다. 그들에게는 시민권과 그에 수반된 권리가 없었다. 아마도 그들은 사회의 주변부에서 살았고, 권리를 박탈당했으며, 경제적이고 정치적인 억압을 당했을 것이다. 다른 학자들은 베드로가 그들의 '사회적 지위'보다는 '영적 상태'를 묘사하고 있다고 생각한다. 그리스도인은 1세기의 본도에 있든 21세기의 파리에 있든 땅에서 순례자이자 거류민이다. 예수님을 따르는 이들은 갈라디아에 있든 독일에 있든, 비두니아에 있든 보스니아에 있든, 이 세상에서 나그네다. 그들은 하나님이 그분을 사랑하는 이들을 위해 예비하신 하늘의 도성인 새 예루살렘, 곧 그들의 진정한 본향을 떠나 있다. 우리는 이 땅에 체류하는 나그네일 뿐이다(참고. 특히 히 11:13-16).[22]

언뜻 보기에 '택하심을 받은 유배자'("elect exiles")라는 표현은 용어상 모순되는 것처럼 보인다. 유배자가 되려면 '거절당해야' 하고, 택함 받은 자가 되려면 '선택 받아야' 한다. 그러나 이 표현에 모순은 없다. 하나님의 백성은 바로 하나님께 택함을 받았기 때문에 이 세상에게 거절당한다. 하나님은 몸소 그들을 세상에서 택하여 영원한 하늘의 유업을 받을 자로 정하셨고, 그리하여 그들을 이 땅에서 유배자요 체류하는 나그네로 만드셨다. 비록 그들은 현재 유배 중이고 사회적으로 소외되어 있으며 지역 사회의 주변부에 거하는 데다 적대적인 세력에게 노출되어 있지만, 하나님이 택하신 이들이고 영원한 하늘의 영광을 받을 자들이다.

더 나아가 세 개의 전치사구가 하나님의 주권적 선택이 가지는 성격과 목적을 알려준다. 첫 번째로, 그들은 "하나님 아버지의 미리 아심을 따라"(벧전 1:2. 참고. 엡 1:4; 딤후 1:9; 계 13:8; 17:8) 택하심을 받았다. "미리 아심"은, 하나님이 단순히 택함 받은 자를 주시하신다거나, 그들의 존재를 알고 계신다거나, 그들의 삶에 관한 정보를 갖고 계신다는 의미가 아니다. 또는 하나님이 우리의 회심을 예견하시거나 그것에 대해 미리 아신다는 것

---

22 이 주제에 대해서는 Jobes, *Letters to the Church*, 288을 보라.

도 아니다. 성경에서 '알다'라는 말은 흔히 단순한 인식 이상의 의미를 가진다. 실제로 이 단어는 '사랑하다', '관심을 두다', '특별한 관심, 기쁨, 애정, 행동을 보이며 알다'와 어느 정도 동의어로 사용 된다(참고. 창 18:19; 출 2:25; 시 1:6; 144:3; 렘 1:5; 호 13:5; 암 3:2; 마 7:23; 고전 8:3; 갈 4:9; 딤후 2:19; 요일 3:1). 따라서 '미리 알다'라는 말은 '미리 사랑하다'라는 의미이다. 하나님이 우리를 미리 아신다는 말은, 그분이 은혜와 자비로 우리에게 관심을 두셨다는 뜻이며, 영원한 과거로부터 최고로 기뻐하시며 우리를 아셨다는 것이다. 하나님의 미리 아심은 하나님의 사랑이 적극적이고 창의적으로 드러난 것이다. 이는 그저 믿는 사람과 믿지 않는 사람의 차이를 인식하는 예지가 아니다. 하나님의 미리 아심이 그 차이를 만들어낸다!

여기서 베드로는 우리가 "하나님 아버지의 미리 아심을 따라"(벧전 1:2) 택하심을 받는다고 단언한다. 전치사 카타(*kata*, "~을 따라")가 '~에 맞추어'라는 의미를 가진다는 점에는 대부분이 동의한다. 다시 말해, 하나님의 미리 아심 즉 우리를 향한 영원한 사랑이 그분의 선택 행위가 시작되는 기준 또는 규범이었다.

두 번째로, 하나님이 하신 이 선택은 "성령이 거룩하게 하심으로"(2b절) 되었다. "~으로"(in)라는 전치사 엔(*en*)은 도구의 의미로, 거룩하게 하는 당사자는 성령이시다. "거룩하게 하심"은 신약에서 유동적으로 사용되는 단어인데, 여기서는 우리를 성부 하나님의 소유가 되도록 따로 떼어 놓고 성별(聖別)하고 거룩하게 하시는 성령 하나님의 첫(initial) 행위를 가리킨다. 베드로는 우리가 성부 하나님만의 것, 우리를 택하신 그분의 소유가 되도록 처음부터 다른 모든 것으로부터 분리되었음을 염두에 두고 있다(행 20:32; 26:18; 고전 1:2, 30; 6:11; 살후 2:13).[23]

세 번째이자 마지막으로, 택하심의 목적[전치사 에이스(*eis*)의 뜻을 반영하는

---

23 이 외에도, 거룩하게 하심은 우리를 변화시키고 그리스도의 도덕적 형상을 닮아가게 하는 성령의 계속되는 사역을 가리킬 수도 있고(롬 8:13; 고후 3:18; 7:1; 살전 5:23; 히 12:10, 14), 자기 백성을 완벽하게 거룩하게 하시는 하나님의 최종적인 행동을 가리킬 수도 있다(엡 5:25-27).

'~을 위하여']은 "순종함"과 "예수 그리스도의 피 뿌림"을 얻는 것이다(두 개의 명사 '순종'과 '피 뿌림'이 모두 한 개의 전치사에 걸린다). 그렇다면 우리를 미리 아시고 택하신 성부의 이 주권적인 행동과 우리를 그분께로 따로 구별하시는 성령의 사역에는, 그리스도께 순종하고 그분의 피 뿌림을 받는 목표나 의도나 목적이 있다.

이 표현은 출애굽기 24:3-8을 배경으로 한다. 여기서 모세는 이스라엘 자손으로 하여금 하나님과 언약을 맺게 한다. 이스라엘 자손이 여호와께서 명하신 모든 말씀에 순종하겠다고 약속하자 모세는 그들에게 희생 제물의 피를 뿌린다. 피 뿌림은 하나님이 은혜롭게 이스라엘을 받아들여 언약을 맺으셨고 그들이 그분께 신실하고 순종해야 하는 의무를 지님을 나타냈다. 베드로는 이스라엘 자손이 옛 언약을 맺기 위해 순종을 맹세하고(출 24:3, 7) 희생 제물의 피 뿌림을 받았던 것과 똑같이(출 24:8), 우리도 그리스도의 피가 우리를 새 언약에 들어가도록 하였기에 하나님께 순종을 맹세한다고 말하고 있는 듯하다.

"은혜와 평강"이 그들에게 "더욱 많을지어다"라는 베드로의 기도는 의례적이고 문학적인 관습 이상의 것이다. 하나님의 은혜는 그분의 자애롭고 과분한 은총일 뿐만 아니라, 성령을 통해 그 백성의 삶에 영향을 끼치고 일하시는 그분의 능력과 임재다. 마찬가지로 베드로가 기도하는 "평강"도 모든 하나님의 자녀의 특징이 되어야 하는 행복과 영적 평온함이라는 경험적인 감각이다(참고. 빌 4:7).

~~~~~~ 응답 ~~~~~~

베드로가 바라는 것은, 독자들이 문화나 인간관계가 아니라 하나님 안에서 그들의 근본적인 정체성을 찾을 수 있음을 깨닫는 것이다. 그리스도인은 하나님이 선택하신 자들, 택하심을 받은 자들이다. 택하심은 영원한 과거에 성부의 선택으로 시작되었고, 우리가 어떻게 성령의 거룩하게 하심을 통해 하나님의 유일무이하고 고유한 소유가 되었는지 설명해 준다. 그리고 택하심의 목적은 예수님께 순종하는 것이다. 삼위일체의 삼위이신 성부와 성자와 성령께서 모두 이 택하심에 참여하신다.

의미심장한 사실은, 수많은 시련을 겪으며 상처받고 박해당하고 억압받는 이들에게 보내는 이 서신의 서두에서 베드로가 택하심에 초점을 맞추고 있다는 것이다. 우리를 위한, 우리 안에 있는, 우리를 통한 하나님의 영원한 목적이, 어려운 시기에 우리를 궁극적으로 지탱해 줄 유일한 것이다. 하나님의 택하심을 받은 자로서 우리가 누구인지와 누구의 소유인지를 아는 지식은, 고통의 시기에 우리를 격려하시고 유혹받을 때 우리의 의지를 강하게 하며 모든 것이 무너져 내린 것 같은 때 계속 소망을 가지도록 하시기 위해 성령님이 거듭 상기시키시는 진리다.

그렇다. 우리는 이 땅에서 나그네요 거류민이다. 세상의 언어와 가치관과 관습은 우리에게 이질적으로 느껴진다. 그러나 우리는 단순한 나그네가 아니라 택하심을 입은 나그네, 하나님이 택하신 백성이다. 우리의 중심 되는 정체성은, 우리가 하나님의 택하심을 받은 자요 그분의 영적 가족인 교회의 지체라는 것이다. 이 진리가 우리 마음에 확고하게 자리 잡아야 한다. 하나님은 우리가 땅에서 나그네로서 맞닥뜨리는 그 어떤 어려움이나 낙심도 그분께 놀라운 일이 아님을 알기를 원하신다. 이 장엄한 진리를 곱씹자. 이 진리가 우리의 영혼 속에 깊이 스며들게 하자. 하나님이 우리를 택하셨다. 성령님이 우리를 그분의 유일무이하고 사랑하는 소유로 구별하셨다. 그리고 우리의 삶은 예수님께 순종하도록 계획되었다.

〰〰〰 **주석** 〰〰〰

1:3-5 베드로는 잠시 후에 독자들이 겪는 고난, 즉 그들이 어떻게 "여러 가지 시험으로 말미암아…근심하[고]"(1:6), 불신자들에게 비방을 받고

(2:12), 슬픔 가운데 "부당하게 고난"(2:19)을 당하고 있는지를 언급할 것이다. 4:12에서는 많은 이들이 견디는 "불 시험"을 언급한다. 그러나 그러한 어두운 주제도 하나님을 진심으로 열정적으로 찬양하는 데 방해물이 되지는 않는다. 베드로가 "우리 주 예수 그리스도의 아버지 하나님을 찬송하리로다"(1:3)라고 선언하기 때문이다. 이러한 송영은 4:11("그에게 영광과 권능이 세세에 무궁하도록 있느니라 아멘")과 5:11("권능이 세세무궁하도록 그에게 있을지어다 아멘")에서 조금 다른 표현으로 다시 터져 나온다.

베드로는 1:6에서 그들이 "이제 여러 가지 시험으로 말미암아 잠깐 근심하게 되지 않을 수 없으나" '이것으로 말미암아'(개역개정은 "그러므로") 기뻐한다고 안심시킬 것이다. '이것'에 해당하는 앞의 내용은 3-5절에 묘사한 대로, 그리스도 안에서 하나님의 자비로 말미암아 우리에게 임한 구원과 소망이다. 이렇듯 우리의 구원, 우리의 소망, 우리를 위해 "하늘에 간직하신"(4b절) 유업이야말로, 다른 모든 것이 우리를 멸하려고 위협할 때 그리스도인의 영혼이 흔들리지 않고 강건할 수 있도록 하나님 안에서 누리는 큰 기쁨의 원천이자 보고 역할을 한다.

우리가 거듭나 그리스도를 믿게 된 것은 하나님의 "많으신 긍휼"(3절)의 열매다. 은혜는 죄인을 '유죄'로 여기는 반면, 긍휼은 죄인을 '비참하다'고 여긴다. 긍휼은 우리 죄의 결과와 부패가 드러날 때 우리에 대해 하나님의 마음에서 일어나는 반응이다. 우리는 가련하고 애처로우며 죄가 우리를 몰아넣은 상태에서 탈출할 힘이 없다

거듭남은 도덕적 개혁이나 단지 다른 사람에 대한 습관을 바꾸는 정도를 넘어선다. 거듭남[참고. 아나겐나오(*anagennaō*), 3절]에는 성령의 초자연적이고 효과적이고 아주 신비로운 사역이 있는데, 이는 인간이 복음에 보이는 긍정적인 반응의 배후에서 그리고 그보다 앞서 일어난다. 구원을 자비로운 '하나님의 낳으심'이라는 표현으로 묘사하는 목적은, 죽었거나 존재하지 않는 것을 살게 하거나 나타나게 하는 데 있는 하나님의 주도권을 강조하기 위한 것이다(참고. 요 1:13; 엡 2:1-4; 고후 4:6).

이렇게 하나님의 택함을 받은 자로 태어남은 "산 소망"(벧전 1:3)이라

는 귀한 선물을 낳는다. 소망은 불확실한 바람이 아니라 전적인 신뢰다. 소망은, 하나님이 행하겠다고 말씀하신 대로 행하실 것에 대한 흔들리지 않는 확신이다. 이는 하나님이 그분의 모든 약속을 이행하실 때 장차 우리에게 선을 행하시리라는 전적인 신뢰 또는 강한 확신이다.

베드로는 우리의 소망이 '산'(living) 소망이라고 묘사한다. 이는 세상 전반에서 발견되는 죽어있고 생명 없으며 결국 헛된 소망과 대조된다(참고. 엡 2:12; 살전 4:13). 우리의 소망은, 생산적이고 열매를 맺고 비옥하다는 의미에서 살아 있다. 우리의 소망은, 우리 삶의 방식을 변화시킬 능력이 있는 소망이다. 그 소망이 살아 있는 까닭은, 그 초점과 목적이 실재하는 것이고 변하지 않으며 참되고 바위처럼 단단하기 때문이다.

이 소망은 "예수 그리스도를 죽은 자 가운데서 부활하게 하심으로 말미암아"(벧전 1:3b) 우리 것이 된다. 뒤에서 베드로는 우리가 "살아 있고 항상 있는 하나님의 말씀으로"(23절), 곧 우리에게 "전한 복음"(25절, 참고. 고전 15:3-4)을 통해 이 산 소망을 가진 자로 거듭난다고 분명히 밝힐 것이다. 하나님이 그리스도를 죽은 자 가운데서 일으키셨으므로 우리를 위한 그분의 죽음이 우리 죄를 배상하고 그 값을 치르기에 충분했다고 믿을 타당한 이유가 있다.

이 소망은, 이 땅에서 부패하고 썩게 마련인 것들이 아니라 하늘에 간직되고 보존된 유업이 우리에게 있다는 확신에 찬 신뢰다. 구약에서는 약속된 유업이 보통 하나님이 아브라함과 그 자손에게 약속하신 땅으로 표현되었다. 이 소망 역시 새 하늘과 새 땅으로, 하나님의 도성인 새 예루살렘으로 요약되기 때문에 여전히 여러 면에서 물리적이다. 하지만 이생에서 받을 수 있는 모든 유업을 훨씬 뛰어넘는다. 이 소망은 "썩지 않고[아프타르톤(*aphtharton*)] 더럽지 않고[아미안톤(*amianton*)] 쇠하지 아니하는[아마란톤(*amaranton*)]"(벧전 1:4) 것이다. 이생에서 우리가 아는 모든 것은 결국 죽거나 더럽혀지거나, 마음을 사로잡고 미혹하는 능력을 잃는다. 반면 이러한 표현들은, 우리를 위해 하늘에 준비된 소망이 절대 그런 식으로 우리를 실망시키지 않으리라고 안심시킨다.

베드로는 우리 믿음을 통해 역사하고 그 믿음을 지탱하는 하나님의 능력(벧전 1:5)이, 그분이 약속하신 바가 반드시 우리 것이 되리라는 보증이라고 선언한다. 바로 우리 믿음을 '통해' 하나님이 우리를 안전하게 지켜 주신다. 하나님의 능력이, 우리의 유업을 위태롭게 할 수 있는 불신앙이나 믿음의 상실에서 우리를 보호하신다. 우리를 하늘에서 멀어지게 할 수 있는 유일한 행위는 우리가 그리스도 안에 있는 우리 믿음을 저버리는 것, 다른 소망과 다른 보물로 돌아서는 것이다. 그래서 우리는 보호하시는 하나님이 그런 일이 일어나지 않게 하신다. 그분은 믿음을 우리에게 불어넣으시고, 자라게 하시고, 강하게 하시고, 세워 주신다. 그렇게 하심으로써 우리를 멸망시킬 수 있는 유일한 것인 불신앙, 곧 하나님에 대한 신뢰가 부족해지지 않도록 지키신다.

1:6-7 앞에서 주목했듯이, 베드로가 신자의 기쁨의 근원으로 여기는 '이것'은 우리를 구원하신 하나님의 자비로운 사역을 가리킨다(3-5절). 고난과 슬픔이 기쁨을 차단한다고 생각하기 쉽지만, 베드로는 그렇지 않다고 말한다. 실제로 6-7절은 고난 중에도 기뻐하는 두 가지 또 다른 이유를 제시한다. 베드로는 먼저 고난이 얼마나 오래 지속될지에 대해 이야기한다. 우리의 고난은 "잠깐"(6a절) 존재한다. 지금 고난을 겪는 시간은 영원에 비하면 항상 짧을 것이다. '우리를 위해 하늘에 간직하신 썩지 않고 더럽지 않고 쇠하지 않는' 유업에 비해, 현재 우리가 겪는 고난은 잠깐일 뿐이다(4절, 참고. 롬 8:18; 고후 4:16-18).

어떤 사람들은 동사 아갈리아스테(*agalliasthe*, "너희가…크게 기뻐하는도다")를, 종말에 누릴 기쁨에 초점을 맞춘 미래적 현재 시제라고 주장한다. 하지만 베드로의 요지는 다음과 같다. 지금 하나님의 백성이 종말론적 복이 임할 것을 고대하며 고난을 견디고 있을지라도, 그러한 기쁨은 현재 누리는 실제(reality)다. 동일한 동사가 신약 다른 곳에서도 현재의 기쁨을 나타내는 데 사용된다(마 5:12; 눅 1:47; 요 8:56; 행 2:26; 계 19:7). 그리고 8절에서도 같은 형태로 현재 그리스도 안에서 누리는 기쁨을 강조하며 다시 나온다.

'필요하다면'(벧전 1:6, 개역개정은 "되지 않을 수 없으나")은, 그리스도인이 괴로움을 겪는 것도 오직 하나님이 뜻하시기 때문임을 상기시킨다(참고. 3:17; 4:19). 우리는 옳은 일을 함으로 고난을 겪을 수도 있고 겪지 않을 수도 있다. 하나님의 주권적인 뜻이 우리에게 닥치는 모든 괴로움을 주관하시므로, 고난은 궁극적으로 악인이나 사탄이 아닌 하나님으로부터 말미암는다.

그런데 하나님은 왜 우리 삶에 고난을 허용할 필요가 있다고 여기시는가? 그 답은 1:7에 있다. "너희 믿음의 확실함은 불로 연단하여도 없어질 금보다 더 귀하여 예수 그리스도께서 나타나실 때에 칭찬과 영광과 존귀를 얻게 할 것이니라." 하나님의 의도는 불이 금을 연단하듯이 고통과 시련으로 우리 믿음의 진정성을 정련하는 것이다. 그래야 그리스도께서 다시 오실 때 우리 믿음의 탁월함으로 인해 칭찬과 영광과 존귀를 얻을 것이다. 베드로는 입증된 믿음이 금보다 더 귀하다고 말한다. 금은 일시적이고 결국 사라지기 때문이다. 그렇지만 믿음을 금에 비유하는 까닭은, 둘 다 불로써 부유물과 불순물을 제거하고 정화하기 때문이다(참고. 시 66:10; 사 48:10; 말 3:3).

예수님이 영광 가운데 나타나실 때[여기서 아포칼립세이(*apokalypsei*)는 그리스도의 재림을 가리킨다], 두 가지 일이 일어날 것이다. 먼저, 그분의 영광이 우리 믿음이라는 거울에 아주 멋지게 비칠 것이다. 그분은 신뢰받는 분, 소망하던 분, 그 안에서 크게 기뻐할 분이다. 이렇듯 그분의 영광이 우리 믿음과 소망과 기쁨 가운데 빛날 것이다. 우리 믿음이 더욱 순수하고 정제된 금과 같을수록, 그분의 아름다움과 귀함이 더욱 잘 비칠 것이다.

다음으로, 하나님은 그분을 높이는 이들을 다 높이실 것이므로 우리 믿음에 칭찬과 영광과 존귀를 베푸실 것이다. 그분은 "잘 하였도다. 착하고 충성된 종아"라고 말씀하실 것이다. 또 우리에게 (베드로가 5:4에서 말하듯이) "시들지 아니하는 영광의 관"을 주실 것이다(참고. 고전 4:5).

1:8 6-7절에 나타난 베드로의 사고에 담긴 논리를 따라가면, 8절이 혹독한 시련을 거친 후 그리스도인의 믿음에서 남은 것에 관해 묘사함을 알

게 된다. 다시 말해, 8절은 박해와 고통의 최종 산물을 묘사해 준다. 이는 그리스도인의 경험 가운데서 가장 순수하고도 근원적인 형태의 것이다. 베드로는 완벽함에 대한 환상을 품는 것이 아니라, 지엽적인 요소가 사라진 예수님과의 관계를 그려 보인다.

첫 번째로, 베드로가 말하는 예수님에 대한 사랑은, 하나님의 아들에 대한 부끄러워하지 않고 아낌없이 쏟아 붓는 애정을 가리킨다. 꼭 예수님의 실물을 봐야만 예수님에 대한 걷잡을 수 없는 열정을 느끼는 것은 아니다. 오히려 우리는 하나님의 말씀의 계시를 통해 예수님을 본다. 그리고 성령은 우리 마음과 영혼에 예수님을 향한 부인할 수 없고 억제할 수 없는 열정적인 애정을 불러일으키신다.

두 번째로, 그러한 믿음에는 예수님에 대한 신뢰가 수반된다. 8절의 "믿고"는 예수님에 관한 교리적 진리에 지적으로 동의하는 수준 이상의 의미를 담고 있다. 분명 믿음에는 그러한 동의가 포함 된다. 동시에 믿음은 그분께 굴복하고, 시시각각 그분을 의지하고, 영혼을 그분께 의탁하고, 힘과 격려와 소망을 얻기 위해 항상 그분께로 돌아가는 것도 필요로 한다.

세 번째로, 이러한 믿음은 예수님을 즐거워하는 것을 포함한다. 불순물을 제거하고 정화된 믿음의 최종 산물은 "말할 수 없는 영광스러운"(8절) 기쁨이다. 이는 시련이 시작되기 전에는 기쁨이 없다는 말이 아니다. 우리는 고난을 받기 전이나 받는 중이나 받은 후에나 "항상 기뻐[해야]"(살전 5:16) 할 책임이 있다. 베드로의 요지는, 기쁨의 질과 진실성과 강렬함이 시련을 통해 정제되고 강화된다는 것이다. 여기서 기쁨은 부차적이거나 억누르고 피해야 할 것이 아니라, 오히려 그리스도인이 경험할 수 있는 최고의 것이자 가장 거룩한 형태의 것으로 묘사된다.

베드로는 이 기쁨을 말로 다 설명하거나 그려 낼 수 없다고 묘사하며, 너무 심원해서 단순한 말을 넘어서는 기쁨이라고 말한다. 그것은 형언할 수 없고, 온 마음을 사로잡고, 압도적이고, 말문이 막히는 기쁨이다! 이 기쁨은 이해하거나 설명하려는 인간의 모든 노력을 거부한다.

이 기쁨은 또한 "영광스[럽다]"(8절). 이 단어는 구약에 나오는 하나님의 영광에 관한 이미지, 하나님의 임재에서 나타나는 환하고 반짝이는 빛이라는 이미지를 떠올리게 한다. 또 이 "영광"은, 우리의 구원이 완성되고 그리스도와 충만한 관계에 들어갈 때인, 다가올 시대의 영광을 가리킬 수도 있다. 그렇지만 우리는 현재 예수님을 보지는 못하나 그 다가올 날의 놀랍고 형언할 수 없는 영광의 일부를 지금도 미리 경험한다. 미래의 영광이 현재로 들어와 영원히 우리를 변화시켰다.

1:9 그리스도에 대한 이 생생하고 활기찬 믿음은, 우리 구주께서 재림하실 때 구원이 온전해짐으로 완성될 것이다. 분사 형태인 "받음이라"는 인과 관계를 나타낼 가능성이 높다. 우리가 현재 경험하는 기쁨은 대부분 우리가 받을 최종적인 구원의 확실성에 기초하기 때문이다. 베드로가 사용하는 "영혼"[프쉬콘(*psychōn*)]이라는 단어는, 마치 우리 존재의 비물질적 차원만 구원을 받는 것처럼 몸-영혼 이원론을 암시하지 않는다. 그는 이 서신에서 몇 차례 "영혼"이라는 단어를 쓰는데, 그 중 두 번은 총체적인 인간을 가리킨다(3:20; 4:19).

1:10-12 베드로는 "이 구원"(9절에 약속된)에 관하여 몇 가지 진리를 명료하게 표현한다. 첫 번째로, 구약의 예언자들을 통해 일하신 성령께서[24] 그것을 미리 잘 깨닫게 하셨다(10-11절). 그리스도 안에서 나타난 하나님의 구원하시는 은혜는, 예상치 못하게 전개된 상황에 대해 나중에 생각해낸 대응책이 아니었다. 오히려 그것은 구약성경에서 미리 계획되었고 예언되었다. 두 번째로, 이 구원은 "은혜"라는 한 단어로 요약할 수 있는데, 여기서 이 단어는 하나님이 그리스도 안에서 우리를 위해 하신 모든 일을(11b절) 아우르는 포괄적인 용어다. 처음부터 끝까지 은혜는, 하나님이 지옥에 가야 마땅한 죄인들에게 자비로운 은총을 베푸시는 것이다. 세 번째로, 이

---

24 "그리스도의 영"(11절)이라는 어구가 성경 다른 곳에서는 로마서 8:9(행 16:7에서는 "예수의 영", 참고. 벧후 1:21)에 나온다.

구원은 "그리스도의…고난"(11b절)으로만 가능하다. 전치사 에이스(*eis*)는 도착점을 가리켜서, 그리스도에게 '이를' 또는 '임하게' 되어 있는 고난이라는 의미라고 할 수 있다. 이 고난 뒤에는 '영광들'(신약의 용례 중 특이하게 복수 형태), 즉 그리스도께서 부활하고 승천하고 하나님의 오른편으로 높아지심이 뒤따른다.

　　이 구원의 영광은, 그 강림을 예언한 바로 그 선지자들이 보인 강렬한 호기심과 관심에서 다시 한 번 드러난다. 그들이 아직 오지 않은 일에 관해 예언적으로 말할 때, 하나님은 그들이 행하던 섬김이 그들 자신이 아니라 우리를 위한 것임을 그들에게 분명히 하셨다(신적 수동태[25]를 주목하라. '하나님에 의해' "계시로 알게 되었으니"). 마지막으로, 이 구원은 당황스러운 무언가를 가리키는 오래되거나 난해하거나 부적절한 단어가 아니라, 너무 놀랍고 장엄해서 하늘의 천사들조차도 살펴보고 이해하기를 갈망하는 것이다(12절). 베드로가 말한 "살펴보기를"[파라큅사이(*parakypsai*)]은, 천사들이 우리가 받는 구원의 본질을 알지 못했고 그로 인해서 갖는 호기심을 나타낸 표현일 수 있지만, 한편으로는 그 구원의 성취에 대한 천사들의 갈망을 내포한 것이라고 할 수 있다.

≋≋≋≋ 응답 ≋≋≋≋

이교 세상의 한 가지 특징이 있다면, 소망 없음이다. 반면 그리스도인들은 예수님의 부활을 통한 하나님의 구원하시는 은혜에 의해 장래를 보장받은 사람들이다. 하나님의 약속은 우리 영혼에 확신을 주는 흔들리지 않는 토대다. 우리가 만나는 어떠한 분투나 퇴보나 실망도 문제되지 않는다. 우리가 세상에서 체류하다 하늘의 유업을 누리게 될 때까지 하나님의 능력이

---

25 '신적 수동태'란 하나님이 주어로 암시되는 수동태를 가리킨다.

우리를 지키고 우리의 믿음을 살아 있게 할 것이다.

그리스도를 아는 이들에게 고난은 의미 없거나 낙담되는 일이 아니다. 오히려 그것은 하나님이 우리를 사랑하신다는 표현이며, 예수님의 다시 오심에 대비하여 우리 믿음을 정화하려고 마련하신 시련이다. 삶이 종종 괴로움을 줄 지라도 우리는 불로 연단된 것 같은 이 믿음으로 인해, 비록 그리스도께서 육신으로 계시지 않으나 그분을 사랑할 수 있고, 너무 깊어서 말로 설명할 수 없는 기쁨이라는 복을 경험할 수 있다. 심지어 고난을 잘 받는 능력이 그리스도인의 진정한 성장과 영적 성숙의 표지라고까지 말할 수도 있다. 번창하는 시기에 많이 배웠다고 증언하는 사람은 거의 없을 것이다. 오히려 많은 사람들은 믿음의 시련을 당할 때가 예수님의 형상을 훨씬 더 닮아 가며 성장한 시기라고 말할 것이다.

1 Peter

베드로전서

1:13-2:3

1:13 그러므로 너희 마음의 허리를 동이고 근신하여 예수 그리스도께서 나타나실 때에 너희에게 가져다 주실 은혜를 온전히 바랄지어다 14 너희가 순종하는 자식처럼 전에 알지 못할 때에 따르던 너희 사욕을 본받지 말고 15 오직 너희를 부르신 거룩한 이처럼 너희도 모든 행실에 거룩한 자가 되라 16 기록되었으되 내가 거룩하니 너희도 거룩할지어다 하셨느니라

1:13 Therefore, preparing your minds for action,[1] and being sober-minded, set your hope fully on the grace that will be brought to you at the revelation of Jesus Christ. 14 As obedient children, do not be conformed to the passions of your former ignorance, 15 but as he who called you is holy, you also be holy in all your conduct, 16 since it is written, "You shall be holy, for I am holy."

17 외모로 보시지 않고 각 사람의 행위대로 심판하시는 이를 너희가 아버지라 부른즉 너희가 나그네로 있을 때를 두려움으로 지내라 18 너희가 알거니와 너희 조상이 물려 준 헛된 행실에서 대속함을 받은 것

은 은이나 금같이 ¹⁾없어질 것으로 된 것이 아니요 ¹⁹ 오직 흠 없고 점 없는 어린양 같은 그리스도의 보배로운 피로 된 것이니라 ²⁰ 그는 창세 전부터 미리 알린 바 되신 이나 이 말세에 너희를 위하여 나타내신 바 되었으니 ²¹ 너희는 그를 죽은 자 가운데서 살리시고 영광을 주신 하나님을 그리스도로 말미암아 믿는 자니 너희 믿음과 소망이 하나님께 있게 하셨느니라

¹⁷ And if you call on him as Father who judges impartially according to each one's deeds, conduct yourselves with fear throughout the time of your exile, ¹⁸ knowing that you were ransomed from the futile ways inherited from your forefathers, not with perishable things such as silver or gold, ¹⁹ but with the precious blood of Christ, like that of a lamb without blemish or spot. ²⁰ He was foreknown before the foundation of the world but was made manifest in the last times for the sake of you ²¹ who through him are believers in God, who raised him from the dead and gave him glory, so that your faith and hope are in God.

²² 너희가 진리를 순종함으로 너희 영혼을 깨끗하게 하여 거짓이 없이 형제를 사랑하기에 이르렀으니 마음으로 뜨겁게 서로 사랑하라 ²³ 너희가 거듭난 것은 썩어질 씨로 된 것이 아니요 썩지 아니할 씨로 된 것이니 살아 있고 항상 있는 하나님의 말씀으로 되었느니라 ²⁴ 그러므로 모든 육체는 풀과 같고 그 모든 영광은 풀의 꽃과 같으니 풀은 마르고 꽃은 떨어지되 ²⁵ 오직 주의 말씀은 세세토록 있도다 하였으니 너희에게 전한 복음이 곧 이 말씀이니라

²² Having purified your souls by your obedience to the truth for a sincere brotherly love, love one another earnestly from a pure heart, ²³ since you have been born again, not of perishable seed but of imperishable, through the living and abiding word of God; ²⁴ for

"All flesh is like grass

and all its glory like the flower of grass.

The grass withers,

and the flower falls,

25 but the word of the Lord remains forever."

And this word is the good news that was preached to you.

2:1 그러므로 모든 악독과 모든 기만과 외식과 시기와 모든 비방하는 말을 버리고 2 갓난아기들같이 순전하고 신령한 젖을 사모하라 이는 그로 말미암아 너희로 구원에 이르도록 자라게 하려 함이라 3 너희가 주의 인자하심을 맛보았으면 그리하라

2:1 So put away all malice and all deceit and hypocrisy and envy and all slander. 2 Like newborn infants, long for the pure spiritual milk, that by it you may grow up into salvation— 3 if indeed you have tasted that the Lord is good.

1) 헬, 썩어질 것으로

1 Greek *girding up the loins of your mind*

〰〰〰 단락 개관 〰〰〰

믿지 않는 세상과 예수 그리스도의 교회를 식별할 수 있는 차이점들은 무엇일까? 여기서 베드로는 그 질문에 답한다. 그리스도인은 어둠과 정죄에서 구속받았고, 다름 아닌 하나님의 성품을 닮아가는 삶을 살도록 부름 받고 그렇게 살 수 있는 능력을 부여받았다. 우리는 예수 그리스도의 복음을

통해 우리에게 주어진 새 생명의 힘으로 살아간다. 따라서 우리가 맺는 관계들은, 하나님을 경외할 뿐만 아니라 다른 사람을 향한 자기희생적인 사랑으로 살아가는 것으로 영원히 변화되어야만 한다.

≋≋≋ 단락 개요 ≋≋≋

Ⅱ. 하나님의 백성의 정체성(1:3-2:10)
　B. 거룩한 생활 방식(1:13 - 2:3)
　　1. 하나님을 본받음(1:13 - 16)
　　2. 하나님을 두려워함(1:17 - 21)
　　3. 서로 사랑함(1:22 - 25)
　　4. 말씀으로 양육 받음(2:1 - 3)

≋≋≋ 주석 ≋≋≋

1:13-16 베드로전서의 첫 열두 절(헬라어 본문에서는 하나의 긴 문장)에는 단 하나의 명령도 나오지 않는다. 지시나 경고나 권면도 없다. 그리스도 안에 나타난 하나님의 구원하시는 은혜에 대한 아주 멋진 단언과 선언만 있을 뿐이다. 이렇듯 베드로는 12절까지는 하나님이 하신 일에만 초점을 맞추었다. 하지만 13-16절에서는 우리가 하나님의 자녀로서 받아들여야 하는 도덕적·윤리적 책임들로 주의를 돌린다.

13절을 시작하는 "그러므로"라는 전환 접속사는 매우 중요하다. 이 단어는 곧 나올 베드로의 권고들이 1-12절에서 자세히 설명한 은혜에 의존하고 있음을 알려준다. '이렇듯 순종하고 거룩하라는 요청은 은혜의 실제들(우리의 새로운 선택, 우리의 새로운 출생, 썩지 않는 유업 등)에 뿌리 내리고 있다.' 명령문은 항상 평서문에 기초한다. 절대 이 순서를 바꾸어서는 안 된다. 순서를 바꾸면 우리는 율법주의와 행위구원에 빠지게 된다.

13절에서 "너희 마음의 허리를 동이고"와 "근신하여"로 번역된 두 개의 분사는 문법적으로 부대상황[26]을 가리키는 것으로, "마음의 허리를 동이면서"와 "근신하면서"라는 식으로 이해해야 한다. 그러나 둘 다 "바랄지어다"라는 명령법에도 걸려 있으므로 그 자체로 "마음의 허리를 동이고 근신하라"는 명령의 의미를 가진다.

고대에는 남자들이 헐겁고 늘어진 옷을 입었다. 비록 외양은 우아하고 위엄 있어 보였지만, 달리기나 노동 같은 과격한 활동을 하는 데는 방해가 되었다. 그래서 종종 다리를 자유롭게 움직이려고 옷을 걸어 올려 허리띠 안으로 접어 넣어야 했다(참고. 왕상 18:46). 따라서 마음의 '준비' 또는 "허리를 동이[는]"(참고. 벧전 1:13 ESV 각주) 것은 오늘날 소매를 걷어 올리는 것에 해당한다.

'근신'은 정신적 중독을 피하라는 요구다. 여기서 이 단어는 비유적으로 사용되지만, 술이 가지는 중독성이라는 개념이 상당히 두드러진다. 이 단어는 정신적인 각성과 자제와 훈련받은 집중력을 의미한다.

첫 공식적인 명령문은 "예수 그리스도께서 나타나실 때에 너희에게 가져다주실 은혜를 온전히 바랄지어다"(벧전 1:13)이다. 우리는 임할 은혜를 묵상하고 그 은혜에 집중하는 데 모든 정신적, 영적, 정서적 에너지를 쏟아야 한다. 여기서 "은혜"는 1-12절에서 대략적으로 서술한 구원의 복이 완성된 모습이다.

우리는 "순종하는 자식"(14절)이라는 새로운 정체성과 신분에 걸맞게 거룩하게 살라는 권고를 받는다. 거룩하라는 이 요청에는 두 가지 측면, 곧 소극적인 측면과 적극적인 측면이 있다. '소극적으로' 우리는 "전에 알지

---

26 부대상황은 주된 것에 덧붙인다는 의미로서, 어떠한 동작이 문장의 주된 동사를 통해 표현되는 동작과 동시에 또는 추가로 이뤄지는 것을 가리킨다. (편집자 주)

못할 때에 따르던…사욕"을 본받지 말아야 한다(14절). '적극적으로' 우리는 "내가[하나님이] 거룩하니 너희[우리]도 거룩[해야]"한다(참고. 15-16절, 이 구절은 레 11:44과 일치하는데 카슨은 레 19:2의 인용이라고 생각한다.[27] 참고. 20:7-8, 26도 보라).

우리가 예수님을 따르는 자가 되기 전에 가진 삶의 방식은 "알지 못[함]"의 지배를 받았다. 그리스도 안에 나타난 하나님의 아름다움과 은혜로운 뜻을 알지 못하여, 욕정과 죄악된 욕망과 습관에 속박되었던 것이다.

히브리어 명사 '거룩함'과 형용사 '거룩한'이라는 뜻을 가진 어근은 '자르다' 또는 '분리하다'라는 의미를 가진 단어에서 나왔다. 이에 해당하는 헬라어는 하기오스(hagios)와 그 파생어들이다. 이 단어들은 하나님이 다른 모든 사람, 모든 사물과 분리되신다는 진리를 전달한다. 하나님만이 창조주시다. 그분은 성품과 행위 모두에서 완전히 전적으로 타자시다. 그분은 가능한(conceivable) 모든 영역에서 모든 피조물과 '초월적으로 다르시고' 그 모든 피조물보다 더 뛰어나시다. 그러므로 거룩함은 단지 도덕적, 윤리적 순결만 의미하는 것이 아니다. 거룩함은 초월적이고 비할 데 없는 아름다움도 수반한다.

베드로가 이를 통해 뜻하는 바는, 우리가 경쟁자나 비교할 상대도 없이 우주에서 완전히 유일무이하게 되려고 애써야 한다는 것이 아니다. 그는 우리에게 초월적으로 아름답게 되거나 완전히 다른 부류가 되기를 열망하라고 말하지 않는다. 베드로의 명령을 이해하는 열쇠는 14절과 15절에 있다. 하나님이 거룩하신 것처럼 거룩하게 살려면, 우리가 그리스도를 알기 전에 살던 삶의 특징인 죄악된 "사욕"에서 우리 자신을 분리시켜야 한다. 그것은 우리 존재를 지배하던 생활 방식을 멀리하는 것을 뜻한다. 죄에 둔감하게 만들거나, 우리의 영적 정체성을 흐릿하게 만들거나, 우리의 죄악된 본성을 자극하는 것은 무엇이든 끊어내는 것을 가리킨다.

---

27 Carson, "1 Peter, " 1017.

1:17 13-16절에 나오는 거룩하라는 요청이 이제 조금 다른 표현으로 다시 주어진다. 베드로는 독자들에게 아버지이신 하나님과의 관계에 적합한 방식으로 "지내라"[아나스트라페테(*anastraphēte*)]고 권고한다. 하나님을 아버지라 '부른다'[에피칼레오(*epikaleō*)]는 것은 그저 그분에게 그런 이름을 부여하는 것 이상의 의미를 가진다. 그것은 기도할 때 그분을 언급하거나 부르는 것이다. 바울은 그의 행동이 진실함을 증언해 달라고 하나님을 "불[렀고]"(고후 1:23), 또 그가 시민으로서 가지는 권리를 입증해 달라고 가이사에게 "상소"[에피칼루마이(*epikaloumai*)]했다(행 25:11-12, 참고. 행 25:21).

하나님을 '공평하게'("impartially", 개역개정은 "외모로 보시지 않고") 심판하시는 분으로 묘사하는 데 사용된 단어인 아프로소폴렘프토스(*aprosōpolēmptōs*)는 신약에서 이곳에만 나오며, 계급이나 지위나 특권에 상관없이 행동을 취하는 것을 가리킨다. 어원이 같은 명사 프로소폴렘프시아(*prosōpolēmpsia*)는 로마서 2:11과 에베소서 6:9에 나오는데, 똑같이 하나님의 공평하심에 초점을 맞춘다(참고. 행 10:34). 동일한 요점이 베드로전서 2:23에도 나오는데, 거기서는 하나님을 "공의로 심판하시는" 이로 묘사한다.

하나님이 심판하시는 기준은 각 사람의 "행위"인데, 이는 신약과 구약에서 일관되게 나오는 주제다(시 62:12; 호 12:2; 마 25:31-46; 롬 6:2; 계 20:12-15). 베드로는 우리의 행위가 하나님이 우리를 받아주시는 근거나 기초라고 말하지 않는다. 오히려 행위는 그들 내면의 믿음을 나타내거나 가시적으로 표현할 때, 심판의 적절한 기준 역할을 한다(참고. 약 2:12-16).

우리의 주요한 책임은 이 땅에서 인생길을 가는 동안 "두려움으로 지내[는]" 것이다[참고. 벧전 2:17, ESV는 "respect"로 번역한 2:18; 3:2, 15도 보라. 개역개정은 모두 "두려움"으로 번역하였다]. 앞의 1:1 주석에서 언급했듯이, 그리스도인들은 지금 진정한 본향인 새 땅을 기다리며 "나그네"[파로이키아스(*paroikias*)]로 살고 있다. 어떤 이들은 베드로가 이 표현을 말 그대로 신자들의 시민권 박탈을 묘사하기 위해 정치적·사회학적 의미로 사용한다고 주장한다. 그러나 그들의 주장과는 달리 여기서 이 단어는 영적인 부분에 초점이 맞춰져 있는 듯하다(물론 두 이해가 상호배타적이지는 않다). 다시 말해 우리는 하늘

도성의 시민이므로 이 땅은 진정한 본향이 아니라는 것이다(참고. 빌 3:20).

"아버지"에 대해 "두려움"으로 살아가라는 베드로의 말은 이상해 보일 수도 있다(참고. 창 22:12; 욥 1:8; 잠 1:7; 벧전 2:17). 그렇지만 이 말은 하나님과의 관계를 두려워하거나, 의심이나 염려 가운데 살라는 뜻이 아니다. 오히려 이 말의 초점은 하나님을 숭상하고, 경외하며, 항상 주님의 능력과 자비를 전적으로 의존하는 데 있다. 따라서 하나님을 '두려워하라'는 말은, 그분이 어디에나 계시며 우리가 빛과 생명을 위해 매순간 절대적으로 그분께 의지해야 함을 인식하고, 그분이 명하신 바를 다 행해야 하는 우리의 포괄적인 책임을 민감하게 느끼라는 뜻이다. 또한 그분께 죄를 지을까 봐 두려워하고 그분께 순종하기로 결단하며(신 6:1–2, 24; 8:6; 시 112:1; 119:63; 말 3:5) 그분을 사랑하는 데 헌신하라는(신 10:12, 20; 13:4) 의미이다.

1:18 여기에 두려움으로 지내라는 권고의 또 다른 이유 또는 근거가 나온다. 우리는 어떻게 죄에서 구속받았는지 '알기에'(이 분사는 원인을 나타낸다) 그렇게 한다. 이 때문에 우리는 하나님을 두려워하고 거룩하게 살라는 권고를 받는다.

대속함을 받다라는 동사 엘뤼트로테테[*elytrōthēte*, 이 단어의 원형인 뤼트로오 (*lytroō*)는 '자유롭게 되다', '구속되다', '해방되다'라는 뜻이며 이곳과 눅 24:21, 딛 2:14에서만 사용된다]는, 그리스-로마 문화에서 잘 알려진 관습을 가리킨다. 고대 세계의 노예 제도는 인종이 아니라 경제에 기초했다. 노예는 일반적으로 신이나 여신의 신전에 돈을 바친 다음 노예 주인에게 값을 치른 후에 자유를 얻었을 것이다. 구속(redemption) 또는 속전(ransom)을 위해 지불된 금액이 '대가'로 언급되었으며, 노예는 신에 의해 속량 받은 것으로 여겨졌다(참고. 막 10:45).

베드로에 따르면, 독자들은 "조상이 물려준 헛된 행실"에 속박 또는 포로가 되어 있었다. 다시 말해 그들은 그들을 하나님에게서 멀어지게 한, 죄악되고 무익하고 의미 없는 생활 방식의 노예였다. 베드로의 용어 선택은 청중이 대부분 이방인이었음을 확증한다. "베드로가 맹렬히 비난하고 있는 유산은 그리스-로마의 이교 신앙 및 그와 연관된 비윤리적인 관행이다."[28]

"은"과 "금"은 쉽게 부식되는 금속이 아니다. 따라서 베드로가 사용한 프타르토스(*phthartos*, 썩는, 소멸되는)라는 표현은, 그가 일시적인 것과 영원하거나 지속되는 것의 대조를 염두에 두었음을 시사한다. 그는 1:4에서 우리의 영원한 유업이 가지는 "썩지 않[는]"(아프타르톤) 특성을 묘사하려고 형용사형 반의어를 사용했다.

1:19 우리를 죄에서 구속하는데 은과 금은 소용없지만, 실제로 "그리스도의 보배로운 피"라는 값이 치러졌다. "보배로운"으로 번역된 헬라어 형용사 티미오스(*timios*)는 귀엽다, 향기롭다, 사랑스럽다는 뜻이 아니라 값을 매길 수 없이 귀중하다, 대가가 크다, 그 가치가 무한하다는 뜻이다. 그리고 그 피가 귀중한 이유는 바로 "흠 없고 점 없는 어린양"이신 그리스도의 피이기 때문이다. 흠이나 점이나 얼룩이 없다는 것은 결함이 전혀 없다는 뜻이다. 그리스도는 도덕적으로 의식적으로(ceremonially) 완벽하셨기 때문에 그 희생이 받아들여질 수 있었다(참고. 출 12:5; 레 1:3-5; 22:17-25; 민 6:14; 19:2; 히 9:14). 그래서 베드로는 "대속이 귀하지 않은 것처럼 살아가지 말라. 그리스도의 피가 무익하고 의미 없고 헛된 삶의 방식에서 너희를 구속했으므로, 너희의 새로운 삶을 그 몸값이 영광스럽지 못하고 아주 귀중하지 않은 것처럼 살지 말라"라고 말하는 듯하다.

1:20-21 희생의 대가가 가지는 귀중함이 베드로의 다음과 같은 묘사를 통해 다시금 강조된다. 그리스도는 "창세전부터"[프로(*pro*), 참고. 요 17:24; 엡 1:4에도 유사한 표현이 나온다. 아포(*apo*)를 사용한 창세로'부터'가 더 흔한 표현이며, 마 13:35; 25:34; 눅 11:50; 히 4:3; 9:26; 계 13:8; 17:8에 나온다] "미리 알린"(완료 시제

---

28 Greg W. Forbes, *1 Peter: Exegetical Guide to the Greek New Testament* (Nashville: B&H, 2014), 43. Carson은 바울이 회심 전 유대인이었을 때의 삶을 '놀라울 정도로 부정적인 범주로' 묘사했음(빌 3:4-9)을 상기시키며 여기서 조심하라고 당부한다. "요컨대, 베드로의 표현에 근거하여 그의 독자들에 대해 지나치게 많은 것을 추론하는 것은 지혜롭지 못하다"(Carson, "1 Peter," 1019).

가 사용됨을 주목하라) 바 되셨다. 요지는 이것이다. 하나님은 죄인들을 구속하시려는 뜻을 나중에 생각해 내신 것이 아니라 시간이 시작되기 전부터 마음에 품으셨다.

하나님의 구속에 관한 뜻은 영원 전부터 계획된 것이지만, 그리스도께서 "말세에" 우리를 위하여 "나타내신바" 되었을 때 결실을 맺었다. 베드로가 사용한 "말세"라는 표현은 신약의 일반적인 용어로, 그리스도의 죽음과 부활로 시작되어 역사의 마지막 시점에 그분이 다시 오심으로써(벧전 5:4) 완성되는 시기를 가리킨다(참고. 행 2:17; 딤후 3:1; 히 1:2; 약 5:3; 벧후 3:3).

베드로는 "그리스도로 말미암아" 우리가 "하나님을…믿는 자"가 되었다는 말로, 예수님의 희생적인 죽음이 그분이 위해서 고난당하신 이들에게 임하는 모든 영적 혜택과 구원의 혜택의 토대이자 근원임을 단언한다. 여기에는 성령의 선물(행 2:32-33)과 함께 그 자체가 하나님의 선물인 회개와 구원하는 믿음(엡 2:8-10; 행 11:18)이 포함될 것이다.

그리스도의 피가 죽음과 정죄에서 죄인들을 구속하기에 충분하다는 점은 하나님이 "그[그리스도]를 죽은 자 가운데서 살리[심]"(벧전 1:21b)으로 입증된다. 하나님은 그리스도를 생명의 새로움으로 일으키시고 그에게 "영광을 주[셨다]."(이 표현은 그리스도께서 하나님의 오른편으로 높아지셨고 모든 원수를 그분의 발아래 굴복시키셨음을 가리키는 것이 확실하다. 참고. 고전 15:25-28; 엡 1:20-23; 빌 3:20-21) 이때 하나님은 그리스도께서 지불하신 이 속전이 죄인들의 구속을 이루는 데에 무한한 가치를 지님을 입증하고 선언하셨다.

이 은혜로운 구속 사역의 목적은, 우리의 "믿음과 소망"이 오직 하나님께 있는 것이다. 예수 그리스도는 우리를 믿음으로 하나님과 연결시키는 데 꼭 필요한 일을 행하셨다. 그분은 영원히 미리 알려지셨고, 인간의 몸으로 나타나셨고, 십자가에서 희생 제물이 되셨고, 죽은 자 가운데서 살아나셨고, 아버지로부터 영광을 받으셨다. 그리고 이 모든 것을 통해 우리는 하나님께 소망을 두게 되었다.

이렇게 베드로는 이 단락을 시작한 바로 그 지점에서 마무리한다. 그는 13절에서 예수님이 나타나실 때 우리에게 "가져다 주실 은혜를 온전히 바랄지어다"라고 권면했다. 그리고 지금 21절에서는, 우리가 하나님께만 믿음과 소망을 둘 수 있도록 하나님이 예수님 안에서 예수님을 통해 필요한 모든 일을 행하셨음을 상기시킴으로써 결론을 내린다.

1:22 완료 분사 "깨끗하게 하여"는, 우리 "영혼"이 깨끗하게 되었으므로 서로 사랑할 수 있음을 나타낸다. 이러한 영혼의 깨끗함이 언제 일어나는지와 관련해서는 약간의 논란이 있다. 이 표현이 처음 복음을 받아들일 때를 가리킬 수 있는데, 그렇다면 하나님이 우리를 그분께로 성별하시는 행위를 의미한다(참고. 1:2). 그러나 이 견해는 그 분사의 능동태를 설명하지 못한다. 다른 사람들은 베드로가 회심 이후에 정결하게 되는 것을 마음속에 그리고 있다고 생각한다. 다시 말해 이 말은 어느 정해진 시점에 일어날 최종적인 성취라기보다 계속되는 행동 양식으로서, 각 신자가 성령의 능력을 통해 적극적으로 받아들이는 생활 방식인 것이다.

중요하게 언급해야 할 점은, 순종이 진리에 대한 합당한 반응이라는 것이다(문자적으로는 '진리의 순종', 여기서 소유격은 목적의 의미로 즉 우리가 순종할 '진리'). 이 "진리"는 하나님의 말씀, 특히 선포된 복음이다(참고. 23, 25절). 따라서 진리에 순종하는 것은 복음을 믿는 것을 뜻한다(참고. 2:8; 4:17; 살후 1:8). 우리를 거듭나게 하고(참고. 벧전 1:23) 서로 사랑할 수 있도록 우리 영혼을 깨끗하게 하는 것이(22절) 바로 하나님의 말씀이다. "[깨끗한] 마음으로 뜨겁게 서로 사랑하[는]"(22b절) 것은, 근본적으로 "거짓이 없이 형제를 사랑하[는]"(22a절) 것을 다시 말한 것이다. 둘 다 우리 사랑이 형식적이거나 외적이기만 해서는 안 됨을 강조한다. 그 사랑은 '거짓이 없고 깨끗해야' 한다[일부 사본은 '깨끗한'을 뜻하는 카타라스(*katharas*)를 생략하지만 포함되었을 가능성이 더 높다].

1:23-25 우리 사랑이 거짓이 없고 깨끗해야 하는 이유(ESV는 이유를 가리키는 전치사 "since"를 붙였다)는, 우리가 "거듭난 것은…살아 있고 항상 있는 하나님의 말씀으로"된 것이기 때문이다. '낳다' 또는 '새 생명을 출산하다'를

뜻하는 동사의 완료 수동태 분사가 여기서는 분명히 인과 관계를 나타낸다. 1:3에서 우리는 거듭나게 하심으로 산 소망을 가지게 되었는데, 여기서는 거듭남으로 진실하게 형제를 사랑하게 된다. 이렇듯 새 생명의 영적 특성이 삶의 방식의 영적 특성을 좌우한다.

베드로는 23절에서 "하나님의 말씀"을 말하고 다시 25절에서 "주의 말씀"을 말하는데, 말로 된 말씀인 선포(preaching)와 기록된 말씀인 성경(Scripture) 둘 다를 염두에 두었을 것이다. 우리는 베드로가 25절에서 "너희에게 전한 복음"이라고 명확하게 언급하기 때문에, 말로 된 말씀을 염두에 두고 있음을 안다. 하지만 이사야 40:6-8(참고. 벧후 1:19-21; 3:15-16) 인용에서 드러나듯이 그는 기록된 말씀도 염두에 두고 있다.

베드로는 '썩는/썩지 않는'이라는 표현을 좋아한다. 우리 유업은 "썩지 않[는다]"(아프타르톤, 벧전 1:4). 우리가 속량 받은 수단이 아닌 은과 금은 "없어질"[프타르토이스(phthartois)] 것이다. 그러나 우리가 영적 생명을 얻게 된 도구인 그 "씨"는 "썩어질"[프타르테스(phthartēs)] 씨가 아니라, 오히려 "썩지 아니할"[아프타르투(aphthartou)] 씨다. 이 각 경우에 대조되는 것은, 수명이 짧고 일시적인 것과 오래가고 영원한 것이다.

거듭남을 일으키는 수단은 "살아 있고 항상 있는 하나님의 말씀"이며 이는 "썩지 아니할"과 동격인 듯하다. 이 말씀이 살아 있는 까닭은, 생명을 주는 능력이 있기 때문이다. 이 말씀이 항상 있는 까닭은, 그 말씀이 주는 생명이 영원하고 지속적이고 절대 죽지 않기 때문이다. 따라서 24절에서 대조되는 것은, 하나님의 말씀과 문자 그대로의 풀과 꽃이 아니다. 풀과 꽃은 우리가 어리석게도 신뢰하는 일시적이거나 영원하지 않은 것의 대표나 상징으로 제시된다.

우리를 거듭나게 한 말씀(23절)은 복음이다. 하나님은 전해지고 선포된 말씀을 수단으로 사용하셔서, 인간 영혼에게 새롭고 영원한 생명을 베푸는 일을 하신다(약 1:18과 유사하다).

"주"(벧전 1:25a)가 하나님 아버지를 가리키는지 예수 그리스도를 가리키는지는 판단하기 어렵다(그리고 아마도 불필요하다). 베드로가 다른 데서 예수님을 "주"(1:3; 2:3; 3:15)로 묘사하고 전해진 "복음"(25b절)이 그리스도의 인격과 사역에 관한 것임을 볼 때, 예수 그리스도일 가능성이 더 높다. 소유격 "주의"는 목적격으로 보인다. 말씀은 예수님에 대한, 예수님에 관한 소식이다. 그러나 어떤 사람들은 예수님이 직접 말씀하시고 가르치신 말씀에 관한 구절을 들어(막 13:31) 근원을 나타내는 소유격으로 보기도 한다.

베드로전서 1:23에 나오는 하나님의 "말씀"[로고스(*logos*)]과 25절의 "말씀"[레마(*rhēma*), 2번 사용]을 구분할 필요는 없다. 간혹 레마를 구체적으로 입밖에 낸 말을 가리키는 반면 로고스를 기록된 진리 모음으로 보기는 하지만, 여기서 이 둘은 의심의 여지없이 동의어로, 서로 바꾸어 쓸 수 있다.

2:1[29] 베드로는 거룩한 삶의 필수 요소를 요약함으로써 사고의 흐름을 끊지 않고 이어간다. 그는 앞에서 신자들에게 요청한 바인 "형제를 사랑하[는]"(1:22) 데 헌신하는 삶과 명백하게 모순되는 다섯 가지 태도와 행동을 나열한다("그러므로"라는 전환 접속사는 2:1-3이 1:22-25과 연결됨을 분명히 보인다). 그는 독자들에게 그러한 태도와 행동을 반드시 "버리[라]"(2:1a)고 말한다. 여기 사용된 동사는 흔히 옷을 벗는 것을 가리키는 데 사용된다(참고. 롬 13:12; 엡 4:22, 25; 히 12:1; 약 1:21). 우리는 누더기처럼 닳아서 해진 옷처럼 죄악된 옛 습관들을 한쪽으로 치우거나 벗어야 한다.

첫 번째로 버려야 할 추잡한 옷은 "악독"[카키안(*kakian*)]이다. 아마도 이것은 다른 네 가지 악의 원천일 것이다. 남은 네 가지 악은 이 썩은 나무의 악한 열매요, 나쁜 연못에서 나오는 쓴 물이다. 우리는 악독이나 "시기"[프토누스(*phthonous*)]를 선택할 수 있는 것으로 여기지 않는다. 하지만 베드로는 화내는 것을 멈추고, 분노를 그치고, 악독한 생각을 접고, 다른 사람들을 시기하는 마음을 멈추라고 분명히 지시하고 있다. 그는 우리 영혼에서 이

---

29 헬라어 신약성경은 우리말 성경 같은 절과 장 구분이 없이 기록되었다. 절과 장은 나중에 성경 필사자와 종교학자가 성경 본문 읽기를 돕기 위해 덧붙인 것이다. 그러나 그 구분이 항상 도움이 되지 않는다. 베드로전서 1장과 2장의 유감스러운 구분만큼 그것이 잘 드러나는 데도 없다. 모든 영어 성경이 ESV에 나오는 구분을 따르긴 하지만, 우리가 본문을 다룰 때는 2:1-3을 1:13에서 시작된 초점의 마무리 단락으로 포함할 것이다.

러한 애착과 감정을 없애기 위해 우리가 하나님 앞에서, 내주하시는 성령의 능력을 통해 필요한 것은 무엇이든 할 책임이 있다고 확실하게 믿는다.

두 번째로, 우리는 "모든 기만"을 버려야 한다. 이는 바울이 골로새서 3:9에서 동일하게 한 말을 베드로 식으로 말한 것이다. 바울은 골로새의 그리스도인들에게 "너희가 서로 거짓말을 하지 말라"(골 3:9a)라고 명령한다. 바울은 "서로"라는 단어를 덧붙임으로써 그리스도인 공동체 내에서 이 명령이 얼마나 긴급한지를 강조하며, 베드로보다 한걸음 더 나아간다.

우리는 또 "외식"("거짓이 없이"와 반대되는 것. 벧전 1:22)과 "시기"와 "비방하는 말"을 버려야 한다. "시기"(프토누스)는 다른 사람이 가진 특권이나 혜택을 갈망하거나 그것에 대해 분노하는 것을 가리킨다. 시기는 하나님으로 만족하지 못한 결과다. 하나님이 정말로 우리에게 충분하시다면, 다른 사람들이 누리는 것을 갖고자 하는 욕구를 느끼지 않을 것이다.

"비방하는 말"[카탈랄리아스(*katalalias*)]은 대부분 앙갚음을 하거나 자신을 높이려는 욕구에서 비롯되며, 때로는 우리의 실패에 관심이 쏠리지 않게 하려는 갈망에서 나오기도 한다. 우리는 비방을 통해 다른 누군가에게 시선을 집중시킴으로써 우리의 어두움에 관심이 쏠리지 않게 할 수 있다.

2:2-3 끝으로 우리는 1절에 나오는 이 부정적인 악들과 2-3절에 뒤이어 나오는 내용이 어떠한 관계인지를 살펴봐야 한다. 하나님의 말씀을 사모하는 마음이 계속 커지고 그분의 인자하심을 더 충분히 맛보고자 한다면, 하나님의 인자하심에 대한 만족이 커질수록 악독과 기만과 외식과 시기와 비방하는 말이 소멸됨을 깨달아야 한다. 그리고 그 반대 역시 사실이다. 이러한 유혹들에 저항하여 그 유혹들을 치워버릴수록, 하나님을 향한 욕구가 더 커지고 더 강렬해진다.

그것이 거듭남으로(1:3, 23) 하나님의 "갓난아기들"이 된 이들이 보일 유일하게 적절한 반응이다. 갓난아기라는 말은, 마치 베드로가 독자들이 그리스도 안에서 성장하지 못하고 있음을 비난하는 것처럼 경멸적인 모욕이 아니다. 브레포스(*brephos*, "아기")라는 단어는 영적 성장의 모든 단계에 있는 그리스도인들에게 적용된다. 이 말에는 아버지이신 하나님과 우리 관계의 친밀함을 나타내는 애정이 담겨 있다.

"젖"은 믿음의 수준이 낮은 이를 위한 기초적인 가르침을 가리키지 않는다(히 5:12-14이 "젖"과 "단단한 음식"을 구분하는 것과는 대조된다). 여기서 이 단어는 하나님이 주신 계시 전체를 가리키는데, 로기콘(*logikon*)과 아돌론(*adolon*), 곧 순전하고 신령한이라는 두 단어의 수식을 받는다. 앞에 나오는 로기콘은 바울이 로마서 12:1에서 우리 예배의 특성을 묘사하는 데 사용한 단어로, '타당한', '합리적인', '실재에 부합하는'(참고. ESV 본문 각주)과 거의 유사한 뜻이다. 뒤에 나오는 아돌론[아돌로스(*adolos*)]은 '오염되지 않은' 또는 '순결한'이라는 의미를 지니며, 본문 1절의 "기만"[돌로스(*dolos*)]과 명백하게 대조된다. 그렇다면 우리는 하나님의 말씀의 순수하고 오염되지 않은 진리를 바라고 갈망해야 한다. 그것만이 우리가 이미 받았고 언젠가 그 완성을 누릴 "구원"에 이르도록 자랄 수 있게 해준다(벧전 1:9).

3절이 에이페르(*eiper*, '~이므로', 몇몇 사본에 나오는 대로)로 시작할 것이라고 예상할 수도 있겠지만, 에이(*ei*)가 좀 더 유력하다. 베드로는 독자들이 정말로 주의 인자하심을 "맛보았[는지]" 의심을 품지 않으므로(시 34:8의 암시가 명백함) '정말 ~면'(if indeed)이라는 번역은 정당하다.

흥미로운 언어유희가 크레스토스(*chrēstos*, '인자하심', '자비하심')를 사용한 데서 나타난다. 이 단어는 발음이 크리스토스(*christos*, '그리스도')와 매우 유사한데, 몇몇 사본에서 크레스토스가 아니라 크리스토스가 나오는 이유를 설명해 주는 것 같다. 요약하자면, 예수님 안에 나타난 하나님의 은혜의 선하심과 아름다우심을 처음 맛보고 음미하다 보면, 하나님의 말씀을 통해 그분을 알아가며 계속 더 많은 양분을 공급받으려 하는 마음이 생긴다.

우리는 기록된 하나님의 말씀에 담긴 진리들에 대한 선포와 설명보다는, 영화나 연극이나 다른 대중매체와 문화의 표현을 선호하는 시대에 살고 있다. 하지만 우리는 이러한 경향에 강렬하게 저항해야 한다. 영혼이 위기에 처해 있다! 영생은 '선포된' 말씀을 통해, 지옥에 가야 마땅한 죄인들에게 전해진다. 그것은 곧 예수 그리스도의 삶과 죽음과 부활을 통해 하나님이 우리를 위해 하신 일에 대한 좋은 소식이다. 하나님의 말씀을 해설하고 적용할 수 있는 다른 대안은 없다. 교회는 말씀을 선포하지 않아도 참석자가 늘어날 수 있지만, 영혼은 선포 외에 다른 어떤 수단으로도 구원받지 못한다.

물론, 하나님의 말씀은 영혼 구원뿐 아니라 그 이상의 일을 한다. 말씀은 영혼을 거룩하게 한다. 만약 변화시키고 힘을 주는 능력이 공급되지 않으면, 우리는 이 단락에 나오는 수많은 윤리적 명령에 압도되고 반응하기에 전적으로 무능하다는 것을 쉽게 느낄 것이다. 이 능력은 하나님의 계시된 진리를 날마다 섭취하는 데서 얻는다. 우리 마음이 생명을 주고 영혼을 변화시키는 하나님의 말씀으로 가르침을 받고 영양분을 공급받을 때에만, 우리는 진실로 하나님을 두려워하고 진정으로 서로를 사랑할 수 있다.

⁴ 사람에게는 버린 바가 되었으나 하나님께는 택하심을 입은 보배로운 산 돌이신 예수께 나아가 ⁵ 너희도 산 돌같이 신령한 집으로 세워지고 예수 그리스도로 말미암아 하나님이 기쁘게 받으실 신령한 제사를 드릴 거룩한 제사장이 될지니라

⁴ As you come to him, a living stone rejected by men but in the sight of God chosen and precious, ⁵ you yourselves like living stones are being built up as a spiritual house, to be a holy priesthood, to offer spiritual sacrifices acceptable to God through Jesus Christ.

⁶ 성경에 기록되었으되

　　보라 내가 택한 보배로운 모퉁잇돌을 시온에 두노니 그를 믿는 자는 부끄러움을 당하지 아니하리라

하였으니 ⁷ 그러므로 믿는 너희에게는 보배이나 믿지 아니하는 자에게는

　　건축자들이 버린 그 돌이 모퉁이의 머릿돌이 되고

⁸ 또한

부딪치는 돌과 걸려 넘어지게 하는 바위가 되었다
하였느니라 그들이 말씀을 순종하지 아니하므로 넘어지나니 이는 그
들을 이렇게 정하신 것이라

6 For it stands in Scripture:

"Behold, I am laying in Zion a stone,

a cornerstone chosen and precious,

and whoever believes in him will not be put to shame."

7 So the honor is for you who believe, but for those who do not believe,

"The stone that the builders rejected

has become the cornerstone,"[1]

8 and

"A stone of stumbling,

and a rock of offense."

They stumble because they disobey the word, as they were destined to do.

9 그러나 너희는 택하신 족속이요 왕 같은 제사장들이요 거룩한 나라
요 그의 소유가 된 백성이니 이는 너희를 어두운 데서 불러내어 그의
기이한 빛에 들어가게 하신 이의 아름다운 덕을 선포하게 하려 하심
이라 10 너희가 전에는 백성이 아니더니 이제는 하나님의 백성이요 전
에는 긍휼을 얻지 못하였더니 이제는 긍휼을 얻은 자니라

9 But you are a chosen race, a royal priesthood, a holy nation, a people
for his own possession, that you may proclaim the excellencies of him
who called you out of darkness into his marvelous light. 10 Once you
were not a people, but now you are God's people; once you had not
received mercy, but now you have received mercy.

1 Greek *the head of the corner*

〰〰〰 단락 개관 〰〰〰

이 단락은 하나님 백성의 정체성과 목적에 관해 신약성경에서 가장 통찰력 있고 격려가 되도록 묘사했다고 할 수 있는 구절을 담고 있다. 베드로에 따르면, 신약 교회는 하나님의 참 이스라엘이다! 신약 교회는 하나님의 옛 언약 백성 가운데 믿는 남은 자가 이어지고 성숙한 모습이다. 예전 이스라엘에 대해 선언되었던 명칭, 영예, 특권, 책임이 여기서 하나님의 새 언약 백성인 예수 그리스도의 교회에 조건 없이 적용된다. 교회가 존재하는 이유는 아주 많지만, 하나님의 위대하심과 은혜의 탁월함과 특질들을 귀로 듣고 눈으로 볼 수 있게 선포하고 알리는 것이야말로 교회의 가장 중요하고 긴급한 일이다. 우리는 한때 어둠 가운데 살았고 하나님의 백성이 아니었으나 이제 하나님이 사랑하는 아들이신 예수 그리스도의 나라의 그 영광스러운 빛 가운데서 살아간다.

〰〰〰 단락 개요 〰〰〰

2:4-5 이 구절은 관계대명사 혼(*hon*)에 의해 앞의 문장과 직접 연결된다. 여기서 관계대명사 혼은 앞에 나오는 3절의 호 퀴리오스(*ho kyrios*, "주")를 가리킨다. "예수께 나아가"라는 분사 프로세르코메노이(*proserchomenoi*)는 부대상황에 대한 서술로 볼 수 있다. 눈에 띄는 점은 예수님을 "산"[존타(*zōnta*)] 돌로 묘사하는 것이다. 돌은 본래 스스로 움직이지 못하고 생명이 없기 때문이다. 베드로는 이미 우리의 "산 소망"(1:3)과 하나님의 "살아 있[는]" 말씀(1:23)을 언급했는데, 여기서는 '살아 있는'(즉, 죽은 자 가운데서 부활하신) 그리스도에게 초점을 맞춘다. 베드로는 예수님을 "신령한 집" 즉 교회의 기초로 묘사하기 위해 이 본문에서(2:6, 7, 8) "돌"과 "모퉁잇돌"이라는 단어를 그분께 반복해서 적용한다. 진정한 하나님의 성전인 이 집은 '살아 있는' 것이므로 생명이 고동치고 있다. 이 집은 회심으로 성장하고 성령의 능력으로 확장되는, 활력이 넘치고 계속 성장하는 유기체다.

이 산 돌이신 그리스도께 "나아가[는]" 것은, 그분을 "버린" 사람들과 (4절) 달리, 그분을 따르고 믿고 신뢰하고, 하나님의 보내심을 받은 분인 그분께 소망을 두는 것을 뜻하는 것 같다. 분사 "버린"은 양보[30]의 의미를 갖는다. 즉 그리스도는 '비록' 사람에게는 버려졌을지라도 하나님이 보시기에 "택하심을 입은 보배로운" 분이시다.

예수님은 하나님이 특별하게 선택하신, "택하심을 입은" 분이며, 하나님이 보시기에 헤아릴 수 없을 정도로 "보배로운"(소중한, 지극한 영예로운) 분이다. 성부 하나님이 예수님을 이렇게 귀하게 여기신다는 사실은, 우리 역시 하나님의 아들을 다른 무엇보다 귀중하게 여겨야 함을 시사한다(참고. 빌 3:7-8). 예수님을 존귀하게 여김으로 온 세상이 그분을 존귀하게 보게 되는 것이 하나님의 성전인 교회의 가장 중요한 사명일 것이다(참고. 벧전 2:9-10).

---

30 문법 용어 양보(讓步, conccessive)는 화자가 어떠한 주장/견해/사실을 일단 받아들인 뒤, 그와 반대 되는 주장/견해/사실을 제시하는 방식을 가리킨다. (편집자 주)

만약 우리가 "산 돌"이신 그리스도 안에 있다면, 우리 역시 하나님이 세우고 계신 신령한 집인 성전의 "산 돌[들]"(5절)이다. 교회 안에서 그리고 교회를 통한 하나님의 목적은, 우리를 "거룩한 제사장"이 되게 하시는 것이다(9절은 신자를 "왕 같은 제사장"으로 묘사한다). 그들의 역할은 "하나님이 기쁘게 받으실 신령한 제사를" 드리는 것이다. 교회된 우리가 행하는 섬김과 활동은 "신령한" 것인데, 이는 옛 언약 아래서 제사장들이 수소와 염소의 피를 끊임없이 제단에서 제물로 드렸던 것과는 달리 신령한(spiritual) "찬송의 제사" 즉 "그[하나님의] 이름을 증언하는 입술의 열매"(히 13:15)를 드린다는 의미에서 그러하다.

그러나 베드로는 "신령한"이라는 말로 실체가 없는 것을 가리키지 않는다. 우리 몸은 물리적인 실체고, 우리는 스스로를 "산 제물"(롬 12:1)로 드려야하기 때문이다. 새 언약에서는 "예수 그리스도로 말미암[지]"(벧전 2:5) 않으면, 즉 그분의 대속적 희생과 몸의 부활에 기초하지 않으면 어떠한 예배나 섬김의 희생 제사도 하나님께서 "받으실" 만하지 않다.

그리스도의 몸은 하나님께서 내주하시는 참 성전이다. 여호와의 영광이 지금 성령을 통해 우리 안에 영구적이고 강력하게 거하신다. 바울은 베드로의 표현과 유사하게 예수 그리스도를 모퉁잇돌로 지칭한다. "그의 안에서 건물마다 서로 연결하여 주 안에서 성전이 되어 가고 너희도 성령 안에서 하나님이 거하실 처소가 되기 위하여 그리스도 예수 안에서 함께 지어져 가느니라"(엡 2:21-22, 참고. 고전 3:16-17; 6:19-20; 고후 6:16). 하나님의 거처는 예루살렘에 있는 문자적인 성전이나 그냥 하늘이 아니라, 예수님을 아는 우리 모두로 구성된 교회를 아우른다.

2:6-8 "성경에 기록되었으되"[페리에코(*periechō*)의 현재 시제]로 번역된 단어는 신약성경에서 유일하게 이곳에서 구약 본문 인용을 가리키는데 사용된다[그러나 대체로 이 단어는 "기록되었으되"로 번역되는 게그라프타이(*gegraptai*, 보통 완료 시제)와 동의어다]. 이어지는 인용은 이사야 28:16에서 가져온 것이다.

"택한 보배로운"이라는 표현은 베드로전서 2:4에 나온 표현과 동일하며, 다시 한 번 예수님에 관해 묘사한다. 흔치 않은 단어인 아크로고니아이오스(*akrogōniaios*)는 '모퉁잇돌' 또는 '갓돌/쐐기돌'로 번역할 수 있다. 앞의 단어(더 가능성 있는)는 건물의 기초를 이루는 반면, 뒤의 단어는 건물을 완성한다. "모퉁잇돌"이 더 가능성 있는 이유는, 그것이 부딪치거나 걸려 넘어지는 것으로 그려지기 때문이다(참고. 8절). 문자 그대로 "모퉁이의 머릿돌"(7절)이라는, 그리스도에 대해 더해진 묘사가 이를 확증해 준다.

이는 분명 은유지만, 모든 사람에게 깊고도 아주 개인적인 의미가 있다. 어떤 사람이 예수님이 소중한 분임을 깨달아 믿음으로 반응한다면, 예수님은 지금 그 사람이 공동체 안에서 삶을 세워 가게 하는 모퉁잇돌이 되시고, 오는 시대에 그 사람이 부끄러움이나 실망하지 않고 서있게 할 반석이 되신다. 그러나 어떤 사람이 예수님을 매력 없고 불쾌하게 여겨 그분에 대해 불순종과 불신앙으로 반응한다면, 예수님은 그러한 사람에게 지금과 영원토록 걸려 넘어지는 돌이 되신다.

몇몇 번역본은 7절 시작을 베드로가 예수님이 그분을 믿는 우리에게 '귀중한 분이심'을 선언하는 것으로 번역한다[헤 티메(*hē timē*)를 서술적 주격[31]으로 보고]. 물론 예수님은 믿는 자에게 귀중한 분이시다. 그렇지만 베드로는 믿는 자들이 그리스도께 순종한다는 이유로 부끄러움과 망신을 당할지라도 곧바로 회복되는(resilient) 믿음과 신뢰를 소유한 것으로 인해 하나님이 그들을 높이시고 귀히 여기신다는 사실을 독자들에게 상기시킨다. 따라서 "보배"는 하나님의 은혜를 통해 신자의 것이 된다.

그리스도가 교회 즉 하나님의 참 성전을 위한 하나님의 모퉁잇돌임을 거부한 "건축자들"은, "믿지 아니하는"(7a절) 자들이다. 그리스도는 하나님의 사역에서 토대 역할을 하시는 '바로 그분'이시다[대부분의 번역본은 에게네테(*egenēthē*, "~되고")의 주어인 강조 용법의 후토스(*houtos*)에 주의를 기울이지 못했다].

모퉁잇돌이신 그리스도를 거부하는 것은 그분이 "택하심을 입은 보배로운" 분임을 깨닫지 못한 이들에게 비극이요 파멸이다. 그렇지만 그 거부

---

31 헬라어 문법에서 서술적 주격(predicate nominative)은 주어가 속하는 영역을 설명하는 주격 구문이다. (편집자 주)

는 예상 못한 일도 아니었고 교회를 위한 하나님의 목적에 장애가 되지도 않는다. 그들이 "순종"하는 "말씀"(8절)은 복음, 즉 모든 사람에게 동일하게 "전한 복음"이다(1:25).

2:8을 더 문자적으로 옮기면 다음과 같다. '그들이 말씀을 순종하지 아니하므로 넘어지나니 이는 또한 그들에게 정해진 일이었다.' 중성 관계대명사 호(ho)가 앞의 무엇을 가리키는 지에 대해서는 약간의 논란이 있다. 어떤 사람들은 특정한 사람들이 복음을 믿지 않도록 '지명되었다' 또는 '정해졌다'는 견해에 혼란을 느끼며, 관계대명사 호가 "넘어지나니"를 가리킨다고 생각한다. 이들의 요지는 "말씀을 순종하지 않는 이들이 넘어질 운명이라는 것"[32]이지, '순종하지 않을' 운명이라는 것이 아니다. 그러나 ESV의 번역이 더 적절하다. 즉, "그들"이 믿지 않도록 "정해진 것"이다.[33]

인간의 선택이 하나님의 성전을 최종적으로 파괴할 수는 없다. 누군가가 택하심을 입은 보배로운 돌이신 예수 그리스도를 거부한다 해도 두 가지 사실은 변하지 않는다. 첫 번째로, 하나님이 그 돌을 거부하지 않으시기 때문에 그 돌은 계속 첫(chief) 모퉁잇돌로 영예와 영광의 자리에 있을 것이다. 두 번째로, 그 돌을 거부하는 사람은 절대로 하나님이 성전에 대해 가지신 궁극적인 계획을 좌절시켰다고 자랑할 수 없을 것이다. 몇몇 사람이 하나님을 거부한다 해도 하나님이 승리하신다. 믿지 않는 이들은 여전히 선택을 한다. 그들이 순종하지 않기로 선택하는 까닭은, 그것이 그들이 자유롭게 선택한 욕구이기 때문이다. 그들의 넘어짐은, 돌을 보지 못해서 무심코 그 돌에 걸려 넘어진, 비고의적인 사고가 아니다. 오히려 그들은 그 돌을 보고 하찮게 여긴다. 그 돌을 소중히 여겨 귀한 것으로 받아들이려 하지 않는다. 그러므로 그 선택에 대한 도덕적인 책임은 그들이 져야만 한다.

---

32 Forbes, *1 Peter*, 66. Elliott는 이 관점의 훌륭한 대변자다. 그의 *1 Peter*, 433-434을 보라. 또한 J. Ramsey Michaels, *1 Peter*, WBC (Waco, TX: Word, 1988), 107. 《베드로전서》, WBC 성경주석(솔로몬).

33 이 구절의 신학적 함의에 대한 가장 유용한 논의로는 Grudem, *First Epistle of Peter*, 105-110을 보라.

2:9 역접 접속사 데(*de*)가 헬라어 신약성경에 나오는 다른 역접 접속사들만큼 의미가 강하지는 않지만, 강조 용법의 이인칭 복수 대명사 휘메이스(*hymeis*, "그러나 너희는")와 결합되어 있다. 그러므로, 베드로가 기독교 공동체를 "말씀을 순종하지 아니하[는]"(8b절) 이들과 극명하게 대조하고 있음이 분명하다.

이어지는 부분에는 하나님의 백성에 대한 구약의 묘사가 울려 퍼진다(참고. 출 19:5 - 6; 신 7:6; 14:2; 사 43:20 - 21; 호 2:23; 딛 2:14). 이전에 이스라엘 민족을 위해 마련해 둔 명칭과 특권과 복이 이제 하나님의 참 이스라엘인 신약 교회에 자유롭게 적용된다(참고. 갈 6:16). 베드로전서 2:9에는, 택하심을 입은 보배로운 모퉁잇돌인 그리스도(6절)를 믿고 그분을 삶의 토대로 삼은 모든 이에게 적용되는 네 가지 독특한 진리가 있다.

첫 번째로, 교회는 "택하신[에클렉톤(*eklekton*), 6절에서 '택한' 돌인 예수님에게도 적용됨] 족속"(사 43:3, 20-21을 반향)이다. 신자들은 민족성과 상관없이 예수님을 믿음으로 연합하여 새 백성, 새 족속이 된다. 이러한 "족속"[게노스(*genos*)]은 어떤 민족인지와 아무런 관계가 없는데, 이 족속이 '모든' 민족으로 구성되기 때문이다. 이 족속은 영적 족속, 택하신 족속으로서 피부색이나 문화가 아닌 '신조'로 정의된다. 이 족속은 우리가 믿는 단 한 분인 예수님으로만 정의된다.

두 번째로, 교회는 "왕 같은 제사장들"이다. "왕 같은"[바실레이온(*basileion*)]을 쉽게 실질 명사라고 볼 수도 있지만(따라서 "왕국"), 아마도 형용사로서 "제사장들"을 수식하는 역할을 할 것이다. 하나님의 제사장인 우리는 하나님이 거하시는 수동적인 건물일 뿐만 아니라, 능동적인 예배 참여자이기도 하다. 구약에서 제사장들은 성막 안으로 희생 제물을 가지고 갔다. 그러나 지금은 그 성막이 교회로, 속죄 제단이 예수 그리스도와 그분이 흘린 피로, 그리고 레위 지파 제사장들은 그리스도를 믿는 모든 사람으로 대체된다. 우리는 우주의 왕, 만주의 주, 만왕의 왕의 다스림을 받기 때문에 "왕 같은" 제사장이다. 구약의 이스라엘이 주변 나라들에 하나님의 복을 전달해야 했던 것처럼(창 12:3; 출 19:6), 하나님의 제사장들인 신약 교회도 그분의 은혜와 진리를 빈곤한 세상에 펼쳐 보여야 한다.

세 번째로, 교회는 "거룩한 나라"다. 교회 외에 "거룩한 나라"라고 주장할 수 있는 집단은 없다. 교회는 예수님께 순종하기 위해 "성령이 거룩하게 하심으로"(벧전 1:2) 구별된 이들이다.

네 번째로, 교회는 "그의 소유가 된 백성"이다. 하나님은 모든 것을 소유하시는 분이지만(출 19:5), 그리스도를 통하여(벧전 1:19) 특별하고 유일무이하게 복을 베푸신 백성을 얻으셨다. 그 백성은 은혜로 그리스도를 믿은 이들이다(참고. 고후 6:16).

이 모든 것이 우리에게도 해당되는데, "이는[호포스(hopōs)]" 하나님의 아름다운 덕[아레타스(aretas), 신약에서 이곳에서만 복수로 사용됨]을 선포하게 하려는 것이다. 그 덕에는, 하나님의 도덕적 성품, 그분의 본질적인 아름다움(참고. 시 27:4), 그리고 그분이 자신에게로 부르신 이들을 위해 예수님 안에서 예수님을 통해 행하신 일이 포함된다. 실제로 하나님의 아름다운 덕은, 그분이 "너희를 어두운 데서 불어내어 그의 기이한 빛에 들어가게 하신"(벧전 2:9b) 데서 주로 드러난다.

신자들이 이전에 살았던 "어두운 데"는 물리적인 장소가 아니라, 우리 삶을 지배했던 영적 무지를 가리킨다. 우리는 예수님의 아름다우심과 탁월함에 대해 눈이 멀어 있었다. 하나님이 우리를 택하시고 구원해 주셨기 때문에 새로운 시력과 새로운 미각을 경험할 수 있다. 하나님이 영혼에 그분의 빛을 비추심으로 말미암아, 우리는 영적인 것 즉 하나님과 그리스도와 성령의 존재나 실재에 대해 눈을 뜬다. 그러나 거기서 그치지 않는다. 그 빛은 그러한 존재의 탁월함과 영광과 아름다움도 보여주고, 하나님의 "기이한" 것에 대한 새로운 미각도 제공한다.

2:10 10절은 호세아와 고멜 이야기(특히 호 1:6, 9, 2:4, 23)를 베드로가 신약 교회에 맞게 적용한 것이다. 이 절에 나타난 대조는 베드로가 매우 매력적이고도 의도적으로 구성한 것이다. 직역하자면 다음과 같다.

'전에는' 백성이 아니었다,
'그러나 이제는' 하나님의 백성이다.
긍휼을 얻지 '못한' 자였다,
'그러나 이제는' 긍휼을 얻은 자다.

호세아는 하나님을 대변하고, 그의 아내 고멜은 이스라엘의 역할을 맡았다. 하나님은 호세아에게 그가 낳은 자녀들의 이름을 지시하셨는데, 이를 통해 이스라엘 백성에게 중요한 교훈을 가르치고자 하셨다. 그래서 호세아는 첫아들의 이름을 '이스르엘'이라고 지었다. 그 이름의 뜻은 '하나님이 흩으시다'이며, 이스라엘에게 닥칠 심판을 의미했다. 딸인 둘째는 '긍휼히 여김을 받지 못하다'는 뜻을 가진 '로루하마'로, 아들인 셋째는 '내 백성이 아니다'라는 뜻의 '로암미'로 이름을 지었다(호 1:4, 6, 9).

그러나 자비로우신 주님은 호세아의 자녀의 이름에 암시된 위협을 복으로 바꾸신다. 이러한 하나님의 사랑의 힘으로 이스르엘이 그 땅에 심길 것이다('흩다'라는 뜻의 히브리어 단어는 '씨를 뿌리다'라는 뜻도 가능하다, 호 2:22). 주님은 로루하마를 긍휼히 여기시고 로암미에게 "너는 내 백성이라"(호 2:23)라고 말씀하시겠다고 선언하신다. 이렇듯 우리는 고멜을 향해 호세아가 가진, 또한 이스라엘을 향해 하나님이 가진 구속적 사랑이 베드로의 원 독자들과 오늘날의 교회를 포함하여 모든 시대 하나님의 모든 백성을 향한 하나님의 사랑을 묘사하고 있음을 본다.

≈≈≈≈ 응답 ≈≈≈≈

이 절들에서 예수 그리스도에 대한 베드로의 묘사는 사도행전 4장에 나오는 그의 설교를 연상시킨다. 거기서 베드로는 담대하게 선포한다. "천하사람 중에 구원을 받을 만한 다른 이름을 우리에게 주신 일이 없음이라"(행 4:12). 하나님이 그리스도를 통해 친히 알리신 계시에 반응하지 않아도 되는 사람은 없다. 모든 사람이 그들의 믿음 혹은 믿지 않음에 책임을 질 것이다. 가능한 간단히 말하자면, 한 사람의 영원한 운명은 예수 그리스도와 맺는 관계에 달려 있다. 다원주의를 소중하게 여기고, 각 사람이 무엇을 믿는 지는 개의치 않고 오로지 그들의 진정성만을 근거로 하여 모든 신앙이 동등하게 가치 있다고 단언하려는 이 세상에서, 이 단락은 그리스도의 십자가가 천국과 지옥의 경계선을 긋고 있음을 엄중하게 상기시킨다.

1 Peter
베드로전서
2:11-4:11

²:¹¹ 사랑하는 자들아 거류민과 나그네 같은 너희를 권하노니 영혼을 거슬러 싸우는 육체의 정욕을 제어하라 ¹² 너희가 이방인 중에서 행실을 선하게 가져 너희를 악행한다고 비방하는 자들로 하여금 너희 선한 일을 보고 ¹⁾오시는 날에 하나님께 영광을 돌리게 하려 함이라

²:¹¹ Beloved, I urge you as sojourners and exiles to abstain from the passions of the flesh, which wage war against your soul. ¹² Keep your conduct among the Gentiles honorable, so that when they speak against you as evildoers, they may see your good deeds and glorify God on the day of visitation.

¹³ 인간의 모든 제도를 주를 위하여 순종하되 혹은 위에 있는 왕이나 ¹⁴ 혹은 그가 악행하는 자를 징벌하고 선행하는 자를 포상하기 위하여 보낸 총독에게 하라 ¹⁵ 곧 선행으로 어리석은 사람들의 무식한 말을 막으시는 것이라 ¹⁶ 너희는 자유가 있으나 그 자유로 악을 가리는 데 쓰지 말고 오직 하나님의 종과 같이 하라 ¹⁷ 뭇 사람을 공경하며 형제를 사랑하며 하나님을 두려워하며 왕을 존대하라

[13] Be subject for the Lord's sake to every human institution,[1] whether it be to the emperor[2] as supreme, [14] or to governors as sent by him to punish those who do evil and to praise those who do good. [15] For this is the will of God, that by doing good you should put to silence the ignorance of foolish people. [16] Live as people who are free, not using your freedom as a cover-up for evil, but living as servants[3] of God. [17] Honor everyone. Love the brotherhood. Fear God. Honor the emperor.

[18] 사환들아 범사에 두려워함으로 주인들에게 순종하되 선하고 관용하는 자들에게만 아니라 또한 까다로운 자들에게도 그리하라 [19] 부당하게 고난을 받아도 하나님을 생각함으로 슬픔을 참으면 이는 2)아름다우나 [20] 죄가 있어 매를 맞고 참으면 무슨 칭찬이 있으리요 그러나 선을 행함으로 고난을 받고 참으면 이는 하나님 앞에 아름다우니라 [21] 이를 위하여 너희가 부르심을 받았으니 그리스도도 너희를 위하여 고난을 받으사 너희에게 본을 끼쳐 그 자취를 따라오게 하려 하셨느니라 [22] 그는 죄를 범하지 아니하시고 그 입에 거짓도 없으시며 [23] 욕을 당하시되 맞대어 욕하지 아니하시고 고난을 당하시되 위협하지 아니하시고 오직 공의로 심판하시는 이에게 부탁하시며 [24] 친히 나무에 달려 그 몸으로 우리 죄를 담당하셨으니 이는 우리로 죄에 대하여 죽고 의에 대하여 살게 하려 하심이라 그가 채찍에 맞음으로 너희는 나음을 얻었나니 [25] 너희가 전에는 양과 같이 길을 잃었더니 이제는 너희 영혼의 목자와 감독 되신 이에게 돌아왔느니라

[18] Servants, be subject to your masters with all respect, not only to the good and gentle but also to the unjust. [19] For this is a gracious thing, when, mindful of God, one endures sorrows while suffering unjustly. [20] For what credit is it if, when you sin and are beaten for it, you endure? But if when you do good and suffer for it you endure, this is a

gracious thing in the sight of God. 21 For to this you have been called, because Christ also suffered for you, leaving you an example, so that you might follow in his steps. 22 He committed no sin, neither was deceit found in his mouth. 23 When he was reviled, he did not revile in return; when he suffered, he did not threaten, but continued entrusting himself to him who judges justly. 24 He himself bore our sins in his body on the tree, that we might die to sin and live to righteousness. By his wounds you have been healed. 25 For you were straying like sheep, but have now returned to the Shepherd and Overseer of your souls.

3:1 아내들아 이와 같이 자기 남편에게 순종하라 이는 혹 말씀을 순종하지 않는 자라도 말로 말미암지 않고 그 아내의 행실로 말미암아 구원을 받게 하려 함이니 2 너희의 두려워하며 정결한 행실을 봄이라 3 너희의 단장은 머리를 꾸미고 금을 차고 아름다운 옷을 입는 외모로 하지 말고 4 오직 마음에 숨은 사람을 온유하고 안정한 심령의 썩지 아니할 것으로 하라 이는 하나님 앞에 값진 것이니라 5 전에 하나님께 소망을 두었던 거룩한 부녀들도 이와 같이 자기 남편에게 순종함으로 자기를 단장하였나니 6 사라가 아브라함을 주라 칭하여 순종한 것같이 너희는 선을 행하고 아무 두려운 일에도 놀라지 아니하면 그의 딸이 된 것이니라

3:1 Likewise, wives, be subject to your own husbands, so that even if some do not obey the word, they may be won without a word by the conduct of their wives, 2 when they see your respectful and pure conduct. 3 Do not let your adorning be external—the braiding of hair and the putting on of gold jewelry, or the clothing you wear— 4 but let your adorning be the hidden person of the heart with the imperishable beauty of a gentle and quiet spirit, which in God's sight is very precious. 5 For this is how the holy women who hoped in God used to adorn themselves, by submitting to their own husbands, 6 as Sarah obeyed Abraham, calling him lord. And you are her children, if you do good and do not fear anything that is frightening.

7 남편들아 이와 같이 ³⁾지식을 따라 너희 아내와 동거하고 그를 더 연약한 그릇이요 또 생명의 은혜를 함께 이어받을 자로 알아 귀히 여기라 이는 너희 기도가 막히지 아니하게 하려 함이라

7 Likewise, husbands, live with your wives in an understanding way, showing honor to the woman as the weaker vessel, since they are heirs with you⁴ of the grace of life, so that your prayers may not be hindered.

8 마지막으로 말하노니 너희가 다 마음을 같이하여 동정하며 형제를 사랑하며 불쌍히 여기며 겸손하며 9 악을 악으로, 욕을 욕으로 갚지 말고 도리어 복을 빌라 이를 위하여 너희가 부르심을 받았으니 이는 복을 이어받게 하려 하심이라 10 그러므로

생명을 사랑하고 좋은 날 보기를 원하는 자는 혀를 금하여 악한 말을 그치며 그 입술로 거짓을 말하지 말고 11 악에서 떠나 선을 행하고 화평을 구하며 그것을 따르라 12 주의 눈은 의인을 향하시고 그의 귀는 의인의 간구에 기울이시되 주의 얼굴은 악행하는 자들을 대하시느니라

하였느니라

8 Finally, all of you, have unity of mind, sympathy, brotherly love, a tender heart, and a humble mind. 9 Do not repay evil for evil or reviling for reviling, but on the contrary, bless, for to this you were called, that you may obtain a blessing. 10 For

"Whoever desires to love life

and see good days,

    let him keep his tongue from evil

    and his lips from speaking deceit;

11 let him turn away from evil and do good;

    let him seek peace and pursue it.

12 For the eyes of the Lord are on the righteous,

    and his ears are open to their prayer.

    But the face of the Lord is against those who do evil."

13 또 너희가 열심으로 선을 행하면 누가 너희를 해하리요 14 그러나 의를 위하여 고난을 받으면 복 있는 자니 그들이 두려워하는 것을 두려워하지 말며 근심하지 말고 15 너희 마음에 그리스도를 주로 삼아 거룩하게 하고 너희 속에 있는 소망에 관한 이유를 묻는 자에게는 대답할 것을 항상 준비하되 온유와 두려움으로 하고 16 선한 양심을 가지라 이는 그리스도 안에 있는 너희의 선행을 욕하는 자들로 그 비방하는 일에 부끄러움을 당하게 하려 함이라 17 선을 행함으로 고난받는 것이 하나님의 뜻일진대 악을 행함으로 고난받는 것보다 나으니라

13 Now who is there to harm you if you are zealous for what is good? 14 But even if you should suffer for righteousness' sake, you will be blessed. Have no fear of them, nor be troubled, 15 but in your hearts honor Christ the Lord as holy, always being prepared to make a defense to anyone who asks you for a reason for the hope that is in you; yet do it with gentleness and respect, 16 having a good conscience, so that, when you are slandered, those who revile your good behavior in Christ may be put to shame. 17 For it is better to suffer for doing good, if that should be God's will, than for doing evil.

¹⁸ 그리스도께서도 단번에 죄를 위하여 ⁴⁾죽으사 의인으로서 불의한 자를 대신하셨으니 이는 우리를 하나님 앞으로 인도하려 하심이라 육체로는 죽임을 당하시고 영으로는 살리심을 받으셨으니 ¹⁹ 그가 또한 영으로 가서 옥에 있는 영들에게 선포하시니라 ²⁰ 그들은 전에 노아의 날 방주를 준비할 동안 하나님이 오래 참고 기다리실 때에 복종하지 아니하던 자들이라 방주에서 물로 말미암아 구원을 얻은 자가 몇 명뿐이니 겨우 여덟 명이라 ²¹ 물은 예수 그리스도께서 부활하심으로 말미암아 이제 너희를 구원하는 ⁵⁾표니 곧 ⁶⁾세례라 이는 육체의 더러운 것을 제하여 버림이 아니요 하나님을 향한 선한 양심의 간구니라 ²² 그는 하늘에 오르사 하나님 우편에 계시니 천사들과 권세들과 능력들이 그에게 복종하느니라

¹⁸ For Christ also suffered⁵ once for sins, the righteous for the unrighteous, that he might bring us to God, being put to death in the flesh but made alive in the spirit, ¹⁹ in which⁶ he went and proclaimed⁷ to the spirits in prison, ²⁰ because⁸ they formerly did not obey, when God's patience waited in the days of Noah, while the ark was being prepared, in which a few, that is, eight persons, were brought safely through water. ²¹ Baptism, which corresponds to this, now saves you, not as a removal of dirt from the body but as an appeal to God for a good conscience, through the resurrection of Jesus Christ, ²² who has gone into heaven and is at the right hand of God, with angels, authorities, and powers having been subjected to him.

⁴:¹ 그리스도께서 이미 육체의 고난을 받으셨으니 너희도 같은 마음으로 갑옷을 삼으라 이는 육체의 고난을 받은 자는 죄를 그쳤음이니 ² 그 후로는 다시 사람의 정욕을 따르지 않고 하나님의 뜻을 따라 육체의 남은 때를 살게 하려 함이라 ³ 너희가 음란과 정욕과 술취함과 방탕과

향락과 무법한 우상 숭배를 하여 이방인의 뜻을 따라 행한 것은 지나간 때로 족하도다 4 이러므로 너희가 그들과 함께 그런 극한 방탕에 달음질하지 아니하는 것을 그들이 이상히 여겨 비방하나 5 그들이 산 자와 죽은 자를 심판하기로 예비하신 이에게 사실대로 고하리라 6 이를 위하여 죽은 자들에게도 복음이 전파되었으니 이는 육체로는 사람으로 심판을 받으나 영으로는 하나님을 따라 살게 하려 함이라

4:1 Since therefore Christ suffered in the flesh,9 arm yourselves with the same way of thinking, for whoever has suffered in the flesh has ceased from sin, 2 so as to live for the rest of the time in the flesh no longer for human passions but for the will of God. 3 For the time that is past suffices for doing what the Gentiles want to do, living in sensuality, passions, drunkenness, orgies, drinking parties, and lawless idolatry. 4 With respect to this they are surprised when you do not join them in the same flood of debauchery, and they malign you; 5 but they will give account to him who is ready to judge the living and the dead. 6 For this is why the gospel was preached even to those who are dead, that though judged in the flesh the way people are, they might live in the spirit the way God does.

7 만물의 마지막이 가까이 왔으니 그러므로 너희는 정신을 차리고 근신하여 기도하라 8 무엇보다도 뜨겁게 서로 사랑할지니 사랑은 허다한 죄를 덮느니라 9 서로 대접하기를 원망 없이 하고 10 각각 은사를 받은 대로 하나님의 여러 가지 은혜를 맡은 선한 청지기같이 서로 봉사하라 11 만일 누가 말하려면 하나님의 말씀을 하는 것같이 하고 누가 봉사하려면 하나님이 공급하시는 힘으로 하는 것같이 하라 이는 범사에 예수 그리스도로 말미암아 하나님이 영광을 받으시게 하려 함이니 그에게 영광과 권능이 세세에 무궁하도록 있느니라 아멘

7 The end of all things is at hand; therefore be self-controlled and sober-minded for the sake of your prayers. 8 Above all, keep loving one another earnestly, since love covers a multitude of sins. 9 Show hospitality to one another without grumbling. 10 As each has received a gift, use it to serve one another, as good stewards of God's varied grace: 11 whoever speaks, as one who speaks oracles of God; whoever serves, as one who serves by the strength that God supplies—in order that in everything God may be glorified through Jesus Christ. To him belong glory and dominion forever and ever. Amen.

1) 심판하시는 2) 헬, 은혜 3) 또는 그 아내를 더 연약한 그릇같이 여겨 지식을 따라 동거하고 또 생명의 은혜를 4) 어떤 사본에, 고난을 받으사 5) 또는 실체 6) 헬, 또는 침례

1 Or *every institution ordained for people* *2* Or *king*; also verse 17 *3* For the contextual rendering of the Greek word *doulos* see Preface *4* Some manuscripts *since you are joint heirs* *5* Some manuscripts *died* *6* Or *the Spirit, in whom* *7* Or *preached* *8* Or *when* *9* Some manuscripts add *for us*; some *for you*

≋≋≋≋≋ 단락 개관 ≋≋≋≋≋

이 긴 단락은(2:11-4:11) 헬라어 원문에서 한 단락에 해당하는데, 우리는 여기서 그리스도인의 삶에 관한 베드로의 비전이 광범위하고도 구석구석까지 이르는 것을 보게 된다. 그리스도의 피로 속량을 받고 은혜롭게도 하나님이 거하시기 위한 성전으로 빚어지는 이들은, 세상이 알아챌 수밖에 없도록 독특하고 반문화적인 삶을 살아야 한다. 세상의 많은 이들이 경멸과 박해로 대하겠지만, 어떤 이들은 동일한 구원하는 은혜로 말미암아 변화될 것이다. 베드로는, 우리가 고난당하고 있다면 의를 위한 것임을 확신하라고 말한다. 죄를 지어서 당하는 고난은 아무런 가치가 없지만, 믿음 때문에 당하는 고난이라면 욕하거나 복수하지 말고 그리스도처럼 대응해야 한다.

기독교 윤리가 적용되지 않는 삶의 영역은 없다. 베드로는 개인적인 순결을 요청한다. 또 당국자들이 그리스도인과 동일한 신념을 가지고 있지 않더라도 그들에게 순종하라고 요청한다. 믿는 아내는 남편이 그리스도를 알고 있지 않더라도 그가 이끄는 대로 겸손히 따르라고 권한다. 또 믿는 남편은 아내를 영생의 은혜를 누릴 공동 상속자로 귀히 여기고 격려해야 한다.

이 서신의 다른 부분에서 드러나듯이, 베드로는 종말이 임박하였음을 강하게 인식하며 편지를 쓴다. 만물의 끝이 가까움을 알았던 그는 정신을 차리고 근신하여 기도하고 다른 사람들을 희생적으로 섬기라고 요청한다. 믿지 않는 사회에서 비롯되었든 악령에게서 비롯되었든, 우리가 아무리 극심한 반대를 맞닥뜨리더라도 전혀 문제되지 않는다. 베드로는 그리스도께서 우리 죄를 위해 고난당하셨고, 죽은 자 가운데서 살아나셨고, 아버지의 우편으로 올라가셨음을 기억하라고 격려한다.

≈≈≈≈≈ 단락 개요 ≈≈≈≈≈

Ⅲ. 하나님의 백성의 영적, 도덕적 삶(2:11-4:11)
  A. 육체의 정욕을 제어함(2:11-12)
    1. 소극적인 면(2:11)
    2. 적극적인 면(2:12)
  B. 권위에 순종하는 생활 방식(2:13-3:12)
    1. 모든 사람은 통치권을 가진 이들에게 순종하라(2:13-17)
    2. 사환은 주인에게 순종하라(2:18-25)
      a. 훈계(1:18-20)
      b. 본보기(2:21-25)

3. 아내는 남편에게 순종하라(3:1-6)

    a. 훈계(3:1-4)

    b. 본보기(3:5-6)

4. 남편은 아내를 귀히 여기라(3:7)

5. 서로 존중하고 모든 사람을 사랑하라(3:8-12)

C. 만사에 선을 행하는 데 열심을 내는 것과 약속된 변호

   (3:13-4:6)

1. 선을 행함으로 고난받음(3:13-17)

2. 그리스도께서 승리하시고 변호 받으심(3:18-22)

3. 그리스도인들이 승리하고 변호 받음(4:1-6)

    a. 그리스도의 본보기(4:1-2)

    b. 이전 삶의 방식(4:3)

    c. 장차 임할 심판(4:4-6)

D. 사랑, 대접, 봉사(4:7-11)

1. 서로를 위해 기도하라(4:7)

2. 서로 사랑하라(4:8)

3. 서로 대접하라(4:9)

4. 서로 봉사하라(4:10-11)

〰〰〰　주석　〰〰〰

2:11 "거류민"[파로이쿠스(*paroikous*)]과 "나그네"[파레피데무스(*parepidēmous*)]는 이 서신에서 이미 언급된 단어로, "거류민"은 1:17에서 "나그네"는 1:1에서 나왔다. 악트마이어는 "하나님이 집에 '있던' 사람들을 데리고 나와 거류민과 나그네가 되게 하셨다…[이] 신분상의 변화와…[그로 인해] 생긴 문

제들 때문에 서신을 쓰게 되었다"[34]라고 지적한다.

베드로는 독자들을 묘사한 이러한 용어와 인과관계적인 주장을 이어 간다. 그들은 거류민과 나그네이기 '때문에' 정욕을 제어하라는 권면에 순종해야 한다. 정욕은 이 세상이 본향인 사람들의 특징인데, 신자들은 육체의 정욕을 거절할 힘을 가지고 있어야 한다. 그러한 정욕은 이 세상에 속하는 반면에 신자들은 세상에 속하지 않기 때문이다.

베드로는 문화적인 고립을 요청하지 않는다. 사실 12절이 분명히 밝히듯이 우리는 이 세상에서 살면서 신자가 아닌 이들을 만나며, 그렇기 때문에 우리 삶은 하나님의 은혜로 모든 사람이 그분께 영광을 돌리도록 변화시키는 영향력을 가질 것이다.

"육체의 정욕"은 성적인 죄뿐만 아니라 타락한 인간의 특징인 온갖 욕망을 가리킨다. 이 정욕은 탐욕, 욕정, 험담, 교만, 또는 특히 2:1에 언급된 죄들(악독, 기만, 외식, 시기, 비방하는 말)을 가리킨다. 육체의 정욕을 제어하라는 명령은 내적 욕망이, 우리의 통제를 넘어서는 것이나 단지 '우리의 존재 자체'이거나 우리가 묵묵히 따르고 굴복해야 하는 것이 아님을 암시한다. 오히려 그 욕망을 내주시는 성령의 능력을 통해 의식적으로 제어해야 한다. 우리는 죄악된 욕망의 외적 표현을 제어할 뿐만 아니라 그 욕망 자체를 죽이라는 권면을 받는다.

"거슬러 싸우는"이라고 번역된 동사 스트라튜오마이(*strateuomai*)는 우리가 맞닥뜨리는 도전이 얼마나 심각한 것인지를 강조한다. 이 이미지는 육체의 기만적인 욕심(엡 4:22)이 거룩한 삶을 향한(참고. 벧전 1:14-15) 우리 '영혼'의 헌신을 제압하고 약화시키려고 무력으로 충돌하는 모습이다.

2:12 베드로는 앞서 1:15과 17절에 나온 "행실" 또는 생활 방식이라는 표현을 다시금 사용한다[아나스트로페(*anastrophē*)]. 대부분이 이방인인 독자들의 행실 또는 행위를 여기서 "이방인 중에서"[엔 토이스 에트네신(*en tois ethnesin*)]라

고 묘사한 것은 주목할 만하다. 베드로는 그들이 더 이상 이전의 이교도 불신자가 아니고 하나님의 참 백성에 속했음을 분명히 한다(2:4-10).

베드로는 독자들에게 행실을 "선하게" 가지라고 권면하는데, 이때 '선한'에 해당하는 전형적인 헬라어 단어인 아가토스(*agathos*)가 아니라 칼로스(*kalos*)를 사용한다. 칼로스는 도덕적 선함이나 윤리적 의라는 개념을 넘어서 미적 가치와 아름다움을 포함한다. 즉 이 선함을 바라보는 이들은 그 고귀함과 매력으로 인해 마음을 빼앗기게 된다.

이런 선하고 매력적인 삶의 목적은, 비그리스도인들이 신자들의 행위를 관찰하여 "오시는 날"("the day of visitation")에 하나님께 영광을 돌리게 하는 것이다. '오시는'(visitation)이라고 번역된 단어 에피스코페(*episkopē*)는 긍정적으로 하나님의 능력이 드러나는 것(70인역 창 50:24; 출 3:16; 눅 19:44)을 가리킬 수도 있고, 부정적인 의미로 다가오는 심판(참고. 70인역 사 10:3; 렘 10:15)을 가리킬 수도 있다. 여기서는 거의 확실하게 그리스도의 다시 오심과 동의어일 것이다. 베드로전서 1:5에 따르면 "말세에" 우리 구원이 완성된다. 1:7은 "예수 그리스도께서 나타나실" 때가 그분이 다시 오실 때라고 말한다. 1:13은 "예수 그리스도께서 나타나실" 때를 다시 언급한다. 또 4:13에 따르면 예수님은 다시 오실 때에 "그의 영광을 나타내실" 것이다.

대개는 비방과 박해가 심해질 뿐이겠지만, 성령은 우리의 "선하[고]" 매력적인 행실을 사용하여 굳어진 마음을 뚫고 어두운 영혼에 빛을 비추실 수 있다. 어쩌면 이방인이었거나 불신자였던 이들이 우리가 고백하는 하나님의 아름다움과 영광스러움과 충만함을 보러 와서 그리스도를 받아들이고, 그럼으로써 "하나님께 영광을 돌리[는]" 경우도 있을 것이다(참고. 마 5:14-16).

≋≋≋≋ 응답 ≋≋≋≋

오늘날 많은 이들이 자신의 가장 큰 적을 광신적인 종교 테러, 불확실한 경제, 사회의 도덕적 타락으로 규정하려 한다. 그러나 베드로는 "육체의 정욕"이야말로 우리 영혼의 일시적인 안녕이나 영원한 안녕에 가장 큰 위협임을 알려준다. 이는 재정적인 파탄이나 육체적 고통보다 훨씬 큰 위협이다. 우리는 오늘날 우리를 생명의 근원이자 위로가 되시는 우리 주 예수 그리스도에게서 멀어지게 하려는, 항상 존재하는 개인적인 죄된 정욕의 능력에 대해 경종을 울리려고 애써야 한다. 우리는 죄악된 정욕이 가하는 위협을 인식하고 있는가? 우리의 정체성을 이 땅의 거류민과 나그네로 인식하고 있는가? 우리는 육체의 정욕이 가하는 조용하고도 아주 미묘한 부추김에 맞서 행하는 이 전쟁에서, 하나님이 우리에게 승리하도록 베푸시는 영적 원천들을 적극적으로 이용하고 있는가?

≋≋≋≋≋ **주석** ≋≋≋≋≋

많은 학자가 베드로전서 2:13-3:7을 이른바 가정 규례라고 생각한다. 그러한 규례가 나오는 신약의 다른 본문으로는 에베소서 5:21-6:9, 골로새서 3:18-4:1, 디도서 3:1-2이 있다. 고대 그리스-로마 제국에서 이러한 규례들은, 가정 구성원들에게 기대되는 행실뿐만 아니라 행정 당국자들을 향한 책임도 제시한다. 신약의 '규례들'(이 명칭이 타당하다고 여겨진다면)은 그리스도의 교회 안의 경건한 행위들을 강조하기 위해 특유의 형태로 각색되었다.

2:13-14 '순종하다'라는 뜻의 휘포타소(*hypotassō*)에서 나온 부정과거 수동 명령어 휘포타게테(*hypotagēte*)가 17절까지 이르는 전체 단락을 지배한다. 신약의 다른 곳에서는 이 동사를 종종 '복종하다'로 번역한다. 복종해야 할 범위는 "인간의 모든 제도"(13절)로 광범위한데, 더 문자적으로는 모든 '인간의 창조물' 또는 '피조물'이다. 베드로는 구체적으로 우리에게 권위를 가지

는 인간 지도자들을 염두에 두고 있다. 베드로는 "왕"과 함께 "총독"을 '인간의 창조물'로 묘사하는데, 이는 황제를 숭배하라는 요구에 반박하기 위한 것이다. 일반적으로 로마의 통치자는 신으로 추앙받았다. 그러나 베드로는 그들이 '피조물'일 뿐 창조주가 아니라고 말한다. 그들을 신격화하거나 숭배할 필요가 없다. 그러할지라도 우리는 그들에게 순종해야 한다.

베드로는 정권을 쥔 이들이 타락하거나 악해질 수 있다는 사실을 모르지 않았으며, 로마와 팔레스타인에서 권력을 휘두르던 이들의 악행 역시도 전부 아주 잘 알았다. 그러나 여기서 그는 독자들에게 주저하지 않고 황제든 왕이든 "인간의 모든 제도를 주를 위하여 순종하[고]"(13절) 그들을 "존대하라"(17절)고 말한다.

결정적으로 중요한 부분은, 전치사구 "주를 위하여" 혹은 "주님 때문에"로 번역되는 전치사구 디아 톤 퀴리온(dia ton kyrion)이다. 이 전치사구는 그렇게 순종해야 할 이유나 근본적인 동기를 제시한다. 우리는 하나님이 모든 행정 당국자를 세우셨기 때문만이 아니라(참고. 단 2:20, 37-38), "어리석은 사람들의 무식한 말"을 막기 위해서도 순종한다(벧전 2:15). 따라서 통치자들에게 하는 순종은 이차적인 것일 뿐이다. 우리가 가장 우선하여 충성을 바칠 대상은 하나님이시다. 황제든 왕이든 대통령이든 권력을 가진 누구에게든 순종하는 데 헌신하는 것은 하나님께 영광을 돌리고 그분의 위대함과 위엄을 알리는 일이다.

총독을 보낸 "그"는 황제일 수도 있고 하나님이실 수도 있다. 총독이 행하는 이중적인 역할은 바울이 로마서 13:3-4에서 쓴 내용과도 일치한다. 그들의 역할은 악을 저지르는 이들[카코포이온(kakopoiōn), 문자적으로는 "악행하는 자"]을 벌하거나 그들에게 정의를 실현하는 것, 그리고 선을 행하는 자들[아가토포이온(agathopoiōn), 문자적으로는 "선행하는 자", 이 단어는 벧전 2:20; 3:6, 17; 4:19에 다시 나온다]에게 "포상"(또는 감사를 표하고 상을 주는)하는 것이다.

아마도 이 구절은 그리스도인들이 견디고 있는 박해가 나라의 지원으로 이루어지는 것이 아니라 이교도 전체가 그리스도인들의 특이한 행위에 기분이 상해서 자행하는 것임을 나타내는 것같다. 그러나 설령 나라가 그러한 박해를 지원한다 할지라도, 하나님이 주신 명령을 위반하라고 요구하지 않는 한 통치자들에게 복종해야 하는 의무는 여전히 유효하다(참고. 행 4:17-21; 5:27-32).

2:15 시작 부분의 "곧"에 해당하는 호티 후토스(*hoti houtōs*, for this)는 앞의 명령을 가리키면서 순종해야 하는 이유를 제시하는 것일 수 있다. 한편 어떤 사람들은 이 표현을, 이어지는 내용을 내다보며 15절에서 제시할 권고로 주의를 돌리는 것이라고 여긴다. 두 번째 견해가 더 그럴 듯하다.

"선행으로"라고 번역된 분사는 도구적 의미로, 어리석은 사람들의 무식한 말을 드러내 보이고 조용히 만드는(문자적으로는 '입을 막는') 수단을 가리킨다. 그들의 "무식"[아그노시안(*agnōsian*)]은 그들이 정규 교육을 덜 받았기 때문이 아니라 어리석게도 하나님께 반역했기 때문이다. 마찬가지로 바울도 불신자들을 "그들의 마음이 굳어짐으로 말미암아"(엡 4:18) 무지하다[아그노이안(*agnoian*)]라고 묘사한다.

베드로가 15절에서 제시하는 요지는 사실상 12절의 요지와 동일하다. 즉 우리는 그리스도에 대한 신뢰와 우리의 겸손이 모든 사람에게 분명히 드러나도록 살아야 한다는 것이다. 우리는 기쁘고 관대하고 희생적이며 그리스도 중심적으로 생활함으로써 어리석은 사람들의 비난을 잠재워야 한다.

2:16 ESV는 '살라'("Live")라고 명령문을 제시한다[이 절 후반부의 '살라'("living") 처럼]. 어떤 해석자들은 이 구절이 13절의 "순종하[라]"("Be subject")라는 명령문에 딸려 있다[따라서, '자유자처럼…순종하라'("Be subject...as free people")]고 생각한다. 그렇지만 ESV처럼, 필수성을 내포한 '살라'가 포함된 독립된 문장으로 보는 쪽이 정확하다고 여겨진다. 베드로의 요청은, 그리스도인이 피로 산 그들의 자유를 통치자들에게 불순종하는 구실이나 핑계로("가리는 데") 사용하지 말라는 것이다. 그는 다시 한번 권면의 기반을 하나님의 백성, 문자적으로 그분의 "종"이라는 우리의 정체성에 둔다. 우리

는 '당국자들의' 종이기 때문이 아니라 '하나님의' 종이기 때문에 그들에게
순종한다.

2:17 이 절에 나오는 네 개의 명령문은 헬라어 원문에서 이인칭 복수형
이다. 첫 번째 명령은 부정과거 시제인 반면, 나머지 세 개는 현재 시제다.
어떤 이들은 13절의 "순종하[라]"라는 부정과거 명령을 상기시키려고 부
정과거 시제가 사용되었다고 주장한다. 물론 두 본문에 제시된 의무의 광
범위함이 이 주장의 근거로 제시되지만, 17절과 13절이 멀리 떨어져 있기
때문에 그럴법 하지 않다. 어떤 경우든 이 부정과거 용법을 구분하기는 어
렵다. 어떤 사람들은 이 부정과거가 어떤 행동의 시작(ingressive)을 나타낸
다고 생각하여 '뭇 사람 공경하기를 시작하라'라는 의미로 본다. 또 다른
사람들은, 보편적으로 기대되는 행동양식을 묘사하는 격언 또는 시간을
초월한 부정과거로 해석한다.[35] 모든 점을 고려해 볼 때 마지막 견해가 가
장 그럴듯하다. 따라서 공경해야 할 이는 통치자들만이 아니라 하나님의
형상으로 지음 받은 모든 사람이다.

두 번째 명령문은 신자 공동체인 "형제"를 사랑하라고 요청한다(참고.
1:22). 우리는 또한 "하나님을 두려워하며 왕을 존대"해야 한다(이 마지막 권
고가 2:13과 수미상관[36]을 이룬다).

≋≋≋≋ 응답 ≋≋≋≋

사람들은 보통 순종하라는 명령에 분노와 반항으로 대응한다. 하지만 그
권위를 하나님이 정당하게 세우셨다면, 순종은 인생의 모든 일을 주권적

---

35 Wallace, *First Peter*, 562.

36 수미상관(inclusio)은 유사한 소재로 본문을 시작하고 끝내는 기법으로, 한 쌍으로 된 문학적인 '북엔드'다.

으로 처리하시는 하나님을 신뢰한다는 멋진 표현이다. 하나님을 공경하듯 통치자들을 공경하기 위해 그의 정치적 신념이나 사회 정책에 동의할 필요는 없다. 오늘날과 같이 정치적으로 논쟁이 많이 벌어지는 상황 가운데 사는 것은, 하나님을 향한 우리의 궁극적인 충성을 드러낼 완벽한 기회를 제공한다.

〰〰〰 **주석** 〰〰〰

2:18 13절에서 휘포타게테라는 명령으로 시작된 자발적인 순종이라는 주제는, 18절에서 동일한 동사의 분사형인 휘포타소메노이(*hypotassomenoi*, 이는 의심할 여지없이 명령의 의미를 지닌다. 개역개정은 "순종하되")로 계속된다. 여기서는 "사환들"[오이케타이(*oiketai*)는 집안의 종들을 고려한 표현이다]이 "주인들"에게 하는 순종을 염두에 두고 있다.

그러한 순종에 담겨 있어야 할 태도나 정신은 "두려워함"이다. 17절의 "하나님을 두려워하며"라는 권면을 볼 때, 그들이 가진 '두려움'(17절의 "두려워하며"라는 동사의 명사형)의 대상은 그들의 주인이라기보다 하나님이다. 더 광범위한 단락 곳곳에서 베드로는 각 권면의 기반을, 하나님을 향한 신자들의 헌신 또는 약속(commitment)에 두고 있다[13절의 "주를 위하여", 15절의 '하나님의 뜻으므로'(개역개정에는 없음), 16절의 "하나님의 종과 같이 하라", 18절의 "하나님을 생각함으로", 20절의 "하나님 앞에"].

세상의 관점으로는 "선하고 관용하는" 주인들에게만 그러한 순종을 요구하겠지만, 베드로는 순종의 범위를 '부당한'("unjust", 개역개정은 "까다로운") 주인들에게까지(악한 사형 집행자들의 부당한 처우에도 겸손하게 순종하신 그리스도의 본을 독자들에게 알려주면서) 확장시킨다.

2:19-20 베드로가 이렇게 직관과 반대되는 명령을 하는 이유[가르(*gar*),

"for", 개역개정에는 없음]는 그것이 "아름다[운 일]"이기 때문이다. 카리스 (*charis*, 은혜, 은총)의 이 특이한 용례는 하나님이 인정하심 또는 복 주심이라는 의미를 지닌 듯하다[실제로 잘 입증된 다른 형태는 카리스 파라 토 테오(*charis para tō theō*, '하나님 앞에서 은혜로운')인데, 이는 분명히 20절의 카리스 파라 테오(*charis para theō*)의 영향을 받은 것이다].

따라서 베드로는, 세상의 옹호나 존경보다 하나님을 소중하고 귀하게 여기는 이들에게 하나님으로부터 은혜와 복이 임한다고 말하고 있다(이는 20절에 나오는 "칭찬"과 3:9에서 베드로가 고난당하는 이들에게 주는 확실한 약속을 통해 확증된다. 참고. 또한 마 6:4, 6, 18; 눅 6:32-35).[37]

"하나님을 생각함"은 더 문자적으로는 "하나님을 향한 양심 때문에"[소유격 테우(*theou*)는 의미상 목적격이다]로 번역할 수 있다. 그렇지만 "생각함"은 쉬네이데시스(*syneidēsis*)의 적절한 번역이다. 이 단어는 고린도후서 5:11과 히브리서 10:2에서 깨달음이나 양심이라는 의미를 가진다. 그리스도인 사환들은, 항상 하나님이 지켜보고 계시며 그에 따라 보답하신다는 사실을 인지하고 행동해야 한다.

"고난을 받아도"로 번역된 분사는, 이후로 자주 나올 동사[벧전 2:20, 21, 23; 3:14, 17, 18; 4:1(2회), 15, 19; 5:10에서]가 처음으로 사용된 것이다. 베드로는 부당하게 고난을 받으면서도 신실함과 순종으로 견디는 것을 주된 주제로 제시한다. 이는 예수님의 경험(2:23; 3:18; 4:1)과 그분을 따르는 이들의 삶으로도 입증된다.

2:20을 시작하는 '왜냐하면'("for", 개역개정에는 없음)은 20절이 19절에서 한 말을 자세하게 풀어서 말하는 것임을 가리킨다. 하나님은 종종 신자들이 선을 행하기 때문에 고난받게 하신다. 바로 그들이 겸손하고 신실하게 견딤을 통해 다른 사람들이 멈춰서 주목할 수밖에 없게 하려는 것이다. 어쩌면 사람들이 "그러한 충성과 겸손을 불어넣으실 수 있는 이 하나님은

---

37 이 때문에 베드로가 부당하고 괴로운 상황을 견딜 수 있는 이유를 하나님의 은혜로운 능력 주심 덕분이라고 본다는 가능성을 묵살할 수 없다.

어떤 분인가?"라고 질문할 수도 있다. 부당한 고난을 견디는 일은 본래 스스로 정의를 추구하던 사람들이 기꺼이 기다리며 하나님이 저리하시도록 맡기는 것이므로, 하나님의 은혜와 영광과 존귀를 환하게 보여준다.

"칭찬"[클레오스(*kleos*)]은 19절의 "아름다[움]"(카리스)에 해당한다. 이러한 보상은 선을 행함에도 겪는 고난을 '참을'(여기서 두 번 나옴) 때만 임한다. 그러나 고난을 받을 만할 때 하는 인내에는 "칭찬"이 없다.

2:21 베드로는 바로 앞의 지시(18-20절)에 대한 근거로("for", 가르, 개역개정에는 없음), 의를 위한 고난은 하나님이 모든 그리스도인의 삶에 요청하시는 것임을 상기시킨다. 부당한 고난도 절대 하나님의 계획이나 능력 밖에 있지 않으므로, 그것이 그분이 우리에게 요청하시는 바다. 이러한 요청의 타당한 이유["because", 호티(*hoti*), 개역개정에는 없음]는, 그리스도 '역시'["also", 카이(*kai*)의 부사적 용법] 우리의 자리에서[휘페르 휘몬(*hyper hymōn*), 이 말이 '대신한다'라는 의미를 가짐은 부인할 수 없다] 부당하게 고난을 당하셨고, 그렇게 하심으로 우리가 받을 만하지 않은 고난을 어떻게 받아들여야 하는지에 대한 본[휘포그람모스(*hypogrammos*)]을 남기셨다는 것이다.[38]

말할 필요도 없이 우리는 모든 면에서 그리스도의 고난을 그대로 따라할 수 없다. 그분의 죽음은 화목 제물이자 대속 제물로서의 죽음이었지만 우리의 고난은 그럴 수 없기 때문이다. 그분이 보이신 본은 박해자들에게 복수하려 하지 않고 고난을 견디기로 하신 데서 나타난다. 그분은 배신당하고 시련당하고 유죄 선고를 받으셨을 때 불평하거나 억울해 하거나 스스로 변호하지 않으셨다. 대신 하나님이 자신을 붙드시고 적절한 때에 자신의 옳음을 입증하실 것을 신뢰하셨다.

---

38 Forbes는 휘포그람모스(*hypogrammos*, "본")가 고대 문헌에서 "선을 따라 그리도록 되어 있는 모양판"을 가리켰으며, "행동에 대한 모범이라는 비유적인 의미로 아주 흔하게 사용되었다"고 지적한다(*1 Peter*, 90).

2:22-24 이 구절들에는 네 개의 관계사 절이 있다[앞의 세 개는 '그'(who)에 해당하는 호스(*hos*)로, 네 번째 관계사 절은 후(*hou*)로 시작한다]. 앞의 두 관계사 절은 고난당하실 때 예수님이 어떻게 반응했는지를 그분의 성품에 초점을 두어 묘사하고, 뒤의 두 관계사 절은 그분의 대속적 희생이 가지는 성격과 목적을 묘사한다.

첫 번째 관계사 절(22절)은, 예수님이 사형 집행인들에게 대응하실 때 죄를 짓지 않으셨음을 강조하는 이사야 53:9을 인용한다(이에 대해서는 눅 4:34; 요 6:69; 8:46; 9:16; 행 3:14; 4:27-30; 롬 8:3; 고후 5:21; 히 4:15; 7:26; 벧전 1:19; 3:18; 요일 3:5을 보라). 그리스도께서 "거짓"[돌로스(*dolos*), 벧전 2:1]으로 움츠러들지 않으셨음은, 우리도 그렇게 처신해야 한다고 베드로가 앞에서 제시한 권면에(2:1) 힘을 더해 준다.

두 번째 관계사 절(23절)은 우리 주님이 적들에게 보이신 반응의 또 다른 두 특징을 소개한다. 여기서 두 분사는 시간의 의미로 번역될 수 있다('욕을 당하실 때'와 '고난을 당하실 때'). 또는 양보의 의미인 '욕을 당하셨을지라도/고난을 당하셨을지라도'로 볼 수도 있다. 예수님은 대적들에게 동일하게 맞서는 대신 하나님의 보호하심과 변호하심에 자신을 의탁하기로 하셨다.

이곳에는 생략이 있는데, 원문에는 "부탁하시며"의 직접 목적어가('자신을' 같은) 없다. 하지만 목적어로 '자신을'이 적절해 보인다. 특히 나중에 4:19에서 볼 내용에 비추어 볼 때 그렇다. "하나님의 뜻대로 고난을 받는 자들은 또한 선을 행하는 가운데에 그 영혼을 미쁘신 창조주께 의탁할지어다."

세 번째 관계사 절(2:24)은 그리스도의 도덕적 성품에 초점을 맞추던 데서, 그분의 죽음이 가지는 성격과 목적으로 방향을 바꾼다. 그분이 "친히 나무에 달려 그 몸으로 우리 죄를 담당하셨으니"는, 단순히 그리스도께서 우리 죄로 말미암은 하나님의 진노를 담당하셨다는 뜻이다. 나무 곧 십자가에 못 박히심을 통해 하나님의 진노를 담당하셔서, 하나님의 정의의 요구를 충족시키시고 우리 죄에 대해 마땅히 주어지는 영원한 형벌을 견디셨다(유사하게 골 3:5; 살전 5:9-10). 그러나 그리스도의 죽음은, 단지 우리의 죄책이나 하나님의 의로운 분노를 제거하기 위한 것만이 아니다. 그 목적은 우리가 죄에 대하여 죽고 실제적인 의의 삶을 살 수 있게 하는 것이었다(벧전 2:24b).

네 번째이자 마지막 관계사 절에서 베드로는 "그가 채찍에 맞음으로 너희는 나음을 얻었나니"라고 선언한다(24c절, 인용. 사 53:5). 그리스도는 고의적인 인간의 악함에 대한 하나님의 진노를 담당하심으로써 아픔과 질병의 권세를 물리치셨다. 따라서 베드로는 그리스도의 죽음으로 우리가 "나음"을 얻었다고 단언할 수 있다. 다시 말해 예수님이 죄의 값을 치르셨으므로, 그분이 자기 백성을 영화롭게 하시기 위해 돌아오시는 날에 온갖 질병을 완전히 처리하실 것이다.

성경은 종종 영혼의 죄악된 상태를 다양한 상처로 인한 몸의 고통에 비유한다(예를 들어, 사 1:5-6). 그러므로 죄사함과 회복이 육체적 나음으로 묘사된다. 여기서 사도는 죄 가운데 있는 우리를 마치 몸에 상처가 있어서 육체적 나음이 필요한 것처럼, 또 위대한 의사가 자신의 대속적 죽음으로써 진실로 우리 마음을 '치료한' 것처럼 묘사한다.

2:25 죄인들인 우리는 계속 양처럼 길을 잃지만, 예수님의 구속하시는 은혜로 우리 영혼의 목자이자 보호자이신 분께로 돌아갈 수 있다. 25절 서두의 '때문에'(가르) 또는 '왜냐하면'에 해당하는 단어(개역개정에는 없음)는, 24절에서 말하는 "나음"이 25절에 나오는 우리의 영적인 방황 때문에 마땅히 받아야 할 형벌에서 낫는 것임을 나타낸다. 다시 말해, 베드로가 염두에 둔 것은 일차적으로 몸의 육체적 회복이 아니라, 죄라는 질병에서의 영적 치유다. 우리의 질병이나 고통은 우리가 하나님에게서 벗어났기 때문에 겪는 것이었다. 그러므로 그리스도께서 베푸시는 치유는 우리를 하나님께로 돌아가게 하고 그분과의 관계를 회복시킨다.

우리를 학대하는 이들에 맞서 스스로 방어하고 보복하는 것은 가장 자연스러운 반응이다. 부당한 반대를 받아들이려면 초자연적인 능력과 따를 만한 영적인 본이 필요하다. 우리는 십자가에 못 박히시고 살아나신 그리스도에게서 이 둘을 모두 발견한다. 다른 사람들의 악함을 견딜 수 있는 힘을 찾는 유일한 방법은, 그리스도께 하신 대로 똑같이 행하는 가운데, 그분이 죄 사함과 우리 영혼의 치유를 확실히 하셨음을 계속 기억하는 것이다.

≋≋≋≋≋ 주석 ≋≋≋≋≋

3:1-2 베드로는 일반적인 여자들이 아니라 아내들에게 말하고 있다. 이는 귀나이케스[*gynaikes*, "아내들", 일부 사본은 정관사 하이(*hai*)를 생략하는데, 아마도 "아내들아"라는 호격에 집중하기 위함인 듯하다]라고 부르며 '너희 자신의'[이디오이스(*idiois*), 개역개정은 "자기"]를 사용한 데서 분명히 드러난다. 여기서 아내들은 남편에게 순종하라 또는 복종하라는 명령을 받는다(이 분사는 분명 명령의 의미가 있다). 휘포타소메나이(*hypotassomenai*, 휘포타소의 분사 형태)가 서두에 나오는 "이와 같이"[호모이오스(*homoiōs*)]와 함께 사용된 것은, 2:13의 명령 "순종하[라]"(휘포타게테)가 계속 베드로의 생각을 지배하고 있음을 나타낸다. 베드로는 아내가 남편에게 순종하는 모습이, 모든 면에서 사환이 주인에게 순종하는 모습(2:18 이하)과 같으리라고 가르치는 것이 아니다. 오히려 각 사람은 하나님이 정하신 권위에 서로 구별되는 방식으로 순종하라는 명령을 받는다.

아내가 자발적으로 순종하는 목적은 복음 전도다. 믿지 않는 남편(참고. 고전 7:12-16), 즉 "말씀"[로고(*logō*), 복음을 언급하는 것이 분명하다]을 적극적으로 적대시하는 남편과 결혼한 믿는 아내가, 그 행실을 통해 남편을 구원하는 믿음으로 이끌 수 있다. 거룩한 삶과 관련된 "행실"에 대해서는 베드로전서 1:15을 보라. 이곳에서도 아나스트로페가 동일하게 사용된다. "말로 말미암지 않고"[아뉴 로구(*aneu logou*)]는 아내의 침묵을 가리킨다. 베드로의 말은, 이 여성들이 절대 말을 해서는 안 된다는 뜻이 아니라, 남편이 복음 진리를 믿게 하는 데 그들의 경건하고 사랑스러운 행위가 말로 길게 풀어놓는 어떤 논증보다 더 효과적일 것이라는 뜻이다("구원을 받게 하려 함"으로 번역된 동사는 원래 '얻다', '이득을 보다'를 뜻하는 상업 용어였지만, 교회에서 회심을 가리키는 데 사용되었다. 참고. 마 18:15; 고전 9:19-22). 믿지 않는 남편이 아내의 말로 표현할 수 없는 것 같은 기쁨과 평화를 지켜보는 동안, 성령께서 이를 사용하여 남편으로 복음을 깨닫게 하실 것이다.

순종은 인정된 권위에 대해 자발적으로 굴복한다는 의미를 담고 있다. 이미 2:13-25에서 주목했듯이, 그러한 순종은 도덕적이거나 영적으로 우월한 사람에게 열등한 존재로 굴복하는 것이 아니다(요구하는 것은 더더욱 아니다). 모든 인간의 위계질서에는 존재론적 평등이 존재한다. 순종이란 아내가 항상 남편에게 동의해야 한다는 의미도 아니다. 여기서 아내는 가장 중요한 문제인 예수 그리스도의 복음에 대해 남편과 의견이 다르기 때문이다.

2절은 1절에서 요구한 행실을 더 자세히 설명한다. 믿지 않는 남편이 아내의 "두려워하며 정결한 행실"을 본다면, 하나님이 그러한 행실을 사용하셔서 남편이 그리스도를 믿게 하시리라는 소망을 가질 수 있다. '그들이…볼 때'("when they see", 개역개정은 "~을 봄이라")로 번역된 분사는 원인('그들이 보았기 때문에') 또는 도구('봄을 통해서')의 의미일 수도 있다. "두려워하며"는 엔 포보[*en phobō*, ESV는 "respectful"]의 번역이다. 이 용어가 이 서신의 다른 데서 사용된 방식을(1:17; 2:17-18) 볼 때, 여기서는 남편을 존경하는 아내의 태도보다(이 태도도 항상 적절하지만) 오히려 하나님을 경외하는 것을 가리키는 것 같다.

3:3-4 이 두 절에 나오는 지침은, 어떤 여성들이 아름다운 외모와 유행

하는 옷차림이 집에서 문제를 덜 일으킨다거나 아마도 믿지 않는 남편이 그리스도를 믿는 데 도움이 될 수도 있다고 생각하는 경향 때문에 나온 듯하다. 이러한 것들이 본질적으로 악하지는 않지만, 베드로의 조언은 여성들이 그러한 것들을 신뢰해서는 안 된다는 뜻이다. 그는 과도하거나 지나치게 비싸고 호사스럽거나 기독교적 겸손에 부합하지 않는 것을 반대한다.

베드로는 '외면적'이거나 '표면적인' 것으로 특별히 세 가지를 언급하는데, 머리를 꾸미는 것, 금 장신구를 차는 것, 사치스러운 옷을 입는 것이다. 외모[엑소텐(exōthen), 3절]나 가시적인 것을 신뢰하는 것에 대한 대안은 "숨은"[크륍토스(kryptos), 4절] 것 또는 보이지 않는 것을 의지하는 것이다. 그 숨겨진 것은, 마음속에 존재하지만 생활 방식을 통해 겉으로 드러나는 덕목들이다. 베드로는 "썩지 아니할" 것으로[ESV는 원문과 개역개정에는 없는 '아름다움'(beauty)을 추가하는데, 육체적 아름다움과 대조해서 내적 매력에 초점이 있음을 잘 전달한다] 영혼을 단장하라고 말한다. 그리고 내적이고 썩지 않는 것을 "온유하고 안정한 심령"[여기서 프뉴마토스(pneumatos)는 성령이 아니라 인간의 심령, 기질을 가리킨다. 당연히 이러한 상태는 하나님의 영의 사역을 통해 유지되고 가능해진다]과 동일시한다.

"이는"[관계대명사 호(ho)]의 선행사는 "심령" 즉 온유하고 조용한 기질로, "마음에 숨은 사람"이 의미하는 바를 설명해 준다. 베드로가 이 보이지 않는 속성에 초점을 맞추는 이유는, 그것이 하나님 보시기에 "값진" 것, 아주 귀한 것이기 때문이다.

3:5-6 베드로는 그의 요지를 강화하기 위해("for", 가르, 개역개정에는 없음) 구약에 나오는 경건한 여인들을 언급하는데, 특히 사라(아마도 베드로는 다른 여인들로 리브가, 라헬, 레아를 염두에 두었을 것이다)를 소개한다. 이 여인들은 베드로가 4절에서 요청한 내용을 정확히 실제로 보여주었다. 다시 말해, 외면을 단장하기보다는 내면을 단장하고 남편에게 경건하게 순종하기를 더 좋아했다. 그들이 하나님께 "소망"을 두었다는 말은, 엔 포보("두려워하며", ESV는 "respectful", 2절)하며 살았다는 말을 다르게 표현한 것이다.

이 구약의 여인들이 '자기를 단장한[코스메오(*kosmeô*), 3절에는 이와 동족 명사형인 코스모스(*kosmos*, "단장")가 나온다]' 정확한 방법은, 남편에게 "순종함으로"("by submitting", 수단이나 방법을 의미하는 분사)였다. 이 단락(2:11-4:11)에서 휘포타소의 한 형태가 네 번 나오는데(이곳은 분사로 나오는 세 번째 사례다), 이는 앞에서 베드로가 2:13-3:7 내내 하나님이 임명하신 권위에 대한 경건한 순종에 관심을 가지고 있다고 관찰한 것에 힘을 실어 준다.

사라는 정확히 "아브라함을 주라 칭하여" 남편인 그에게 "순종"했다. 베드로는 여기서 창세기 18:12을 암시한다. 그곳에서 사라는 자신이 아이를 낳으리라는 하나님의 약속에 불신을 내비쳤다. 어쨌든 사라는 불임이었고 아브라함("내 주인")은 나이가 들었다. 사라의 말은 단지 혼잣말이었다. 사라는 자신에게 말하고 있었으며, 아브라함이나 다른 사람이 그 말을 듣게 하려 했다는 어떠한 암시도 없다. 따라서 사라가 칭찬을 받는 까닭은, 아무도 듣지 않았을 때 아브라함을 높였기 때문이다. ("내 주"는 '~님'과 유사한 존경이 담긴 표현이지, 절대로 아브라함의 신성을 단언하는 말이 아니었다!)

"딸"(ESV는 "children")은 윤리적인 의미를 담는 호칭으로, 다른 사람의 자질을 본받는 사람을 가리키는 것일 수 있다. 따라서 여성들은 남편과 관련하여 사라와 똑같은 방식으로 행동했다는 의미에서 사라의 딸이다. 하지만 그보다 더 많은 의도가 있는 듯하다. 아브라함의(그리고 따라서 사라의) '자녀'가 되는 것은 영적으로 하나님의 백성에 속하고 언약적 지위를 가짐을 시사한다(참고. 눅 13:16; 또한 마 3:8-9). 이와 마찬가지로 바울도 사라에게서 태어남으로써 약속의 자녀가 된 이들에 대해 말한다(갈 4:21-31).

대부분의 해석자는 6b절에 나오는 두 개의 분사를 조건의 의미로 본다. 그러므로 '너희가 선을 행하고 아무 두려운 일에도 놀라지 아니하면'이 된다. 물론 이러한 해석에 대해, 행위에 의지하여 언약적 지위를 얻게 만든다고 주장하며 반대하는 이들도 있다. 하지만 이 두 분사는, 언약적 지위를 얻는 조건을 말한다기보다는 오히려 그 지위의 진정성을 확증하는 두 가지 방법을 알려주는 것 같다(참고. 히 3:6, 14). 선을 행하고 두려워하지 않는 모습은, 사라의 자녀인 것이 사실임을 계속해서 증명한다(두 분사는 현재 시제다).

　"아무 두려운 일" 또는 위협하는 일에는 한 사람의 안녕을 위협하는 어떤 개인적인 일까지도 포함될 수 있다(참고. 잠 3:25). 그러므로 베드로는 특별히 믿지 않는 남편이 가하는 위험을 염두에 둔 듯하다.

3:7　베드로는 절대로 남편들이 결혼 관계에서 중요한 책임을 맡지 않는다고 생각하게 만들지 않을 것이다. 실제로 남편들은 "이와 같이" 그리스도 안에 있는 이 여인들과 조화를 이루는 방식으로 아내와 관계를 맺어야 한다. 다시금 동사의 분사 형태는 명령으로 이해해야 한다. 남편들은 이해하며 아내와 "동거"해야 한다.

　ESV에서 '이해하고'("in an understanding way")로 번역된 어구는 좀 더 문자적으로는 "지식을 따라"이다. 베드로가 뜻하는 바는, 하나님에 관한 지식이거나 여성의 기질과 성향 같이 남성과 대조되는 여성의 특성에 관한 지식은 아닐 것 같다. 접속사 'as'[호스(hōs), 개역개정은 "~자로"]는, 베드로가 염두에 둔 그 지식의 내용을 알려 주는 것 같다. 즉 남편은 아내가 "더 연약한 그릇"임을 인식하고 또는 이해하고 아내와 함께 살아야 한다. 이는 도덕적이나 지적인 역량이라기보다 육체적인 힘이 연약하거나 사회적 지위가 낮음를 가리킬 가능성이 높다. 비교급 형용사 에스테네스테로(asthenesterō, "더 연약한")는 남성들 역시 자신을 "그릇"으로 인식해야 한다고 요구한다. 하지만 특히 고대 세계에서 여성은 남성보다 더 취약하고 더 쉽게 이용당했다. 그렇다면 남편은 이 지식을 따라 아내와 관계를 맺고 아내를 보호하고 귀하게 여겨야 한다.

　아내는 믿는 남자들과 마찬가지로 "생명의 은혜를…받을 자"이기 때문에 마땅히 귀하게 여김 받아야 한다. 베드로의 의도가 이 은혜를 생명으로 이어지는 것으로 보게 하려는 것이든 아니면 생명 자체로(아마도 영원한 생명) 보게 하려는 것이든, 그의 요지는 여성도 똑같이 그리스도의 사역으로 인한 구원의 은혜를 받는다는 것이다.

　베드로는 남자가 이 명령에 신실하게 순종하는 것을 기도에 응답받는 조건으로 제시한다. 영원한 구원을 함께 받을 상속자들을 계속 학대하면서 하나님이 기도를 응답하시리라고 절대 생각해서는 안 된다. 뒤의 3:12에서 베드로가 시편 34:15-16을 인용하는 것을 볼 때, 아내를 차갑게 무시하면 하나님이 우리 기도에 대해 귀를 막으시고 우리에게서 얼굴을 돌리실 것이라고 생각해야 한다.

≋≋≋≋ 응답 ≋≋≋≋

이 단락에는 아내에게 주는 실제적인 조언이 많지만, 여기서는 남편의 책임에 주의를 집중하고자 한다. 웨인 그루뎀(Wayne Grudem)은 곧바로 핵심으로 나아가 다음과 같이 상기시킨다. "그리스도인 남편은 기도 생활을 제대로 하지 않으면서 자기 삶으로 영적인 선에 이를 수 있으리라 생각해서는 안 된다. 또 남편들은 '지식을 따라' 아내를 '귀히 여기며' 아내와 동거하지 않으면 제대로 된 기도 생활을 기대할 수 없을 것이다."[39]

≋≋≋≋ 주석 ≋≋≋≋

3:8-9 "마지막으로 말하노니 너희가 다"라는 베드로의 말은 서신의 마무리라기보다는, 2:13부터 이어진 '가정 규례'의 결론이다. 판테스(*pantes*, "다")는 베드로가 더 이상 어떤 특정 그룹을 염두에 두지 않고 이제(3:8이하) 그리스도인 공동체 전체에게 말하고 있음을 암시한다. 이곳에는 분명 생략된 것이 있다. 이 덕목에 적용되는 동사가 없기 때문이다. 아마도 에이미

---

39 Grudem, *First Epistle of Peter*, 146.

(*eimi*, '~이다')나 기노마이(*ginomai*, '~이 되다') 또는 다른 명령형 분사를 가정해야 할 것 같다.

먼저, 베드로는 신자들끼리 "마음을 같이하[라]", 즉 공동의 목표를 가지라고 요청한다. 이 단어는 신약에서 이곳에만 나오지만, 동일한 강조가 다른 곳 특히 바울서신들에 나온다(참고. 롬 15:5 - 7; 고전 1:10; 고후 13:11; 빌 2:1 - 2; 4:2). 베드로는 획일적이 될 것을 요청하고 있지 않다. 그는 같은 영적 가치관으로 같은 신학적 진리를 인정하며 그것을 위해 싸우고, 같은 복음을 선포하며 가장 중요하게는 같은 그리스도와 그분의 탁월성과 영광에 대한 열정을 가지고 헌신하라고 요청하고 있다.

"동정"으로 번역된 명사 역시 신약의 이 절에만 나오며, 필요에 민감하게 반응할 수 있도록 다른 사람들과 같은 정서나 감정을 가진다는 의미다. 세 번째 덕목인 '형제 사랑'은 필라델포이(*philadelphoi*)라는 잘 알려진 단어다. 또한 그리스도인들은 서로를 "불쌍히 여기[는]" 마음을 길러야 한다. 베드로의 네 번째 단어인 유스플랑크노이(*eusplanchnoi*)는, 사람의 감정의 자리로 여겨졌던 창자를 가리키는 일반적인 용어와 관련이 있다. 신자들은 '불쌍히 여기는 마음', '긍휼의 마음', '존재 깊숙한 곳에 있는 너그러운 마음을' 가져야 한다. 이는 악의를 품은 채 다정하게 행동하는 위선과 반대된다. 마지막으로 그리스도인은 "겸손"[타페이노프로네스(*tapeinophrones*)]한 마음을 가져야 한다. 겸손은 고대에는 악덕으로 간주되었지만, 구속받은 공동체에서는 미덕이다. 이 단어는 신약에서 이곳에만 나오지만, 사도행전 20:19; 에베소서 4:2; 빌립보서 2:3; 골로새서 2:18, 23; 3:12; 베드로전서 5:5에 나오는 타페이노프로쉬네(*tapeinophrosynē*, '천함' 또는 '마음의 겸손')와 밀접한 관련이 있다.

이 성령의 열매들에 부정적으로 대응되는 것이 9절에 나온다. 보복하지 말라는 요청은 예수님이 자신을 욕한 이들에게 어떻게 대응하셨는지를 상기시킨다(참고. 벧전 2:23). 9절에서는 베드로가 그리스도인 공동체 안에 있는 이들이 아니라 외부인들에 대한 반응을 염두에 두고 있음이 암시되고 있다(참고. 마 5:43 - 44; 눅 6:27 - 28; 롬 12:17; 살전 5:15). 우리는 원수들의 '복을 비는 것' 또는 그들에게 하나님의 은혜가 임하기를 기도하는 것으로 반응해야 한다. 이것이 바로 그리스도께서 우리를 위해 그분 안에서 하신 일이기 때문이다. 실제로 다른 사람들의 '복을 비는 것'이 바로 우리를 부르신 목적[에이스 투토(*eis touto*)는 벧전 2:21과 4:6에도 나온다. 개역개정은 "이를 위하여"]이다.

"이는"으로 번역된 접속사 히나(*hina*)는, 우리가 다른 사람의 복을 비는 목적을 소개하고 있는 것 같다. "복을 이어받게 하려 하심이라." 아니면 결과를 표현하는 것일 수 있다. 다른 사람들에게 복을 빈 결과로 복을 얻거나 복을 유산으로 받는다. 유산이라는 표현은 1:4과 3:7에도 나온다.

3:10-12 이 세 절은 시편 34:12-16의 70인역 본문(시 33:13-17)을 길게 인용한다. '생명을 사랑하고 좋은 날을 보는(즐기는 또는 경험하는)' 능력은 악한 말과 속이는 말을 하지 않는 일에 전념하는 데 달려 있다. 하나님은 말로 복수하려는 이들에게 복을 주시지 않을 것이다. 그러나 시편 기자가 요청하듯이, 소극적으로 '악에서 떠나는'[아포 카쿠(*apo kakou*), 분리의 의미를 가진 소유격] 것과 적극적으로 '선을 행하는' 구체적인 행동 또한 요구된다. 화평을 "구하[는]" 것은 그것을 '추구하는' 것과 같다.

하나님의 "눈"은 의인들(즉, 말로 복수하기를 의지하려는 유혹에 저항하는 이들)의 필요를 지켜보시고, 그분의 "귀"는 그들의 기도를 들으신다. 자신을 학대한 이들에게 혀와 입술로 복수하는 "악행하는" 자들은, 주님이 그들을 '대하셔서'("against") 얼굴을 돌리심을 깨달을 것이다. 전치사 에피(*epi*)가 12a절에서 긍정적인 의미인 "의인'을 향하시고'[on/upon]"로 사용된 반면 이곳 12b절에서는 부정적인 의미인 "악행하는 자들'을 대하시느니라'[against]"로 사용된다. 베드로는 3:7처럼 응답받는 기도와 경건한 순종 및 하나님의 선하심이 충분하다는 겸손한 신뢰를 다시금 하나로 묶는다.

하늘과 땅의 하나님이 누군가와 '맞서신다'는 생각보다 무서운 것은 없다. 우리는 하나님이 적이 되기를 원하지 않는다! 이는 "악행"(12절)을 피하는 강력한 동기다. "선을 행하[는]"(11절) 훨씬 더 강력한 이유는, 하나님의 분명한 임재와 그분이 그분의 가르침과 인도에 겸손히 순종하는 이들에게 주시는 은혜를 누릴 수 있기 때문이다(참고. 약 4:6; 벧전 5:5).

〰〰〰〰〰 주석 〰〰〰〰〰

3:13-14 베드로는 적대적인 반대에 직면해서도 경건한 행동을 해야 한다는 사실에 여전히 관심을 두고 있다. 이는 13절을 시작하는 수사적 질문에서 분명히 드러난다. 예상되는 대답은 '아무도 없다'이다. 모든 조건이 동일할 때, "열심으로 선을 행하면" 해를 피한다는 보증이 있어야 한다. 어떤 사람들은 이 "해"를 궁극적이거나 종말론적인 것으로 본다. 그러므로 베드로가 말하는 요지는 땅에서 우리를 박해하는 이들이 그리스도 안에 있는 우리의 영원한 유산을 훼손하거나 파괴하기 위해 할 수 있는 일은 아무것도 없다는(참고. 롬 8:31, 35-39) 것이다. 하지만 베드로전서 3:14과 이루는 병행을 고려할 때, "해"는 지금 이생에서 견디는 신체적인 "고난"에 해당할 가능성이 높다. 베드로는 분명 현실주의자이고, 그리스도인의 생활 방식이 종종 반대를 불러일으킬 것을 안다. 베드로는 이 사실을 2:20-21에서 공개적으로 고백하였다. 그는 의를 위하여 고난을 '받는다 해도'(개역개정은 "받으면")라고 말함으로, 그 일이 일어날지 말지 의문을 품지 않는다. 그 일은 확실히 일어날 것이다. 신자들에게 가장 중요한 사실은, 그 고난이 의로운 삶으로 인한 것이지 자신의 죄 때문이 아니라는 것이다.

베드로가 마태복음 5:10에 나오는 예수님의 팔복을 암시하고 있음은 거의 의심의 여지가 없다. "의를 위하여 박해를 받은 자는 복이 있나니 천국이 그들의 것임이라." 두 구절 다 신자는 "복 있는 자"[마카리오이(*makarioi*)]로 선언된다. 베드로는 이 선언을 4:14에서 되풀이할 것이다.

3:14 후반부는 문자적으로 '그들의 두려움을 두려워하지 말라'다. 베드로는 신자들에게 불신자들을 두렵게 하는 것을 두려워하지 말라고 가르치는 게 아니다. 여기서 소유격('그들의')은 목적의 의미다. 우리는 불신자들을 두려워하거나 그들이 할지도 모르는 일에 겁먹어서는 안 된다.

3:15-16 신자는 두려워하는 대신 "그리스도를 주로 삼아 거룩하게" 해야 한다. "거룩하게 하고"("honor…as holy")라는 번역은 원문의 한 단어[하기아사테(*hagiasate*)]를 반영한 것인데, 이 단어와 같은 동사인 하기아조(*hagiazō*)가 주기도문 시작 부분에 나오는 간구, 이름이 "거룩히 여김을 받으시오며"에 사용되었다. 그 의미는 베드로가 "그리스도를 주로 삼아"[이 경우 톤 크리스톤(*ton christon*)이 동사 하기아사테의 직접 목적어이고, 퀴리온(*kyrion*)이 보어다] 또는 '주를, 즉 그리스도를 높이며'(여기서는 퀴리온이 직접 목적어이고 톤 크리스톤이 퀴리온과 동격이다)라고 할 때의 의미와 거의 똑같다. ESV는 약간 다른 방식으로 주를 그리스도와 동격으로 본다(그래서 '그리스도 주').

그리스도를 주로 삼는 것은, 그리스도만이 주님이시라는 사실과 우리의 적들이 아무리 능력과 권세를 휘두르더라도 그들은 주가 아니라는 사실을 진심으로 믿는 것을 뜻한다. 그분만을 우리 "마음"에서 온전히 유일무이하시고 무엇보다 귀하신 분으로 소중히 여겨야 한다. 그분이 탁월하시다는 사실이 우리 생각과 감정에서 중요한 자리를 차지해야 한다. 그리고 그 사실에 근거하여, 우리에게 해를 입히려는 이들에 대응해야 한다. 이런 식으로 우리는 적들을 두려워하려 하지 않음을 통해 우리가 그분에게 둔 소망이 흔들리지 않음을 보여줌으로써 그리스도를 주로 높인다.

우리는 또한 "항상" 우리 안에 있는 소망을 변호할 "준비"를 해야 한다. 아마도 이 변호 자체가 그리스도를 주로 삼아 거룩하게 하는 방식이나 수단일 것이다. 베드로는 학구적인 변증가나 공식적인 법정을 생각하고 있지 않다(그러할지라도 참고. 행 25:16: 딤후 4:16). 오히려 그는 우리가 그리스도에게만 소망을 두는 이유나 근거[로곤(logon)]를 매일(항상 누구에게나) 설명할 준비가 되어 있는 상태를 생각하고 있다.

변호하는 태도는 상당히 중요하다. 변호는 '온화함'("gentleness", 개역개정은 "온유")와 '존중'("respect", 개역개정은 "두려움")으로 해야 한다. 베드로가 말하는 '온화함'은 오만하거나 교만하지 않고 겸손하고 침착한 상태를 가리킨다. 베드로가 이 서신에서 포보스(phobos)를 계속 사용하는 것을 볼 때(1:17: 2:17: 3:2), '존중'이라는 단어는 "두려움"[포부(phobou)]으로 번역해야 할 듯하다. 이는 사람들에 대한 태도라기보다 하나님을 경외하는 것을 가리킨다.

"선한 양심을 가지[는 것]"(참고. 2:19)은, "온유와 두려움으로" 행동한 결과다. 일부는 이를 명령문으로 여긴다. 즉 온유와 두려움으로 반응하는 것에 더하여 '선한 양심을 가져야한다'는 의미이다. 그래야 적들이 비방하고 욕할 때(참고. 2:23: 3:9) 오히려 그들이 부끄러움을 당한다. 앞의 2:12에서 베드로는 적들이 침묵하게 되는 상황을 마음속에 그렸다. 그들이 이곳에서 경험하는 "부끄러움"이 진정한 회심의 조짐인지 아닌지는 알기 어렵다.

3:17 이 절은 사실상 2:20을 되풀이하면서 4:15-16에서 이어질 내용을 내다본다. 존 엘리어트(John Elliott)의 주장에 따르면, 17절의 요지는 다음과 같다. "하나님이 고난을 의도하시는지가 아니라, '하나님이' 옳지 않은 일보다는 '옳은 일을 행하려 하신다'는 것이다…그 결과로 고난이 생기더라도 말이다."[40] 그러나 그의 말은, 하나님이 종종 그분의 자녀가 순종함에도 고난을 의도하신다는, 명백하지만 엘리어트에게는 불편한 신학적 결론을 피하려는 노력으로 보인다. 베드로의 요지는, 고난이 하나님의 뜻이라면(문자적으로 '하나님의 뜻이 그렇게 하셔야 한다면') 우리는 그러한 고난이 우리가 범한 죄 때문이 아님을 확신해야 한다는 것이다.

---

40 Elliott, *1 Peter*, 635, 강조는 필자의 것.

≋≋≋≋ 응답 ≋≋≋≋

모든 그리스도인이 전도의 영적 은사를 소유하지는 않지만(엡 4:11), 어떤 신자도 마음속에 있는 소망의 이유를 묻는 이들에게 그리스도를 알리는 일에서 제외되지 않는다. 우리는 그분이 왜 다른 누구보다 우리에게 더 소중한지, 그리고 불공평하고 부당할 때도 왜 그분을 위해 고난당할 준비를 하는지 깨닫고 재빨리 설명해야 한다. 신자들이 그리스도의 이름을 위해 끈질기게 박해를 견디는 일이야말로 불신자에게 그리스도를 가장 쉽게 권하는 방법일 것이다.

≋≋≋≋ 주석 ≋≋≋≋

베드로전서 3:18-22은 베드로전서에서만 가장 어려운 본문이 아니라, 신약 전체에서도 아주 난해한 본문들 가운데 하나다.[41] 따라서 이 본문에 대한 접근은 철저한 분석과 해석학적 겸손이 요구된다.[42]

3:18-19[43]   예수님이 "단번에"[하팍스(*hapax*)] 죽으셨다는 말은, 그분의 희생제사와 매일 반복해서 드려야 했던 구약의 제사를 대조한다. 그분이 죽으심으로 "의인으로서 불의한 자를 대신하셨으니"(참고. 사 53:11)라는 어구

---

41   많은 사람이 마르틴 루터의 결론을 공유한다. "18-19절은 신약의 어떤 본분보다 이상한 본문이자 모호한 말씀이다. 그래서 나는 성 베드로가 무엇을 의도했는지 아직 확실히 모르겠다"(Achtemeier, *1 Peter*, 252에서 인용).

42   이 구절에 대한 다른 통찰들로는 Daniel R. Hyde, *In Defense of the Descent: A Response to Contemporary Critics* (Grand Rapids, MI: Reformation Heritage, 2010)를 보라.

43   18절은 사본적인 문제가 아주 많다. 일부 사본은 "고난을 받으사"보다는 "죽으사"[아페타넨(*apethanen*)]으로 해석한다. 어떤 사본들은 "너희를 대신하여" 또는 "너희를 위하여"[휘페르 휘몬(*hyper hymōn*)]를 덧붙이는 반면, 다른 사본들은 "우리를 대신하여"[휘페르 헤몬(*hyper hēmōn*)]로 해석한다. 이러한 다양한 차이에도 불구하고, ESV는 적절한 독법을 반영하여 '그리스도께서도 단번에 죄를 위하여 고난을 받으셨다'라고 번역한다.

는, 속죄의 제사는 흠도 없고 얼룩도 없어야 함을 나타내며, 또한 그리스도의 죽음이 틀림없는 대속이었음을 강조한다. 그리스도의 목표는 우리 죄가 야기한 소외를 극복하고 우리를 하나님께로 이끄는 것이었다. 이는 로마서 5:2과 에베소서 2:18에도 등장하는 주제다.

그리 중요해 보이지 않는 "~도"(카이)를 간과해서는 안 된다. 이는 베드로가 여기서 13-17절의 이유를 제공하고 있음을 나타낸다. 다시 말해, 우리는 그리스도께서'도' 이렇게 고난받으셨기 때문에 부당한 고난을 기꺼이 감수해야 한다. 당연하게도, 우리는 그분이 받으셨던 것과 똑같이 하나님의 진노를 누그러뜨리기 위한 대속의 희생 제사 같은 고난을 받지는 않는다. 오히려 우리는 비기독교 세상의 억압적인 박해 아래서 견뎌낼 힘을 그리스도의 속죄에서 계속 발견해야 한다.

18절의 마지막 문장은 그리스도께서 모든 적을 물리치신 것에 초점을 맞추는 데로 적절하게 옮겨간다. 그 일이 그분의 부활, 승천, 하나님의 우편으로 높아지심에서 드러나기 때문이다. 그분이 죽임을 "당하시고" 살리심을 받았다는 것은 다음 두 가지로 생각해 볼 수 있다. 그분이 죽으시고 살리심을 받으셨기 '때문에' 우리를 하나님께로 이끄셨다는 의미에서 인과관계를 암시하는 것일 수 있다. 또는 그분의 죽음과 부활에 '의하여' 우리가 하나님께 가까이 가게 되었다는 의미에서 도구적 의미를 강조하는 것일 수 있다. 그러나 이 두 의견의 차이는 미미하다. 심지어 첫 번째 분사에 양보적 의미가 있을 수도 있다. 즉 '그분이 육체로는 죽임을 당하셨지만 또한 영으로는 살리심을 받으셨다.'

"육체"와 "영"이라는 단어는 우리를 구성하는 두 요소인 물질(몸)과 비물질(영혼 또는 영)을 가리키는 않는다(마치 물질은 죽었지만 비물질은 살아남는다고 암시하듯이 말이다). 이러한 헬라식 사고는 신약과는 맞지 않는다. 또 이 단어들은 그리스도의 두 본성인 신성과 인성을 가리키지도 않는다. 오히려 존재의 두 방식 또는 두 영역을 가리킨다. 프랜스(R. T. France)가 언급했듯이, "신약에서 사르크스(sarx, 육체)는 자연적인 인간의 존재 영역을 나타내고, 프뉴마(pneuma, 영)는 그것과 대조적으로 초자연적인 영역을 나타낸다."[44] 또 프랜스는 다음과 같이 설명한다.

> 따라서 자연적인 영역에서 일어난 그리스도의 죽음과 영원하고 영적인
> 영역에서 일어난 그분의 부활이 대조된다. 그분의 지상 삶은 끝났지만,
> 그것은 하늘의 삶으로 이어졌다. 따라서 두 번째 구절("영으로는 살리심을
> 받으셨으니")은 육체에서 분리된 그리스도를 가리키기보다는 새로운 영
> 역에서 살아나신 그리스도를 가리킨다.[45]

다시 말해, "영으로는 살리심을 받으셨으니"는 마치 그리스도께서 죽
으신 후 부활 이전에 중간 상태, 곧 육체에서 분리된 상태로 들어가셨다는
의미가 아니다.[46] 간단히 말해서, 18절의 마지막 문장은 그리스도의 죽음과
부활을 직접적으로 묘사한 것이다(참고. 딤전 3:16). 그분은 육체가 두드러지
는 영역인 땅이라는 일시적인 영역에서 죽으셨고, 영이 두드러지는 영역
인 하늘이라는 영원한 영역으로 살아나셨다.[47]

19절 시작 부분의 관계사 절(ESV는 "in which", 개역개정은 관계사가 아니라
"영으로"라고 번역)의 선행사는 분명 18절의 프뉴마티("영")이다. 이 단어가
그리스도의 부활을 염두에 두고 있으므로, 19절에서 이어지는 내용은 틀
림없이 부활하기 이전이 아니라 부활한 '뒤의' 경험이다.[48] 어떤 사람들은
그 절에 선행사가 없으므로 그저 '~때'로 번역해야 한다고 주장한다. 그렇

---

44 R. T. France, "Exegesis in Practice: Two Examples," in *New Testament Interpretation: Essays on Principles and Methods*, ed. I. Howard Marshall (Grand Rapids, MI: Eerdmans, 1977), 267. 바울은 고린 도전서 15:42 이하에서 조금 다른 단어[프쉬키코스(*psychikos*)와 프뉴마티코스(*pneumatikos*)]를 사용하지만 비슷하게 말한다. 여기서 바울은 두 개의 다른 존재 방식에 적합한 또는 알맞은 몸의 다른 두 유형에 초점을 맞춘다.

45 같은 책, 267. 이와 마찬가지로 Jobes, *1 Peter*, 239.

46 그리스도께서 죽으신 후 부활하시기 전에 하데스로 '내려가셨다'는 의견에 대한 자세한 변호로는, Justin W. Bass의 작품, *The Battle for the Keys: Revelation 1:18 and Christ's Descent into the Underworld*(Eugene, OR: Wipf & Stock, 2014)를 보라.

47 여격 "육체"와 "영"은 영역 혹은 관련성/관계성의 의미를 가진 여격이다. 역시 그 차이는 미미하다.

48 Peter H. Davids의 말에서. "그렇다면, 그리스도는 부활 이후의 상태로 어딘가로 가셔서 어떤 옥에 있는 어떤 영 들에게 무언가를 선포하셨다"[*The First Epistle of Peter* (Grand Rapids, MI: Eerdmans, 1990), 138].

지만 그들이 베드로전서에서 인용하는 유사한 사례들은, 선행사로 볼 수 있는 남성 명사나 중성 명사가 앞 절에 없는 한 설득력을 가지지 못한다(참고. 1:6; 2:12; 3:16; 4:4).

19a절에서 '가다'로 번역된 동사는 이 구절의 올바른 해석에 아주 중요하다. 그 동사는 '가다'라는 뜻을 가진 일반적인 헬라어 동사인 포류오마이(proeuomai)이며, 지옥으로 '내려가다'라는 개념을 전혀 암시하지 않는다. 그 단어의 의미는 22절의 용례에서 드러나는데, 여기서는 부활하신 그리스도의 승천을 묘사한다. 그분은 하늘에 "오르사" 하나님 우편에 앉으신다. 우리가 아래에서 보겠지만, 여기서 포류오마이는 동일한 사건, 곧 부활하신 구세주의 승천과 하늘로 올라가심을 묘사한다. 다시 말해, '내려가다'와는 거리가 멀고 실제로 '오르는 것'을 묘사한다.[49]

그리스도께서 선포하신 대상인 "옥에 있는 영들"은 누구 혹은 무엇인가? 서로 대립되는 세 가지 주요한 견해가 있다. 하나는 그들이 육체적으로 죽은 인간의 영들이라는 의견이다. 하지만 프랜스가 지적하듯이, 그러한 견해를 지지하는 병행 본문으로 알려진 것들 중 어디에서도 '프뉴마'가 단독으로 사용되지 않는다. 항상 '죽은 자의', '의인의'(히 12:23) 등으로 수식된다. 만약 이곳의 타 프뉴마타(ta pneumata)가 '죽은 사람들'을 의미한다면, 이런 의미로는 유일무이한 용법일 것이다. 비록 그러할 가능성을 완전히 배제할 수는 없지만 이런 의미는 심히 의심스럽다."[50] 다른 한편으로 명사 프뉴마는 신약에서 천사들에게 자주 사용된다.[51] 또 이 옥에 있는 "영들"

---

49 만약 베드로가 '내려가다'라는 의미를 드러내려 했다면, 아마 동사 카타바니오(katabainō, '내려가다' '하강하다')를 썼을 것이다. Achtemeier는 올바르게 결론내린다. "그러므로 동사 포류오마이를 '내려가다'라는 의미로 이해할 필요요 없다. 이는 이동하는 것을 가리킬 뿐 그 이상은 아니다. 다른 한편으로 동사 포류오마이는 신약에서 그리스도의 승천을 묘사하는 데 사용된 동사다"(1 peter, 257). 그렇다면 "구속 사건의 세 요소, 곧 십자가 죽음, 부활, 승천이 3:18-19에 나온다"(Jobes, 1 peter, 242).

50 France, "Exegesis in Practice," 269.

51 히브리서 12:23 외에 복수형 프뉴마는 절대 인간에게 사용되지 않고 영적 존재에게만 사용되며(히 1:14에서처럼 선한 천사든 마 8:16에서처럼 악한 천사든), 이런 경우는 신약에서 30회가 넘는다. Grudem은 마태복음 27:50과 요한복음 19:30을 프뉴마가 인간 영에 대해서 사용된 실례로 들지만, 두 본문에서 프뉴마는 복수가 아니라 단수다.

이 "복종하지 아니하던" 자들이었다는 20절의 언급도 고려해야 한다. 만약 문제의 "영들"이 이 반역이 일어났을 때 살아 있던 사람들이었다면, 우리는 베드로가 "불순종했던 '이들'의 영"을 가리키는 것이라 예상할 수 있을 것이다.

이 "영들"을 인간을 가리키는 말로 받아들여야 한다고 주장하는 이들은, 불순종한 이들을 노아 시대에 반역한 사람들, 아마도 특히 방주 짓는 일을 조롱했던 이들과 동일시한다. 그렇다면 삼위일체의 두 번째 위격이 성육신하기 이전에, 즉 예수님의 인격으로 사람의 육체가 되시기 전에 성령을 통해 또는 성령에 의해 홍수 직전 노아 시대에 살던 불순종한 사람들에게 선포하신 것이 된다. 그리스도께서 그 당시에 직접 임재하시지 않고 성령에 의해 노아를 통해 그들에게 말씀하셨다는 것이다.[52]

이곳의 "영들"이 인간을 가리킨다는 견해의 다른 형태로는, 그리스도께서 죽음과 부활 사이의 사흘 동안 지옥으로 내려가서서, 노아의 홍수 이전 시대에 불순종했던 이들에게 선포하셨다는 주장이 있다. 일부는 이로부터 그리스도께서 그들에게 죽음 이후 구원받는 또 한 번의 기회를 주셨다고 결론지었다.[53]

가장 가능성 있는 견해는, 베드로가 인간 여성과 비정상적이고 부도덕한 연합을 하려 했던 반역한 천사들(귀신들)을 염두에 두었다는 것이다. 이 사건은 창세기 6:1-5에 기록되어 있다(참고. 벧후 2:4과 유 6절의 유사한 언급).[54] 이들의 극악무도한 죄에 대한 벌로 하나님이 그들을 "옥"에 넘기시고

---

52 이 의견에 대한 최고의 변호는, Grudem, "Appendix: Christ Preaching through Noah: 1 Peter 3:19-20 in the Light of Dominant Themes in Jewish Literature," in *First Epistle of Peter*, 203-239과 John Feinberg, "1 Peter 3:18-20: Ancient Mythology and the Intermediate State," *WTJ* 48 (October 1986): 303-336에서 볼 수 있다.

53 이에 대해서는 아래 베드로전서 4:1-6 주석을 보라. 구원받을 또 한 번의 기회가 주어진다면, 왜 그 기회가 육체적으로 죽은 이 선택된 무리에게만 적용되고 그리스도가 오시기 전에 죽은 모든 이에게는 안 되는가 하는 질문이 제기될 수밖에 없다.

54 이차적으로만 관련성이 있긴 하지만, 이것이 에녹1서 저자가 취한 견해라는 사실이 흥미롭다. 에녹1서 6:1-16:4; 18:12-19:2; 21:1-10; 54:3-6; 64:1-69:29.

불 못에서 받을 최종 형벌을 기다리게 하셨는데, 그리스도께서 부활하고 아마도 승천하실 때 바로 이 악한 영들에게 자신의 승리와 그들의 심판을 선포하셨다는 것이다.[55]

베드로는 이 "옥"이 어디에 있는지 또는 어떤 종류인지에 관해 말하지 않는다. 그 용어는 이 악령들이 어떤 의미에서는 최종 심판 때까지 하나님에 의해 갇혀 있거나 제지되어 있음을 강조하기 위해 비유적으로 사용되었을 가능성이 있다. "확고히 해야 할 핵심 요지는, 내려가는 것이나 스올이나 하데스[성서 문헌에서 절대 퓔라케(*phylakē*, 옥)로 불리지 않는다]가 전혀 언급되지 않는다는 것이다. 그리스도는 타락한 천사들의 지옥으로 가셨지 죽은 자들의 거처로 가시지 않았으며, 이 둘은 절대 동일시되지 않는다."[56]

그런데 이 '영들' 즉 '귀신들'은 '언제', '어떤 식으로' 불순종했고, 왜 예수님이 이들에게 그분의 승리를 선포하시는 것이 중요했는가? 두 다른 본문이 동일한 사건을 가리키는 것 같다(참고. 벧후 2:4-5과 유 6-7절). 각 구절은 아마 창세기 6:1-5에 나오는 사건을 가리킬 것이다. "하나님의 아들들이 사람의 딸들의 아름다움을 보고" 그들을 "아내로 삼[았다]." 이것이 여기 언급된 악령들의 '죄'(또는 불순종, 벧전 3:20a)였고, 이 죄로 인해 그들은 지금 옥에 갇혀 있다. 이 죄는 최초로 일어난 악령의 반역이 아니었다. 그랬다면 왜 전부가 아니라 '일부'만 갇혔겠는가? 단지 더 악한 영들이어서 영원히 갇혀 있을 수는 없다. 가장 악한 영인 사탄이 여전히 자유롭기 때문이다. 베드로전서 3장과 베드로후서 2장의 문맥(참고. 유 6절)은 이 '죄'를 노아 홍수와 연결시키므로, 세 본문 모두 창세기 6장의 사건을 가리킬 가능성이 높다.[57]

이 선언이 이뤄진 시기는 19절 서두에 있는 관계사(in which, 개역개정은

---

55 이 견해에 대한 가장 확실하고 간결한 변호는 Schreiner, *1, 2 Peter, Jude*, 184-190에 나온다.

56 France, "Exegesis in Practice," 271. 이미 지적했듯이, "옥"(퓔라케)는 절대로 죽은 사람들의 거처에 대해 사용되지 않고, 사탄과 귀신의 거처에 대해서 '사용된다'[계 18:2(2회, ESV는 '소굴'이라는 뜻의 haunt로 번역했다); 20:7].

"또한")에 분명히 나타난다. 시간 개념이 명확히 드러나지는 않지만, 18b절의 "영으로는 살리심을 받으셨으니"는 그리스도의 부활 이후의 시기를 가리킨다. 기억해야 할 중요한 점은, 이 구절의 어떤 부분도 이 선언의 시기를 그리스도의 죽음과 부활 사이로 암시하지 않는다는 것이다.

그리스도는 옥에 있는 영들에게 복음을 '선포'하셨을까, 아니면 심판을 '선언'하셨을까? 신약에서 '알리다'[케뤼소(*kēryssō*)]의 일반적인 용법은 전자를 지지한다(그러나 참고. 예외의 경우 눅 12:3; 롬 2:21; 계 5:2; 아마도 또한 눅 4:19과 8:39). 그러나 베드로전서의 다른 데서는 복음의 선포를 가리킬 때 동사 유앙겔리조(*euangelizō*, 1:12, 25; 4:6)가 사용되는 반면, 케뤼소는 이 서신에서 단 한 번 이곳에만 나온다. 70인역의 '알리다'의 용법은 케뤼소가 심판 선포를 의미한다는 견해를 지지한다. 70인역에서 그 동사는 보통 좋은 소식은 물론 나쁜 소식도 전하는 것을 묘사한다. 또한 그리스도께서 "선포"하신 내용은 그분이 "[타락한] 천사들과 권세들과 능력들"(22절)을 확실하게 이기시고 정복하셨다는 것일 가능성이 있다. 그분의 죽음, 부활, 승천, 높아지심 덕분에 만물이 "그에게 복종하[게]" 되었다(참고. 엡 1:20-22; 골 2:15; 히 2:14).

우리는 또 노아 시대에 살던 사람들에게 '복음'을 전하는 것이 1세기 베드로의 독자들과 어떤 관련이 있는지를 질문해야 한다. 다른 한 편으로 프랑스가 지적했듯이, 악한 영들에게 승리를 선포하는 일은 박해를 겪는 이들에게 즉각 실제적 도움이 되었다.

> 그들은 반기독교적 편견이 가할 수 있는 최악의 상황을 견뎌야 했을 것이다. 그렇다 할지라도 이교도 반대자들 그리고 더 중요하게는 그들 배

---

57 창세기 6장에 관한 더 자세한 설명과 베드로전서 3장과의 관련성에 대해서는, Michael S. Heiser, *The Unseen Realm: Recovering the Supernatural Worldview of the Bible* (Bellingham, WA: Lexham, 2015), 101-109, 185-191.《보이지 않는 세계》(좋은씨앗). 그리고 필자의 "Did Jesus Descend into Hell?" in *Tough Topics 2: Biblical Answers to 25 Challenging Questions* (Ross-shire, UK: Christian Focus Publications, 2015), 63-76을 보라.《터프 토픽스 2》(새물결플러스).

후에서 지휘하는 악한 영적 세력들이 그리스도의 다스림 밖에 있지 않음을 확신할 수 있다. 그 악한 세력들은 이미 패해서 최종 형벌을 기다리고 있다. 그리스도께서 공개적으로 그들을 물리치셨다. 바로 여기에 영적 세력들의 실재와 힘을 아주 진지하게 생각했던 박해받는 교회를 위한 진정한 위로와 힘이 있다.[58]

3:20 창세기 6장에 묘사된 대홍수 직전 불순종한 "영들" 또는 악령들에 대한 베드로의 언급은, 노아와 방주 제조에 대한 언급과 연결된다. 베드로는 노아 및 노아와 함께한 다른 일곱 사람의 경험에서 그의 시대(그리고 오늘날도) 그리스도인들의 경험에 대한 모형이나 유형 또는 예시나 전조를 본다.

- 소수만이 방주에서 구원받음 / 베드로가 편지를 쓰는 대상이 소수임
- 박해받고 비방 받은 노아와 그의 가족 / 박해받고 비방 받은 베드로의 청중
- 하나님이 노아와 그의 가족을 방주에 따로 두심 / 하나님이 세례를 통해 1세기와 오늘날 그리스도인들을 따로 구별하심

타락한 천사들은 다시 말해, "전에 노아의 날…하나님의 오래 참고 기다리실 때에 복종하지 아니하던 자들[이었으므로]" 옥에 있었다(그리고 지금도 있다). 하나님이 오래 참고 기다리신 기간은, 창세기 6:1-4에 묘사된 "하나님의 아들들"(타락한 천사들)의 반역과 노아의 홍수(창 7:11) 사이로, 대부분은 (창 6:3에 근거하여) 그 기간이 노아가 방주를 지었던 120년이었다고 믿는다.

베드로의 1세기 독자들은 의심할 여지없이 자신들이 소수임을 알았

---

58 France, "Exegesis in Practice," 272.

으므로, 주변에 있던 다수의 이교도들과 자신들을 비교할 때 쉽게 압도되었을 수 있다. 따라서 그들은 여기서 "몇 명"(8명)만이 홍수 심판에서 보호받았음을 기억한다.

ESV는 전치사 디아(*dia*, 뒤에 소유격 "물"이 나온다)를 장소적 의미로 보고 물을 '통과하여'("through", 개역개정은 "~로 말미암아")로 번역한다. 분명 이러한 의미일 가능성도 있긴 하지만, 다른 사람들은 디아를 수단의 의미로 보고 물을 '통해'(by means of)라고 주장한다. 아마도 다음과 같이 지적한 프랜스가 옳은 듯하다. "예표론적 적용을 고려할 때 도구적 의미가 훨씬 더 무난하다. 그리스도인은 물을 통과하기보다는 '물세례를 통해' 구원받는다고 보는 것이 더 무난하다. 그러나 물을 통과하는 것 역시 가능하기는 하다. 아마도 베드로는 구약 이야기에서 끌어온 그의 구절을 예표론적으로 적용하기 위해 의도적으로 디아라는 단어가 가지는 모호함을 이용하고 있는 듯하다."[59]

3:21-22 21절 서두의 문법은 까다롭다. 단순화하려면 아마도 다음과 같이 이해해야 할 것 같다. '이제 그것이(물) 또한 (노아와 그의 가족에) 대응되는 너희를 구원한다. (그것이 곧) 세례다.' 다시 말해, 노아와 그의 가족이 홍수 가운데 경험한 것은 예표로, 베드로의 청중과 그들의 세례에 대응[안티튀폰(*antitypon*)]된다. 프랜스의 말은 이 부분에서 특히 도움이 된다.

> 신약 예표론의 기본 원리는 하나님이 일정한 유형에 따라 일하신다는 것이다. 그러므로 구약에 기록된 하나님이 과거에 하신 일에 대응하는 것을 신약의 결정적인 시기에 그분이 하신 일에서 찾을 수 있으리라 예상할 수 있다. 구약의 사람, 사건, 제도 자체는 미래의 무언가를 가리킬 필요가 없는 것들인데, 그리스도의 삶과 교회에서 그에 상응하는 사

---

59 같은 책, 273.

람, 사건, 제도의 모형들, 즉 '예표'로 인용된다. 그렇다면 이 원리에 따라…베드로는 노아가 홍수 가운데서 구원받은 일을, 세례를 통한 그리스도인의 구원의 모형으로 본다.[60]

베드로는 세례가 우리를 구원한다는 그 의미에 곧바로 단서를 단다. 구원은 육체적인 행동 자체에 의해, 즉 육체의 더러운 것을 몸에서 제거하는 일로 인해 일어나는 것이 아니다. 다시 말해, 세례라는 육체적 행동 자체에는 구원하는 능력이 없다. 물에 잠기는 것과 죄 사함 받는 것은 기계적으로 연결되지 않는다. 베드로에 따르면, 세례는 오직 "하나님을 향한 선한 양심의 간구"를 할 기회를 제공한다는 점에서만 구원의 의미를 가진다.

"간구"(ESV는 "appeal")는 에페로테마(eperōtēma)의 번역으로, 다른 데서는 '서약'으로 번역된다. 앞의 번역이 정확하다면, 세례 받는 사람이 그리스도의 죽음과 부활에 근거하여(또는 좀더 문자적으로는 '~을 통과하여', 만약 디아가 도구적이라면 '~을 통해', 참고. 1:3) 양심을 깨끗하게 하고 죄를 사함 받기 위해 하나님께 "간구"한다.[61] 우리는 선한 뜻이나 양심으로 우리의 정당성을 입증해 달라고, 우리가 그리스도께서 부활하심으로 얻으신 승리에 속하는 자로 여겨질 수 있도록(3:21b) 하나님께 간구한다. 이러한 상황에서만, 하나님이 물세례를 통해 우리를 구원하신다. 그것이 우리를 그리스도와 그분의 승리와 약속에 연결시켜 주기 때문이다.

22절의 초점(시 110:1의 표현에 근거하여, 참고. 행 2:33; 5:31; 롬 8:34; 골 3:1; 히 1:3, 13; 10:12; 12:2)은 부활하신 구세주의 높아지심과 승천이며, 이는 그분이 타락하고 반역한 악한 영들의 권세를 모두 완벽하게 진압하셨음을 나타낸다. "천사들과 권세들과 능력들"은 신약에서 타락한 악한 영들을 나타

---

60 같은 책, 273-274.

61 이 해석이 가능하려면 소유격 명사 쉬네이데세오스 아가테스(syneidēseōs agathēs, "선한 양심")를 목적의 의미로 여겨야 한다. 사람이 선한 양심을 '위해', 즉 양심이 죄책에서 깨끗해질 수 있도록 하나님께 간구하거나 호소한다.

내는 일반적인 표현이다(롬 8:38 - 39; 고전 15:24 - 27; 엡 1:21; 3:10; 6:12; 골 1:16; 2:10, 15). 그들이 그리스도께 종속되었다는 것이 분명 그분이 선포하신 내용이다(벧전 3:19).

≋≋≋ 응답 ≋≋≋

베드로의 청중은 적들의 손에 큰 고난을 겪고 있었다. 이 서신 전체가 끈기 있게 버티라는 요청이요, 믿음에서 떠나거나 믿음을 버리지 말라는 격려다. 따라서 여기서 베드로의 요지는 두 가지다. 먼저, 그는 믿지 않는 적들, 특히 그 적들의 배후에 있는 악한 영적 세력들이 절대 이기지 못한다고 그들을 안심시킨다! 그들은 그리스도의 주권적 능력이나 통치에서 벗어나 있지 않다. 사실 적들은 그리스도께서 십자가에서 죽으시고 부활하셨을 때 완벽하게 패했다(참고. 특히 골 2:14-15). 그리스도께서 그들을 이기셨다. 더 나아가 그분은 적들이 투옥된 곳에 가기까지 하셔서 그분이 주님이심을 선포하심으로 그들의 패배에 쐐기를 박으셨다.

또한 베드로는 독자들이 받은 세례가 무슨 의미인지를 상기시킴으로써 끈기 있게 버티라고 격려한다. 독자들은 세례를 받음으로써 하나님의 택하심을 받은 소수로 지칭된다. 그들은 노아와 그의 가족처럼 주변의 모든 사람이 모욕하고 비방할 때도 구원받을 것이다. 세례는 부활하셨으며 악한 영의 군대를 물리치신 그리스도와 연합되었다는 상징이다. 따라서 세례는, 우리가 서 있는 승리, 즉 그리스도께서 죽으시고 부활하여 모든 통치자와 권세들 위로 높아지심으로써 이루신 승리를 상기시켜 주는 것이다.

4:1-2 그리스도인은 믿음 때문에 고난당할 때 물리적인 무기가 아니라 특정한 태도, 성향, 사고방식으로 정기적으로 "갑옷"을 입어야 한다(유사한 이미지로는 참고. 롬 13:12: 고후 6:7: 10:4: 엡 6:11-17; 살전 5:8). 예수님께서 보여 주신 것과 동일한 사고방식이 요구된다[접속사 운(*oun*, 개역개정은 "~셨으니")이 이 권면의 근거를 나타낸다. 이는 그리스도의 고난에 대해 3:18뿐만 아니라 2:21-24에서 들은 내용이다]. 따라서 예수님이 경건한 삶으로 말미암아 종종 겪게 되는 고난을 기꺼이 받아들이셨듯이, 우리도 불평하거나 억울해하지 말고 그분을 따른다는 이유로 당하는 부당한 고난(특히 비방, 조롱, 거부, 사회의 배척)을 견디기로 결단해야 한다. 이에 대해서는 특히 요한복음 15:18-21을 보라.

신자들이 이러한 사고방식을 가져야 하는 이유(여기서 호티는 원인을 나타낸다)는 그렇게 하는 것이 "죄를 그[치는]"(벧전 4:1) 일이기 때문이다. 그러나 베드로의 말은 고난이 우리 믿음을 정화하고 정련하기는 하지만(1:6-7), 그리스도인을 죄 없게 만든다는 뜻이 아니다. 슈라이너(Schreiner)의 다음과 같은 말은 확실히 옳다.

> 베드로는…고난당하는 이들, 믿음 때문에 받는 경멸과 조롱을 기꺼이 견디는 이들은 죄에 승리했음을 보여준다고 강조했다. 그들은 이제 더 이상 불신자들의 무법한 행동에 참여하지 않고 그러한 결정으로 인한 비난을 견뎠으므로, 죄를 끊었다. 고난은 새로운 삶의 방식, 아직 완벽하지는 않지만 그리스-로마 세계 불신자들의 삶과는 현저하게 다른 삶을 향한 열정을 드러내 보인다.[62]

죄를 끊는다는 것은, 땅에서 남은 삶을 "사람의 정욕"(참고. 2:11)을 따

---

[62] Schreiner, *1, 2 Peter, Jude*, 201.

라 살지 않고 하나님의 뜻을 따라 살겠다고 결단하는 것이다. 옳은 일을 하느라 고난당하고 있다면, 그것은 죄악된 인간의 욕망을 버리고 하나님의 뜻을 더 높은 가치로 받아들였다는 표시다.

4:3 여기서 베드로는 "사람의 정욕"(2절)이 의미하는 바를 더 정확하게 정의한다. 이곳에 열거된 여섯 단어는 양태를 가리키는 여격으로 모두 "이방인"(즉 불신자, 이교도)이 택한 삶의 방식을 표현한다.[63] "음란"은 도덕적 제재 없이 사는 것이며, 아마 성적인 죄를 가리킬 것이다. "정욕"(2절에서처럼)은 성적 욕구를 포함하지만 그것으로 국한되지 않는 전반적인 갈망이나 욕정이다. "술취함"과 "향락"과 "무법한 우상 숭배"는 모두 과도한 연회 때 일어나는 일을 묘사한다. "무법한 우상 숭배"라는 말은 하나님의 율법과 시민법 모두에 저항하는 것을 가리키는 듯하다. 이는 육욕적인 삶이 우상 숭배에 몰두하는 것임을 암시한다. 다시 말해, 우상 숭배에 빠지지 않는다면 육욕적인 삶에도 쉽게 사로잡히지 않는다.

베드로는 그러한 행위를 "지나간 때로 족하도다"라고 단호하게 말한다. 이 표현의 의미는 간단하다. "그만하면 됐다!" 신자들은 과거의 죄가 어느 정도든 이미 그것으로 충분하다는 생각으로 무장해야 한다. 어느 누구도 "죄를 지을 시간이 조금 더 필요해"라고 말할 만큼 죄가 적지 않다.

4:4 이 땅의 거류민이자 나그네인 우리는 세상의 가치관을 공유하지 않기 때문에, 주변 문화의 사회적, 도덕적 구조에 들어맞지 않는다. 우리는 그들에게 합류("join")하려 하지 않는다. 또는 문자적으로 "그들과 함께… 달음질하지" 않는다. 이 표현은 어떤 과도한 쾌락주의를 긴급하고 활기차게 추구하는 모습을 묘사한다. "극한 방탕"은 '제어되지 않는 방종을 빠르

---

63 더 문자적으로 이는 "이방인의 뜻[불레마(*boulēma*)]"이다(2절의 "사람의 정욕"과 명확하게 병행되는). 이방인들이 자신과 다른 이들에게 '원하는'(want, ESV) 것은 하나님의 "뜻"[텔레마(*thelēma*)]과 대조된다(2절). 이러한 눈에 띄는 병치는, 오로지 두 가지 삶의 기준 곧 인간의 기준과 하나님의 기준이 있음을 상기시킨다.

게 분출하는 것'이나 '죄악된 행동을 마구 쏟아내는 것'이라는 의미를 가진다(3절의 죄들에서 분명하게 언급된다). 세상의 반응은 놀람과 경멸이다. 그들은 그 신자를(하나님도 대상이 되겠지만) "비방"한다(문자적으로는 '신성모독적인 발언을 한다'). 아마도 여기에는 어느 정도의 사회적인 배척과 함께 말로 하는 중상모략이 포함될 것이다(참고. 2:12, 15; 3:9, 16; 4:14).

4:5-6 여기서 우리는 3:15에 언급된 신자들의 진리 변호가 종말에 역전되는 모습을 본다. 이제 불신자들은 그들의 행위를 설명해야 하는 책임이 주어진다(개인의 책임이라는 맥락에 나오는 동일한 용어로는 참고. 마 12:36과 히 13:17). 따라서 신자는 의를 위해 고난받을 때 죄악된 보복에 기대거나 결정권을 주장할 필요가 없다. 하나님이 모든 결산을 하실 준비를 하고 계시며, 그 일을 우리보다 훨씬 더 잘하실 것이다.

"죽은 자들에게도 복음이 전파되었으니"(벧전 4:6)라는 말은, 복음이 육체적으로 죽은 사람들에 전파되었다는 의미, 즉 죽은 이후에 믿고 구원받을 두 번째 기회가 주어진다는 의미인가? 이러한 해석을 주장하는 이들은 6절이, 5절로 인해 제기되는 질문인 '하나님이 어떻게 복음을 전혀 듣지 못한 이들을 심판하실 수 있는가?'에 답하고 있다고 말한다. 그들의 주장에 따르면, 대답은 실제로 모든 사람이 이생에서가 아니라면 그 다음 내세에 복음을 분명히 들었으므로 하나님이 모두를 심판하실 수 있다는 것이다.

이러한 해석은 3:19-22에 대한 특정한 이해와 연관된다. 그 부분에 대해 어떤 이들은 옥에 있는 "영들"이 죽은 사람이고, 그리스도께서 죽음과 부활 사이에 그들에게 가셔서 복음을 선포하시며 구원받을 또 다른 기회를 주셨다고 주장한다. 하지만 앞에서 보았듯이, 그곳에 언급된 "영들"은 타락한 천사인 악령들이고, 그들에게 선포된 것은 구원의 메시지가 아니라 심판의 메시지다. 더 나아가, 4:6에서 복음을 듣는[유앙겔리스테 (euēngelisthē)] 이들은 "죽은"[네크로이스(nekrois)] 자들이지, 선포를 듣는[에케뤽 센(ekēryxen), 3:19에서처럼] "영들"[프뉴마신(pneumasin)]이 아니다.

그러나 이 견해가 옳을지라도 그리스도의 부활 '이후'에 복음을 듣지 못하고 죽은 이들은 어떻게 되는가? 만약 이 절이 그리스도께서 죽음과 부활 사이 기간에 하신 일을 알려 주고 있다면, 그분은 그 후 이천 년 동안 복음을 듣지 못하고 죽은 모든 사람에게 언제 복음을 선포하셨을까? 더 나아가, 신약은 어디에서도 죽은 자들에게 구원받을 또 다른 기회가 주어질 가능성을 염두에 두지 않는다(참고. 눅 16:26과 특히 히 9:27).

베드로의 목표는 고난에 맞닥뜨려도 끈기 있게 견디라고, 믿음 때문에 학대받을 때 인내하라고 그리스도인을 격려하는 것이다. 그들에게는 영생이라는 미래의 보상이 있기 때문이다. 그러나 만약 죽은 뒤에도 죄와 안전이라는 쉬운 길을 이겨낼 수 있다면, 고난과 어려움을 맞닥뜨릴 때 끈기 있게 견디라고 신자들을 격려하지 못할 것이다. 슈라이너는 이렇게 말한다. "그분이 갑자기 방침을 바꾸어 이생에서 복음을 거절한 이들에게 또 한 번의 기회를 약속하신다는 것은 전혀 말이 되지 않는다. 베드로가 또 한 번의 기회를 약속하고 있다면, 베드로의 독자들이 지금 믿음을 부인하고 죽은 다음에 믿음을 받아들일 수 있다고 결론내린다 해도 비난할 수 없다."[64]

베드로는 오히려 그 복음이 '지금' 죽은 그리스도인들에게 선포되었다고 말하고 있다. 이 사람들은 살아 있는 동안 복음을 듣고 믿었지만, 그 이후에 죽었다. 그러므로 베드로전서 4:6의 "죽은" 자들은 베드로가 이 편지를 쓰던 당시에 육체적으로 죽은 사람들이다. 그 복음은 여기서 "죽은" 자들로 묘사된 이들이 아직 살아있을 때 그리스도인 사역자들과 선교사들이 전했다. 그리스도가 그들에게 선포하신 것이 아니었다(3:19의 경우처럼). 오히려 4:6에서 그분은 선포된 메시지("복음")의 내용 또는 초점이다. 이 사람들은 복음을 들을 때에는 육체적으로 살아있었으며, 복음을 듣고 믿은 이후에 육체적으로 죽었다.

---

64 Schreiner, *1, 2 Peter, Jude*, 207.

베드로 시대의 이교도 조롱자들은 믿지 않고 그리스도인을 조롱할 타당한 이유를 가진 듯 보였다. 약속된 그리스도의 재림은 일어나지 않았고, 그 동안에 그리스도인들 역시 다른 모든 사람과 똑같이 육체적으로 죽어가고 있었다. 불신자들은 신자들의 죽음을 그리스도인이 되는 것에 아무런 유익이 없다는 증거로 보았다. 모든 사람이 결국 무덤에 들어가기 때문이다. 그러므로 결국 죽을 사람들에게 복음이 선포되는 것은 헛된 일이지 않은가? 그렇지 않다. 불신자들의 눈에는 그들이 죽음의 형벌을 받고 모든 인류와 같은 길을 간 것처럼 보였겠지만, 그들에게 복음이 선포되었기에 그들은 하나님의 임재 가운데서 살 수 있게 되었다.

우리는 또 6b절의 어려운 목적절에 주목해야 한다. "이는(하나) 육체로는 사람으로 심판을 받으나 영으로는 하나님을 따라 살게 하려 함이라." "육체"와 "영"은 3:18에서처럼 각각 육체적인 땅의 생명과 부활 생명을 언급하는 것으로 이해해야 한다. 따라서 그들은 땅에서의 삶에 관하여 "육체로는", 즉 인간의 기준으로는 "사람[의 방식]으로"(문자적으로는 '사람을 따라', 참고. 롬 3:5; 고전 3:3; 9:8; 15:32; 갈 1:11; 3:15) 심판이나 평가를 받았지만, 부활이나 하늘의 영역에 관련해서는 하나님의 판단에 따라서(문자적으로는 "하나님을 따라", 참고. 벧전 5:2의 "하나님의 뜻을 따라") 산다. 마크 두비스(Mark Dubis)가 말하듯이, "한편으로 불신자들은 언젠가는 죽는 이 삶에서 죄악되게도 그들이 적합하다고 생각하는 대로 그리스도인들을 평가한다. 다른 한편으로, 하나님 역시 오는 세상의 삶에서 성령에 의한 부활을 통해 신자들을 변호하시며 그분이 적합하다고 생각하시는 대로 행하실 것이다."[65]

---

65 Mark Dubis, *1 Peter: A Handbook on the Greek Text* (Waco, TX: Baylor University Press, 2010), 138. 유사한 대조로는 벧전 2:4을 보라("사람에게는 버린 바가 되었으나 하나님께는 택하심을 입은 보배로운").

≋≋≋≋ 응답 ≋≋≋≋

이 단락에서 우리에게 가장 긴박한 적용점은, "지금은 은혜 받을 만한 때요 보라 지금은 구원의 날이로다"(고후 6:2)라는 말씀을 시급하게 상기하는 것이다. 죽음 이후에 두 번째 기회는 없다. 하나님이 지옥이 마땅한 죄인들에게 어떤 기회를 주신 것은, 상상할 수 없는 자비의 표현이다. 우리는 모든 사람에게 지금 이생에서 죄를 회개하고 그리스도를 믿어야 한다고 권해야 한다. 내일은 없을지 모른다.

≋≋≋≋ 주석 ≋≋≋≋

4:7 "만물의 마지막이 가까이 왔으니"(7a절)라는 깨달음이, 7절에서 시작하여 11절의 송영으로 끝나는 단락 전체를 주관한다.[66] 이 서신에 나오는 다른 세 번의 경우에, 베드로는 그리스도께서 다시 돌아오실 때인 종말에 독자들의 주의를 돌린다(참고. 1:7, 13; 4:13). 어떤 사람들은 "만물의 마지막"이 주후 70년에 일어난 예루살렘과 그 도성의 파괴를 가리킨다고 믿는다. 그러나 주후 70년의 사건들이 유대인 시대의 종말과 배교한 나라에 대한 하나님의 심판을 나타내는 큰 의미가 있다고는 해도, 그것을 '만물'의 마지막이라고 하는 것은 이상해 보인다. 또 어떤 이들은 예루살렘 멸망이 어떻게 소아시아 북쪽에 살던 이들에게 동기를 부여하는 요인일 수 있는지 의아해한다. 어쨌든 편지의 수신자들은 주로 본도, 갈라디아, 갑바도기아, 아시아, 비두니아에 사는 이방인 신자들이다(참고. 1:1-2).

---

66 "가까이 왔으니"로 번역된 엥기조(*engizō*)라는 동사의 완료 시제는, 그리스도의 인격 안에서 하나님 나라가 도래했다는 이전의 선언을 상기시킨다. 이 동사의 같은 형태가 사용된 경우로는 마태복음 3:2; 마가복음 1:14-15; 누가복음 10:9을 보라(완료 시제는 이 사건이 심히 가까움을 가리키는 것 같다).

신약 저자들은 그리스도께서 죽으시고 부활하시고 성부의 우편까지 높아지심으로 "말세"가 시작되었다고 믿었다(참고. 행 2:17; 딤후 3:1; 히 1:1-2; 요일 2:18). 그러나 베드로는 '말세의 마지막' 또는 '종말의 마지막'이 그의 생애에 올지 안 올지를 알지 못했다. 그리스도의 죽음과 부활은 그 마지막이 시작되었다는 표시일 뿐, 베드로도 우리도 그 마지막의 마지막이 언제 올지는 알지 못한다.

"그러므로"로 번역되는 추론 접속사 운(*oun*)은, 종말론적인 기대를 제시하는 주된 목적이 역사의 주권자이신 하나님에 대한 믿음이 깊어지는 것일뿐만 아니라, 우리에게 실제적인 의를 격려하고 유지시키는 것임을 상기시킨다(참고. 롬 13:11-14; 고전 15:58; 벤후 3:11-13; 요일 3:2-3).

다섯 가지 권면이 이어지는데, 그 중 7절에 나오는 두 가지인 "정신을 차리고"와 "근신하여"는 부정과거 명령형이다. 이 둘은 사실상 동의어이기에 한 쌍으로 여겨야 하며, 3절에 나오는 불신자들 사이에 널리 퍼져 있던 과도한 연회 및 음주와 대조를 이루는 것으로 보인다. 정신을 바짝 차리고 조심하는 것은 효과적이고 지속적으로 "기도하[기 위해]"(7b절) 꼭 필요하다. 베드로는 이른바 '종말론적 냉철함'을 요청하고 있다.[67]

4:8 베드로가 현재 시제를 사용하고 있으므로 이 세 번째 권면은 '계속해서 사랑하라'로 번역해야 한다. 이미 서로 활발하고 실제적으로 나누고 있는 사랑은 지속되어야 한다(참고. 살전 1:3). 이는 "뜨겁게"로 번역된 형용사 에크테네(*ektenē*)에 의해 강화된다. 이 형용사는 '변함없이'(영속되는 것, 이 형용사 형태는 이미 앞에서 우리가 서로 사랑하는 것과 관련하여 나왔다. 벧전 1:22)를 뜻할 수도 있다. 사랑은 절대로 미지근하거나 약하거나 자기 잇속만 차리는 것이어서는 안 된다. 집중하고 초점을 맞추고 신실해야 한다.

사랑이 마지막의 가까움보다 우선순위인 명백한 이유['~이므로', '~때문

---

[67] Dubis, *1 Peter*, 140.

에'에 해당하는 호티, 개역개정에는 없음]가 주어진다. "사랑은 허다한 죄를 덮느니라"(참고. 잠 10:12; 고전 13:4-7; 약 5:19-20). 베드로는 일어나는 나쁜 일을 숨겨야 한다거나, 사랑의 이름으로 사람들이 우리와 다른 사람들을 거칠게 다루는 것을 허락하라고 말하고 있지 않다. 그의 요지는, 사랑이 풍성할 때 우리가 쉽게 기분이 상하지 않고 기꺼이 불의를 참는다는 것이다. 카슨은 다음과 같은 것이 사랑이라고 언급한다. "상처받은 감정, 악감정, 부풀어 오른 억울함, 불화, 복수로 향하는 하향 곡선을 자르는 것이다."[68] 죄를 덮는다는 것은 용서하겠다는, 그리고 우리를 부당하게 대한 이들에 대한 폭로와 비난을 피하겠다는 결단과 같은 뜻일 것이다.

4:9 "만물의 마지막"을 염두에 둔 신자의 네 번째 윤리적 책임은 "서로 대접하기를 원망 없이 하[는]" 것이다(9절, 참고. 롬 12:13; 딤전 3:2; 딛 1:8; 히 13:2). 1세기에는 대접을 특히 중요시했다. 당시에 일반 숙박 시설은 여유가 없었거나 구하기 어려웠을 것이다. 기독교 사역은 복음을 들고 돌아다니는 이들을 위해 신자들이 제공하는 숙소와 음식과 재정에 의지했다(마 10:11, 40; 행 16:15; 요삼 7-11절).

수식어 "원망 없이"(9b절)는 명확한 요구 사항이다. 대접은 크게 부담이 가는 일이었기 때문이다. 주인이 사람들에게 이용당할 수도 있고, 다른 사람들에게 베푸는 자선을 아까워 할 수도 있을 것이다. 원망은 대개 시간과 자원에 대한 부담감 때문이거나 손님이 고마움을 모르는 모습 때문에 생길 것이다. 이 원망은 하나님을 향한 것일 수도 있다. 우리 삶을 그렇게 명령하시고 정하셔서, 우리가 집으로 맞아들인 이들의 필요 때문에 지치고 돈이 부족하기 때문이다.

4:10-11 임박한 "만물의 마지막"과 연관된 또다른 마지막 권면은 "서로

---

68 Carson, "1 Peter," 1040.

봉사하라"이다.[69] 서두의 종속절 "각각 은사[카리스마(*charisma*)]를 받은 대로"
는, 모든 은사를 가진 그리스도인은 없지만 모든 그리스도인이 적어도 한
가지 은사를 가지고 있음을 상기시킨다. 모든 영적 은사의 목적은 몸 안에
있는 다른 사람을 섬기거나 세우는 것이다(바울도 고전 12:7-10에서 분명히 말하
는 것처럼). 그러한 은사들은 맡겨진(우리는 은사들에 대한 "선한 청지기"여야 한다)
것이므로 특권이기보다는 하나님 앞에서 져야 할 책임이다.

하나님의 은사인 "은혜"[70]를 수식하는 "여러 가지"[포이킬레스(*poikilēs*)]
라는 단어는, 주시는 분은 오직 한 분(하나님)이시지만 은사는 다양하게 있
음을 상기시킨다(참고. 롬 12:6-8; 고전 12:7-10, 27-31; 엡 4:11-12). 여기서 베
드로는 은사를 두 종류로 나눈다. 즉 말과 봉사다. 말하는 은사로는 가르
침, 예언, 사도직, 방언, 방언 통역, 권면, 지식의 말, 지혜의 말이 있고, 봉사
의 은사로는 구제, 다스림, 관리, 긍휼, 도움, 병 고침, 기적이 있다.

모든 영적 은사는 말이든 봉사든 그리고 여전히 그리스도의 교회에
주어지든 주어지지 않든 상관없이 우리의 힘이 아닌 하나님의 힘으로 발
휘된다(참고. 고전 12:6). "공급하시는"에 해당하는 동사는 신약의 다른 곳에
서 단 한 번 나오는데(고후 9:10), 거기서도 비슷하게 하나님의 풍성한 공급
하심을 가리킨다. 그리스도인은 하는 모든 일이 도덕적이고 하나님께 영
광을 돌리는 일이라면, 하나님이 모든 것을 위한 힘을 공급해 주신다는 사
실을 염두에 두고 그 일을 해야 한다.

사실 하나님의 영광은, 영적 은사를 발휘하는 것뿐만 아니라 모든 삶
과 사역에 이르는 "범사"의 목표다(참고. 벧전 2:12; 4:16). 그러한 영광과 찬
양이 "예수 그리스도로 말미암아" 하나님께 이른다는 사실은, 우리가 어떤
은사를 발휘하든, 어떤 은혜를 누리든, 하나님께 어떤 찬양을 드리든 그 아

---

69 베드로전서에서 몇몇 경우를 보았듯이, 동사 디아코네오(*diakoneō*)에서 나온 분사 디아코눈테스(*diakonountes*)
가 명령의 역할을 한다. 즉 "서로 봉사하라".

70 베드로는 은혜[카리스(*charis*)]라는 단어를 폭넓고 다채롭게 사용한다. 1:10에서는 우리가 그리스도 안에서
받은 구원을 가리키고, 1:13에서는 그리스도의 재림 때 우리에게 주어지는 하나님의 자비의 절정을, 2:19-20에
서는 부당한 고난을 견딜 때 오는 하나님의 인정 혹은 복이다.

들의 삶과 죽음과 부활에 기초하고 그것을 통하여 이루어짐을 상기시킨다.

관계대명사 "그"(11b절)의 선행사가 예수 그리스도인지 하나님 아버지인지는 불확실하다. 예수 그리스도라고 하는 것도 의미가 있다. 그러나 하나님이 11절의 초점이고(그 이름이 세 번이나 언급됨) 바로 앞의 문장에서 "영광을 받으시[는]" 분이다. 그렇다면 영광은 하나님의 것이다. 이 송영은 기원이나 명령이 아니라 사실을 선언하는 것이다. 그러므로 에스틴[estin, 에이미(eimi, ~이다)의 삼인칭 단수]은, 영광과 권세가 영원히 '그에게 있다'라고 직설법으로 번역된다. 보다 문자적으로는 '그에게 영광과 권능이 세세에 무궁하도록 있느니라 아멘'[71]으로 번역할 수 있다.

≋≋≋≋ 응답 ≋≋≋≋

우리가 살고 있는 시기는 종말론적 기대로 가득하다. 다가오는 적그리스도, 시련, 이스라엘의 운명, 이와 관련된 주제들에 관해 추측이 무성하다. 베드로는 그리스도의 재림이 확실함을 축소하고 싶어 하지 않지만, 그것에 대해 목회적 절박함을 강하게 드러내는 것으로 대응한다. 우리는 그리스도께서 어느 때든 오실 수 있음을 알기에 쉬지 않고 기도하며 정신을 차리고 근신해야 한다. 다가올 역사의 완성은 극단적인 공포나 그리스도인 공동체에서의 이탈이 아니라 사랑, 접대, 희생적인 섬김을 요청한다.

---

71 몇몇 사람은 이곳에 송영이 삽입된 것이 이 서신의 원본이 여기서 끝남을 가리킨다고 주장한다. 그러나 송영이 어떤 문서의 공식적인 결말 이전에 나오는 경우도 많다(참고. 롬 11:36; 갈 1:5; 엡 3:21; 계 1:6; 5:13; 7:12).

12 사랑하는 자들아 너희를 연단하려고 오는 불 시험을 이상한 일 당하는 것같이 이상히 여기지 말고 13 오히려 너희가 그리스도의 고난에 참여하는 것으로 즐거워하라 이는 그의 영광을 나타내실 때에 너희로 즐거워하고 기뻐하게 하려 함이라 14 너희가 그리스도의 이름으로 치욕을 당하면 복 있는 자로다 영광의 영 곧 하나님의 영이 너희 위에 계심이라

12 Beloved, do not be surprised at the fiery trial when it comes upon you to test you, as though something strange were happening to you. 13 But rejoice insofar as you share Christ's sufferings, that you may also rejoice and be glad when his glory is revealed. 14 If you are insulted for the name of Christ, you are blessed, because the Spirit of glory[1] and of God rests upon you.

15 너희 중에 누구든지 살인이나 도둑질이나 악행이나 남의 일을 간섭하는 자로 고난을 받지 말려니와 16 만일 그리스도인으로 고난을 받으면 부끄러워하지 말고 도리어 그 이름으로 하나님께 영광을 돌리라

17 하나님의 집에서 심판을 시작할 때가 되었나니 만일 우리에게 먼저 하면 하나님의 복음을 순종하지 아니하는 자들의 그 마지막은 어떠하며 18 또 의인이 겨우 구원을 받으면 경건하지 아니한 자와 죄인은 어디에 1)서리요 19 그러므로 하나님의 뜻대로 고난을 받는 자들은 또한 선을 행하는 가운데에 그 영혼을 미쁘신 창조주께 의탁할지어다

15 But let none of you suffer as a murderer or a thief or an evildoer or as a meddler. 16 Yet if anyone suffers as a Christian, let him not be ashamed, but let him glorify God in that name. 17 For it is time for judgment to begin at the household of God; and if it begins with us, what will be the outcome for those who do not obey the gospel of God? 18 And

"If the righteous is scarcely saved,

what will become of the ungodly and the sinner?"[2]

19 Therefore let those who suffer according to God's will entrust their souls to a faithful Creator while doing good.

1) 헬, 보이리요

[1] Some manuscripts insert *and of power* [2] Greek *where will the ungodly and sinner appear?*

이 단락에는 부당한 고난의 시기를 잘 견디라는 주제가 다시 한번 나온다. 우리는 그러한 고난을 당할 때 분개하고 화를 내는 대신 성령의 임재를 훨씬 더 강력하게 누릴 기회로 여겨야 한다. 믿지 않고 분노한 세상에서 고난을 겪는 것이 하나님의 뜻이라면, 우리는 그리스도께서 보이신 것과 같이 반응해야 한다(벧전 2:23). 즉 우리 자신을 우리의 신실한 창조주의 손과 주권적인 선한 뜻에 의탁해야 한다.

≋≋≋ 단락 개요 ≋≋≋

IV. 하나님의 영광을 위해 시련을 견딤(4:12-19)
　　A. 하나님의 영광을 위해 고난받을 때 복이 임함(4:12-14)
　　B. 죄인이 아니라 그리스도인으로 고난받음(4:15-19)

≋≋≋ 주석 ≋≋≋

4:12 베드로가 독자들을 "사랑하는 자들"이라 부르는 것은, 2:11에서와 같이 이 서신에서 전환이 이루어짐을 나타낸다. 또한 그리스도인들이 견디는 고난은 하나님이 그들을 버리셨거나 나쁘게 보신다는 뜻이 아님을 상기시킨다. 의를 위해 고난받는 모든 사람은 하나님이 "사랑하는 자들"이다!

　　비그리스도인들은 신자들이 방탕한 행위에 함께하려 하지 않을 때(참고. 4:4) "이상히" 여기지만, 그리스도인들은 그들을 향한 비그리스도인들의 악한 행동을 절대 "이상히" 여기지 말아야 한다(두 곳에 동일한 단어가 사용된다). 앞의 1:6-7에서 베드로는, 마치 "불로" 연단하듯 믿음을 점검하고 정련하기 위한 "여러 가지 시험"을 견디는 독자들을 격려했다. 여기서도 "불시험"은 마구잡이로 오는 것이 아니므로 놀랄 이유가 없다. 그것은 그리스도를 향한 헌신의 질을 '시험'하시려고 하나님이 계획하신 일이다(4:19에서 베드로는 그러한 고난이 "하나님의 뜻대로" 온다고 말할 것이다).[72]

4:13 신자는 고난이 다가올 때 이상하게 여기거나 분노하기보다는 "즐거워[해야]"[카이로(chairō)] 한다. 1:6에서는 시험에도 불구하고 기뻐하라고 말할 때 다른 동사 아갈리아오(agalliaō)가 사용되었지만, 그 의미는 동일하다(사실 아갈리아오는, 그리스도인들이 그리스도의 재림 때 누릴 기쁨을 나타내는 데 사용된다). 이렇게 반응하는 이유는 신자들이 다름 아닌 그리스도의 고난에 참여하기 때문이다. 신자들의 고난에 구속이나 화목제물의 성격이 있다는 뜻이 아니다. 오히려 세상의 적대감은 우리 시대에도 계속 그분을 따르는 이들을 목표로 하기 때문에, 우리의 고난은 그리스도를 반대하는 이들에게 당하는 고난이다.

우리가 즐거워하는 목적은 그리스도께서 다시 오셔서 그분의 영광을 나타내실 때(참고. 1:7, 13) "즐거워하고 기뻐하게" "하려[는]"(히나) 것이다. 여기서 동사 카이로(4:13a)는 아갈리아오의 분사 형태[참고. 1:8에서는 아갈리아오가 명사 카라(chara)와 짝을 이룬다]로 보강되고 고조된다. "즐거워하고 기뻐하게"라는 번역은 기쁨이 흘러넘치는 것을 시사하는데, 이는 단순한 즐거움을 넘어서는 경험이다. 우리는 여기서 미래의 은혜와 영광에 대한 종말론적 소망이 우리의 현재 행동에 영향을 미침을 다시금 깨닫는다(참고. 1:3-7, 13).

---

[72] Schreiner는 고난이 "하나님의 부재의 표지가 아니라 경결하게 하시기 위한 그분의 임재의 표지"라고 말한다 (*1, 2 Peter, Jude*, 219). 그리스도인의 성품을 형성하는 데에는 어떤 형태나 어느 정도로든 그리스도를 위해 받는 고난이 꼭 필요하다.

4:14 그런데 박해를 끈기 있게 견뎌야 할 또 다른 이유가 있다. 신자들이 믿음 때문에(참고. 2:12; 3:9, 14), 즉 "그리스도의 이름으로"(참고. 마 5:11) 모욕당하거나 조롱당하거나 비방을 받으며, 타협하거나 겁내지 않고 그것을 받아들일 때 "영광의 영 곧 하나님의 영이 너희[그들] 위에 계[신다]"(아마도 사 11:2에 대한 암시[73]). 베드로는 박해를 견딜 수 있는 힘을 주시는 성령의 능력을 예외적으로 경험하거나, 다가올 종말론적 영광을 미리 맛보는 것인 성령의 임재를 염두에 두고 있다(참고. 벧전 1:7; 4:13). 만약 후자라면 베드로의 말은 다음과 같은 의미가 된다. 하나님이 신자들에게 그리스도를 위해 부당한 고난을 겸손히 견디라고 요청하실 때, 역사의 끝에 최종적으로 완벽하게 드러날 영광은 그날이 오기 전에 이미 신자들의 경험 속으로 들어왔다.

4:15-18 15절의 권면은 대체로 2:19-20과 3:13-17에 나오는 내용의 반복이다(유일한 차이는 여기서 베드로가 죄악된 행위에 대한 구체적인 네 가지 실례를 제시한다는 점이다).[74]

초기 교회 사람들은 대개 스스로를 "그리스도인"(4:16)이라고 불렸는데, 이는 다른 사람들이 그들에게 붙인 호칭이었다(참고. 행 11:26; 26:28). 그러나 베드로는 분명 그 꼬리표를 수치스럽게 여기지 않고, 유용하다고 생각하면서 기뻐하며 당당하게 받아들인다(참고. 벧전 2:6). 사실 우리는 정확히 "그 이름" 곧 그리스도를 따르는 자라는 "그리스도인"이라는 이름으로, 또한 그 이름을 위하여 고난을 받고 그럼으로써 하나님께 영광을 돌린다.

만약 그리스도를 위해 고난을 받으며 즐거워한다면, 그것은 사람의

---

73 이사야 11장은 명백한 메시아 본문이다. "베드로가 이사야 11:2을 신자에게 적용한 것은 은유적 확장이 아니며 유추에 의한 논증은 더더욱 아니다. 오히려 그는 신자들이 그리스도에 의한 종말 예언의 성취에 실제로 참여한 것에 근거하여 적용한다"(Carson, "1 Peter," 1041)라고 볼 수 있다.

74 "간섭하는 자(meddler)"로 번역된 단어는 신약 다른 어디에서도 사용되지 않으며 많은 논쟁을 불러일으키는 주제다. '참견하기 좋아하는 사람' 또는 캐묻거나 말에 끼어들어 다른 사람의 일에 일반적으로 용인되는 사회적·문화적인 선을 넘어서는 사람을 가리키는 듯하다.

인정이나 그들이 줄 수 있는 위로와 안전보다 하나님이 더욱 귀함을 드러낸다. 박해자에게 보복하기보다 축복한다면, 하나님이 우리의 갈망을 충분히 충족시키고도 남는 분이심을 보여주는 것이다. 하나님이 우리 마음의 고귀한 보물임을 가장 효과적으로 입증하는 방법은, 다른 만족의 원천이 모두 사라져도 오로지 그분만을 즐거워하는 것이다.

불 시험이 13절에서는 "그리스도의 고난에" 참여하는 것으로, 14절에서는 "그리스도의 이름으로 치욕을 당하[는 것]"으로 그리고 16절에서는 "그리스도인으로" 고난을 받는 것으로 묘사된다. 이렇듯 고난은 신자들이 공개적으로 그리스도를 따르며 기쁘게 그분의 이름을 받아들였기 때문에 겪는 것이다.

원인을 나타내는 접속사 '왜냐하면'(17절, 개역개정에는 번역되어 있지 않다)은 아마도 12-16절에 묘사된 모든 고통을 염두에 둔 것 같다. 그 고통은 17절에서 하나님의 "심판"으로 묘사된다. 심판으로 번역된 단어 크리마(*krima*)가 여기서 처벌이나 형벌(하나님의 진노를 수반하는)을 가리킨다고 볼 필요가 없다. 오히려 "하나님의 집"(참고. 1:6-7)의 도덕적 성품을 정련하고 정화하기 위한 징계로 여겨야 한다.

여기서 베드로는 더 작은 것에서 더 큰 것으로 나아가며(*a fortiori*) 논증한다.[75] 최종적으로 구원받을 이들도 고난으로 정화되고 심판받는다면, 복음을 거부하고 불순종한 이들에게 임할 결과는 분명 훨씬 더 큰 고난일 것이다. "하나님의 복음"(참고. 막 1:14; 롬 1:1; 15:16; 고후 11:7; 살전 2:2, 8, 9)을 순종하지 않는 것은, 회개하고 그리스도를 믿으라는 요청을 거부하는 것이다(참고. 벧전 2:8).

18절의 "겨우"는 '어렵게'로도 번역할 수 있다(참고. 잠 11:31). 베드로가 이 잠언을 이용하는 목적은 하나님이 우리를 구원하시기가 쉽지 않다라고 주장하려는 것이 아니다. 물론 그리스도의 피가 대가로 요구됨을 절대로

---

75 아 포르티오리(*a fortiori*)는 앞서 주장한 바가 참되다고 할 때 지금 주장하는 바는 더 강력한 이유로 참될 수 있다는 가정에 입각한 논법이다. (역자 주)

과소평가해서는 안 된다. 베드로의 요지는, 하나님의 백성인 우리는 영광에 이르는 길을 가는 동안 항상 반대에 부딪히고 고난을 견디는 좁은 문으로 들어가야 한다는 것이다. 하나님은 힘겹고 고통스러운 훈육이라는 방식을 통해 그분의 백성을 최종적인 기업으로 이끄신다. 다시 말해, 만일 하나님이 보시기에 죄가 너무 혐오스러워서 자녀들까지도 그 영혼을 정결하게 하고자 훈육을 받게 하신다면, 복음을 순종하지 않은 이들의 운명은 어떻게 되겠는가?

4:19 이전에 묘사된 부당한 고난은 "하나님의 뜻대로" 받는 것이었다(또한 1:6; 2:19 – 21; 3:17에서처럼). 모든 고난은 하나님의 손을 거친다. 하나님이 허락하시지 않거나 우리의 궁극적인 선을 위한 용도가 아닌 것은 어느 것도 우리에게 임하지 않는다. 우리 영혼을 하나님께 의탁하거나 맡긴다는 개념은 2:23에 나오는 그리스도의 본을 상기시킨다.

여기서 하나님은 창조주로 언급되는데, 이는 그분이 그분의 백성의 삶과 그들이 마주하는 모든 것에 대해 완벽하고 포괄적인 주권을 가지고 계심을 강조한다. 또한 그분은 약속을 이행하시는 데 "미쁘신"(faithful) 분이다. 그분은 절대 우리를 버리지 않으실 것이다. 하나님은 모든 것, 심지어 고난까지도 우리의 선과 그분의 영광을 위해 쓰실 것이다. 하나님은 절대 자녀의 고난을 헛되이 하지 않으시고 오히려 그들로 하여금 그리스도를 따르게 하는데 쓰신다.

≋≋≋≋ **응답** ≋≋≋≋

우리는 고난을 겪을 때마다 하나님이 주관하지 못하시거나 고삐를 놓으셨다고 생각함으로써 하나님의 명예를 손상시켜서는 안 된다. 그분의 방식이 종종 이상해 보일지라도, 우리의 의무는 그분이 우리를 위한 최선의 유익만을 염두에 두시는 신실한 창조주임을 신뢰하는 것이다. 그리스도인은 절대 고난을 죄에 대한 핑계로 삼지 말고, 적들의 학대를 견디는 중에도 선을 추구하고 실천하며 끝까지 견뎌야 한다.

고난당할 때 즐거워하는 일은, 직관적으로 인간이 자기를 보호하려는 본능 및 편안함과 안락을 추구하는 저항하기 힘든 욕구를 거스르는 것이다. 우리는 오직 성령의 붙드시는 능력을 통해서만 그리고 종말에 임할 그리스도의 영광을 고대함으로써만, 고난 중에도 힘과 기쁨을 얻어 하나님의 위엄을 드러내고 그분의 이름을 훨씬 더 널리 알릴 수 있을 것이다.

¹ 너희 중 장로들에게 권하노니 나는 함께 장로 된 자요 그리스도의 고난의 증인이요 나타날 영광에 참여할 자니라 ² 너희 중에 있는 하나님의 양 무리를 치되 억지로 하지 말고 하나님의 뜻을 따라 자원함으로 하며 더러운 이득을 위하여 하지 말고 기꺼이 하며 ³ 맡은 자들에게 주장하는 자세를 하지 말고 양 무리의 본이 되라 ⁴ 그리하면 목자장이 나타나실 때에 시들지 아니하는 영광의 관을 얻으리라

¹ So I exhort the elders among you, as a fellow elder and a witness of the sufferings of Christ, as well as a partaker in the glory that is going to be revealed: ² shepherd the flock of God that is among you, exercising oversight,*¹* not under compulsion, but willingly, as God would have you;*²* not for shameful gain, but eagerly; ³ not domineering over those in your charge, but being examples to the flock. ⁴ And when the chief Shepherd appears, you will receive the unfading crown of glory.

⁵ 젊은 자들아 이와 같이 장로들에게 순종하고 다 서로 겸손으로 허리를 동이라 하나님은 교만한 자를 대적하시되 겸손한 자들에게는 은

혜를 주시느니라 6 그러므로 하나님의 능하신 손 아래에서 겸손하라 때가 되면 너희를 높이시리라 7 너희 염려를 다 주께 맡기라 이는 그가 너희를 돌보심이라 8 근신하라 깨어라 너희 대적 1)마귀가 우는 사자같이 두루 다니며 삼킬 자를 찾나니 9 너희는 믿음을 굳건하게 하여 그를 대적하라 이는 세상에 있는 너희 형제들도 동일한 고난을 당하는 줄을 앎이라

5 Likewise, you who are younger, be subject to the elders. Clothe yourselves, all of you, with humility toward one another, for "God opposes the proud but gives grace to the humble." 6 Humble yourselves, therefore, under the mighty hand of God so that at the proper time he may exalt you, 7 casting all your anxieties on him, because he cares for you. 8 Be sober-minded; be watchful. Your adversary the devil prowls around like a roaring lion, seeking someone to devour. 9 Resist him, firm in your faith, knowing that the same kinds of suffering are being experienced by your brotherhood throughout the world.

10 모든 은혜의 하나님 곧 그리스도 안에서 너희를 부르사 자기의 영원한 영광에 들어가게 하신 이가 잠깐 고난을 당한 너희를 친히 온전하게 하시며 굳건하게 하시며 강하게 하시며 2)터를 견고하게 하시리라 11 권능이 세세무궁하도록 그에게 있을지어다 아멘

10 And after you have suffered a little while, the God of all grace, who has called you to his eternal glory in Christ, will himself restore, confirm, strengthen, and establish you. 11 To him be the dominion forever and ever. Amen.

1) 헬, 훼방자 2) 어떤 사본에, '터를 견고하게'가 없음

1 Some manuscripts omit *exercising oversight* 2 Some manuscripts omit *as God would have you*

베드로전서 1-4장에 제시된 그리스도인의 삶은 모두 공동체를 배경으로 제시된다. 그리고 그 삶은 하나님이 그분의 백성을 이끌고 지키고 먹이도록 세우신 장로들의 사랑의 권위 아래서 추구되어야 한다. 그러나 이러한 공동체 생활에서 해이해지거나 독선적이 되어서는 절대 안 된다. 사탄이 하나님의 선하심에 대한 우리의 신뢰를 약화시키기 위해 아주 적극적으로 활동하기 때문이다. 박해를 얼마나 많이 당하든, 그것이 얼마나 오래 지속되든, 우리는 하나님이 "그리스도 안에서…영원한 영광" 가운데 우리를 "온전하게 하시며 굳건하게 하시며 강하게 하시며 터를 견고하게 하시리라"(벧전 5:10)는 확신으로 격려를 받아야 한다.

≋≋≋≋≋ 단락 개요 ≋≋≋≋≋

V. 시련 한가운데서 교회의 책임(5:1- 11)

  A. 하나님의 양 무리에 대한 장로들의 책임(5:1- 4)

  B. 하나님의 양 무리의 책임(5:5- 9)

    1. 겸손하라(5:5- 7)

    2. 마귀를 대적하라(5:8- 9)

  C. 하나님의 약속과 하나님께 드리는 찬양(5:10- 11)

    1. 하나님의 약속(5:10)

    2. 하나님께 드리는 찬양(5:11)

5:1   우리는 4:19의 끝 부분과 5:1의 시작 부분 사이에 있는 '그러므로'(개역개정에는 번역되어 있지 않다)라는 연결어에 주목해야 한다. 베드로는 지역 교회에서 지도자로 보이는 장로들이 가장 먼저 박해를 당할 것이라고 예상한다. 모든 신자가 맞닥뜨리는 고난과 박해는(4:12-19) 지도자들에게 특별한 부담이 된다. 지도자들은 특히 양들이 괴롭힘을 당할 때 해야 할 일이 무엇인지를 깨달아야 한다.

베드로는 자신이 장로들이 겪는 두려움과 시험을 이해하고 있음을 강조하기 위해, 자신을 함께 장로 된 자라고 언급하며 그들과 자신을 동일시한다. 그가 그리스도의 고난에 대한 "증인"인 이유는, 그리스도의 십자가 죽음을 보았기 때문이 아니라 그것을 신실하게 증언했기 때문이다(참고. 계 2:13; 11:3; 17:6). 장로들을 포함하여 하나님의 백성은 아마 "하나님의 뜻대로 고난을"(벧전 4:19) 받을 것이므로, 베드로처럼 그들도 그리스도께서 다시 오실 때 드러날 영광에 "참여할" 또는 함께할 것이다(참고. 1:7, 13; 특히 4:13).

신약에서 '장로'[프레스뷔테로스(*presbyteros*)]와 '감독'[에피스코포스(*episkopos*)]은 동일한 직책이나 권위를 가진 직분을 나타낸다(앞에서 보았듯이, 예를 들어, 행 20:17, 28과 딛 1:5, 7에서). 장로는 섬기는 사람의 위엄과 엄중함에 초점을 맞추는 반면, 감독(문자적으로 '관리하는 사람')은 그 직책의 실제적인 역할에 초점을 맞춘다. 신약의 모든 지역 교회는 다수의 장로가 관리했다. 신약에서 장로 한 사람이 권위를 행사하는 지역 교회는 하나도 없다(참고. 행 11:29 – 30; 14:23; 20:17; 딤전 5:17; 약 5:14).

5:2-3   장로나 감독은 '목사'이기도 하다. 신약에서 헬라어 포이멘(*poimēn*)은 에베소서 4:11에서 단 한 번 목사를 가리키는데 사용된다. 그러나 '치다' 또는 '먹이다'를 뜻하는 동족 동사형인 포이마이노(*poimainō*)가 하나님의 양 떼를 양육하고 기른다는 개념을 가지며, 사도행전 20:28과 이곳 베드로전

서 5:2("양 무리를 치되")에 나온다. 따라서 모든 장로가 목회적 책임을 감당한다고 결론 내리는 것이 온당하다. 예수님이 "목자장"(4절)이시므로, 그분은 자신 밑에 목자들을 세우셔서 하나님의 "양 무리"(참고. 2:25)를 인도하고 먹이고 양육하고 보호하게 하셨다.

여기서 베드로의 초점은 장로들이 무슨 일을 하느냐보다는 어떻게 그 일을 하느냐에 있다. 대조되는 쌍으로 이뤄진 세 어구[메…알라(mē…alla), "~하지 말고 ~하며"]는 장로들이 감독을[76] 해 나가는 적절한 방식과 부적절한 방식을 묘사한다. 세 가지 부정적인 태도는 칭찬에 대한 욕망, 이득에 대한 욕망, 권력에 대한 욕망으로 요약할 수 있다.

첫 번째로, 장로들은 "억지로 하지 말고…자원함으로"(5:2) 하나님의 양 무리를 돌보거나 감독해야 한다. 이끌고자 하는 충동이 밖에서 억압적으로 주어지지 않고 속에서 기꺼이 나와야 한다. 이끄는 이들은 장로가 되기를 '원해야' 한다(참고. 딤전 3:1). "하나님의 뜻을 따라"(벧전 5:2)는 조금 더 문자적으로는 '하나님을 따라'이다. 우리는 교회를 조직할 때 우리의 선호를 따르지 않고 계시된 하나님의 뜻을 따라야 한다. 포브스는 그러한 지도력은 "하나님이 하고자 하시는 대로, 또는…하나님이 승인하시는 방식대로 행사되어야 한다"고 제대로 지적한다. 어느 쪽이든 "초점은 하나님에 대한 마땅한 책임감으로 감독의 직무를 행하는 데에 있다."[77]

두 번째로, 장로들은 "더러운 이득을 위하여 하지 말고 기꺼이"(2절) 하나님의 백성을 돌보아야 한다. 베드로의 말은 교회 지도자들이 급여를 받지 않아야한다는 뜻이 아니다. 바울은 그들이 급여를 받아야 한다고 분명히 말한다(딤전 5:17-18). 베드로가 강하게 비난하는 것은 "이득"이 아니라 "더러운" 이득이다(참고. 딛 1:7).

세 번째로, 장로들은 맡은 자들에게 "주장하는" 자가 아니라 "본"이

---

[76] 여기에는 '감독하다', '돌보다'를 뜻하는 동사 에피스코페오(episkopeō)의 분사 형태가 나온다.

[77] Forbes, 1 Peter, 168.

되어야 한다(벧전 5:3). 장로는 그에게 주어진 권위 있는 자리를 이용하여 언제나 다른 사람들 위에 군림하거나, 자기 권력을 행사하거나, 섬기기보다는 항상 요구하거나, 자신이 틀린 것을 알아도 항상 자기 방식을 고집하거나, 자기 자리를 과시하는 사람이 되어서는 안 된다. 오히려 장로는 겸손, 자기희생, 하나님에 대한 사랑, 예배에 대한 열정, 관대함, 가정에 대한 헌신, 무엇보다도 만사에 예수님께 순종하는 면에서 양 무리의[78] "본"이 되어야 한다.

5:4 그리스도는 베드로전서 2:25에서는 하나님의 백성의 "목자와 감독"으로, 히브리서 13:20에서는 양들의 "큰 목자"로 묘사되신다. 베드로는 여기서 그리스도를 "목자장"이라 칭하며 그 표현을 되풀이한다. 이 표현과 함께 암시되는 대조를 통해 모든 장로가 그리스도께 복종해야 함을 강조한다. 장로들은 그리스도 아래 있는 목자들이고 그분이 목자장이시다.

다음으로 베드로는 그리스도의 몸 안에서 겸손하고 공손히 섬기게 하는 궁극적인 동기를 분명히 표현한다. 그가 기술한 대로 섬기는 이들은 "시들지 아니하는 영광의 관을 얻[을]"(벧전 5:4b) 것이다. 몇몇 사람은 이 관을 그저 완성된 형태의 구원에 대한 또 다른 은유로 보는 반면(약 1:12; 계 2:10), 다른 이들은 신실한 목사들에게 주어질 특정한 '보상'으로 여긴다(참고. 고전 3:10-15; 9:25; 고후 5:10; 딤후 4:8).

이 관은, 다이아몬드와 다른 귀한 보석들로 장식한 금으로 만든 관이 아니라, "시들지 아니하는"[아마란티논(*amarantinon*), 문자적으로는 '아마란스로 만든'인데, 아마란스는 "잘 시들지 않는 것으로 유명한 검붉은 색의 꽃"[79]이다] 화환이다. 신약에서는 이곳에서만 유일하게 "관/화환"이 "영광"[독사(*doxa*)]과 연결된다.

---

78 2절에서 베드로는 "하나님의 양 무리"가 "너희 중에" 있다고 말했고, 지금 3절에서는 그들이 "[너희가] 맡은" 혹은 너희에게 할당된 이들이라고 말한다. 두 경우 모두, 베드로는 목자가 양을 알아야 하고 그들에 대해(다른 이들이 아니라) 책임을 져야 한다는 것과 양은 목자들에게 보고할 의무가 있다고 추정하는 듯하다. 이는 지역 교회에 속하는 공식 구성원에 대한 어떤 표현을 요구하는 것으로 보인다.

79 Forbes, *1 Peter*, 170.

여기서 소유격 구문은 특성을 나타내어 '영광스러운 관'이거나 (더 가능성 있는) 설명적 보어로 '영광인 관'을 뜻할 수 있다. 만약 후자라면 베드로는 그 관을, 그리스도 안에 있는 모든 신실한 신자가 그분의 재림 때 공유하거나 경험할 종말론적이거나 완성된 영광으로 묘사하는 것이다(벧전 1:7).

5:5 명령문 "순종하고"는 2:13에 나오는 표현 및 "인간의 모든 제도"에 복종 또는 순종하라는 훈계와 유사하다. "젊은 자들"로 번역된 한 단어가 가리키는 대상은 갓 회심한 자들이거나, 공동체에서 나이가 더 어린 지체들(남자와 여자 모두)이거나, 장로들을 제외한 지역 교회의 모든 지체이거나, 가장 가능성 있게는 나이가 더 어린 남자들일 것이다. 베드로가 어린 남자들을 고른 까닭은, 그들이 나이 많고 더 성숙한 이들보다 더많이 교회 지도자들에게 반항하고 불복종하는 경향이 있기 때문인 듯하다.

겸손하라는 호소는 이제 나이나 성별에 상관없이(참고. 3:8) 공동체에 속한 모든 이("다")에게까지 확대된다. '옷을 입으십시오'(개역개정은 "허리를 동이라")로 번역된 동사는 신약에서 오직 이곳에만 나오며, 겸손으로 자신을 치장하는 이미지를 떠올리게 한다. 대중 앞에 벌거벗은 모습으로 나타나는 사람이 없듯이 우리 역시 항상 다른 사람들을 대할 때 겸손으로 옷을 입거나 감싸야 한다. 이는 하나님이 교만한 자를 대적하고 반대하시기 때문이다. 베드로는 야고보가 야고보서 4:6에서 한 것처럼(참고. 잠 16:5; 사 57:15), 잠언 3:34을 인용한다.

하나님이 겸손한 자들에게 주시는 "은혜"는, 이 문맥에서는 구원의 은혜가 아니라 거룩하게 하시고 능력을 주시는 성령의 임재를 가리킨다. 이 은혜는 아직 자아 존중감으로 가득지 않은 이들에게 하나님께서 듬뿍 부으시는 그분의 특별한 자비, 예외적인 복, 독특한 능력 주심, 권능을 주시는 임재다.

5:6-7 "겸손하라"라는 권고는 수동태 명령문("be humbled")이다. 많은 이들이 이를 이상하다고 보고 이 명령문에 중간태의 효력을 부여하는 쪽을

택한다. 다른 주석가들은 그 명령을, "박해와 사회적 배척을 당하던 독자들의 상황"과 연결시켜야 한다고 주장한다. "요지는 그들이…어떤 의미에서는 불신자들이 그러나 다른 의미에서는 하나님이 부과하신 굴욕의 상태를 받아들여야 한다는 것이다."[80] 그렇지만 이 두 번째 이해는 6절과 7절의 관계와 맞지 않는다. 어떤 번역은 6절을 마침표로 마무리하고, 7절을 독립된 진술로 여긴다. 그러나 7절은 종속절로서 실제로 신자들이 '어떻게' 겸손해야 하는지를 말함으로써 6절의 생각을 이어간다. "겸손하라…너희 염려를 다 주께 맡기라[(by) casting][81]. 이는 그가 너희를 돌보심이라." 우리 염려를 주님께 맡기지 않는 것은 건방지고 오만한 짓이다.

물론 하나님이 능력과 사랑이 많으신 분이 아니라면 그 명령은 아무 의미가 없다. 그래서 하나님의 "능하신 손"(참고. 출 3:19; 13:3, 9, 14, 16; 신 3:24; 4:34; 겔 20:34)과 그분이 "너희를 돌보[신다]"는 사실이 언급된다. 이곳에 나온 높이심은 종말론적 역전의 하나다. 그리스도의 재림 때("때가 되면")에는, 이생에서 제일 끝에 있던 이들(겸손한 이들)이 첫째가 되는 반면 이생에서 첫째인 이들(교만한 이들)이 끝이 될 것이다.

5:8-9 베드로는 "근신하라"(참고. 1:13과 4:7에서 같은 동사가 사용된다)와 "깨어라"(그리스도의 재림을 염두에 둘 때 흔히 나오는 권면이다. 참고. 마 24:42; 25:13; 막 13:35)라는 두 개의 명령문으로 재빨리 상기시킴으로써 하나님께 염려를 맡기는 일을 수동적으로 만들지 않는다.

여기서 마귀를 신자의 "대적"("adversary")으로 표현한다. 이 단어는 보통 법정에서 상대편을 가리키는 데 사용되지만(참고. 마 5:25; 눅 12:58; 18:3), 여기서는 멸망할 적이라는 의미가 더 강하다. "마귀"라는 단어 디아볼로스(*diabolos*)는 문자적으로 '참소자'라는 의미인데, 여기서는 사탄을 가리키는

---

80 같은 책, 175.

81 이 분사는 수단에 초점이 있는 도구적 의미다.

고유 명사 역할을 한다. 8절의 두 명령문이 나오는 이유는, 마귀가 먹이를 찾아 두루 찾아다니는 사자처럼 예수님을 따르는 자들을 '삼키려고'(참고. 시 22:13) 노리고 있기 때문이다.

베드로는 삼킨다는 것이 무슨 뜻인지를 명시하지는 않지만, 9절은 그 것이 다른 신자들이 견디는 것과 같은 "고난"의 형태를 수반함을 암시한 다. 여기에는 불신자들이 가하는 박해와 비방, 그리고 아마도 투옥이나 순 교까지도(참고. 계 2:10) 포함되는 듯하다.

사도는 독자들에게 마귀를 "대적하라"고 명한다(이 동사의 같은 용례로는 참고. 약 4:7). 그 일을 위해 지정된 성경의 수단은 하나님의 갑옷(엡 6:10-17), 끈질긴 기도(엡 6:18), 예배, 하나님의 말씀을 묵상하고 사용함(마 4:3-11), 순 종, 필요하다면 말로 하는 책망이다.

이런 경험을 혼자만 겪는 것이 아님을 알면(벧전 5:9b), 믿음의 결단과 사탄의 꾐에 굴복하지 않겠다는 결심이 강화된다.[82] 베드로는 아무리 고립 된 것같이 느껴질지도 그러한 시련은 특별한 것이 아니며 "세상에 있는" 다른 이들도 겪고 있다고 말한다. "당하는"으로 번역된 동사 에피텔레오 (*epiteleō*)는 '끝내다' 또는 '성취하다'라는 의미를 가지므로, 최종 목표를 성 취했음을 암시한다. 믿음을 굳건하게 하는 일에는 이교도의 반대를 견디 는 것 이상이 포함된다. 어떤 의미에서 신자들의 고난에는 정해진 목적 또 는 목표가 있다. 아마도 10절이 이를 설명하는 듯하다. 10절을 통해 우리 는 고난이 끝날 때 신자들이 "그리스도 안에서" 하나님의 "영원한 영광"에 들어감을 확신한다.

5:10 하나님은 우리의 고난을 주권적으로 통제하시지만(참고. 4:19), 여전 히 "모든 은혜의 하나님"(5:10a)이시다. 우리의 고난은 그분이 자기 자녀를 방치하신다는 뜻이 아니다. 그분이 우리로 하여금 지나가게 하시는 "여러

---

82 이 분사는 원인을 나타낸다. 즉 '너희가 알기 때문에'.

가지 시험"(1:6)은 "예수 그리스도께서 나타나실 때에 칭찬과 영광과 존귀를 얻게" 하려는 것이다. 고난의 짧음("잠깐", 5:10)은 그분이 은혜로 우리에게 보증하시는 영광의 "영원한" 기간과 대조된다. 또한 그 이상으로 그분이 은혜로 "친히"(다른 사람이 아니라 하나님이 "친히") 우리의 모든 필요를 채우실 것이다.

이 은혜가 풍성히 주어짐은, 하나님이 고난을 견딘 이들을 위해 친히 행하실 네 가지 일에서 드러난다(네 개의 동사는 모두 미래 시제로, 우리가 안심하고 의지할 수 있는 하나님의 약속임을 강조한다). 그분은 우리를 "온전하게 하시며"(고치다. 구비하다, 공급하다), "굳건하게 하시며"(확고히 하다 또는 영구적으로 고정시키다), "강하게 하시며"(이 동사는 신약에서 이곳에만 사용된다), "터를 견고하게 하[실]"(확고히 자리 잡다 또는 기초를 놓다) 것이다. 이 네 동사는 그분이 우리를 "높이시[는]"(6절) 구체적인 방법일 것이다.

그렇다면 베드로는 독자들에게 이렇게 상기시키는 것이다. 그리스도의 초림과 재림 사이라는 비교적 '짧은' 시간에 고난이 있겠지만, 우리를 위한 하나님의 목적이 완성됨으로 회복과 영광을 '영원히' 누리게 될 것이다(참고. 고후 4:16-18에 나오는 바울의 동일한 신학).

5:11 이 송영은 4:11에 나오는 송영을 약간 축약한 형태다(참고. 4:10-11 주석). 일부 사본은 아마도 4:11의 영향을 받아, 하나님이 행사하시는 '영광'과 '권능'을 덧붙인다. 이 송영은 그저 형식적인 것이 아니다. 베드로는 하나님이 사탄보다 더 강하시고 더 능력이 있으시며, 그분의 백성에 맞서는 사탄이 구비한 어떤 무기도 최종적으로 아무 힘을 발할 수 없음을 알려주기 때문이다.

≋≋≋≋ **응답** ≋≋≋≋

베드로는 고난에 대해 많은 말을 했고 우리 믿음을 변함없이 유지하도록 수많은 격려를 한다. 그러나 그 어떤 것도 하나님이 친히 하신 이 고귀한 약속(10절)에 비할 수 없다. 잃어버린 것, 피해를 입은 것, 상처 난 것을 그분이 '온전하게' 하실 것이다. 그리스도 안에서 우리 것이 된 은혜 안에서 우리를 '굳건하게' 하실 것이다. 인내하도록 우리를 '강하게' 하실 것이다. 그리고 그분의 영원하고 깨지지 않는 사랑으로 흔들리지 않도록 우리의 '터를 견고하게' 하실 것이다. 용기를 내라!

¹² 내가 신실한 형제로 아는 실루아노로 말미암아 너희에게 간단히 써서 권하고 이것이 하나님의 참된 은혜임을 증언하노니 너희는 이 은혜에 굳게 서라

¹² By Silvanus, a faithful brother as I regard him, I have written briefly to you, exhorting and declaring that this is the true grace of God. Stand firm in it.

¹³ 택하심을 함께 받은 바벨론에 있는 ¹⁾교회가 너희에게 문안하고 내 아들 마가도 그리하느니라 ¹⁴ 너희는 사랑의 입맞춤으로 서로 문안하라 그리스도 안에 있는 너희 모든 이에게 평강이 있을지어다

¹³ She who is at Babylon, who is likewise chosen, sends you greetings, and so does Mark, my son. ¹⁴ Greet one another with the kiss of love. Peace to all of you who are in Christ.

¹⁾ 또는 여자가

베드로는 그가 "간단히" 쓴 편지라고 한 글의 결론에 이르렀다. 그의 마무리 권면은 간결하고도 명료하다. 그가 쓴 것은 다른 복음도 아니고 자칭 '지혜로운' 이들의 조언도 아닌, "하나님의 참된 은혜"다. 그것이 우리가 서 있어야 할 지점이다. 그것이 우리가 믿어야 할 바다. 그것이 우리 삶의 영속적인 힘이요 신자들 가운데 있는 "사랑"의 근원이다.

VI. 맺음말(5:12-14)
  A. 서신의 목적(5:12)
  B. 마지막 인사(5:13-14)

5:12 "~로 말미암아"("by")로 번역된 전치사 디아는 '~를 통해'(through, 디아가 속격과 함께 사용될 때, 참고. 행 15:23)로 번역할 수도 있다. 베드로가 의도한 청중에게 편지를 들고 가서 전달한 사람이 실루아노[83]라고 확인해 주고 있는 것인지, 아니면 그가 비서 역할을 했음을 가리키고 있는지에 대해서는 상당한 논란이 있다. 사실 둘 다 진실일 수 있다. 실루아노가 베드로의 감

---

[83] 이 실루아노는 아마 바울서신에서 종종 언급된 실루아노와 동일인일 것이다(고후 1:19; 살전 1:1; 살후 1:1). 사도행전에서는 그의 이름이 실라라는 짧은 형태로 불린다(행 15:22, 32).

독 하에 편지를 쓴 다음 그것을 "흩어진 나그네"(1:1)에게 전달했을 수 있기 때문이다. 이 문제에 대해 더 상세한 내용은 서론을 보라.

두 개의 분사 "권하고"와 "증언하노니"는 베드로가 편지를 쓴 목적을 나타낸다. 첫 번째 분사인 '권하고'는 이교적 환경에서 신실하게 살아가는 법에 관한 그의 가르침을 가리킨다. 반면에 두 번째 분사인 '증언하노니'는 예수 그리스도 안에서, 예수 그리스도를 통해서 이루어진 하나님의 은혜로운 구원 사역을 '증언'하는 그의 역할을 강조한다.

베드로의 권면과 선포의 구체적인 내용은 "이것이 하나님의 참된[84] 은혜"라는 것이다. '이것'의 선행사는 분명하지 않지만, 서신 전체를 염두에 둔 것 같다. 따라서 "이 은혜에 굳게 서라"라는 권면은 베드로가 쓴 모든 것을 믿고 순종하라는 마지막 요청이다(참고. 롬 5:2; 고전 15:1; 빌 4:1).

5:13 문안하는 '여자'(개역개정 난외주를 보라)는 베드로의 아내가 아니라, 그가 편지를 쓸 때 함께 있던 그리스도인 회중 전체다. 교회가 "택하심을 함께 받은", 좀 더 문자적으로는 '택함을 받은 동료들' 또는 '함께 선택 받은 [쉬네클렉테(*syneklektē*)] 이들'로 해석된다. 어원이 같은 단어 에클렉테(*eklektē*)가 요한서 1, 13절에서 동료 그리스도인들을 나타내기 위해 거의 똑같이 사용된다. 교회에 관해 '선택받은'이나 '택함 받은'이라고 언급하는 것은 1:1에 나오는 나그네의 '택함 받은' 속성과 들어맞는다. 이로써 하나님의 주권적인 선택이라는 주제가 편지 전체의 틀을 형성한다.

"바벨론"은 로마를 암호처럼 언급한 것인 듯한데, 여기서는 "쫓겨남과 소외에 대한 은유" 역할을 한다.[85] 베드로는 이런 식으로 독자들과 자신을 동일시한다. 그들이 거류민과 나그네인 것처럼 그 역시 고향이 아닌 곳

---

84 어떤 사람들은 이 단어의 강조점이 거짓에 반대되는 참됨에 있기보다는, 그릇 인도하거나 수포로 돌아갈 수 있는 것에 반대되는 믿을 만하고 신뢰할 만한 것에 있다고 주장한다(참고. 요 5:31-32; 21:24; 딛 1:13; 요삼 12절). 사실 두 개념이 모두 포함되었을 수 있다.

85 Forbes, *1 Peter*, 185.

에서 편지를 쓴다. 이렇듯 우리는 편지의 틀이 되는 두 가지 표현을 본다. 즉 서두에 나오는 "나그네"면서 하나님의 "택하심을 받은 자들"은, 끝 부분에서 베드로가 이방 도시인 "바벨론"에서 "택하심을…받은" 자들 가운데 있는 것과 병행을 이룬다.

베드로는 또한 "아들 마가"의 인사를 전한다. 이 마가[86]를 베드로의 생물학적 아들로 생각할 이유는 없다. 바울도 이와 유사하게 다른 그리스도인을 자신의 영적 아들로 언급하곤 했다(예를 들어, 고전 4:17; 딤전 1:2; 딤후 1:2; 몬 10절). 이러한 언급은 베드로가 마가와 친밀한 관계였음을 다시금 상기시켜 준다(그리고 아마도 베드로가 마가복음 기사를 구성하는 데 미친 영향을 설명해 줄 것이다).

5:14 고대 시대에 "사랑의 입맞춤"은, 생물학적 가족뿐 아니라 영적 가족들 사이에서도 애정과 헌신을 나타내는 흔한 표시였다(참고. 롬 16:16; 고전 16:20; 고후 13:12; 살전 5:26). 이는 베드로가 이 서신에서 모든 그리스도인이 서로에게 가져야 하는 사랑에 대해 반복해서 강조하는 바와 전체적으로 조화를 이룬다(참고. 벧전 1:22; 2:17; 3:8).

신약에서 소원하는 기도에는 흔히 동사가 생략되곤 한다. 우리는 바울서신에서 유사한 표현들을 볼 수 있다(고전 16:24; 고후 13:13; 갈 6:18; 엡 6:24; 빌 4:23). 베드로가 "평강"에 초점을 맞추고 "은혜"를 생략하는 것은, 계속되는 박해와 배척에 직면하여 영적 평온의 두드러진 중요성을 강조하기 위한 그의 방식일 수 있다. 어쨌든 베드로의 기도는 평강이 모든 그리스도인의 공통된 경험이기를 바란다. 이것은 오늘날 우리가 편지를 마무리하는 방식같은 문학적인 격식이 아니라, 독자들이 마음속에서 하나님의 평강을 누리기를 갈망하는 중보의 외침이다(참고. 빌 4:7).

---

86 신약에서 마가에 대한 다른 언급으로는, 참고. 행 12:12; 13:4-13; 15:37-39; 골 4:10; 딤후 4:11; 몬 24절.

≋≋≋≋ **응답** ≋≋≋≋

베드로의 서신 끝 부분에 이르러 우리가 보일 적절한 반응은 단 한 가지이다. 우리는 하나님의 능력으로 하나님의 영광을 위해, 예수 그리스도 안에서 예수 그리스도를 통해 우리의 것이 된 영광스러운 은혜에 '굳게 서야' 한다.

참고문헌

Achtemeier, Paul J. *1 Peter*. Hermeneia-A Critical and Historical Commentary on the Bible. Minneapolis: Fortress, 1996. 423 pages.

    헬라어 본문 분석이 뛰어난 비판적이고 상세한 주석. 주로 학구적인 독자들을 대상으로 한 책이다. 신학적으로는 기대하는 만큼 보수적이지는 않다.

Beale, G. K., and Carson, D. A. *Commentary on the New Testament Use of the Old Testament*. Grand Rapids, MI: Baker, 2007. 1,239 pages.《일반서신·요한계시록》. 신약의 구약사용 주석 시리즈. CLC.

    신약에 나오는 모든 구약 인용구와 암시를 확인하고 주석한, 꼭 필요한 도구다. 카슨이 베드로전서에 대한 주석을 썼다.

Doriani, Daniel M. *1 Peter*. Reformed Expository Commentary. Phillipsburg, NJ: P&R, 2014. 264 pages.

    영어 본문에 대한 탁월한 주석. 신학적으로 개혁주의에 충실하고, 목회적으로 따뜻하며, 설교자들과 말씀 교사들을 위해 쓴 책이다.

Forbes, Greg W. *1 Peter: Exegetical Guide to the Greek New Testament*. Nashville: B&H, 2014. 202 pages.

    헬라어 본문에 대해 해석학적으로 탁월한 분석을 제공한다.

Grudem, Wayne A. *The First Epistle of Peter: An Introduction and Commentary.* TNTC. Grand Rapids, MI: Eerdmans, 1988. 239 pages.《베드로전서》. 틴데일 신약주석 시리즈. CLC.

　　약간 오래되긴 했지만, 그루뎀의 작품은 성경에 충실하고 본문에 대한 개혁주의적 해석으로 신뢰할 만하다. 어떤 독자든 쉽게 이해할 수 있다.

Jobes, Karen H. *1 Peter.* BECNT. Grand Rapids, MI: Baker, 2005. 364 pages.《베드로전서》. BECNT. 부흥과개혁사.

　　악트마이어의 주석과 동일한 독자를 대상으로 하지만, 좀 더 복음주의적이고 신학적으로 보수적인 시각의 책이다.

Schreiner, Thomas R. *1, 2 Peter, Jude.* NAC. Nashville: Broadman & Holman, 2003. 512 pages.

　　개혁주의와 복음주의 시각에서 쓴 베드로전서에 대한 가장 훌륭한 주석. 슈라이너가 복잡한 해석학적 이슈를 피하지 않음에도 아주 읽기 쉽고, 모든 목사와 설교자가 찾아볼 만한 책이다.

베드로후서

ESV 성경 해설 주석

메튜 S. 하몬 지음

ESV Expository Commentary
2 Peter

베드로후서 서론

개관

베드로후서는 초기 교회의 가장 중요한 인물 중 하나가 썼음에도 아마 신약에서 가장 경시되는 책일 것이다. 그러나 그 책을 무시하는 이들은 위험을 각오하고 그렇게 하고 있다. 모든 세대의 신자들은 베드로후서가 거짓 가르침에 대해 제기하는 경고와 그리스도의 재림을 고대하며 의지적으로 경건을 추구하라는 외침에 귀를 기울여야 한다.

저자

저자는 자신을 "예수 그리스도의 종이며 사도인 시몬 베드로"(벧후 1:1)라고 밝힌다. 본래 벳새다 출신의 어부였던(요 1:44) 베드로는 예수님의 사역 초기에 가버나움에서 살았다(막 1:29). 그는 세베대의 아들 야고보, 요한과 함께 예수님의 수제자 중 하나였다(막 9:2). 베드로는 예수님이 십자가에 못 박하시기 직전에 그분을 부인했음에도(막 14:66-72) 초기 교회의 핵심 지도자였다(마 16:18). 하나님은 오순절에 복음을 선포하고(행 2:1-41) 로마의 백부장 고넬료에게 복음을 전하는 데(행 10:1-11:18) 베드로를 쓰셨다. 베드로는 사형수로 예루살렘 옥에 갇혔다가 기적적으로 탈출한(행 12:1-17) 이후, 20년 간 로마 제국 곳곳을 다니며 고린도(고전 1:12)와 수리아 안디옥(갈 2:11) 등지에서 복음을 전파했다. 그는 베드로전서를 썼을 당시(주후 60년대 초반) 로마에서 사역하고 있었고, 네로 재위 기간인 주후 64-67년 어간에 순교했다.

베드로가 저자라고 직접 주장하는 데도(벧후 1:1) 초기 교회 내의 몇 사람은 베드로가 이 서신을 썼는지에 대해 의심을 품었다. 유세비우스 (Eusebius)는 논란이 되는 책들 목록에 이 책을 포함시켰다(*Ecclesiastical History* 3.3.1–4; 3.25; 6.25.8). 오늘날 많은 비판적인 학자들은 보통 세 가지 이유를 조합하여 베드로가 저자임을 거부한다. 첫 번째로, 그들은 서신의 어휘, 문체, 개념이 우리가 아는 베드로와 어울리지 않고, 더 나아가 베드로전서와 근본적으로 다르다고 주장한다. 두 번째로, 이 서신에 묘사된 상황과 거짓 교훈의 성격을 볼 때 기록된 시기가 베드로의 생애 이후여야 한다고 주장한다. 세 번째로, 사용된 자료(정경이 아닌 유대 문헌/전승, 아마도 유다서)와 후기 기독교 문서와의 유사성(*Shepherd of Hermas, 1-2 Clement*)은 베드로가 이 서신을 쓰지 않았음을 보여준다.

이러한 반대 중 어느 것도 궁극적으로 설득력이 있지는 않다. 우리는 베드로의 글에 대해 충분히 많은 양의 표본을 가지고 있지도 않고, 베드로가 이 서신을 썼을 리가 없다고 권위 있게 주장할 만큼 그의 생애를 충분히 알지도 못한다. 어휘와 문체와 개념의 차이는 필사자가 다르거나 대상 청중이 달랐기 때문일 수 있다. 더 나아가 서신에 암시된 거짓 교훈이나 상황도 반드시 그 연대가 베드로의 생애 이후이어야 할 필요는 없다. 반대 주장들은 보통 두 가지 증명되지 않은 전제에 근거한다. 하나는 거짓 교훈이 영지주의라는 잘못된 추정이다. 다른 하나는 사도들에 대한 언급(벧후

3:1-2)을 오해한 것이다. 초기 그리스도인의 글들과의 유사성은 그러한 글들이 베드로후서에 의존하고 있는 것이라고 쉽게 이해할 수 있다.

핵심은 베드로가 이 서신을 썼다고 주장한다는 것이다. 그는 예수님의 생애와 사역의 증인이라는 자신의 권위를 주장한다(1:16-18). 반대 주장은 이 주장을 뒤집기에 충분하지 않다.[1]

저작 연대와 배경

베드로는 자신이 곧 죽을 것이라고 생각하기 때문에 이 서신을 썼다(1:12-15, 참고. 서론의 '저자'). 이는 베드로가 주후 64년과 67년 사이 어느 때에 이 서신을 썼음을 암시한다.

베드로는 서신의 수신자를 밝히지 않는다. 이 수신자들에게 쓴 첫 번째 편지가 베드로전서였다면(참고. 벧후 3:1), 그는 "본도, 갈라디아, 갑바도기아, 아시아와 비두니아"(벧전 1:1)에 있는 교회들에게 편지를 쓰고 있는 것이다. 궁극적으로 우리는 수신자가 누구인지 확신할 수 없다. 그러나 거짓 교사들에 대한 묘사는 교회의 특정 회중이나 모임을 염두에 두었음을 시사한다.

수신자들이 누구이든 그들은 부도덕한 삶으로 그리스도를 부인하는 거짓 선생들을 상대하고 있었다(벧후 2장). 이 거짓 선생들은 탐욕스럽고, 성적으로 부도덕하고, 하나님의 권위를 거부하고, 자신의 죄악된 욕망에 지배당하고 있었다. 그들은 충동을 따르는 비이성적인 동물 같고, 역설적이지만 그것을 따르는 이들에게 자유를 약속하는 죄악된 정욕의 노예 같다. 그들은 그리스도께서 재림하신다는 약속을 조롱하고 인류 역사의 마지막 때에 임할 심판을 부인한다(3:1-13). 우리는 이러한 묘사들 이상의 그

---

1 Thomas R. Schreiner, *1, 2 Peter, Jude*, NAC (Nashville: Broadman & Holman, 2003), 255-276.

들의 정체에 대해서는 짐작만 할 따름이다.[2]

장르와 문학적 구조

시작 부분의 두 절은(1:1-2) 베드로후서가 고대 서간문의 세 가지 기본 요소인 서두, 본문, 마무리를 포함하고 있음을 분명히 보여준다. 그러나 이 서신에는 다른 문학 장르인 유언의 요소들도 있다. 고대 세계에 유언은 주요 인물들의 마지막 말을 기록하는 것이었는데, 대개 종말론과 윤리에 초점을 두었다. 여러 유대인의 글이 아브라함, 야곱의 열두 아들, 욥 등의 사람들의 마지막 말을 담고 있다고 주장했다. 바울이 에베소 교회 장로들에게 전한 마지막 말(행 20:17-35)이나 디모데후서에 기록한 말처럼, 이 서신은 공식적인 의미의 유언 형식은 갖추지 않은 채 베드로의 임박한 죽음을 감안하여 그의 마지막 말을 기록한다.[3]

베드로는 신약의 다른 데서는 나오지 않는 수많은 단어를 포함하여 아주 풍성한 어휘를 사용한다. 그가 자주 사용하는 단어 쌍들[예를 들어 "부르심과 택하심"(벧후 1:10), "우리 주…의 능력과 강림하심"(1:16)], 그리고 그리스적인 어휘와 개념들은 이 서신의 두드러지는 특징이다["신성한 성품"(1:4), "덕"(1:5-6)]. 베드로는 구약에서 예를 끌어오고(2:4-9, 15-16, 22), 요지를 납득시키기 위해 생생한 이미지를(종종 자연에서 가져온) 사용한다(2:12-14, 17-18).

유다서와 베드로후서 2:1-3:3이 명확하게 겹치는 부분은 다음 몇 가지 방식으로 설명할 수 있다. 첫째, 베드로가 유다서를 사용했다. 둘째, 유

---

2   Gene L. Green, *Jude and 2 Peter*, BECNT (Grand Rapids, MI: Baker Academic, 2008), 150-159의 논의를 보라.

3   Peter H. Davids, *The Letters of 2 Peter and Jude*, PNTC (Grand Rapids, MI: Eerdmans, 2006), 145-149; Green, *Jude and 2 Peter*, 164-168의 논의를 보라.

다서가 베드로후서를 사용했다. 셋째, 둘 다 공통 자료를 사용했다. 오늘날 대부분의 학자는 베드로가 유다서를 사용했다고 결론짓지만, 그 증거가 다른 가능성들을 배제할 만큼 충분히 확실하지는 않다. 따라서 이 의문에 대해 한 사람의 결론에만 기초하여 해석학적으로 결정해서는 안 된다. 물론 겹치는 구절들을 비교함으로써 해석학적 통찰을 얻을 수는 있다.

신학

이 서신에서는 삼위일체의 세 위격이 모두 언급되지만, 주로 성자가 부각된다. 예수 그리스도는 거듭 "주 곧 구주"(1:11; 2:20; 3:2, 18)로 언급된다. "주"[Lord(1:2, 8, 14, 16)와 Master(2:1)] 같은 호칭은 예수님의 절대적인 권위를 강조한다. 이는 성부와 성령이 이 서신에서 아무런 역할도 하지 않으신다는 뜻이 아니다. 성부는 구약 곳곳에서 악한 자를 심판하시고 경건한 자를 지키시는 그분의 능력을 입증하셨고(2:4-10), 예수님을 사랑하는 아들이라고 증언하셨다(1:17). 성령은 구약의 예언자들을 "감동"시키셔서 그들이 하나님께 받아 말하게 하셨다(1:21).

하나님의 말씀은 베드로후서에서 두드러진 역할을 한다. 구약 예언자들의 말이 하나님으로부터 온 것은 예수님의 생애에 일어난 사건들을 통해 확인되며, 이는 성경을 신자들을 위한 신뢰할 만한 지침으로 보게 한다. 예언자들과 사도들의 말은 변덕스러운 해석의 결과가 아니다(1:16-21). 사도들의 말은 구약과 동일한 수준의 권위를 가진다(3:2-3, 15-16). 첫 번째 하늘과 땅은 물론 새 하늘과 땅도 하나님의 말씀을 통해 생겨난다(3:5-7, 13).

"주의 날"은 베드로후서에서 또 하나의 중요한 개념이다. 이날은 예기치 않게 갑작스레 올 것이며, 그 결과로 지금의 하늘과 땅이 완전히 파괴되고 새 하늘과 새 땅이 도래할 것이다(3:8-13). 하나님이 경건하지 않은 자를 심판하시겠지만 신실한 자들은 구원받을 것이다(2:9-10; 3:4-13).

성경 다른 본문 및 그리스도와의 관련성

베드로후서는 그리스도께서 십자가에서 이루신 일을 통해 이미 구원받았지만 새 하늘과 새 땅에서 그들의 구속이 완성될 것을 기다리는 신자들을 대상으로 한다. 그들은 그리스도의 재림을 기다리므로 삶을 통해 거룩함과 경건을 드러내야 한다(3:11-13).

베드로후서 설교하기

종말에 관한 견해가 윤리를 빚는다. 그리스도께서 다시 오신다는 우리 믿음이 거룩한 삶을 추구하도록 동기를 부여하며 우리 일상생활의 모습을 결정해야 한다(3:11-13). 베드로후서를 설교함으로써 신자들에게 거짓 교훈의 위험과 끈질긴 사악한 삶에 대해 경고할 기회를 얻을 수 있다. 베드로후서 설교는 의지적인 영적 성장 추구를 격려해야 한다. 하나님이 "생명과 경건에 속한 모든 것을 우리에게 주셨[기]"(1:3) 때문이다.

해석상 과제

유다서 서론의 '해석상 과제'를 보라.

개요

Ⅰ. 서신의 서두(1:1-15)

   A. 인사(1:1-2)

   B. 삶을 변화시키는 복음의 능력(1:3-11)

   C. 복음을 상기할 필요성(1:12-15)

Ⅱ. 서신의 본문(1:16-3:13)

   A. 복음의 토대(1:16-21)

     1. 그리스도의 변모에 대한 증인(1:16-18)

     2. 구약의 예언을 확증(1:19-21)

   B. 거짓 선생들의 위험성(2:1-22)

     1. 거짓 선생들이 올 것이 확실함(2:1-3a)

     2. 거짓 선생들에게 임할 확실한 심판(2:3b-10a)

     3. 거짓 선생들에 대한 묘사(2:10b-22)

   C. 그리스도께서 다시 오신다는 약속(3:1-13)

     1. 거짓 선생들은 그리스도의 재림을 부인한다(3:1-7)

     2. 그리스도의 재림은 확실하다(3:8-10)

     3. 응답: 그리스도의 재림을 고대하며 거룩함을 추구하라

     (3:11-13)

Ⅲ. 서신의 마무리(3:14-18)

   A. 힘쓰라(3:14)

   B. 하나님의 오래 참으심이 구원이 될 줄로 여기라(3:15-16)

   C. 삼가라(3:17)

   D. 그리스도의 은혜와 그분을 아는 지식에서 자라가라(3:18)

ESV Expository Commentary
2 Peter

2 Peter
베드로후서
1:1-15

1 예수 그리스도의 종이며 사도인 시몬 베드로는 우리 하나님과 구주 예수 그리스도의 의를 힘입어 동일하게 보배로운 믿음을 우리와 함께 받은 자들에게 편지하노니 2 하나님과 우리 주 예수를 앎으로 은혜와 평강이 너희에게 더욱 많을지어다

1 Simeon[1] Peter, a servant[2] and apostle of Jesus Christ, To those who have obtained a faith of equal standing with ours by the righteousness of our God and Savior Jesus Christ: 2 May grace and peace be multiplied to you in the knowledge of God and of Jesus our Lord.

3 그의 신기한 능력으로 생명과 경건에 속한 모든 것을 우리에게 주셨으니 이는 자기의 영광과 덕으로써 우리를 부르신 이를 앎으로 말미암음이라 4 이로써 그 보배롭고 지극히 큰 약속을 우리에게 주사 이 약속으로 말미암아 너희가 정욕 때문에 세상에서 썩어질 것을 피하여 신성한 성품에 참여하는 자가 되게 하려 하셨느니라 5 그러므로 너희가 더욱 힘써 너희 믿음에 덕을, 덕에 지식을, 6 지식에 절제를, 절제에 인내를, 인내에 경건을, 7 경건에 형제 우애를, 형제 우애에 사랑을

더하라 8 이런 것이 너희에게 있어 흡족한즉 너희로 우리 주 예수 그리스도를 알기에 게으르지 않고 열매 없는 자가 되지 않게 하려니와 9 이런 것이 없는 자는 맹인이라 멀리 보지 못하고 그의 옛 죄가 깨끗하게 된 것을 잊었느니라 10 그러므로 형제들아 더욱 힘써 너희 부르심과 택하심을 굳게 하라 너희가 이것을 행한즉 언제든지 실족하지 아니하리라 11 이같이 하면 우리 주 곧 구주 예수 그리스도의 영원한 나라에 들어감을 넉넉히 너희에게 1)주시리라

3 His divine power has granted to us all things that pertain to life and godliness, through the knowledge of him who called us to[3] his own glory and excellence,[4] 4 by which he has granted to us his precious and very great promises, so that through them you may become partakers of the divine nature, having escaped from the corruption that is in the world because of sinful desire. 5 For this very reason, make every effort to supplement your faith with virtue,[5] and virtue with knowledge, 6 and knowledge with self-control, and self-control with steadfastness, and steadfastness with godliness, 7 and godliness with brotherly affection, and brotherly affection with love. 8 For if these qualities[6] are yours and are increasing, they keep you from being ineffective or unfruitful in the knowledge of our Lord Jesus Christ. 9 For whoever lacks these qualities is so nearsighted that he is blind, having forgotten that he was cleansed from his former sins. 10 Therefore, brothers,[7] be all the more diligent to confirm your calling and election, for if you practice these qualities you will never fall. 11 For in this way there will be richly provided for you an entrance into the eternal kingdom of our Lord and Savior Jesus Christ.

12 그러므로 너희가 이것을 알고 이미 있는 진리에 서 있으나 내가 항상 너희에게 생각나게 하려 하노라 13 내가 이 장막에 있을 동안에 너

희를 일깨워 생각나게 함이 옳은 줄로 여기노니 ¹⁴ 이는 우리 주 예수 그리스도께서 내게 지시하신 것같이 나도 나의 장막을 벗어날 것이 임박한 줄을 앎이라 ¹⁵ 내가 힘써 너희로 하여금 내가 떠난 후에라도 어느 때나 이런 것을 생각나게 하려 하노라

¹² Therefore I intend always to remind you of these qualities, though you know them and are established in the truth that you have. ¹³ I think it right, as long as I am in this body,⁸ to stir you up by way of reminder, ¹⁴ since I know that the putting off of my body will be soon, as our Lord Jesus Christ made clear to me. ¹⁵ And I will make every effort so that after my departure you may be able at any time to recall these things.

¹⁾ 헬, 공급하시리라

¹ Some manuscripts *Simon* ² For the contextual rendering of the Greek word *doulos*, see Preface ³ Or *by* ⁴ Or *virtue* ⁵ Or *excellence*; twice in this verse ⁶ Greek *these things*; also verses 9, 10, 12 ⁷ Or *brothers and sisters*. In New Testament usage, depending on the context, the plural Greek word *adelphoi* (translated "brothers") may refer either to brothers or to brothers and sisters ⁸ Greek *tent*; also verse 14

〰〰 단락 개관 〰〰

베드로는 본 서신을 세 개의 단락으로 시작한다. 그는 첫 인사를 한 후에 (벧후 1:1-2), 그의 사도적 메시지를 요약하는 짧은 설교를 한다(1:3-11). 그 메시지는 세 부분으로 되어 있다. 하나님이 그리스도인들에게 경건한 삶에 필요한 모든 것을 주셨으므로(1:3-4) 그들은 의지적으로 영적 성숙을 추구해야 한다(1:5-9). 이는 그들이 택하심을 받았음을 확증하고 마지막 날에 그 나라에 들어감을 확실히 하기 위해서다(1:10-11). 서신 서두의 마지막 단락은, 자신의 죽음이 가까웠기 때문에 신자들에게 이 진리를 상기시키는 베드로의 의도를 표현한다(1:12-15).

I. 서신의 서두(1:1-15)

　　A. 인사(1:1-2)

　　B. 삶을 변화시키는 복음의 능력(1:3-11)

　　C. 복음을 상기할 필요성(1:12-15)

≋≋≋≋ 　주석　 ≋≋≋≋

1:1-2 저자는 두 개의 이름과 두 개의 호칭으로 자신을 밝힌다. 그는 "시몬"이다. 이 이름은 "시므온"(행 15:14)으로 표현되기도 하는데, 이 아람어 이름은 '(하나님이) 들으신다'는 뜻이다. 그는 또한 예수님이 지어 주신 별칭인 '반석'이라는 뜻의 "베드로"로도 알려져 있다(마 16:18). 이 헬라어 단어는, 반석을 가리키는 아람어 단어에서 비롯된 그의 다른 이름 게바에 해당한다(요 1:42). 베드로는 자신을 "종"[둘로스(doulos)]으로 지칭함으로써 그가 주님이신 예수 그리스도의 완벽한 권위 아래 있음을 알려준다. 또한 이 표현은 베드로가 주님의 이전의 다른 종들처럼(모세, 여호수아, 다윗, 고난 받는 종) 구속사에서 자신에게 주어진 특별한 역할을 염두에 둔 것일 수 있다. 일반적인 의미로 "사도"는 전령 또는 대표로 보냄 받은 사람을 가리키지만(빌 2:25), 여기서는 베드로가 예수님의 삶과 죽음과 부활에 대한 권위 있는 증인으로서 가지는 특별한 지위를 가리킨다(막 3:13-19; 행 1:21-22).

　　수신자들은 "믿음을 우리와 함께 받은 자들"이다. "받은"으로 번역된 희귀한 동사 랑카노(lanchanō)는 그 받은 것 배후에 하나님의 뜻이 있음을(눅 1:9; 행 1:17)[4] 암시한다. 동시에 이 단어는 베드로후서 1:10에 언급된 하나님의 부르심과 택하심을 예고하는 듯하다. 어떤 사람들은 사도들이 '평범한' 신자들과는 구별된 특별한 믿음을 가졌다고 생각할 수도 있겠지만, 베드로는 모든 그리스도인이 "믿음을…함께 받은" 자들이라고 주장한다. 모든 신자는 십자가 아래에서 평지에 서 있다.

신자들은 이 믿음을 "우리 하나님과 구주 예수 그리스도의 의를 힘입어" 받는다. "하나님…의 의"라는 표현은 다양한 어감을 가지지만, 여기서는 하나님이 자기 백성을 위해 행하신 구원 사역을 가리키는 듯하다. 그 사역은 하나님의 의롭고 약속을 지키시는 성품에서 비롯되며, 그 결과로 그분의 백성이 그분 앞에 바로 설 수 있게 된다. 그런데 이 구절을 특별하게 만드는 것은 '예수 그리스도'의 의라는 분명한 언급이다. 베드로는 예수님이 어떤 분이신지에 대해 의심의 여지를 남기지 않는다. 그분은 "우리 하나님과 구주"시다.[5] 신자인 우리는 예수 그리스도를 '우리의' 하나님과 구주로 부를 특권을 가진다.

그런 다음 베드로는 인사로 옮겨간다. 초기 그리스도인들은 "은혜"[카리스(*charis*)]와 "평강"[에이레네(*eirēnē*)]을 결합함으로써, 일반적인 그리스식 인사[카이레인(*chairein*)]와 유대식 인사[샬롬(*shalom*)]를 각색한 것 같다. 은혜는 하나님이 죄인들에게 부어 주시는 과분한 복과 은총을 가리킨다. 때때로 이 단어는 하나님이 그리스도 안에서 그분의 백성을 위해 하신 모든 일을 간략하게 표현한 것으로 여겨진다. 평강은 이 단어가 등장하는 구약의 배경에 비추어 이해해야 한다. 이는 그저 전쟁을 그치는 것만이 아니라 온전함 또는 완벽함을 의미한다. 구약 예언서들은, 하나님의 종말론적 구원으로 말미암은 상태를 이 한 단어로 축약해서 표현하곤 한다(사 32:15-18: 48:18: 52:7; 53:5: 54:10). 평강은 성령의 열매이자(갈 5:22) 영에 속한 생각의 부산물이다(롬 8:6). 베드로는 우리가 복음을 통해 이미 누리고 있는 은혜와 평강의 분량에 만족하지 않기를 바란다. 그래서 그는 이 은혜와 평강이

---

4 BDAG, s.v. λαγχάνω (1).

5 Daniel B. Wallace, *Greek Grammar beyond the Basics: An Exegetical Syntax of the New Testament* (Grand Rapids, MI: Zondervan, 1996), 276-277.

우리에게 "더욱 많을지어다"라고 기도한다.

은혜와 평강은 "하나님과 우리 주 예수를 앎으로" 우리에게 더욱 많아질 것이다. "앎"으로 번역된 단어 에피그노시스(*epignōsis*)가 충분하거나 완벽한 지식을 가리키는 것일 수 있지만, 여기서는 구체적으로 회심에 뒤따르는 지식을 가리키는 것으로 보인다.[6] 베드로는 비슷한 표현으로(벧후 3:18) 이 서신을 마무리하면서, 그가 쓰는 모든 내용이 이 문맥에서 성부를 가리키는 "하나님"과 "우리 주 예수"에 관한 더 깊은 관계적 지식을 장려하는 것임을 보여준다. 아들을 알지 못하면 진정으로 아버지를 알 수 없다 (요 14:7). 언약을 맺으시는 분이자 지키시는 분인 주 예수님은 우리의 온전한 충성과 복종을 받기에 합당하시다.

1:3-4 3-7절은 헬라어로는 한 문장으로, 하나님이 신자들에게 주신 복과 그 복에 제대로 반응하는 법을 상기시킨다. 3-4절은 우리가 계속 누리는 복을 열거하는데, 이 복은 예수 그리스도를 통해 하나님을 앎으로 우리에게 더욱 많아지는 하나님의 은혜와 평강에 달려 있다. 이 복의 근원은 하나님의 "신기한 능력"이다. 우주를 창조하시고(창 1:1) 예수 그리스도를 통해 드러난(벧후 1:16) 바로 그 하나님의 능력이 또한 "생명과 경건에 속한 모든 것을 우리에게 주셨[다]." "주셨으니"[도레오마이(*dōreomai*)의 완료 시제]는 신자들이 이 선물로 말미암은 상태/상황에 있음을 알려준다. 이 선물은 생명과 경건에 속한 "모든 것"을 포함한다. 신자에게 필요한 것 중 어느 하나도 제외되지 않는다. "생명"은 영원한 생명 또는 영적 생명을 가리키는데, 예수 그리스도를 아는 모든 사람은 새 하늘과 새 땅에서(벧후 3:13) 누릴 그 완전한 모습을 고대하며 지금(요 17:3) 그 생명을 누리고 있다. "경건"은 생각, 감정, 태도, 말, 행동으로 표현되는 삶이 하나님을 향해 있는 것이다. 경건은 신자의 삶의 특징이어야 하는데(벧후 3:11), 바울의 목회서신에서도 두

---

6 Schreiner, *1, 2 Peter, Jude*, 288.

드러지는 주제다.[7] 경건은, "네 마음을 다하고 목숨을 다하고 뜻을 다하여 주 너의 하나님을 사랑하라"(마 22:37)는 첫째이자 큰 계명을 정확히 담아낸다. 베드로의 요지는 우리가 하나님을 알고 경외하며 살아가는 데 필요한 '모든 것'을 하나님이 틀림없이 우리에게 주셨다는 것이다.

하나님은 경건을 위해 필요한 모든 것을 "우리를 부르신 이를 앎으로 말미암[아]" 그분의 백성에게 주신다. 성부는 신자들을 구원을 주는 진리에 관한 지식으로 부르신다(벧전 1:15; 2:9; 5:10). 그분의 영광과 덕은 하나님이 우리를 부르신 '지점'일 수도 있지만, 그분이 우리를 부르신 '수단'(ESV 하단 주)이라 할 수 있다. "영광"은 하나님의 완벽하심과 아름다움이 나타나는 것을 가리키며, 하나님이 행하시는 모든 일의 궁극적인 동기다(벧후 3:18). "덕"[아레테(aretē), excellence]은 더 나아가 하나님의 완벽하심을 강조한다.[8] 하나님은 예수 그리스도 안에서 그분의 영광과 덕을 드러내심으로써, 사람들이 구원을 주는 그분에 관한 지식을 얻도록 부르신다.

하나님은 그분의 영광과 덕'으로써' "그 보배롭고 지극히 큰 약속을 우리에게 주[셨다]." 이렇듯 하나님의 영광과 덕은 우리를 그분께로 부르시는 수단일 뿐 아니라(1:3) 그분이 약속을 주시는 수단(또는 심지어 원인일지도)이다. 출애굽기 33-34장이 베드로의 논리를 설명하는 데 도움이 된다. 하나님은 그분의 영광을 보여 달라는 모세의 간구(출 33:18)에 대한 응답으로, 자신의 이름을 '여호와'라고 선포하시며 모세 앞을 지나가신다. 이는 그분을 자비와 은혜와 변함없는 사랑과 죄 사함이 충만하신 동시에 악을 벌하시는 데는 충분히 공의로우신 분으로 드러낸다(출 34:6-7). 이렇듯 하나님이 여전히 공의로우시면서도 죄를 사하시는 모습에서 그분의 영광과 덕이 나타난다. 하나님이 바로 이런 분이시므로, 우리에게 약속을 주신다. 베드로는 어떤 약속을 염두에 두고 있는지를 명시하지 않는다. 그렇지만

---

7 디모데전서 2:2; 3:16; 4:7-8; 6:3-6, 11; 디모데후서 3:5; 디도서 1:1.

8 베드로는 이사야 42:8, 12(70인역)의 표현을 되풀이하는 듯하다. 거기서는 영광[독사(doxa)]과 덕(아레테)을 나타내는 두 개의 헬라어 단어가 여호와의 유일무이하심을 강조하기 위해 함께 나온다.

특별히 하나님이 그분의 백성을 죄에서 깨끗하게 하시는 일과(렘 31:31-34) 그분께 순종하며 살도록 성령으로 그들에게 능력을 부어 주심을(겔 36:26-27) 다루는 약속들, 즉 새 언약의 약속을 강조하는 듯하다. 이 약속은 "보배롭고 지극히 [크다]." 이 약속은 최고로 가치 있는 것이다.

하나님이 이 약속을 주신 목적과 결과는 "이 약속으로 말미암아 너희가…신성한 성품에 참여하는 자가 되[는]"(벧후 1:4) 것이다. "참여하는 자"는 무언가를 다른 사람과 공유하는 사람인데, 이 경우 그 무언가는 "신성한 성품"이다. 여기서 베드로는 마치 신자들이 반은 인간이고 반은 신인 새로운 종류의 혼성 피조물이 되는 듯이, 존재론적 범주에 관해 말하고 있지 않다. 오히려 그가 의미하는 바는, 하나님의 형상을 회복하는 것이다. 인간 안에 있는 하나님의 형상은 아담의 죄로 말미암아 마치 도깨비집의 거울에 비친 모습처럼 끔찍하게 왜곡되었다(롬 5:12-21). 그러나 복음 안에 담긴 하나님의 보배롭고 지극히 큰 약속으로 말미암아, 성령이 신자들을 변화시키기 시작하셔서 하나님의 형상이신(히 1:3) 예수 그리스도의 형상을 더욱 분명히 닮게 하신다(롬 8:28-30).

그 다음에 이어지는 분사절은(개역개정에는 4절 중간에 있다) 그 결론을 확증해준다. "정욕 때문에 세상에서 썩어질 것을 피하여"(벧후 1:4). "피하여"라는 동사 아포퓨고(*apopheugō*)는 신약에서 베드로후서에만 나온다(1:4; 2:18, 20). 2:18에서는 거짓 선생들을 피하는 것을 가리키는 반면, 이곳과 2:20에서는 이 타락한 세상의 부패를 피하는 것을 가리킨다. 신자는 신성한 성품에 참여하는 것과 함께 부패를 피한다. 어떤 사람이 거듭나면, 이 세상의 부패에서 단호하게 박차고 나와, 우리 안에서 손상된 하나님의 형상을 회복하기 시작하는 복음의 약속들을 통해 그리스도께로 돌아간다. 베드로후서에서 "썩어질 것"은 거짓 선생들과(2:12) 그들의 가르침에 사로잡힌 자들(2:19)의 특징이다. 죄는 하나님의 선한 창조 질서를 붕괴시키는 부식제다. 그러한 부패는 우리를 위로는 하나님을 향하고 밖으로는 다른 사람을 향하게 하는 대신, 안으로 우리 자신을 향하게 하는 "[죄악된] 정욕"에 뿌리박고 있다.

1:5-7 이제 베드로는 3-4절에 표현된 사실 때문에("그러므로") 그 이상의 행동을 보이라고 요청한다. 신자들이 하나님의 약속을 믿는 "믿음"이 지속적인 영적 성장을 위한 토대가 된다. 그들은 이 출발점으로부터 믿음에 일련의 성품 자질을 더해가야 한다. 이곳에 사용된 동사 에피코레게오(*epichorēgeō*)는 "(자기 돈을 들여) 제공하다"[9]라는 뜻이다. 거룩함이 자라가게 하려면, 우리의 시간과 자원과 에너지를 투자해야 하다. 아무 생각 없이 접근해서는 안 된다. 그리스도인들은 그들의 삶에서 이러한 자질들이 생겨나도록 "더욱 힘써[야]" 한다. 이 표현은 의지, 열정, 부지런함을 전한다. 어쩌다 보니 훨씬 더 그리스도를 닮게 되는 것이 아니다. 의지를 가지고 성령의 능력을 힘입는 노력을 해야 한다.

믿음에 더해야 하는 성품 자질들은, 일련의 집짓기 블록처럼 이전 자질에 새로운 자질들이 더해진다.[10] 따라서 신자는 믿음에 "덕"(아레테)을 더해야 한다. "덕"이라는 단어는 그리스-로마의 철학 분야에서 도덕적, 지적, 심지어 신체적 탁월함을 가리키는 용어로 널리 사용되었다.[11] 이 단어가 신약에서는 하나님의 탁월함/완벽함(벧전 2:9; 벧후 1:3)이나 그 백성이 살아가는 방식에서 반영되는 그분의 탁월함(5-7절; 빌 4:8)을 가리킨다. 우리는 예수 그리스도를 통해 하나님과 언약 관계를 맺은 이들이므로, 하나님의 덕을 선포하고(벧전 2:9) 우리의 일상생활에서 그 덕을 드러내도록 성령께서 능력을 부어 주신다.

신자들은 덕에 "지식"을 더해야 한다. 베드로는 그저 진리를 지적으로 이해하는 것보다 훨씬 높은 수준을 염두에 두고 있다. 그가 말하는 지식은 한 인격, 즉 예수 그리스도와 맺는 관계적 지식(벧후 3:18)을 가리킨다. 이에

---

9 BDAG, s.v. ἐπιχορηγέω (2).

10 베드로는 '연쇄 논법'이라는 문학적인 장치를 사용한다. 이는 집짓기 블록처럼 이전 요소 위에 각 요소를 세우는 것이다(참고. 롬 5:3-5에 나오는 다른 사례). 성경과 유대 문헌에 나오는 다른 예들과의 유용한 비교에 대해서는, Davids, *Letters of 2 Peter and Jude*, 177-178을 보라. 이 목록이 믿음에서 시작하여 사랑으로 끝이 나는 것은 의미 있어 보이지만, 각 요소들 사이에 분명한 논리적 순서는 없어 보인다.

11 *TDNT*, 1:458-460; *NIDNTT*, 3:925-926.

덧붙여 이 서신 곳곳에서 언급된, 알고 그대로 행해야 하는 진리들이 있다. 독자들은 "성경의 모든 예언은 사사로이 풀 것이 아[님]"(1:20)에 주의해야 한다. 그들은 "의의 도"(2:21)를 알고 추구해야 한다. "말세에 조롱하는 자들이 [올 것]"(3:3)을 인지해야 한다. 또 무식한 자들과 굳세지 못한 자들이 성경을 왜곡하다가 "스스로 멸망에 이[른다]"(3:16)는 사실을 인식해야 한다.

신자들은 지식에 "절제"[엥크라테이아(*enkrateia*)]를 더해야 한다. 이는 "감정이나 충동, 욕구를 자제하는 것"[12]이다. 유대교와 기독교의 저술 모두에서 이 자질은 일반적으로 어떤 행동들 특히 불법적인 성행위를 삼가는 것과 연관된다.[13] 그리스 철학(특히 스토아 학파)은 절제를 가장 중요한 미덕으로 여겼다.[14] 그러나 성경이 말하는 절제는, 우리의 힘으로 스스로를 장악하는 것이 아니라 하나님께 복종하고 성령의 다스림에 순종하는 것이다(갈 5:23-25).

그리스도인은 절제에 "인내"[휘포모네(*hypomonē*)]를 더해야 한다. 이는 "어려움에 직면해서 버티거나 견디는 능력"[15]이다. 고통의 산물인 인내는 검증된 성품을 낳는다(롬 5:3-4). 하나님은 우리에게 성경을 주셔서, 이전에 살았던 이들에게서 배움으로써 인내를 드러내게 하셨다(롬 15:4-5). 인내는 특히 요한계시록에 자주 나온다. 요한계시록에서 하나님의 백성은 하나님과 그분의 목적을 거스르는 타락한 세상 가운데 살면서 인내하라는 부르심을 받는다(계 1:9; 2:2-3, 19; 3:10; 13:10; 14:12).

또 인내에 "경건"[유세베이아(*eusebeia*)]을 더해야 한다. 이에 대해서는 베드로후서 1:3-4 주석을 보라.

신자들은 경건에 "형제 우애"를 더해야 한다. 우리는 하나님의 가족이므

---

12 BDAG, s.v. ἐγκράτεια.

13 *Testament of Issachar* 2:1; *Testament of Naphtali* 8:8; Philo, *Quod deterius potiori insidari soleat* 1.101; *De specialibus legibus* 2.195; *1 Clement* 38:2; *2 Clement* 15:1을 보라.

14 *TDNT*, 2:340-341; *NIDNTT*, 1:494.

15 BDAG, s.v. ὑπομονή (1)

로 서로 사랑해야 한다. 이러한 형제 사랑은 복음 진리에 순종하는 데서 나오는 부산물이며(벧전 1:22), 우리는 이것을 의지적으로 추구해야 한다(롬 12:10; 히 13:1). 베드로는 다른 곳에서 신자들에게 "형제를 사랑하[라]"(벧전 2:17)라고 명하고, 그러한 형제 사랑을 교회의 주요한 표지로 생각한다(벧전 3:8).

더해야 할 마지막 덕목은 "사랑"이다. 사랑이 이 목록의 마지막에 있는 것은 우연이 아니다. 베드로전서 4:8에서 사도는 "무엇보다도 뜨겁게 서로 사랑할지니 사랑은 허다한 죄를 덮느니라"(참고. 고전 13:1-13; 골 3:14)라고 쓴다. 베드로는 아마 요한복음 13:34-35에 나오는 예수님의 말씀을 염두에 두었을 것이다. "새 계명을 너희에게 주노니 서로 사랑하라 내가 너희를 사랑한 것같이 너희도 서로 사랑하라 너희가 서로 사랑하면 이로써 모든 사람이 너희가 내 제자인 줄 알리라." 성경의 사랑은 그 대상이 아름답기 때문에 솟구치는 감정이 아니라, 오히려 사랑하는 그 사람을 위해 가장 좋은 것을 추구하는 데 마음과 목숨과 뜻을 헌신하는 것이다. 우리가 다른 사람들에게 행하는 사랑에는 그리스도의 자기희생적인 사랑이 반영되어야 한다. 그분은 우리가 아버지를 알도록 목숨을 내놓으셨다. 바로 이 그리스도의 영이 신자인 우리 안에 거하셔서, 그분이 하셨듯이 하나님과 다른 사람을 사랑하도록 우리에게 힘을 주신다.

1:8 베드로는 영적 성장의 블록들을 묘사한 후에, 이제 그 영향을 묘사하는 데로 옮겨간다. 그는 독자들에게 "이런 것들이"(1:5-7의 덕목들) '여러분에게 갖추어지고, 또 넉넉해지는지'[16] 점검해 보라고 요청한다. 넉넉해지다에 해당하는 동사 플레오나조(*pleonazō*)는 은혜(롬 6:1), 사랑(살전 3:12), 믿음(살후 1:3) 같은 여러 덕목들의 성장과 연관되어 사용되곤 한다. 이곳 베드로후서 1:8에서 그 의미는 단순히 많아지는 정도가 아니라 "풍성해질 만큼"[17] 넉넉해지는 것이다.

---

16 베드로는 계속되는 행동을 묘사하기 위해 조건의 의미를 가지는 두 개의 현재 분사를 쓴다.

17 BDAG, s.v. πλεονάζω (1).

1:5-7의 덕목은 성령께서 신자들을 "게으르지"[아르고스(*argos*), ESV에는 ineffective] 않도록 계속 예방하는 수단이다. 아르고스는 보통 부정적인 어감의 단어이며, 게으른 자들을 묘사하는데 사용된다(마 20:3, 6; 딤전 5:13; 딛 1:12). 야고보는 행함이 없는 믿음을 묘사하는 데 이 단어[아르게(*argē*, "헛것"), 약 2:20]를 사용한다. '게으른' 것은 힘이나 행동이 부족한 것이다.

또한 1:5-7의 자질들은 신자들이 "열매 없는 자"가 되지 않게 해준다. 열매는 사람의 내적인 삶이 밖으로 드러나는 모습, 곧 마음의 진짜 상태가 드러나는 것에 대한 일반적인 이미지다(시 1:3; 렘 17:7-8; 마 3:8; 7:15-20; 12:33-37; 눅 6:43-45). 참 포도나무이신 그리스도와 연합한 이들은 끊임없는 열매를(요 15:1-17) 성령이 그 사람의 삶에서 맺게 하시는 대로(갈 5:22-23) 맺을 것이다.

"우리 주 예수 그리스도를 알기에"라는 어구는, 그리스도인의 삶에서 헛되지 않은 열매를 맺으려 할 때의 '기준점'을 보여준다. 베드로는 이 단락(1:3-11)의 시작 부분에서, "우리를 부르신 이를 앎"을 하나님이 신자들에게 "생명과 경건에 속한 모든 것"을 주시는 수단으로 밝혔다(1:3). 성령께서 그리스도인에게 갖게 해주시는 1:5-7의 자질들은 주 예수 그리스도를 알기에 게으르지 않고 열매 맺는 삶을 살게 해준다. 이것이 하나님이 뜻하신 목표다.

1:9 앞 절이 1:5-7의 덕목들이 존재하고 넉넉해질 때 어떤 일이 일어나는지를 설명했다면, 9절은 "이런 것이 없는 자"에게 어떤 일이 일어나는지를 언급한다. 첫 번째로, 그런 사람은 "맹인이라 멀리 보지 못[한다]." "멀리 보지 못하고"라는 단어 뮈오파조(*myōpazō*)는 자꾸 눈을 깜빡거리거나 가늘게 뜨고 보는 것을 뜻하는데, 여기서 의미가 확장되어 근시인 사람을 가리킨다.[18] 이런 사람들은 고의로 눈을 감기 때문에, 사실상 영적으로 "맹인"

---

18 BDAG, s.v. μυωπάζω를 보라. 이 질병은 눈에서 분비물이 나오는 안질환과 동일한 것인 듯하다(Green, *Jude and 2 Peter*, 198).

이 된다.[19] 이들은 1:5-7에 묘사된 자질들을 놓침으로써, 선행의 열매를 낳는 영적 통찰이 부족한 맹인이 된다. 눈이 먼 것은 성경에서 영적 이해가 부족한 모습을 나타내는 일반적인 이미지다(사 6:9; 42:18-19). 하나님은 구속이 임한다는 표지로 맹인들을 고쳐주겠다고 약속하셨다(사 29:18; 35:5). 또 이스라엘을 그분의 종으로 불러서 "이방의 빛…눈먼 자들의 눈을 밝히[는]"(사 42:6-7) 자가 되게 하셨다. 그렇지만 도리어 하나님의 백성이 스스로 눈 먼 자가 되었다(사 42:18-19). 그래서 하나님은 이스라엘이 실패한 곳에서 순종할 새 종을 일으키겠다고 약속하셨다(사 49:1-13; 61:1-2). 그렇다면 예수님이 육체적으로 눈 먼 자를 고치신 것은, 그분이 가져다주시는 구원을 받아들이도록 영적인 눈을 뜨게 하시려는 그분의 더 큰 목적이 실제로 이루어졌음을 가리키는 비유였다(마 11:2-15; 요 9:1-41). 그러나 예수님 시대 종교 지도자들은 여전히 "맹인"들이었다. 그들은 백성을 구원의 빛으로 이끄는 대신 여전히 어둠 가운데 있었다(마 23:16-26; 요 9:40-41; 롬 2:19).

두 번째로, 베드로후서 1:5-7에 묘사된 자질들이 부족한 사람은 "그의 옛 죄가 깨끗하게 된 것을 잊었[다]." 역사 내내 하나님의 백성은 하나님이 누구신지 그리고 그들을 위해 무슨 일을 하셨는지를 잊기 일쑤였다. 그래서 성경은 자주 그분이 행하신 큰일을 기억하라고 요청한다(신 5:15; 8:18; 엡 2:11-12; 딤후 2:8). "깨끗하게 된"[카타리스모스(katharismos)]은 정결이라는 개념을 떠올리게 한다. 이 개념이 구약에서는 의식적 깨끗함(레 12:1-8) 및 죄 사함(레 16:30; 렘 33:8)과 묶여 있다. 신약은 이 어휘를 예수님의 십자가 사역으로 신자들이 이미 얻은 죄 사함과(엡 5:26; 히 10:22) 우리 삶에서 죄의 존재와 오염을 제거하시는 하나님의 계속되는 사역에(딤후 2:21; 약 4:8; 요일 1:9) 적용한다.

---

19 Douglas J. Moo, *2 Peter, Jude*, NIVAC (Grand Rapids, MI: Zondervan, 1996), 48.

1:10-11 이제 베드로는 1:3-9에 기초하여 결론을 내린다.[20] 그는 독자들을 "형제들아"[아델포이(*adelphoi*)]라고 부름으로써, 그들이 하나님을 아버지로 그리고 예수님을 형제로 둔 형제자매임을 상기시킨다. 그러나 베드로는 새로운 명령을 제시하기 전에 "더욱 힘써"라고 말함으로써 5절의 명령을 근본적으로 생각나게 한다. 동사 스푸다조(*spoudazō*)는 5절에서 "힘"으로 번역된 명사 스푸데(*spoudē*)와 연관이 있다. 이 동사는 "의무를 다하는 데 특별히 성실하다"[21]라는 뜻으로, 신자들에게 여러 면에서 거룩한 삶을 추구하라고 요청하는 문맥에서 자주 나온다(갈 2:10; 엡 4:3; 히 4:11). 그리스도의 성품을 드러내는 삶을 추구하려면, 성령께서 부어주시는 끈덕짐이 필요하다. 이는 하나님의 약속이 완성되기를 기다리며 말세를 살아가는 데서 나온다(벧후 3:14).

부지런함은 "너희 부르심과 택하심을 굳게 하[는]" 데서 나타나야 한다. 베드로는 어떤 입증된 유효함을 강조하는 표현을 쓴다.[22] 법적인 맥락에서 "굳게 하[다]"는, '법적으로 판매가 유효하다는 확인, 따라서 품질 보증서'[23]를 제출하는 것을 가리킨다. 1:19에서 이 동사의 형용사 형태인 베바이오스(*bebaios*)는 예언의 말씀의 입증된 유효성을 묘사한다. 굳게 해야 할 것은 신자의 "부르심과 택하심"[24]이다. "부르심"[클레시스(*klēsis*)]과 동족 동사인 칼레오(*kaleō*)는 보통 하나님이 주권적으로 민족(롬 11:29)이나 개인(고전 1:1)을 특별한 역할이나 지위로 지명하신 것을 가리킨다. 예를 들어, 신자들을 부르신 하나님이 거룩하시므로 신자들은 거룩해야 한다(벧전 1:15-17). 그리스도인은 하나님의 덕을 선포하는 것은 물론(벧전 2:9) 고난을

---

20 베드로는 흔하지 않지만 단호한 표현인 디오 말론(*dio mallon*, "그러므로"로 번역된)을 사용하여, 이제 결론을 이야기함을 알려준다. 이는 10절에 표현된 부정적인 결과와 대조됨을 강조한다.

21 BDAG, s.v. σπουδάζω (3).

22 BDAG, s.v. βέβαιος (3), 참고. 히브리서 2:2; 3:14; 6:19; 9:17에서 이 형용사의 용법.

23 *TDNT*, 1:602.

24 헬라어에서 이 두 명사는 하나의 관사 아래 있다. 이는 이 둘이 서로 구별되지만 밀접하게 연관됨을 보여준다. 참고. Wallace, *Greek Grammar beyond the Basics*, 286-290.

받기 위해(벧전 2:21; 3:9) 어둠에서 부름 받아 빛으로 들어가게 되었다. 바울은 에베소 교인들에게 "너희가 부르심을 받은 일에 합당하게 행하여"(엡 4:1)라고 가르친다. "택하심"은 흔히 하나님이 특별한 목적을 위해 사람 또는 사물을 특별하게 선택하신 것을 가리킨다. 그래서 바울은 이방인들에게 복음을 전하도록 하나님이 "택한…그릇"이다(행 9:15). 신자들은 하나님의 택하심을 받았지만(살전 1:4), 이는 그들이 어떤 존재이거나 무언가를 행한 것에 근거하지 않는다(고전 1:27-28). 택하심은 구속사에서 하나님이 세우신 목적의 핵심적인 측면이며(롬 9:11; 11:28), 이 택하심 때문에 유대인들이 광범위하게 그리스도를 반대했음에도 예수님을 메시아로 믿는 유대인이 남아 있다(롬 11:5-7). 이 모든 것을 고려할 때 하나님은 구원하시기 위해 그분이 택하신 이들을 부르신다(롬 8:29-30).

베드로는 "너희가 이것을 행한즉 언제든지 실족하지 아니하리라"라고 말한다. 베드로가 조건적인 의미로 말한 것일 수도 있지만, 헬라어 원문은 수단을 표현하는 것으로 이해할 수도 있다. 만약 그렇다면, 베드로는 "너희가 이것을 행함으로써 언제든지 실족하지 않을 것이다"라고 말하려 한 것이다. 베드로후서 1:5-7에 언급된 자질들이 자라도록 의지를 가지고 추구하는 일은, 신자들이 절대 실족하지 않도록 보증하는 방법이다. 동사 프타이오(*ptaiō*)는 문자적으로 '발을 헛디디다'라는 의미지만, '재난을 당하다'라는 의미도 갖게 되었다.[25] 이 단어는 일반적으로 죄를 가리키는 것일 수 있지만(약 2:10; 3:2), 11절에 언급된 그리스도의 나라에 들어가는 것과 대조되는 것을 볼 때 여기서 베드로가 염두에 둔 것은 그리스도를 버리는 것이라 할 수 있다(참고. 유 24절). 신자들은 베드로후서 1:5-7의 자질들이 자라게 함으로써, 영원한 멸망을 초래하는 거짓 교훈을 받아들이지 않을 것이다.

"이같이 하면", 곧 1:5-7의 성품 자질들을 의지를 다해 추구함으로써 하나님의 부르심과 택하심을 굳게 하면, 신자들이 하나님 나라에 "들어감"

---

25 BDAG, s.v. πταίω (2).

을 "넉넉히…주[실]" 것이다. 그 나라에 들어가려면 바리새인의 의를 넘어서는 의가 필요하다(마 5:20). 그런데 예수님을 "주"로 부르는 사람이 다 그분의 나라에 들어가는 것도 아니다(마 7:21). 그 나라에 들어가려면 어린 아이같이 되어야 하는데(마 18:3), 이는 부자들에게는 특히 어려울 것이다(마 19:23-24). "주시리라"(ESV는 "will be provided")로 번역된 동사 에피코레게오(*epichorēgeō*)는 베드로후서 1:7의 "더하라"로 번역된 동사와 같은 단어이며, 베드로가 이 단락을 마무리하고 있음을 알려준다. ESV의 번역에서 수동태는 하나님이 그 나라에 들어감을 주시는 분임을 암시하며, 미래 시제는 종말에 그 나라가 완전히 실현되는 것을 경험할 것임을 의미한다. 신자들은 그리스도를 믿음으로 이미 하나님 나라에 들어갔지만(골 1:13-14), 새 하늘과 새 땅에서 그 나라가 완성될 것을 기다린다(벧후 3:13). 하나님은 이 들어감을 "넉넉히"[플루시오스(*plousiōs*)] 주실 것이다. 이 부사는 그 주심이 풍성함을 강조한다. '아슬아슬하게' 들어가는 일은 없다! 이는 "친구나 신실한 종이 고국에 도착한 것을 아낌없이 축하해 주는 후원자"나 "올림픽 경기를 마치고 고국으로 돌아와 개선 환영을 받는 승리자"로 묘사할 수 있다.[26]

또한 베드로는 그 나라를 두 가지 방식으로 표현한다. 우선, 그 나라는 "영원한" 나라다(참고. 단 7:27). 영원하다는 말은 그저 시간이 끝이 없는 기간 이상의 의미를 전한다. 이 말에는 인간 역사가 두 '시대'로 나뉜다는 유대인의 믿음이 반영되어 있다. 현재의 악한 시대는 죄와 죽음과 마귀의 권세가 지배하는 반면, 오는 시대(메시아 시대)는 새 하늘과 새 땅에서 하나님의 모든 약속이 성취될 시기다. 한 시대에서 다음 시대로의 이행을 가져올 사건이 주의 날, 곧 하나님이 적들을 심판하시고 그분의 백성을 구원하실 때다. 그러나 그리스도께서 오셨을 때 예상 밖의 일이 일어났다. 그분의 삶, 사역, 죽음, 부활, 승천을 통해, 현 시대가 계속되는 동안에 다가올 시대가 열렸다. 그래서 신자는 두 시대가 겹쳐져 있는 시기를 살고 있다. 베드

26 Davids, *Letters of 2 Peter and Jude*, 189.

로는 "나라"라는 단어에 "영원한"을 붙임으로써, 약속된 오는 시대가 이미 시작되었으나 아직 완성에 이르지 않았음을 상기시키고 있다. 다음으로, 이 나라는 "우리 주 곧 구주 예수 그리스도의" 나라다. 이에 대해서는 베드로후서 1:1-2 주석을 보라.

1:12 12-15절은 3-11절에 담긴 진리와 그 중요성에 대한 논리적 결론이다. 하나님이 복음을 통해 신자들에게 끝까지 인내하며 하나님 나라에 들어가는 수단으로 생명과 경건에 필요한 모든 것을 주셨으므로, 베드로는 "내가 항상 너희에게 [이 자질들을] 생각나게 하려 하노라"라고 말한다. 이 편지는 베드로가 죽고나서 오랜 후에도 그의 사도적 메시지를 들을 수 있게 할 것이다.[27] 이것이 꼭 필요한 까닭은, 타락한 피조물인 우리는 하나님이 누구신지와 그분이 우리를 위해 어떤 일을 하셨는지를 잊어버리는 경향이 있기 때문이다(1:9).

베드로는 1:3-11에서 상기시킨 내용을 독자들이 이미 알고 있음을 의심하지 않는다. 그는 "너희가 이것을 알고 이미 있는 진리에 서 있으나"라고 말한다. "서 있[다]"[스테리조(stērizō)]는 완료시제로 독자들의 상태를 강조한다. 서 있는 것은 쓰러지지 않으며 상황을 이겨낼 수 있도록 견고한 토대를 갖고 있는 것이다(살전 3:13; 살후 2:17; 3:3). 신자들은 "이미 있는 진리", 베드로후서 1:3-11에서 분명히 표현된 복음 진리에 서 있다.

1:13 1:3-11의 진리를 독자들에게 상기시키는 의도를 말했기 때문에, 이제 베드로는 그렇게 하는 이유를 설명한다. 그는 "내가…너희를 일깨워 생각나게 함이 옳은 줄로 여기노니"라고 쓴다. "여기[다]"("think")로 번역된 동사 헤게오마이(hēgeomai)는 심사숙고하여 사려 깊게 검토한 뒤 내린 결정이라는 의미를 전한다. 베드로는 이와 똑같은 동사(ESV에 "count"로 번역된)를

---

27 베드로후서가 베드로의 마지막 권고의 말을 담은 '유언'이라는 논제에 대해서는 서론의 '장르와 문학적 구조'를 보라.

이 뒤에 나오는 서신의 핵심 부분에서 사용한다. 거짓 선생들은 "낮에 즐기고 노는 것을 기쁘게 여기는"(2:13) 반면, 베드로는 신자들에게 "우리 주의 오래 참으심이 구원이 될 줄로 여기라"(3:15)라고 명령한다. "일깨워"[디에게이로(diegeirō)]는, 갈릴리 바다에서 폭풍이 일었을 때 제자들이 예수님을 깨웠던 것처럼 누군가를 깨우는 것이다(막 4:39). 또한 이 동사는 전쟁에 직면했을 때나(마카베오2서 15:10) 순교하는 상황에(마카베오2서 7:21) 필요한 용기처럼, 누군가에게 어떤 사고방식이나 행동을 불러일으키는 것을 의미할수도 있다. 베드로는 잔잔한 물에 들어가는 프로펠러처럼, 독자들이 하나님의 복음 약속을 통해 의지적으로 경건에서 성장을 추구하도록 일깨우려한다. 베드로의 '프로펠러'는 "생각나게 함"("reminder")인데, 이에 해당하는단어 휘폼네시스(hypomenēsis)는 1:12에 사용된 동사("remind")의 명사 형태다. 그가 생각나게 하려는 것은 이 서신 전체이기도 하다(3:1).

　　베드로는 "이 장막에 있을 동안에" 계속 신자들로 하여금 생각하게하려고 한다. ESV 난외주가 보여주듯이, 문자적으로 번역된 '장막'[스케노마(skēnōma)]은 몸을 가리킨다. 인간의 몸을 장막으로 묘사할 때는 대개 그것이 영구하지 않음을 강조한다(욥 4:21; 사 38:12; 고후 5:1-5). 베드로는 죽을때까지 독자들에게 이 서신에 나오는 진리를 상기시킬 작정이다.

1:14 베드로가 독자들에게 복음의 약속을 상기시키기로 다짐한 이유는, "장막을 벗어날 것이 임박한 줄을" 알기 때문이다. "벗어날"로 번역된 단어 아포테시스(apothesis)는 옷을 벗는 것을 묘사하며, 죽음에 대한 은유로 사용되곤 한다.[28] 이 단어가 성경의 다른 곳에서는 베드로전서 3:21에만 나오며, 세례에 대해 말하는 가운데 더러움을 제거하는 것을 가리킨다. 앞 절에서처럼 베드로는 그의 몸을 "장막"으로 언급하며 그 일시성을 강조한다. 그의 삶은 그 목적에 맞게 살았으므로, 걷어야 할 때가 "임박한" 장막 같다.

---

28 Richard Bauckham, *Jude, 2 Peter*, WBC (Waco, TX: Word, 1983), 199.

"임박한"이라는 단어는, 구체적인 시간이 명시되지 않은 채 무언가가 금방이라도 닥칠 것 같음을 가리킨다.

베드로의 임박한 죽음은 "우리 주 예수 그리스도께서 내게 지시하신 것같이" 일어날 것이다. 아마도 그는 요한복음 21:18-19에 기록된 예수님의 예언을 가리키는 듯 하다. 베드로는 예수님을 따른다면 결국 그의 목숨을 희생해야 함을 알고 있었고, 드디어 그의 죽음이 임박했음을 깨닫는다.[29]

1:15 베드로는 지금 복음에 근거한 경건의 성장이 어떤 모습인지를 독자들에게 상기시키고자 애쓰고 있음을 언급한 이후(1:12-13), 이제 앞으로도 그것을 떠올리게 하겠다는 그의 의도를 표현한다. 실제로 그는 "힘써" 그 일을 할 것이다. 여기서 그는 부르심과 택하심을 굳게 하는 일에 힘쓰는 것을 묘사하기 위해, 1:10에서 쓴 것과 동일한 동사인 스푸다조를 사용한다. 독자들은 베드로가 설명하듯이 그가 "떠난[엑소도스(*exodos*)] 후에라도" 이 서신을 읽으면서 "어느 때나 이런 것을 생각[할 수]" 있을 것이다. 베드로는 그의 임박한 죽음을 탈출(exodus)로 언급함으로써 1:16-18에 나오는 변모 사건을 암시한다.[30]

≋≋≋≋ **응답** ≋≋≋≋

하나님이 생명과 경건을 위해 필요한 모든 것을 주셨으므로, 우리는 다른 데서 성공적인 그리스도인의 삶을 위한 '열쇠'를 찾으려 할 필요가 없다. 하나님을 알고 그분을 기쁘시게 하며 사는 데는 그분의 말씀, 그분의 영, 그분의 백성으로 충분하다. 하나님의 영광과 덕은 구원을 주시는 예수 그

---

29 서론의 '저작 연대와 배경'을 보라.

30 누가복음의 변모 기사는, 예수님의 죽음을 약속된 새 출애굽(exodus)의 성취로 묘사하기 위해 이 명사(*exodos*)를 사용한다(눅 9:31).

리스도를 아는 데로 우리를 부르시는 수단이다. 그러므로 그것들이 우리의 설교와 가르침과 전도에서 그리고 궁극적으로 우리 삶의 모든 측면에서 중심이 되어야 한다. 하나님은 우리를 "어두운 데서 불러내어 그의 기이한 빛에 들어가게 하신 이의 아름다운 덕을 선포하게"(벧전 2:9) 하려고 부르신다. 우리가 그렇게 할 때 사람들은 "예수 그리스도의 얼굴에 있는 하나님의 영광을 아는 빛"(고후 4:6)을 볼 것이다.

하지만 영적으로 성장하려면 우리 편에서도 의지를 다해 노력해야 한다. 우리는 그리스도를 아는 면에서 자라가도록 하나님이 수단들로 주신 그분의 말씀, 그분의 영, 그분의 백성을 "힘써" 활용해야 한다. 우리는 하나님의 성품을 반영하는 자질들에서 자라가며 인내함으로써, 하나님이 우리를 부르시고 택하셔서 그리스도의 영원한 나라에 들어가게 하셨음을 깊게 확신할 수 있다.

우리가 의지적으로 영적 성장을 추구할 때에는 복음 진리를 계속 상기해야 하다. 이스라엘 백성은 하나님이 어떤 분이시며 그들을 위해 무슨일을 하셨는지를 쉽게 잊어버렸다. 마찬가지로 신자인 우리도 하나님이어떤 분이시며 그리스도 안에서 우리를 위해 무엇을 하셨는지를 보지 못하는 경향이 있다. 사도들은 교회가 오래도록 건강하고 성장하는 것이, 믿을 만한 기록물에 어느 정도 의존하고 있음을 깨달았다. 이 기록물에는 예수님의 행적과 말씀뿐만 아니라(그 의미와 중요성과 함께) 그분을 따르는 것이어떤 모습인지에 대한 실제적인 가르침이 포함된다. 사도들은 이 기록된문서들을 통해, 복음 진리를 그리고 어떻게 성령의 능력으로 하나님을 기쁘시게 하는 삶을 살 수 있는지를 신자들에게 상기시킬 수 있었다. 따라서사도들은 오래 전에 죽었으나 아벨처럼 여전히 말하고 있다(참고. 히 11:4).

¹⁶ 우리 주 예수 그리스도의 능력과 강림하심을 너희에게 알게 한 것이 교묘히 만든 이야기를 따른 것이 아니요 우리는 그의 크신 위엄을 친히 본 자라 ¹⁷ 지극히 큰 영광 중에서 이러한 소리가 그에게 나기를 이는 내 사랑하는 아들이요 내 기뻐하는 자라 하실 때에 그가 하나님 아버지께 존귀와 영광을 받으셨느니라 ¹⁸ 이 소리는 우리가 그와 함께 거룩한 산에 있을 때에 하늘로부터 난 것을 들은 것이라 ¹⁹ 또 우리에게는 더 확실한 예언이 있어 어두운 데를 비추는 등불과 같으니 날이 새어 샛별이 너희 마음에 떠오르기까지 너희가 이것을 주의하는 것이 옳으니라 ²⁰ 먼저 알 것은 성경의 모든 예언은 사사로이 풀 것이 아니니 ²¹ 예언은 언제든지 사람의 뜻으로 낸 것이 아니요 오직 성령의 감동하심을 받은 사람들이 하나님께 받아 말한 것임이라

¹⁶ For we did not follow cleverly devised myths when we made known to you the power and coming of our Lord Jesus Christ, but we were eyewitnesses of his majesty. ¹⁷ For when he received honor and glory from God the Father, and the voice was borne to him by the Majestic Glory, "This is my beloved Son,¹ with whom I am well pleased," ¹⁸ we

ourselves heard this very voice borne from heaven, for we were with him on the holy mountain. [19] And we have the prophetic word more fully confirmed, to which you will do well to pay attention as to a lamp shining in a dark place, until the day dawns and the morning star rises in your hearts, [20] knowing this first of all, that no prophecy of Scripture comes from someone's own interpretation. [21] For no prophecy was ever produced by the will of man, but men spoke from God as they were carried along by the Holy Spirit.

[1]Or *my Son, my* (or *the*) *Beloved*

≋≋≋≋ 단락 개관 ≋≋≋≋

베드로후서의 본론 부분은 서로 관련되는 세 가지 주제를 다룬다. 베드로는 본론을 시작하면서 독자들에게 복음의 토대를 상기시킨다. 복음은 목격자인 사도들의 증언과 구약성경에 뿌리를 두고 있다(1:16-21). 그러나 불행히도 거짓 선생들이 교회에 잠입하여 탐욕스럽고 성적으로 부도덕한 생활방식을 통해 그리스도를 부인했다. 그러나 그들에 대한 심판은 확실하다(2:1-22). 이 거짓 선생들이 그리스도의 재림을 부인한다 해도 신자들은 하나님이 약속을 이루실 것을 확신할 수 있다. 그동안 그리스도인은 거룩하고 경건한 삶을 추구해야 한다(3:1-13).

≋≋≋≋ **단락 개요** ≋≋≋≋

> Ⅱ. 서신의 본문(1:16 - 3:13)
>   A. 복음의 토대(1:16 - 21)
>   1. 그리스도의 변모에 대한 증인(1:16 - 18)
>   2. 구약의 예언을 확증(1:19 - 21)

≋≋≋≋ **주석** ≋≋≋≋

베드로후서 본론의 첫 단락은 독자들에게 복음의 토대를 상기시킨다. 구약이 법정에서 진실을 입증하는 데 적어도 두 명의 증인을 요구했던 것처럼(신 19:15), 베드로는 두 증인의 증언으로 복음 진리를 확증한다. 바로 목격자인 사도들의 증언(벧후 1:16-18)과 구약성경의 증언이다(1:19-21).

1:16 16절의 주안점은 간단하다. "우리 주 예수 그리스도의 능력과 강림하심을 너희에게 알게" 하는 것이다. 베드로가 말하는 "우리"는 사도들이다. 사도들은 "우리 주 예수 그리스도의 능력과 강림하심을" 설교했다. "능력[뒤나미스(*dynamis*)]과 강림하심[파루시아(*parousia*)]"이라는 표현은, '강력한 강림하심'(참고. 마 24:30; 막 14:62; 살후 2:9)이라는 의미일 것이다.[31] 파루시아가 일반적으로 단순히 '임재'나 '도래'를 의미할 수도 있지만, 고대에는 신의 도래나 고위 관료의 방문을 가리키기도 했다.[32] 신약에서 이 단어는 주

---

31 Schreiner, *1, 2 Peter, Jude*, 312.

32 BDAG, s.v. παρουσία (2.b).

로 그리스도의 재림과 연관되어 사용된다(마 24:3; 고전 15:23; 살전 2:19; 벧후 3:4, 12).

그리스도의 강력한 오심을 목격한 사도들은 "교묘히 만든 이야기를 따른 것이 아니[었다]." 여기서 '따르다'[엑사콜루테오(exakoloutheô)]는 "생각이나 행동에 대해 권위를 가지고 결정을 내리는 자로 받아들이다"라는 의미다.[33] 베드로는 거짓 선생들에 대한 그의 논의를 미리 제시한다. 그들은 발람의 실수를 따랐고(2:15), 다른 사람들도 그들의 호색을 따르도록 유혹하였다(2:2). 아마도 거짓 선생들은 사도들이 그리스도의 재림과 하나님의 심판을 가르쳤을 때 신화를 따랐다고 주장했던 것 같다. 그리스-로마 시대의 종교는 "교묘히 만든 이야기"에 뿌리박고 있어서, 신자들마저도 그것들의 위험에 대한 경고를 받아야 했다(딤전 1:4; 4:7; 딤후 4:4; 딛 1:14). 베드로는 이 거짓 믿음을 "교묘히 만든"이라고 부름으로써 그것을 지어낸 이들의 교묘함을 강조한다.

그러나 사도들은 "우리는 그의 크신 위엄을 친히 본 자라"는 단순한 사실에 근거하여 설교하였다. 이곳은 신약에서 "친히 본 자"로 번역된 명사 에포프테스(epoptēs)가 유일하게 나오는 곳이지만, 그 개념은 성경에서 자주 등장한다. 사도들은 사도행전에서 거듭 증인들로 묘사된다(행 1:8; 22; 2:32; 3:15; 5:32; 10:39, 41; 13:31; 22:15; 26:16). 그리스 문헌에서 "위엄"[메갈레이오테스(megaleiotēs)]는 흔히 왕을 가리키지만, 신약에서는 대개 하나님을 가리킨다(눅 9:43). 사도들은 여러 방식으로 하나님의 위엄을 목격했는데, 베드로는 특별히 변모 사건을 염두에 두고 있다.

1:17 베드로는 변모 사건을 그리스도의 위엄에 대한 실례로 제시한다. 그의 간단한 요약은 독자들이 그 이야기를 알고 있음을 암시한다. 베드로는 "그가 하나님 아버지께 존귀와 영광을 받으셨느니라"라는 어구로 그

---

33 BDAG, s.v. ἐξακολουθέω (1).

사건을 소개한다. 유사한 표현이 시편 29:1에 있지만, 그는 시편 8:5을 되풀이하는 듯하다. 이 구절에서 다윗은 하나님이 인간에게 "영화와 존귀로" 관을 씌우셨다고 말한다. 동일한 시편이 신약의 다른 몇몇 구절에서 예수님께 적용된다(고전 15:27; 엡 1:22; 빌 3:20-21; 히 2:6). 아담이 실패한 곳에서 순종하신 예수님은 창조 세계의 합당한 왕으로 존귀와 영광을 펼쳐 보이신다. 그래서 천군이 하나님 아버지와(계 4:11) 죽임을 당하신 어린양에게 존귀와 영광을 돌린다(계 5:12).

"지극히 큰 영광 중에서 이러한 소리가 그에게 [날]" 때 성부 하나님이 그 존귀와 영광을 나타내셨다. "지극히 큰"으로 번역된 메갈로프레페스(*megaloprepēs*)는 드물게 나오는 형용사이며, 시편 8편을 계속 연상케 한다. 시편 8편의 70인역은 2절(개역개정은 1절)의 "주의 영광[메갈로프레페이아(*megaloprepeia*)]이 하늘을 덮었나이다"에서 어원이 같은 명사를 사용했다. 아버지의 음성은 예수님을 "내 사랑하는 아들이요 내 기뻐하는 자라"라고 확인해 주신다. 여기서 적어도 구약의 세 본문이 고려된다. "내 아들"이라는 호칭은 시편 2:7에서 나왔다. 거기서 하나님은 기름부음 받은 왕에게 "너는 내 아들이라 오늘 내가 너를 낳았도다"라고 말씀하신다. 아담과 이스라엘은 모두 그들에게 주어진 부르심을 완수하지 못한 하나님의 아들들이었다. 반면에 하나님은 다윗에게 영원한 나라와 함께 하나님의 아들이 될 후손을 약속하셨다(삼하 7장; 시 2:1-12). 그런데 베드로는 예수님을 "내 사랑하는" 아들이라고 언급하심으로써 창세기 22장도 암시하는 듯하다. 거기서 하나님은 아브라함에게 "네 아들 네 사랑하는 독자"를 희생 제물로 바치라고 요구하신다(70인역 창 22:2, 12, 16). 또한 "내 기뻐하는 자"인 예수님은 이사야서에 등장하는 종이다. "내가 붙드는 나의 종, 내 마음에 기뻐하는 자 곧 내가 택한 사람"(사 42:1). 그분은 새 언약 시대를 여시기 위해 그 백성의 죄로 말미암아 고난당하시고 죽은 자들 가운데서 부활하시며, 이로써 이스라엘은 실패했던 열방을 향한 구원의 빛이 되실 것이다.

합당한 왕, 사랑받는 아들, 고난받는 종은 예수님의 존귀와 영광이 나타난 세 가지 모습이다. 변모 사건은 세상의 왕으로 오신 예수님의 즉위식이 처음 이뤄진 것으로, 그분이 그 나라를 완성하시기 위해 영광 가운데 돌아오실 날을 내다보는 것이기도 하다(막 8:31-9:13).

1:18 베드로는 변모 사건을 직접 경험했음을 강조한다. "이 소리는 우리가…하늘로부터 난 것을 들은 것이라." 그는 그 사건에 대해 전해들은 이야기를 퍼뜨리고 있지 않다. 베드로는 하나님이 하늘로부터 아들의 위엄을 선포하시는 소리를 야고보와 요한과 함께 그의 귀로 들었다. 그들은 "그[예수님]와 함께 거룩한 산에 있[었다]." 모세가 시내산에서 하나님을 만났던 것처럼 이 사도들도 그 "거룩한 산"에서 예수 그리스도의 얼굴을 통해 하나님의 영광을 보았다. 베드로가 시편 2:6을 되풀이하는 것일 수도 있다. "내가 나의 왕을 내 거룩한 산 시온에 세웠다." 산은 보통 성경에서 하나님이 계시를 주시는 장소다. 아브라함(창 22:1-14), 모세(출 24:15-31:18), 엘리야(왕상 19:1-18)가 산에서 하나님을 만났다. 예수님은 산에서 주요한 몇 가지 사건을 행하기도 하셨고 경험하기도 하셨다. 곧 기도(눅 6:12), 가르침(마 5:1), 사탄의 시험(마 4:8), 변모(눅 9:28-36), 승천(행 1:10-12)이다.

1:19 첫 증인(목격자의 증언, 벧후 1:16-18)이 증언을 마무리했으므로, 이제 베드로는 두 번째 증언으로 "예언"(1:19-21)을 제시한다. 물론 이 표현은 구체적인 구절들을 염두에 둔 것일 수 있지만, 구약 전체를 가리킨다.[34] 변모 사건이 구약 소망의 여러 요소들을 (적어도 부분적으로라도) 성취했기 때문에 이 예언은 "더 확실한" 것이다. 이와 동일한 형용사가 우리 영혼의 닻(히 6:19)인 소망의 견고한 특성을 묘사해 준다. "교묘히 만든 이야기"(벧후 1:16)와는 전혀 다르게 목격자 사도들의 증언은 구약 약속들의 성취를 입증한다.

그러므로 신자들은 "어두운 데를 비추는 등불[에]…주의하는 것이 옳

---

34 Philo가 *Legum allegoriae* 3.43; *De plantatione* 1.117; *De sobrietate* 1.68 등에서 동일한 표현을 사용한 것은 베드로가 구약 전체를 염두에 두고 있음을 확증해 준다.

[다].” 주의하다[프로세코(*prosechō*)]라는 베드로의 말은, “어떤 미래의 위험이나 필요 또는 실수를 알아채어 적절하게 대응하기 위해 계속 준비 상태에 있는 것”을 뜻한다.[35] 경건에서 성장할 필요성과 거짓 가르침의 위험은 하나님의 말씀에 주의를 기울일 수밖에 없게 만든다. “어두운 데를 비추는 등불과” 같다는 비유가 요지를 분명히 한다. 하나님의 말씀은 자주 빛으로 언급되고(시 19:8; 119:105, 130), 복음은 사람들이 그리스도의 영광을 볼 수 있는 빛으로 묘사된다(고후 4:4-6). 신자들은 어두운 세상에서 살고 있으므로 하나님의 진리의 빛에 시선을 고정해야 한다.

이것이 “날이 새어 샛별이 너희 마음에 떠오르기까지” 신자들이 가져야 할 자세다. 날이 새는 것은 하나님의 종말론적 행동(사 9:2; 말 4:2; 눅 1:78-79)의 도래를 가리키거나 단순히 일반적인 위로(시 37:6; 46:5; 130:6)에 대한 비유일 수 있다. “샛별”은 문자적으로 금성을 가리키는데, 이 별은 해가 뜰 때 종종 보인다. 여기서 이 단어는 상징적으로 사용된다. 이 이미지는 민수기 24:14-19에서 가져온 것으로, 여기서 발람은 후일에 하나님이 그 백성의 적들을 물리치고 아담이 행사하지 못했던 통치를 행할 왕 같은 인물을 일으키실 것이라고(마 2:2; 계 22:16) 예언했다. 이렇듯 “샛별”을 통해 베드로후서 1:17의 해설에서 언급한 시편 8편이 되풀이된다. 그러므로 베드로는 독자들에게, 하나님의 모든 대적을 물리치시고 아담이 실패했던 곳에서 순종하신 분으로서 마땅히 그분의 것인 온전한 통치권을 행사하실 그리스도의 재림에만 소망을 두라고 지적한다. 그리스도께서 다시 오실 때 신자들은 “마음”으로 “이 계시를 받고 인지할 것이다.”[36]

1:20 .이 서신의 독자는 예언의 말씀에 주의를 기울여야 하는데, 왜냐하면 그들이 “먼저…성경의 모든 예언은 사사로이 풀 것이 아[님]”을 알기

---

35 J. P. Louw and Eugene Nida, *Greek-English Lexicon of the New Testament: Based on Semantic Domains* (New York: United Bible Societies, 1989), s.v. προσέχω (§27.59).

36 Bauckham, *Jude, 2 Peter*, 226.

때문이다. "먼저"[프로톤(prōton)]라는 표현은 베드로가 더 많은 이유를 제시할 수 있는데도 가장 중요한 이 이유에 초점을 맞추기를 원함을 시사한다.[37] "성경의…예언"이라는 표현은 성경 전체에 나타난 구체적인 예언 말씀이나 약속으로, 아마도 1:17-19을 암시하는 구약 본문으로 초점을 좁히는 것으로 여겨진다.

헬라어 본문에서 "사사로이 풀 것"으로 번역된 표현은, 해석자가 아무리 원해도 예언을 해석할 수 없다는 뜻이거나,[38] 예언이 예언자의 해석에서 비롯되지 않는다는 뜻일 수 있다. 문맥상으로는 둘 다 의미가 통하지만, 후자가 더 적절해 보인다.[39] 유대 문헌에 나오는 유사한 표현은, 그러한 표현이 구약 예언의 신적 기원을 변호하는 데 사용되었음을 시사한다.[40] 따라서 베드로는 "예언자들이 환상을 받았을 수 있지만, 구약에 나오는 그들의 예언은 그 환상에 대한 그들의 해석이자 인간의 추측일 뿐이다"라는 반대자의 주장을 반박하고 있다.[41]

1:21 더 나아가 베드로는 "예언은 언제든지 사람의 뜻으로 낸 것이 아니요"라고 말함으로써 예언이 신적 기원을 가진다는 그의 주장을 설명한다. "낸"으로 번역된 동사 페로(pherō)는 "어떤 생각이나 개념을 유포되도록 내어놓다"[42]라는 의미를 가진다. 1:17-18에서 그 동사는 "하늘로부터 난" 하나님의 소리를 묘사하는 데 사용되었다. 참된 성경의 예언은 "사람의 뜻"으로 만들어진 것이 아니다. 그것은 예언자들을 통해 전해진, 하나님에게

---

37 BDAG, s.v. πρῶτος (2.b).

38 Schreiner, 1, 2 Peter, Jude, 322-323.

39 논증에 대해서는 Bauckham, Jude, 2 Peter, 229-233; Davids, Letters of 2 Peter and Jude, 210-213을 보라.

40 Philo, De vita Mosis 1.281, 286; Legum allegoriae 1.65; 4.49; Josephus, Antiquities 4.121.《유대고대사》 (생명의말씀사)을 보라.

41 Bauckham, Jude, 2 Peter, 231.

42 BDAG, s.v. φέρω (7).

서 인간에게 온 말씀이다. 우리의 영적 출생처럼(요 1:13) 예언도 하나님의 뜻으로 말미암는다.

베드로는 더 나아가 "오직 성령의 감동하심을 받은 사람들이 하나님께 받아 말한 것임이라"[43]라고 자세히 설명한다. 예언자들이 말을 할 때, 그들은 "하나님께 받아" 말하였다. 그분은 예언자를 부르시면서, 여호와께서 그에게 하는 말을 하라고 명령하셨다(렘 1:7-10, 17; 겔 2:7). 이에 반해 거짓 예언자들은 하나님의 보냄을 받지 않고 그저 "자기 마음의 거짓"(렘 14:14)을 말한다. 하나님의 일은 예언자를 위임하는 데 그치지 않고, 그들이 "성령의 감동하심을 받[을]" 때도 계속되었다.[44] 베드로는 첫 어절에서 "낸"(페로)으로 번역된 동사의 분사 형태를 사용하는데, 여기서 그 분사는 "어떤 방향이나 행동 과정을 따르게 하다"[45]라는 조금 다른 의미를 지닌다. 요세푸스(*Antiquities* 4.119)와 필로(*De specialibus legibus* 1.65) 둘 다 유사한 표현을 사용하여, 예언자가 하나님의 말씀을 전하기 위해 하나님께 감동을 받는 것을 묘사한다. 베드로는 베드로전서 1:11에서 그리스도의 고난과 영광을 예언하도록 "그리스도의 영"이 예언자들 안에서 일하시는 것을 언급한다. 바로 이 성령이 지금 복음 선포를 통해 말씀하신다(벧전 1:12, 23-25).

≋≋≋≋ 응답 ≋≋≋≋

베드로와 사도들이 그리스도의 위엄을 육안으로 보았다는 점은 매우 특별하지만, 오늘날 신자인 우리도 하나님의 말씀을 통해 그분의 위엄을 볼 수

---

43 예언적 영감에 대해 유사한 표현은 헬레니즘 유대교에서 흔한 것이었다. 참고. Bauckham, *Jude, 2 Peter*, 233-234.

44 헬라어에서 "성령의"라는 어구는 이 어절의 서두에 나온다. 이는 예언의 신적 속성을 더 강조하는 것일 수 있다.

45 BDAG, s.v. φέρω (3.b). 이와 동일한 표현이 낙엽(욥 13:25, 70인역), 겨(지혜서 5:14), 검불(렘 13:24) 등이 바람에 날리는 데 사용되었다.

있다. 우리는 바로 복음을 통해서 "예수 그리스도의 얼굴에 있는 하나님의 영광을 아는 빛"(고후 4:6)을 본다. 우리는 그 영광을 볼 때 성령의 사역에 의해 "그와 같은 형상으로 변화"한다(고후 3:18). 그리고 신약에 기록된 사도들의 증언을 통해 변화산에서 말씀하셨던 바로 그 하나님의 음성을 듣는다.

또한 베드로후서의 이 절들은 우리가 성경을 이해하는 토대가 된다. 하나님은 그분의 영을 통해 사람들에게 그분의 말씀을 기록하도록 영감을 주셨다. 그리고 그들은 자신들의 독특한 개성과 말하고 쓰는 방식으로 그 일을 수행했다. 우리로 하여금 그분이 누구신지 그리고 어떻게 그분 및 다른 사람들과 관계 맺어야 하는지를 알 수 있도록 말씀을 통해 자신을 계시하시는 하나님의 은혜가 얼마나 놀라운가!

¹ 그러나 백성 가운데 또한 거짓 선지자들이 일어났었나니 이와 같이 너희 중에도 거짓 선생들이 있으리라 그들은 멸망하게 할 이단을 가만히 끌어들여 자기들을 사신 ¹⁾주를 부인하고 임박한 멸망을 스스로 취하는 자들이라 ² 여럿이 그들의 호색하는 것을 따르리니 이로 말미암아 진리의 도가 비방을 받을 것이요 ³ 그들이 탐심으로써 지어낸 말을 가지고 너희로 이득을 삼으니

¹ But false prophets also arose among the people, just as there will be false teachers among you, who will secretly bring in destructive heresies, even denying the Master who bought them, bringing upon themselves swift destruction. ² And many will follow their sensuality, and because of them the way of truth will be blasphemed. ³ And in their greed they will exploit you with false words.

그들의 심판은 옛적부터 지체하지 아니하며 그들의 멸망은 잠들지 아니하느니라

⁴ 하나님이 범죄한 천사들을 용서하지 아니하시고 지옥에 던져 어두

운 구덩이에 두어 심판 때까지 지키게 하셨으며 5 옛 세상을 용서하지 아니하시고 오직 의를 전파하는 노아와 그 일곱 식구를 보존하시고 경건하지 아니한 자들의 세상에 홍수를 내리셨으며 6 소돔과 고모라 성을 멸망하기로 정하여 재가 되게 하사 후세에 경건하지 아니할 자 들에게 본을 삼으셨으며 7 무법한 자들의 음란한 행실로 말미암아 고 통 당하는 의로운 롯을 건지셨으니 8 (이는 이 의인이 그들 중에 거하 여 날마다 저 불법한 행실을 보고 들음으로 그 의로운 심령이 상함이 라) 9 주께서 경건한 자는 시험에서 건지실 줄 아시고 불의한 자는 형 벌 아래에 두어 심판 날까지 지키시며 10 특별히 육체를 따라 더러운 정욕 가운데서 행하며 주관하는 이를 멸시하는 자들에게는 형벌할 줄 아시느니라

Their condemnation from long ago is not idle, and their destruction is not asleep.

4 For if God did not spare angels when they sinned, but cast them into hell[1] and committed them to chains[2] of gloomy darkness to be kept until the judgment; 5 if he did not spare the ancient world, but preserved Noah, a herald of righteousness, with seven others, when he brought a flood upon the world of the ungodly; 6 if by turning the cities of Sodom and Gomorrah to ashes he condemned them to extinction, making them an example of what is going to happen to the ungodly;[3] 7 and if he rescued righteous Lot, greatly distressed by the sensual conduct of the wicked 8 (for as that righteous man lived among them day after day, he was tormenting his righteous soul over their lawless deeds that he saw and heard); 9 then the Lord knows how to rescue the godly from trials,[4] and to keep the unrighteous under punishment until the day of judgment, 10 and especially those who indulge[5] in the lust of defiling passion and despise authority.

이들은 당돌하고 자긍하며 떨지 않고 영광 있는 자들을 비방하거니와 ¹¹ 더 큰 힘과 능력을 가진 천사들도 주 앞에서 그들을 거슬러 비방하는 고발을 하지 아니하느니라 ¹² 그러나 이 사람들은 본래 잡혀 죽기 위하여 난 이성 없는 짐승 같아서 그 알지 못하는 것을 비방하고 그들의 멸망 가운데서 멸망을 당하며 ¹³ 불의의 값으로 불의를 당하며 낮에 즐기고 노는 것을 기쁘게 여기는 자들이니 점과 흠이라 너희와 함께 연회할 때에 그들의 ²⁾속임수로 즐기고 놀며 ¹⁴ 음심이 가득한 눈을 가지고 범죄하기를 그치지 아니하고 굳세지 못한 영혼들을 유혹하며 탐욕에 연단된 마음을 가진 자들이니 저주의 자식이라 ¹⁵ 그들이 바른 길을 떠나 미혹되어 브올의 아들 발람의 길을 따르는도다 그는 불의의 삯을 사랑하다가 ¹⁶ 자기의 불법으로 말미암아 책망을 받되 말하지 못하는 나귀가 사람의 소리로 말하여 이 선지자의 미친 행동을 저지하였느니라

¹⁷ 이 사람들은 물 없는 샘이요 광풍에 밀려가는 안개니 그들을 위하여 캄캄한 어둠이 예비되어 있나니 ¹⁸ 그들이 허탄한 자랑의 말을 토하며 그릇되게 행하는 사람들에게서 겨우 피한 자들을 음란으로써 육체의 정욕 중에서 유혹하는도다 ¹⁹ 그들에게 자유를 준다 하여도 자신들은 멸망의 종들이니 누구든지 진 자는 이긴 자의 종이 됨이라 ²⁰ 만일 그들이 우리 주 되신 구주 예수 그리스도를 앎으로 세상의 더러움을 피한 후에 다시 그 중에 얽매이고 지면 그 나중 형편이 처음보다 더 심하리니 ²¹ 의의 도를 안 후에 받은 거룩한 명령을 저버리는 것보다 알지 못하는 것이 도리어 그들에게 나으니라 ²² 참된 속담에 이르기를 개가 그 토하였던 것에 돌아가고 돼지가 씻었다가 더러운 구덩이에 도로 누웠다 하는 말이 그들에게 응하였도다

Bold and willful, they do not tremble as they blaspheme the glorious ones, ¹¹ whereas angels, though greater in might and power, do not pronounce a blasphemous judgment against them before the Lord.

¹² But these, like irrational animals, creatures of instinct, born to be caught and destroyed, blaspheming about matters of which they are ignorant, will also be destroyed in their destruction, ¹³ suffering wrong as the wage for their wrongdoing. They count it pleasure to revel in the daytime. They are blots and blemishes, reveling in their deceptions,⁶ while they feast with you. ¹⁴ They have eyes full of adultery,⁷ insatiable for sin. They entice unsteady souls. They have hearts trained in greed. Accursed children! ¹⁵ Forsaking the right way, they have gone astray. They have followed the way of Balaam, the son of Beor, who loved gain from wrongdoing, ¹⁶ but was rebuked for his own transgression; a speechless donkey spoke with human voice and restrained the prophet's madness.

¹⁷ These are waterless springs and mists driven by a storm. For them the gloom of utter darkness has been reserved. ¹⁸ For, speaking loud boasts of folly, they entice by sensual passions of the flesh those who are barely escaping from those who live in error. ¹⁹ They promise them freedom, but they themselves are slaves⁸ of corruption. For whatever overcomes a person, to that he is enslaved. ²⁰ For if, after they have escaped the defilements of the world through the knowledge of our Lord and Savior Jesus Christ, they are again entangled in them and overcome, the last state has become worse for them than the first. ²¹ For it would have been better for them never to have known the way of righteousness than after knowing it to turn back from the holy commandment delivered to them. ²² What the true proverb says has happened to them: "The dog returns to its own vomit, and the sow, after washing herself, returns to wallow in the mire."

〰〰〰 **단락 개관** 〰〰〰

거짓 예언자들이 구속사 내내 활동하였으므로, 이 말세에 거짓 선생들이 탐심과 성적 부도덕으로 사람들을 미혹시키려고 일어나리라는 것은 놀랄 일이 아니다(벧후 2:1-3a). 그러나 구약 역사는 하나님이 정하신 경계를 넘어가는 이들을 심판하실 뿐만 아니라 경건한 자들을 시험에서 건지실 것을 아주 분명히 보여준다(2:3b-10a). 그래서 베드로는 거짓 선생들에 대해 상세하고 신랄하게 시적으로 묘사하며, 그들이 의의 도를 몰랐다면 더 나았을 것이라고 결론 내린다(2:10b – 22).

〰〰〰 **단락 개요** 〰〰〰

Ⅱ. 서신의 본문(1:16-3:13)
　　B. 거짓 선생들의 위험성(2:1- 22)
　　　　1. 거짓 선생들이 올 것이 확실함(2:1- 3a)
　　　　2. 거짓 선생들에게 임할 확실한 심판(2:3b – 10a)
　　　　3. 거짓 선생들에 대한 묘사(2:10b – 22)

2:1 베드로는 이제 본격적으로 문제를 다루기 시작한다. 그는 "백성 가운데 또한 거짓 선지자들이 일어났었나니"라고 상기시키면서, 역사적으로 유사한 사례들로 시작한다. 이스라엘 역사 내내 거짓 예언자들이 일어나 이른바 환상과 점괘와 꿈으로 백성들을 미혹했다(렘 14:13-14). 하나님은 이스라엘에게 참 예언자와 거짓 예언자를 구별하라고 지시하셨다(신 13:1-5; 18:20-22). 구약은 "우리의 교훈을 위하여 기록된"(롬 15:4) 것이므로, 신자들은 "너희 중에도 거짓 선생들이 있[을]"(벧후 2:1) 것에 놀라서는 안 된다. 예수님이 감람산에서 하신 약속은 이미 성취되기 시작했다(마 24:11). "후일"이 도래할 때 사탄은 거짓 예언자들과 거짓 선생들을 통해 하나님의 백성을 미혹하려고 수고에 힘을 더한다(딤전 4:1-5; 요일 2:18-27). 그들을 거짓 예언자가 아니라 거짓 선생으로 말하는 것으로 보아, 이 사람들이 하나님에게서 직접 계시를 받았다고 주장하지는 않았음을 알 수 있다.

베드로는 거짓 선생들의 행위를 세 가지로 묘사한다. 첫 번째로, 그들은 "멸망하게 할 이단을 가만히 끌어들[일]" 것이다. "가만히 끌어들여"로 번역된 동사 파레이사고(*pareisagō*)는 그리스 문헌에서 기존의 믿음에 새로운 교리를 들여오는 것을 묘사하는 데 사용되었다.[46] 거짓 선생들은 그들이 가르치는 것을 숨기지 않고 아마 "그들의 가르침이 일반적으로 인정받는 사도의 가르침과 다른 정도를 가렸을" 것이다.[47] 그들은 "멸망하게 할 이단"을 들여오고 있었다. 이 가르침은 구약성경과 사도적 전통에 반대되므로 복음을 왜곡하고 선생과 학생 모두를 멸망으로 이끌었다(3:1-13).

두 번째로, 거짓 선생들은 "자기들을 사신 주를 부인"했다. 예수님은 자신의 죽음을 통해 자기 백성을 사셨다(고전 6:19-20). 이 거짓 선생들은

---

46 예를 들어, Polybius, *Histories* 6.56.12; Diodorus Siculus, *Library of History*, 1.96.5. 동족 형용사 파레이사크토스(*pareisaktos*)는 갈라디아서 2:4에 나온다.

47 Moo, *2 Peter, Jude*, 92.

그리스도의 종의 모습을 보이기도 했지만(벧후 2:20-21), 실제로는 자신들의 거짓 교리와 부도덕한 생활방식으로 그분을 부인했다.[48] 그들은 자신들이 주님이라 부른다고 주장하는 분께 순종하지 않으며, 도리어 주님이 마지막 날에 "내가 너희를 도무지 알지 못하니 불법을 행하는 자들아 내게서 떠나가라"(마 7:23)라고 하시는 말씀을 들을 것이다.

세 번째로, 그들은 "임박한 멸망을 스스로 취하는 자들"이었다. 2장의 나머지 부분에서 이 멸망을 자세히 설명하겠지만 요지는 충분히 분명하다. 이 거짓 선생들은 하나님이 복음에 순종하지 않는 모든 이에게 내리실 영원한 멸망이라는 신속하고도 대재앙적인 심판을 초래하고 있었다.

2:2 베드로는 이제 거짓 선생들의 메시지를 받아들일 이들에게로 주의를 돌린다. "여럿이 그들의 호색하는 것을 따르리니." ('따르다'에 관해서는 1:16 주석을 보라.) 많은 이들이 거짓 선생들의 "호색"[아셀게이아(*aselgeia*)]을 따를 것이다. 이는 "사회적으로 용인되는 모든 경계를 위반하는 행위를 포함하여 자신을 제어하지 않는 것"을 가리킨다.[49] 신약에서 이 단어는 악덕 목록에 자주 등장하는데, 종종 성적인 의미를 내포한다(막 7:22; 롬 13:13; 고후 12:21; 갈 5:19; 벧전 4:3). "무법한 자들의 음란한 행실"(벧후 2:7)로 롯이 고통당했음을 언급한 것은, 성적인 의미를 확증해 준다.

더 나아가 베드로는 "이로 말미암아 진리의 도가 비방을 받을 것이요"라고 주장한다. 성경은 신앙생활을 흔히 "도"로 묘사한다(참고. 시 1:1-6; 잠 3:5-6; 약 1:8). "진리의 도"라는 특별한 표현은 창세기 24:48[여기서 하나님은 아브라함의 종을 이삭에게 맞는 신부가 있는 곳을 향해 "바른 길로"(70인역) 인도하신다]과

---

48 그래서 베드로는 현상학적으로 말한다. 거짓 선생들은 그리스도를 아는 듯 보이지만 사실은 그분을 알지 못했다. 참고. Thomas R. Schreiner, "'Problematic Texts' for Definite Atonement in the Pastoral and General Epistles," in *From Heaven He Came and Sought Her: Definite Atonement in Historical, Biblical, Theological, and Pastoral Perspective*, ed. David Gibson and Jonathan Gibson (Wheaton, IL: Crossway, 2013), 387-392.

49 BDAG, s.v. ἀσέλγεια.

시편 119:30[여기서 시편 기자는 "내가 성실한 길을 택하고"(70인역, 시 118:30)라고 주장한다]에 나온다. 이 어구는 참된 복음과 거짓 선생들의 메시지가 대조됨을 강조한다.

따라서 거짓 선생들의 "비방을 받[는]" 대상은 복음 자체다. 베드로는 이사야 52:5(70인역)을 되풀이하고 있는 것 같다. 여기서 예언자는 하나님의 이름이 이방인들 가운데서 모독당하는 것을 애통해한다. 바울은 로마서 2:24에서 이 구절을 인용하여, 유대인들의 죄악된 불순종으로 말미암아 동일하게 하나님의 이름이 모독을 당한다고 주장한다. 본문에서는 그 일을 초래하는 것이, 백성들로 하여금 진리의 도를 방종에 이르는 또 다른 길로 여겨 그것을 버리도록 이끄는 거짓 교사들의 죄악된 삶이다.

2:3a   거짓 선생들은 또 많은 이들로 "이득을 삼[을]" 것이다. 이득을 삼다[엠포류오마이(*emporeuomai*)]는 "누군가를 상거래에 참여시키다"[50]라는 중립적인 의미를 가지지만, 여기서는 그 단어의 부정적인 의미를 시사한다. 그들이 사람들로 이득을 삼는 이유는 "탐심" 때문이다. 이는 그들의 동기와 상태를 모두 가리킨다. 그들은 사람들을 착취하려고 "지어낸 말"을 이용한다. 거짓 선생들은 복음 진리를 고수하기보다 지어낸 말로 거짓 메시지를 선포한다(엡 5:6; 살전 2:5).

2:3b   이 거짓 선생들은 악행에 대한 벌을 피하지 못할 것이다. 베드로는 "그들의 심판은 옛적부터 지체하지 아니하며"라고 약속한다. "심판"은 영원한 지옥살이라는 하나님의 심판을 가리키며, 실제로는 신자가 아닌데도 신자라고 주장하는 이 거짓 선생들에게 내려진다. 하나님은 "옛적부터" 이 심판을 포고하셨다. 이 심판의 지연을 두고 그들에 대한 심판이 "지체" 되는 것이라고 오해해서는 안 된다. 베드로는 이 요지를 더 자세히 서술하기 위해 "그들의 멸망은 잠들지 아니하느니라"라고 덧붙인다. 자기 백성

---

50 BDAG, s.v. ἐμπορεύομαι (2). 참고. Josephus, *Antiquities* 4.134; Philo, *Legum allegoriae* 1. 204.

의 보호자이신 하나님은 "졸지도 아니하시고 주무시지도 아니하[신다]"(시 121:4). 현재의 하늘과 땅은 "경건하지 아니한 사람들의 심판과 멸망의 날까지"(벤후 3:7) 보존되므로, 거짓 선생들이 선전한 멸망하게 할 이단은 그들을 영원한 멸망으로 이끈다. 하나님이 최종 심판을 미루시는 것을 두고 어떤 이들은 조롱하며(3:1-10), 아마도 그러한 심판이 "잠들[어]" 절대 깨지 않을 것이라고 결론 내린다. 베드로는 그렇지 않으니 안심하라고 주장한다.

2:4 4-10a절은 헬라어로는 '만약/그렇다면'의 구조로 된 하나의 긴 문장인데, 몇 개의 '만약'이 두 부분의 '그렇다면'으로 이어진다. 이 복잡한 문장에서 베드로는, 거짓 선생들이 영원한 심판을 피할 수 없으리라는 주장에 대한 근거로 구약에서 세 가지 사례를 인용한다. 첫 번째 사례는 창세기 6:1-4에 나온다. 베드로는 "하나님이 범죄한 천사들을 용서하지 아니하시고"라고 말한다. 하나님은 그들을 용서하시기보다는 "지옥에 던져 어두운 구덩이에 두어 심판 때까지 지키게 하셨[다].″ 창세기 6:1-4에 따르면, 그 천사들이 지은 죄의 본질은 매력적으로 보이는 인간 여자들과 결혼하여 자식을 낳은 것이었다. 구약은 이 사건을 다시 언급하지 않으나, 영감을 받지 않은 수많은 유대 문서들이 이 사건을 언급하고 설명한다.[51] 하나님이 "범죄한 천사들을…지옥에 던져 어두운 구덩이에 두[었다]"는 베드로의 말은, 그가 에녹1서(*1 Enoch*) 6-21장에 의존하고 있음을 암시한다.[52] 이 전승에 따르면, 이 천사들은 인간 아내들에게 마술, 의술, 식물 등에 관한 각종 비밀/신비를 가르쳤으며, 이에 더해 음란 행위를 하였다. 베드로가 이 특정한 구약의 사례(유대 전승을 배경으로 이해된)를 선택한 까닭은, 이 타락

---

51 *Jubilees* 4:15-5:9; *Testament of Reuben* 5:6-7; *Testament of Naphtali* 3:5.

52 베드로가 "지옥에 던져"라고 할 때 쓴 단어 타르타로오(*tartaroō*)는 문자적으로 "타르타로스(지옥)에 포로로 잡아두다"라는 뜻이다(BDAG, s.v. ταρταρόω). 그리스 신화에 따르면, "타르타로스는 지하의 깊은 구덩이로, 불순종한 신과 반역한 인간이 보내진 곳이다"(Moo, *2 Peter, Jude*, 103).

한 천사들이 비정상적인 성적 부도덕을 자행했으며, 인간을 위하여 가르치는 일을 했는데 도리어 그것이 인간의 심판을 초래했다고 여겨졌기 때문이다. 베드로 시대의 거짓 선생들 역시 "지어낸 말"과 "육체의 정욕"으로 사람들을 착취하고 함정에 빠뜨린다(벧후 2:3, 18).

자세한 내용과는 상관없이 이 사례의 요지는 충분히 분명하다. 하나님은 자신들이 맡은 이들을 타락시킨 천사들을 용서하지 않으시고 그들에게 영원한 심판을 선언하셨다는 것이다. 하나님이 최종적인 징벌을 유예하신 것을 무관심으로 오해해서는 안 된다. 그것은 오히려 회개할 시간을 주시는 그분의 무한한 자비를 가리키는 표지다(3:8-9; 롬 2:4). 최후 심판의 날에 하나님은 모든 것을 결산하시고 해결하실 것이다.

2:5 두 번째 사례는 창세기에서 그 다음에 일어난 홍수 사건이다. 그러나 이 사례에는 앞의 사례와 달리 심판과 구원이라는 두 가지 요소가 들어 있다. 이 이중적인 초점은 2:9에 언급된 이 단락의 핵심 사항과 부합한다. 그것은 곧, 하나님이 악인을 심판하시고 경건한 자를 건지시는 법을 아신다는 것이다. 첫 번째 요소는 심판이다. 하나님이 "옛 세상을 용서하지 아니하시고…경건하지 아니한 자들에게 홍수를 내리셨[다]." 베드로는 앞 절에 나온 "용서하[다]"[페이도마이(pheidomai)]를 다시 사용하며, 창세기 6장과 마찬가지로 이 두 사례를 연결한다. 창세기 6:1-4은 "하나님의 아들들"의 죄를 설명하고, 이어지는 5-7절에서는 땅에서 죄악이 걷잡을 수 없이 만연한 것에 대해 하나님이 슬퍼하시며 홍수를 통해 세상을 "쓸어버리[기로]" 결심하셨음을 이야기한다. 홍수는, 베드로가 이 서신의 후반부에서 말하는 것을 비롯하여(벧후 3:5-7) 성경 저자들이 죄에 대한 하나님의 형벌을 묘사하는 데 그 이미지를 사용했듯이(사 28:1-2; 30:27-31; 렘 47:2-4), 하나님의 심판에 관한 전형적인 예가 되었다. "경건하지 아니한 자들"[아세베스(asebēs)]은 삶의 방향이 하나님께로 향해 있지 않은 이들을 가리킨다.

두 번째 요소는 건지심이다. "[하나님이] 오직 의를 전파하는 노아와 그 일곱 식구를 보존하시고." 노아는 하나님께 은혜를 입었기 때문에, "의인이요 당대에 완전한 자"였다(창 6:8-9). 그는 "전파하는 [자]"[케뤽스(*kēryx*)], "선포를 맡은 관리"였다.[53] 초기의 그리스도인들은 복음을 선포했던 이들에게 이 단어를 사용했다(딤전 2:7; 딤후 1:11). 노아는 "의"[디카이오쉬네(*dikaiosynē*)]를 전파했다. 베드로는 이미 앞에서 우리가 복음을 통해 하나님 앞에 선 것과 "우리 하나님과 구주 예수 그리스도의 의"(벧후 1:1)를 연결시켰고, 이 장 후반부에서는 복음을 "의의 도"(2:21)로 칭할 것이다. 베드로후서 3:13에 따르면, 새 하늘과 새 땅은 "의가 있는 곳"이 될 것이다. 베드로는 노아의 메시지와 사도들이 선포한 복음을 연결시킨다. 노아가 하나님의 의를 선포하며 악인들에게 죄를 회개하라고 외쳤듯이, 복음을 알리는 이들 역시 죄인들에게 그리스도를 믿으라고 외치는 의의 도(way)를 선포한다.

구원 받은 사람은 노아만이 아니었다. 그와 함께한 "일곱 식구들"이 있었다.[54] 노아의 아내와 세 아들 및 며느리들이 그와 함께 방주에 들어갔다(창 6:18). 그렇다면 어떤 의미에서 노아는, 베드로가 거부하는 거짓 선생들과 대조되는 신실한 복음 선생으로 그려진다. 노아는 하나님이 계시해 주신 진리를 신실하게 전하고 가족이 하나님의 심판을 피하도록 인도했다. 이것이 바로 참된 복음 교사가 해야 할 일이다. 곧, 사람들에게 하나님이 죄를 심판하심을 선포하고 그분의 의로운 분노를 피하라고 외치는 것이다.

2:6 베드로는 이제 구약의 세 번째 사례로 향하는데(2:6-8), 이전 사례처럼 여기에도 심판(6절)과 구원(7-8절)이라는 대조되는 요소들이 담겨 있다. 또다시 베드로는 심판으로 시작한다. "소돔과 고모라 성을 멸망하기로 정하여 재가 되게 하사." 소돔과 고모라의 악이 극심했기 때문에 하나님이 그들을 멸망시키셨다(창 18:1-19:29, 참고. 렘 23:14; 겔 16:44-58). 베드로는 그

---

53 BDAG, s.v. κῆρυξ (1).

54 헬라어는 문자적으로 "여덟 번째 노아"라고 되어 있다. Bauckham(*Jude, 2 Peter*, 250)은 여기에 상징주의가 있다고 제안한다. 여덟은 "옛 창조 세계 역사인 7일에 뒤이어 새 창조의 여덟 번째 날을 나타내기" 때문이다.

들의 운명을 "멸망"[카타스트로페(*katastrophē*)]이라고 묘사하는데, 이 단어는 "늘 있던 장소나 자리에 아무것도 존재하지 않음을 함의하는 완전한 멸망 상태"를 가리킨다.[55]

하나님은 이렇게 하심으로써 "후세에 경건하지 아니할 자들에게 본을 삼으셨[다]." 소돔과 고모라를 멸망시키신 하나님의 목적은 그들의 죄를 심판하시는 데 국한되지 않았다. 그분은 이 사건을 마지막 날 더 가혹한 최종 심판이 경건하지 않은 자들을 기다리고 있다는 경고로 의도하셨다. 홍수처럼 소돔과 고모라의 멸망도 성경에서 거듭 심판의 이미지로 등장하며(신 29:23; 사 13:19; 렘 49:18; 50:40; 암 4:11; 습 2:9), 그리스도의 재림 때 임할 갑작스러운 심판의 예표가 되었다(눅 17:29).[56]

2:7 베드로는 6절에서 심판을 제시한 다음 7절에서 하나님이 "의로운 롯을 건지셨으니"라고 말하며 구원으로 옮겨간다. 롯은 아브라함의 조카로(창 11:27), 소돔 땅이 아주 비옥했기 때문에 그곳 인근에 정착했다(창 13:10-13). 롯은 천사 손님을 집으로 영접했고, 그 성 사람들 때문에 난감한 상황에 부딪히자 그 손님들 대신 그들이 원하는 대로 하도록 처녀 딸을 내보내겠다고 무리에게 제안했다(창 19:1-11). 이 두 천사 손님은 롯을 안전하게 성 밖으로 이끌었다. 그러나 그의 아내는 소돔을 돌아보다 소금 기둥으로 변했다(창 19:12-22). 롯은 소알이라는 성읍에 정착했다(창 19:23-29). 성경이 롯에 대해 알려주는 바에 근거할 때 베드로가 그를 "의로운"이라 칭한 것은 놀라워 보일지 모른다. 일부 유대 저술가들은 롯을 비판했지만 (Philo, *De ebrietate* 1.164), 다른 사람들은 베드로의 평가에 동의한다. 지혜서 10:6은 "경건하지 않은 이들이 소멸될 때 [지혜가] 의로운 사람을 건졌다.

---

55 BDAG, s.v. καταστροφή (1).

56 이는 유대 문헌에서도 마찬가지다. *3 Macc.* 2:5; *Sir.* 16:8; *Testament of Levi* 14:6; *Testament of Naphtali* 3:4; *Jubilees* 16:5-6; *2 Enoch* 10:4; *Wisd. Sol.* 10:7; 참고. D. A. Carson, "Jude," in *Commentary on the New Testament Use of the Old Testament*, ed. G. K. Beale and D. A. Carson (Grand Rapids, MI: Baker Academic, 2007), 1072-1074.

그는 다섯 성읍에 내린 불을 피했다"[57]라고 말한다. 롯의 명백한 결점에도, 아브라함은 그를 의롭다고 여겼고(창 18:22-33), 롯은 그 성에서 도망갈 때 천사들에게 순종했다.

이 절 나머지 부분도 롯의 "의"를 더 설명한다. 그는 "무법한 자들의 음란한 행실로 말미암아 고통 당[했다]." "고통 당하는"으로 번역된 동사 카타포네오(*kataponeō*)는, "억압적인 방법으로 고통을 초래하다"라는 뜻이다.[58] 유대 문헌에서 이 단어는 외세의 압제로 인한 유대 백성의 곤경을 가리키곤 한다(마카베오3서 2:2, 13; Josephus, *Antiquities* 7.124; 17.252). 이 고통의 원인은 "무법한 자들의 음란한 행실"이었다. 문자적으로 이 구절은 "음란한 무법한 자들의 행동으로 말미암아"로 읽을 수 있다. "행실"[아나스트로페(*anastrophē*)]은 한 사람의 삶 전체 가리키며, 오늘날 '생활 방식'이라 부를 수 있는 것이다. 베드로는 어떤 사람이 어떻게 사는지를 묘사할 때 이 단어를 자주 사용한다. "너희가 이방인 중에서 행실[생활 방식]을 선하게 가져 너희를 악행한다고 비방하는 자들로 하여금 너희 선한 일을 보고 오시는 날에 하나님께 영광을 돌리게 하려 함이라"(벧전 2:12). 그는 독자들에게 새 하늘과 새 땅에 대한 소망에 비추어 "너희가 어떠한 사람이 되어야 마땅하냐 거룩한 행실과 경건함[을]" 깊이 생각하라고 요구한다(벧후 3:11). 베드로가 반박하고 있는 거짓 선생들처럼(2:2), 롯의 시대의 무법한 자들은 "음란"이 그 특징이었다. 이는 특히 성적 부도덕으로 드러나는(2:7), 그들의 자제력 부족을 강조한다.

2:8 베드로는 롯이 "저 불법한 행실을 보고 들음으로 그 의로운 심령이 상함이라"고 언급하며 그의 고통을 더 설명한다. "상함"으로 번역된 동사 바사니조(*basanizō*)는 복음서에서 육체적인 질병(마 8:6)이나 귀신이 예수님께 자기를 벌하지 말라고 요구하는(마 8:29; 눅 8:28) 상황에 몇 차례 나온다.

---

57 *The English Standard Version Bible with Apocrypha* (New York: Oxford University Press, 2009).

58 BDAG, s.v. καταπονέω.

유대 문헌에서는 이 단어가 악한 자들에게서 겪는 의인들의 고통(마카베오 2서 7:13)이나 악한 이들을 기다리는 형벌(마카베오2서 7:17; 지혜서 12:23)을 가리키는 경향이 있다. 이곳에서 바사니조는 미완료 시제로, "저 불법한 행실을 보고 들음으로" 인해 "그 의로운 심령"이 거듭 고뇌하는 것을 묘사한다. 롯은 "날마다" "그들 중에 거[했기]" 때문에 그 성읍의 끈질긴 악함으로 괴로움을 당했다. "거하여"로 번역된 희귀한 동사 엔카토이케오(enkatoikeō)는 "거주자로 살다"[59]라는 더 구체적인 의미를 지닌다. 롯이 "날마다" 이웃들과 교류했기 때문에 그들의 악함이 그를 계속 괴롭혔다.

2:9 '만약'으로 시작하는 긴 일련의 어절들(2:4-8)을 말한 후에, 베드로는 비로소 이어지는 '그렇다면'을 말한다. 4-8절의 진술들 다음에 두 가지가 뒤따른다. 첫 번째로, "주께서 경건한 자를 시험에서 건지실 줄 아[신다]." 베드로는 "건지셨으니"라는 동사 흐뤼오마이(rhyomai)를 사용함으로써 하나님이 롯을 건지신 것(7절)과 직접 연결시킨다. 이 건지심은 "경건한 자"[유세베스(eusebēs)], 곧 예수 그리스도를 통해 하나님과 올바른 관계를 맺음으로써 그 삶이 하나님을 향해 있는 이들을 위한 것이다(참고. 1:3, 6-7; 2:5-6). 경건한 자는 "시험에서"[페이라스모스(peirasmos)] 건짐받는다. "시험"은 "사람이 잘못된 일을 하도록 하려는 시도"[60]를 가리킨다. 예수님은 제자들에게 "우리를 시험[페이라스몬(peirasmon)]에 들게 하지 마시옵고"(마 6:13)라고 기도하라고 가르치셨다. 베드로전서 1:6-7은 독자들이 그 믿음의 진정성을 검증받기 위해 "이제 여러 가지 시험으로 말미암아 잠깐 근심[한다]"고 지적한다. 그래서 그들은 "연단하려고 오는 불 시험을 이상한 일 당하는 것같이 이상히 여기지 말[아야]"(벧전 4:12) 한다. 신자들은 거짓 선생들에게 저항하고 그들의 거짓 교리로 말미암은 부작용을 처리하는 시련을 겪을 때, 하나님이 그들을 끝까지 지켜보실 것을 확신하며 전진할 수 있다.

---

59 BDAG, s.v. ἐγκατοικέω.

60 BDAG, s.v. πειρασμός (2).

두 번째로, 주께서 어떻게 "불의한 자는 형벌 아래에 두어 심판 날까지 지키[실지]"를 아신다. 의를 전파한 노아(벤후 2:5)와 의로운 롯(7-8절)과 반대되게 거짓 선생들은 "불의한"[아디코스(*adikos*)] 이들이다. 하나님은 범죄한 천사들을 "심판 때까지 지키게 하[신]"(4절) 것처럼, 불의한 이들 역시 "형벌 아래에 두어"[클라조(*kolazō*)] 지키실 것이다. 이 희귀한 단어는 차단한다는 의미를 지닌다.[61] 그리스와 유대 문헌 모두에서 이 단어는 보통 악한 자들에 대한 하나님의 심판을 가리킨다(에스드라1서 8:24; 마카베오2서 6:14; 마카베오4서 18:5). 하나님과 예수 그리스도의 복음을 거부하는 이들은 심판 날까지 지켜진다. 요한이 말하듯이 "하나님의 진노가 그[들] 위에 머물러" 있다(요 3:36).

2:10a 베드로는 심판받기로 정해진 이들의 죄 가운데서, 두 가지 죄를 강조한다.[62] 첫 번째로, 불의한 자는 "육체의 더러운 정욕 가운데서 행하[는]"[63] 이들이다. 표현이 광범위하긴 하지만, 일차적으로는 성적인 죄에 초점을 맞추면서 하나님의 기준을 위반하는 넓은 범위의 죄악된 정욕을 아우르는 듯하다. "더러운"으로 번역된 단어 미아스모스(*miasmos*)는 대개 구체적으로 성적 함의를 지닌다(베냐민의 유언 8:2; 지혜서 14:26). 심판받을 이들은 계속해서 욕정이 가득한 더러운 정욕에 빠짐으로써, 실제로 "정욕 때문에 세상에서 썩어질 것을 피하[지]"(벤후 1:4) 못했음을 드러낸다.

두 번째로, 불의한 자는 "주관하는 이를 멸시[한다]." "주관하는 이"라는 이 특정한 단어 퀴리오테스(*kyriotēs*)가 신약의 다른 데서는 천사를 가리키기도 하지만(엡 1:21; 골 1:16), 여기서는 주 예수님의 독특한 권위를 가리킨다. 베드로는 이 드문 단어를 택하여 권위(퀴리오테스)와 주[퀴리오스(*kyrios*)]

---

61 MM, 352.

62 헬라어에서 베드로는 이 둘을 하나의 관사 아래에 둠으로써, 동일한 사람을 염두에 두고 있음을 나타낸다. 참고. *Greek Grammar beyond the Basics*, 283.

63 "행하며"라는 어구는 문자적으로 "따라가며"로, 다른 신들을 따라가는 것에 대한 구약 표현을 따른 것이다(신 4:3; 6:14). 참고. Davids, *Letters of 2 Peter and Jude*, 233.

예수 그리스도 사이에 언어유희를 만들어낸다. 거짓 선생들은 "자기들을 사신 주"(벤후 2:1)를 부인하는 이들처럼 권위를 거부할 뿐만 아니라 "멸시" 하기까지 한다. 이 동사 카타프네오(*kataphroneō*)는, 어떤 것이 가치가 거의 또는 전혀 없다고 여겨 적극적으로 경멸을 드러낸다는 의미를 지닌다.[64] 바울은 이와 동일한 단어를 사용하여, 죄를 즉시 심판하지 않으시는 하나님의 참으심을 멸시하는 이들을 묘사한다(롬 2:4).

2:10b 베드로는 그들을 가리켜 "당돌하고 자긍하며"라고 말하면서 거짓 선생들에 대한 아주 비판적인 묘사를 시작한다. 복음을 선포할 때는 대담한(당돌한) 것이 좋지만(빌 1:14), 이곳에서 그 단어는 뻔뻔하고 주제넘은 오만을 의미한다. 그들은 "자긍[한다]"[아우타데스(*authadēs*)]. 즉 하나님의 뜻에 순종하는 대신 자신의 의제를 고집스럽게 주장하고 자신의 충동을 따른다.[65] 이러한 그들은 "제 고집대로 하지[아우타데(*authadē*)] 아니하[는]"(딛 1:7) 경건한 감독과 반대된다. 더 나아가 이 거짓 선생들은 "떨지 않고 영광 있는 자들을 비방[한다]." 하나님이든 하늘의 전령들이든 신성과 대면할 때 평범한 인간은 '떠는'(마 28:4; 행 7:32) 반응을 보인다. 그러나 이 거짓 선생들은 "영광 있는 자들"을 비방할 때도 떨지 않는다. 영광 있는 자들이란, 아마도 악한 영적 존재를 가리킬 것이다.[66] 베드로는 거짓 선생들이 악한 영적 존재를 어떻게 비방했는지에 대해서는 알려주지 않는다. 아마도 그들은 "죄로 인해 그들이 그러한 악한 영적 존재들의 처분에 맡겨질 가능성을 조롱했을" 것이다.[67]

---

64 BDAG, s.v. καταφρονέω (1); MM, 334.

65 *TDNT*, 1:509.

66 이 견해가 이 절의 "영광 있는 자들"과 다음 절의 "천사들"의 대조를 가장 잘 이해하는 방안인 듯하다. 참고. Bauckham, *Jude, 2 Peter*, 261-262. 영광 있는 자들이 거짓 선생들을 비방하지 않는 선한 천사들이라는 견해에 대해서는 Davids, *Letters of 2 Peter and Jude*, 235-236을 보라.

67 Moo, *2 Peter, Jude*, 123.

2:11 당돌한 거짓 선생들과 대조적으로 "더 큰 힘과 능력을 가진 천사들도…그들을 거슬러 비방하는 고발을 하지 아니[한다]." 베드로는 사실상 다음과 같이 주장함으로써 유다서 9절에 나오는 요지를 일반화한다. "선한 천사들도 감히 악한 천사들에 대한 심판을 선언하지 않는다. 그들은 그 심판을 주님께 맡긴다."[68]천사들이 심판을 하지 않으려 하는 모습은, 사본들에 따라 "주 앞에서" 또는 "주님으로부터" 이루어진다. 전자는 하나님의 존전에서 이뤄지는 천사들의 섬김에 초점을 맞추는 반면, 후자는 주께서 심판을 드러내시는 데 천사를 쓰심을 인정한다.

2:12 베드로는 거짓 선생들에 대한 신랄한 묘사를 재개한다. "이 사람들은…멸망 가운데서 멸망을 당하며." 베드로는 '또한'(개역개정에는 번역되어 있지 않다)을 사용하여, 이 특정 거짓 선생들이 당할 멸망을 하나님이 불의한 자들을 벌하시는(벧후 2:9) 일반 원리에 연결시킨다. ESV는 헬라어 프토라(*phthora*, "멸망")와 프테이로(*phtheirō*, "멸망을 당하여") 사이의 언어유희를 잘 담아냈다. 이 단어족(word family)[69]은 70인역에 자주 나오는데, 부패한 것(창 6:11)이나 파괴적인 것(대상 20:1; 렘 13:9)을 가리킬 수 있다. 베드로가 '땅이 멸망으로 멸망당하고'[70]라고 말한 것은 우주적 심판을 묘사한 이사야 24:3을 반영한 것일 수 있다. 만약 그렇다면 베드로는 거짓 선생들의 멸망을, 창조 세계 자체에 대한 하나님의 파괴적인 심판이라는 더 큰 맥락 안에 두는 것이다(벧후 3:1-13). 헬라어로는 베드로가 뜻하는 바가 거짓 선생들이 "이성 없는 짐승"과 함께('또한') 멸망당한다는 것인지, 아니면 "영광 있는 자들"(악한 영적 존재, 참고. 2:10b 주석)과 함께 멸망당한다는 것인지가 모호하다. 어느 쪽이든 거짓 선생들의 멸망은 확실하다.

또 베드로는 거짓 선생들에 대해 네 가지 묘사를 덧붙인다. 첫 번째로,

---

68 Schreiner, *1, 2 Peter, Jude*, 348.

69 하나의 어근에서 파생되어 나온 여러 단어들을 집합 개념으로 표현한 것.(편집자주)

70 70인역, AT.

그들은 "이성 없는 짐승"과 같다. 거짓 선생들의 악함은 인간 이하의 모습으로 행동하는 수준이다. 그들은 하나님과 관계 맺을 수 없는 짐승에게 어울리게 행동함으로 인해 그들의 인간성을 가려버렸다. 두 번째로, 그들은 '본능의 노예'다(개역개정에는 번역되어 있지 않다). 성령의 지도를 받아 경건함에서 성장하고 있음을 나타내는 특질을 추구하기보다, 동물처럼 본능적인 충동에 지배당한다. 세 번째로, 그들은 "잡혀 죽기 위하여 난" 이들이다. 이 거짓 선생들은 자유로우며 그들의 악함의 결과를 피하고 있는 듯 보이지만, 실상 식용으로 잡혀서 죽는 짐승 같다. 그들이 아무리 빨리 도망갈지라도 하나님의 의로운 심판을 앞지르지 못할 것이다. 네 번째로, 거짓 선생들은 "그 알지 못하는 것을 비방하고" 있다. 그들은 틀림없이 자신들이 가르치는 바에 대한 전문가라고 말할 테지만, 베드로는 그들의 비방하는 말이 무지에 뿌리박고 있다고 주장한다. 그는 특히 "영광 있는 자들을"(2:10) 욕하는 그들의 당돌함을 염두에 두고 있을 것이다.

2:13 이 절의 서두 역시 거짓 선생들의 멸망을 설명한다. 그들은 "불의의 값으로 불의를 당[한다]." "불의를 당하며"로 번역된 동사 아디케오(*adikeō*)는 이 단락에서 의인과(2:5, 7, 8, 21) 불의한 거짓 선생들을(2:9, 13, 15) 대조하기 위해 일곱 번 사용된 동사와 같은 어족에서 나온 것으로, "불의"[아디키아(*adikia*)]라는 단어를 통해 그 의미가 강조된다. 이 어족은 또한 그 일이 가지는 법적인 성격을 강조한다. 그들은 죄에 대한 하나님의 공정한 심판을 받고 있다. 그것은 그들의 악함으로 인해 받는 "값"이다.

베드로는 그들의 운명에서 다시 그들의 부도덕으로 옮겨간다. 그들은 "낮에 즐기고 노는 것을 기쁘게 여[긴다]." "기쁘게"에 해당하는 단어 헤도네(*hēdonē*)는 신약에서 항상 죄악된 것을 가리킨다(눅 8:14; 딛 3:3; 약 4:1-3). 이 단어는 "거룩하지 않은 세속적인 세상에 속한 여러 힘들 중 하나를 가리키는데, 이 힘은 하나님과 성령의 사역을 거스르고 사람을 다시금 악의 나라로 끌어들인다."[71] 이 거짓 선생들은 "낮에 즐기고 노는" 데서 기쁨을 추구한다. 즐기고 노는[트뤼페(*tryphē*)] 것은 "방탕하고 방종한 생활 방식"[72]에 빠지는 것이다. 그들은 백주대낮에 즐기고 놀 정도로 매우 뻔뻔스럽다.

베드로는 계속해서 그들은 '점과 흠'이라고 말한다. 그리스도는 교회를 '티[스필론(*spilon*)]가 없게'(엡 5:27) 내놓으시기 위해 죽으셨으나, 이 거짓 선생들은 교회의 순결함 위에 찍힌 '점'이다. 옛 언약 아래에서 흠[모모스(*mômos*)]이 있는 사람은 희생 제사를 드릴 자격을 박탈당했으며(레 21:17-23), 그러한 동물은 희생 제물로 쓰일 수 없었다(레 22:20-25). 이와 마찬가지로 거짓 선생들은 흠이기 때문에 하나님의 백성을 이끄는 데 적합하지 못하다. 이 거짓 선생들은 사람들을 미혹하기 위해 전파하는 거짓말에서 기쁨을 찾으며 "그들의 속임수로 즐기고 놀[고]" 있다. 이들은 신자들과 "함께 연회할 때" 조차 그렇게 할 만큼 뻔뻔스럽다. 초기 교회에서 신자들은 식탁 교제를 위해 정기적으로 모였는데(행 2:42-47), 이렇게 더 많은 사람이 모이는 식사 자리에서 성찬을 거행하곤 했다(고전 11:17-34). 거짓 선생들의 놀고 즐기는 행태는 가장 거룩한 기념의 시간에까지 침범하여 주예수 그리스도를 기억하고 그분의 재림을 고대하기 위한 식사를 부도덕과 속임수를 위한 행사로 전락시켰다.

2:14 베드로는 거짓 선생들에 대해 다섯 가지 묘사를 더 한다. (1) "그들은 음심이 가득한 눈을 가지고" 있다. 다시금 베드로는 거짓 선생들의 성적 부도덕을 강조한다. 아마도 이 묘사는 예수님의 가르침을 반영하는 듯하다(마 5:27-30). 그들은 유혹하거나 이용해먹을 누군가를 계속 찾고 있다.[73] 그렇기에 그들은 (2) "범죄하기를 그치지 아니[한다]." "그치지 아니하고"로 번역된 희귀한 헬라어 단어인 아카타파우스토스(*akatapaustos*)는 죄

---

71 70인역, AT.

72 BDAG, s.v. τρυφή (1).

73 베드로는 "유명한 수사학적 표현"을 따라하고 있는 것 같다. "그 표현에 따르면, 수치를 모르는 사람은 코라스 (κόρας, '학생' 또는 언어유희로 '처녀')가 아닌 포르나스(πόρνας, '매춘부', Plutarch, *Moralia* 528E)만 보인 다"(Bauckham, *Jude, 2 Peter*, 266).

에 대한 그칠 줄 모르는 욕구를 강조하는데,[74] 이 경우에는 성적 부도덕에 만족하지 못하는 상태를 가리키는 듯하다. 어쩌면 거짓 선생들이 그들의 애찬을 그리스-로마의 연회로 바꾸려 했을 수도 있다. 그 연회에서는 음식 과 다양한 신들에게 바치는 희생 제물에 더하여 부도덕한(때로는 사실상 성적 인) 여흥이 흔하게 벌어졌다.[75]

그들은 자신들의 죄가 아직 충분히 악하지 않다는 듯이 (3) "굳세지 못한 영혼들을 유혹[한다]." 야고보서 1:14이 시험을 묘사하는 데 이와 동 일한 동사를 사용한다. 거짓 선생들은 노련한 낚시꾼처럼, 건전한 교리에 굳게 서지 못한 이들을 죄로 유인하려고 미끼를 쓴다(벧후 2:18). (4) 그들은 "탐욕에 연단된 마음을 가진" 자들이다. 거짓 선생들은 경쟁을 위해 훈련 하는 선수들처럼 탐욕을 추구하는 데 마음을 연단한다[김나조(gymnazō)]. 바 울이 신실하게 복음을 전하기 위해 경건의 훈련을 한 것과 달리(고전 9:24- 26; 딤전 4:7), 이 거짓 선생들은 부를 축적하는 데 온 힘을 집중시켰다. 마음 을 지키는 대신(잠 4:23), "너희는 하나님과 재물을 겸하여 섬길 수 없느니 라"(눅 16:13)와 "네 보물이 있는 그곳에는 네 마음도 있느니라"(마 6:21)라 는 예수님의 엄중한 경고를 무시하거나 소홀히 여긴다. 마지막으로, 그들 은 (5) "저주의 자식"이다. 그들은 순종하는 자녀가 되는 대신(벧전 1:14), 하 나님의 심판을 받는다(사 57:4; 엡 2:3).

2:15-16 거짓 선생들은 복음을 붙잡는 대신 "바른 길을 떠[났다]." 복음 에서 떠나려는 결심은 의도적이고 고의적인 것이었다. 구약에서 "바른 길" 은 하나님이 그분의 백성을 불러 믿게 하신 것을 믿고 백성들에게 살라고 하시는 대로 사는 것을 가리킨다(시 1:1-6; 사 33:15; 40:3). 이 거짓 선생들은 참된 복음의 길을 외면함으로써 "미혹되[었다]." 우리는 모두 "양과 같이

---

74 LSJ, s.v. ἀκατάπαυστος.

75 Green, *Jude and 2 Peter*, 280-282을 보라.

76 Carson, "Jude," 1076.

길을 잃었[지만]" 참된 신자는 "이제는…영혼의 목자와 감독 되신 이에게 돌아왔[다]"(벤전 2:25). 이에 반해 이 거짓 선생들은 "자기들을 사신 주를 부인하고"(벤후 2:1) 있다.

성적 부도덕과 탐욕이 결합된 모습은 거짓 선생들이 "브올의 아들 발람의 길을 따르는" 자들임을 보여준다. 민수기 22-24장은 모압 왕 발락이 이스라엘을 저주하도록 발람을 고용하려 했던 이야기를 기록한다. 발람은 처음에는 거절하지만 발락의 돈을 받고 이스라엘을 저주하기로 했다. 그러나 발람은 이스라엘을 저주하는 대신 축복하고 메시아를 예고하는 네개의 신탁을 전했다. 이스라엘을 저주하는 데 실패한 발람은 모압 족속이 성적 부도덕과 우상숭배로 이스라엘을 꾀어 여호와를 떠나게 하는 방안을 제안했다(민 31:16). 발람은 하나님의 백성 앞에 걸림돌을 놓으려 한 자들의 전형이 되었다(신 23:5-6; 수 13:22; 24:9; 느 13:2; 미 6:5; 유 11절; 계 2:14). 베드로는 "그가 불의의 삯을 사랑[했다]"고 자세히 설명하며 발람의 탐욕에 초점을 맞춘다. 유대 문헌은 발람의 핑계, 탐욕, 성적 부도덕을 강조했다.[76] 버가모 교회의 몇몇 사람은 우상에게 바친 제물과 음란 같은 걸림돌을 하나님의 백성 앞에 놓음으로써 "발람의 교훈을 지[켰다]"(계 2:14). 거짓 선생들은 발람처럼 사리사욕을 채우려고 거짓말과 성적 부도덕을 전파했다(벤후 2:3, 14).

발람은 발락을 만나러 가는 길에 "자기의 불법으로 말미암아 책망을 받[았다]." 발람의 "불법"은 이스라엘을 저주하는 대가로 기꺼이 발락의 돈을 받은 것이었다. 그 결과 "말하지 못하는 나귀가 사람의 소리로 말하여 이 선지자의 미친 행동을 저지하였[다]." 주의 사자가 발람의 나귀 앞에 서서 그 나귀가 길을 벗어나게 만들었다(민 22:22-35). 화가 난 발람이 나귀에게 채찍질을 하자 이에 대응하여 나귀가 말을 했다! 그러고 나서야 하나님은 발람의 눈을 여시고, 그의 입에 넣어주는 말만 하라고 경고하셨다. 심지어 이 "이성 없는 짐승"(참고. 벤후 2:12)이 예언자라고 불리는 자보다 더 통찰력이 있고 주님을 두려워했다! 그러나 이는 하나님이 "이 선지자의 미친 행동을 저지하[시기]" 위한 것이었다. 그 미친 행동은 발람이 실제로는 하나님을 대변하지 않는데도 그분을 대변한다고 주장하려 한 행동, 아니면 하나님이 복을 주겠다고 약속하신 이들을 저주하려 한 어리석은 행동을 가리킬 것이다(참고. 창 12:1-3).

2:17 베드로는 거짓 선생들에 대한 그의 속사포 같은 묘사를 재개한다. 그들은 "물 없는 샘이요 광풍에 밀려가는 안개"다. "샘"[페가이(*pēgai*)]은 예언자들을 통해 약속된 종말론적 구원에 관한 이미지다(사 35:7; 41:18; 49:10). 하나님은 유다의 우상숭배를 책망하실 때 "그들이 생수의 근원 되는 나를 버[렸다]"(렘 2:13)고 선언하신다. 거짓 선생들은 복음이라는 생명을 주는 물의 근원이기보다는, 물 없는 샘이다. "안개"[호미클라이(*homichlai*)]는 보통 어두움이나 숨겨진 것과 연관되는데(사 29:18; 암 4:13; 욜 2:2; 습 1:15), "광풍에 밀려가는"이라는 본문의 이미지와 들어맞는다. "광풍"에 해당하는 단어 라일랍스(*lailaps*)는 욥기 38:1(70인역)에도 동일하게 나온다. 이 구절에서는 여호와께서 폭풍우 가운데서 욥에게 나타나신다. 거짓 선생들은 복음에 뿌리박히는 대신 거짓 교훈이라는 온갖 바람에 흩날린다. 이 거짓 선생들에게는 "캄캄한 어둠이 예비 되어 있[다]." 베드로는 베드로후서 2:4의 표현을 되풀이하여 그들이 당한 영원히 절망적인 상태를 강조한다.

2:18 이 절은 거짓 선생들에게 "캄캄한 어둠이 예비되어" 있는 이유를 제시한다. "그들이…그릇되게 행하는 사람들에게서 겨우 피한 자들을… 유혹하는도다."("유혹"에 대해서는 2:14 주석을 보라.) 거짓 선생들은 아직 자신들의 책략에 무릎 꿇지 않은 이들을 유혹함으로써 임박한 위험으로 유인하려고 애쓰는 낚시꾼으로 그려진다. 신자들은 "세상에서 썩어질 것을 피[한]"(1:4) 반면, 거짓 선생들의 표적들은 그릇되게 행하는 거짓 선생들을 "겨우 피[하고]" 있다. "행하는"에 사용된 동사 아나스트레포(*anastrephō*)는 "어떤 원칙에 따라 행동하다"[77]라는 뜻이다. 이와 동일한 동사가 베드로전서 1:17에 나오는데, 그곳에서 베드로는 신자들에게 "너희가 나그네로 있을 때를 두려움으로 지내라"라고 요청한다. 그러나 거짓 선생들은 이 명령

에 순종하는 대신 "그릇되게" 살고 있다.

거짓 선생들은 두 가지 방식으로 연약한 이들을 꾄다. 첫 번째로, 그들은 "허탄한 자랑의 말을 토하며" 유혹한다. 베드로는 다니엘 11:36을 되풀이하는 듯하다. 그곳에서 예언된 왕은 "스스로 높여 모든 신보다 크다 하며 비상한 말로 신들의 신을 대적[할]" 것이다. 사탄은 이러한 거짓 선생들을 통하여 세상을 속이는 데 사용할 거짓과 속임수의 그물을 준비하고 있다. 거짓 선생들이 보이는 만용에도 불구하고 그들의 자랑은 "허탄한"[마타이오테스(*mataiotēs*)] 것일 뿐이다. 이 단어는 하나님을 떠난 삶의 헛됨을 강조한다(전 1:2).

두 번째로, 거짓 선생들은 "음란으로써 육체의 정욕 중에서" 유혹한다. 죄악된 정욕은 세상에서 부패를 낳기 위해 애쓰는 것으로 의인화되며(벧후 1:4), 거짓 선생들의 본질적인 특징이다(2:10). 베드로는 여기서 성적 욕망을 염두에 두는 듯하다. 음란[아셀게이아(*aselgeia*)]이라는 단어가 그 증거다. 거짓 선생들과(2:2) 롯의 이웃들(2:7)을 함정에 빠뜨린 호색이, 거짓 선생들이 연약한 이들을 그들의 속임수의 그물망으로 유인할 미끼가 되었다.

2:19 거짓 선생들은 연약한 이들을 유인하기 위해 "자유를 준다"고 약속한다. 베드로전서 2:16에서 사도는 독자들에게 "너희는 자유가 있으나 그 자유로 악을 가리는 데 쓰지 말고 오직 하나님의 종과 같이 하라"라고 권면했다. 이에 반해 거짓 선생들이 약속하는 자유는 마지막 심판과 도덕적 절제(벧후 2:14)로부터의 자유인 듯하다.[78] 베드로는 자유에 대한 약속을 팔러 다니는 이들이 사실은 '타락한[프토라(*phthora*)] 종'이라는 아이러니를 언급한다. 이 단어는 2:12에서 '멸망'으로 번역되었고, 이는 거짓 선생들의 운명을 나타낸다. 타락은 이 거짓 교사들을 그렇게 통제하여 소유한다.

---

77 BDAG, s.v. ἀναστρέφω (3.b).

78 Schreiner, *1, 2 Peter, Jude*, 359.

이러한 관찰은 "누구든지 진 자는 이긴 자의 종이 됨이라"라는 일반 원리를 증명한다. "이긴"이라는 동사 헷타오마이(*hēttaomai*)는 무력 정복을 묘사하는데 이사야서(70인역)와 요세푸스의 글에 사용되었다. 죄와 타락은 사람을 정복하는 힘으로 묘사된다. 그러한 사람은 "종이 [된다]"[둘로오 (*douloō*)]. 타락이 그를 완벽하게 장악한다. 이 동사들은 둘 다 완료 시제로, 이 단어가 묘사하는 사람이 처한 상태/상황을 강조한다. 죄에 종이 되는 것은 형태는 여러가지지만, 결국 그 결과는 똑같다. 바로 죽음이다(롬 6:20-23). 복음만이 그 죄의 지배에서 구해낼 수 있다(롬 6:17-18).

2:20 이제 베드로는 더 나아가 "만일"이라고 말하면서, 앞 절에서 그가 종 됨에 관해 잠언과 같이 제시한 진술을 설명한다. 기본 조건은 "만일 그들이⋯지면"이다. 그들이 지는 상황은 두 개의 분사로 표시된다. 첫 번째 분사는 시간을 제시한다. "그들이 우리 주 되신 구주 예수 그리스도를 앎으로 세상의 더러움을 피한 후에." "더러움"에 해당하는 단어 미아스마(*miasma*)는 2:10에서 "더러운"으로 번역된 단어 미아스모스(*miasmos*)와 밀접한 관련이 있다. 2:10에서 미아스모스는 하나님의 공의로운 심판 아래 있던 거짓 선생들의 욕정을 묘사한다. 이러한 피함은 "우리 주 되신 구주 예수 그리스도를 앎으로" 이루어졌다. 베드로는 1:2-11과 유사한 표현을 사용하여, 이 사람들이 어느 시점에 그리스도를 믿는다고 고백했지만 이후에 그 고백이 거짓임이 입증되었음을 나타낸다. 두 번째 분사는 그들이 진 이유를 설명한다. 그들은 세상의 더러움에 "다시⋯얽매[었다]." 세상일에 얽매이는 것을 피한 훌륭한 군인과 달리(딤후 2:4), 거짓 선생들은 그리스도를 고백하기 전에 가진 삶의 특징이었던 같은 죄에 "얽매[었다]"[엠플레코 (*emplekō*)].

그 결과 "그 나중 형편이 처음보다 더 심[해졌다]." 그리스도를 믿는다고 고백했으나 회개하지 않고 죄악된 삶으로 돌아가는 이들은 고백하기 전보다 더 나쁜 상태가 된다(히 6:4-8). 베드로는 마태복음 12:43-45에 나오는 예수님의 가르침을 되풀이하는 것 같다. 그곳에서 예수님은 귀신이 속에서 나갔으나 이후에 결국 이전보다 더 악한 귀신 일곱과 함께하게 된 사람을 묘사하신다. 그 결과는 다음과 같다. "그 사람의 나중 형편이 전보다 더욱 심하게 되느니라"(마 12:45).

2:21 베드로는 2:20의 요지를 강화한다. 그는 앞 절에서 주장한 것을 다시 말하며 시작한다. "의의 도를⋯알지 못하는 것이 도리어 그들에게 나으니라." "의의 도"라는 표현은 예수 그리스도에 대한 참된 복음과 그에 수반되는 하나님께 순종하는 삶을 가리킨다(욥 24:12-13; 마 21:32). 거짓 선생들은 이 도를 알았지만 따르지 않았다. 그들 때문에 "진리의 도가 비방을 받[았고]"(벧후 2:2), 그들은 탐욕으로 인해 대신 "발람의 길을 따[랐다]"(2:15). ("의"에 대해서는 2:5 주석을 보라.)

이 사람들은 의의 도를 "안 후에" "받은 거룩한 명령을 저버[렸다]." 예수님은 "손에 쟁기를 잡고 뒤를 돌아보는 자는 하나님의 나라에 합당하지 아니하니라"(눅 9:62)라고 경고하셨지만, 이 사람들이 한 짓이 바로 그것이었다. 아는 것으로는 충분하지 않다. "거룩한 명령"은 그리스도인의 삶을 사는 법에 관해 복음에서 흘러나오는 가르침을 다른 방식으로 말한 것이다. 베드로가 "명령"을 단수 형태로 사용한 것은, 구체적인 명령보다 기독교 가르침의 총체성을 강조하기 위함인 듯하다(참고. 벧후 3:2). 이 명령을 그들이 "받[았다]." 받았다라고 번역된 동사 파라디도미(*paradidōmi*)는 사도적 메시지가 전해졌음을 강조한다(유 3절).

베드로의 더 광범위한 신학적 요지는, 이런 사람들에 대한 하나님의 심판이 그리스도를 믿는다고 고백한 적이 전혀 없는 이들에 대한 심판보다 더 가혹하리라는 것이다. 이 말이 알지 못했다고 해서 그 죄를 봐준다는 의미는 아니다. 그러나 복음을 믿는다고 주장하면서도 예수님을 거부하며 회개하지 않는 죄의 습관으로 돌아가는 이들은 심판 날에 훨씬 좋지 못할 것이다.

2:22 베드로는 거짓 선생들이 얼마나 이성 없는 짐승을 닮았는지를 보

여주는 두 개의 속담으로 끝을 맺는다. 첫 번째 속담 "개가 그 토하였던 것에 돌아가고"는 잠언 26:11에서 가져온 것인 듯하다. "개가 그 토한 것을 도로 먹는 것같이 미련한 자는 그 미련한 것을 거듭 행하느니라." 고대 세계에 개는 반려동물이라 할 수 없었다. 오히려 개들은 쓰레기더미를 뒤지고 다녔으며 망을 보거나 경비하는 데 이용되곤 했다. 이렇듯 누군가를 개에 비유하는 것은 절대 긍정적인 의미가 아니다(삼상 17:43; 삼하 16:9; 빌 3:2).

두 번째 속담은 거짓 선생들을 돼지에 비유한다. "돼지가 씻었다가 더러운 구덩이에 도로 누웠다." 이 표현보다 앞서는 특정한 구약 구절은 없어 보이지만, 유대와 그리스-로마의 자료에 유사한 것이 있다.[79] 유대인은 돼지고기를 먹지 않으려 한 것으로 유명했는데(레 11:7; 신 14:8), 이는 많은 이교도가 이해할 수 없는 일이었다. 그러나 이교도 중에도 어떤 이들은, 씻은 후에 진흙에서 뒹구는 것을 즐기는 성향으로 잘 알려진 돼지를 더러운 동물로 여겼다. 이 거짓 선생들은 회심하기 이전의 죄악된 생활 방식으로 돌아감으로 인해 씻자마자 진흙에서 뒹구는 돼지와 비슷해졌다.

베드로가 예수님의 가르침을 되풀이하는 것일 수도 있다. 예수님은 "거룩한 것을 개에게 주지 말며 너희 진주를 돼지 앞에 던지지 말라 그들이 그것을 발로 밟고 돌이켜 너희를 찢어 상하게 할까 염려하라"(마 7:6)라고 말씀하셨다. 유대인들은 보통 이방인들을 개와 돼지로 여겼다. 베드로는 인종이 아닌 생활 방식에 근거하여 거짓 선생들에게 이 단어를 적용한다.

≋≋≋≋≋ 응답 ≋≋≋≋≋

오늘날 교회에 거짓 선생들이 있다는 것은 놀랄 일이 아니다. 예수님은 말세의 특징으로 거짓 예언자와 거짓 선생이 있을 것을 경고하셨다(마 24:9-

---

79 Bauckham, *Jude, 2 Peter*, 279-280을 보라.

12). 그들은 대개 교묘하게 자신들의 파괴적인 이단을 소개하고 하나님 말씀의 진리를 왜곡한다. 거짓 가르침에 대한 최고의 해결책은, 참된 복음에 대한 이해가 계속 깊어지는 것이다.

거짓 선생들은 종종 사람들의 죄악된 욕망과 성향에 호소함으로써 교회에서 인기를 얻는다. 신약이 말하는 거짓 선생들의 가장 흔한 특징은 탐심, 성적 부도덕, 권위 거부다. 거짓 선생들은 이러한 일탈적인 행위와 가르침에 관여함으로써 그리스도의 권위를 부정할 뿐만 아니라, 그들 자신과 그들의 길을 따르는 이들 모두에게 멸망을 가져온다. 이 때문에 장로들의 주요한 책임이 "바른 교훈으로 권면하고 거슬러 말하는 자들을 책망하[는]"(딛 1:9) 것이다.

신자들인 우리가 거짓 선생들을 맞닥뜨려도 평안할 수 있음은, "주께서 경건한 자는 시험에서 건지실 줄 아시고 불의한 자는 형벌 아래에 두어 심판 날까지 지키[실]"(벧후 2:9) 것을 알기 때문이다. 우리는 거짓 선생들이 흥하는 것을 보면 그들이 언제 자신의 행동을 책임지게 될 것인지 의문이 들기 시작할지도 모른다. 우리는 하나님께서 사람들을 미혹한 이들을 심판하시고, 시련 가운데 있는 그분의 백성을 지키시겠다고 하신 약속을 기억해야 한다.

¹ 사랑하는 자들아 내가 이제 이 둘째 편지를 너희에게 쓰노니 이 두 편지로 너희의 진실한 마음을 일깨워 생각나게 하여 ² 곧 거룩한 선지자들이 예언한 말씀과 주 되신 구주께서 너희의 사도들로 말미암아 명하신 것을 기억하게 하려 하노라 ³ 먼저 이것을 알지니 말세에 조롱하는 자들이 와서 자기의 정욕을 따라 행하며 조롱하여 ⁴ 이르되 주께서 강림하신다는 약속이 어디 있느냐 조상들이 잔 후로부터 만물이 처음 창조될 때와 같이 그냥 있다 하니 ⁵ 이는 하늘이 옛적부터 있는 것과 땅이 물에서 나와 물로 성립된 것도 하나님의 말씀으로 된 것을 그들이 일부러 잊으려 함이로다 ⁶ 이로 말미암아 그때에 세상은 물이 넘침으로 멸망하였으되 ⁷ 이제 하늘과 땅은 그 동일한 말씀으로 불사르기 위하여 보호하신바 되어 경건하지 아니한 사람들의 심판과 멸망의 날까지 보존하여 두신 것이니라

¹ This is now the second letter that I am writing to you, beloved. In both of them I am stirring up your sincere mind by way of reminder, ² that you should remember the predictions of the holy prophets and the commandment of the Lord and Savior through your apostles, ³ knowing

this first of all, that scoffers will come in the last days with scoffing, following their own sinful desires. 4 They will say, "Where is the promise of his coming? For ever since the fathers fell asleep, all things are continuing as they were from the beginning of creation." 5 For they deliberately overlook this fact, that the heavens existed long ago, and the earth was formed out of water and through water by the word of God, 6 and that by means of these the world that then existed was deluged with water and perished. 7 But by the same word the heavens and earth that now exist are stored up for fire, being kept until the day of judgment and destruction of the ungodly.

8 사랑하는 자들아 주께는 하루가 천 년 같고 천 년이 하루 같다는 이 한 가지를 잊지 말라 9 주의 약속은 어떤 이들이 더디다고 생각하는 것 같이 더딘 것이 아니라 오직 주께서는 너희를 대하여 오래 참으사 아무도 멸망하지 아니하고 다 회개하기에 이르기를 원하시느니라. 10 그러나 주의 날이 도둑같이 오리니 그날에는 하늘이 큰 소리로 떠나가고 물질이 뜨거운 불에 풀어지고 땅과 그 중에 있는 모든 일이 1)드러나리로다

8 But do not overlook this one fact, beloved, that with the Lord one day is as a thousand years, and a thousand years as one day. 9 The Lord is not slow to fulfill his promise as some count slowness, but is patient toward you,[1] not wishing that any should perish, but that all should reach repentance. 10 But the day of the Lord will come like a thief, and then the heavens will pass away with a roar, and the heavenly bodies[2] will be burned up and dissolved, and the earth and the works that are done on it will be exposed.[3]

11 이 모든 것이 이렇게 풀어지리니 너희가 어떠한 사람이 되어야 마땅하냐 거룩한 행실과 경건함으로 12 하나님의 날이 임하기를 바라보고 간절히 사모하라 그날에 하늘이 불에 타서 풀어지고 물질이 뜨거운 불에 녹아지려니와 13 우리는 그의 약속대로 의가 있는 곳인 새 하늘과 새 땅을 바라보도다

11 Since all these things are thus to be dissolved, what sort of people ought you to be in lives of holiness and godliness, 12 waiting for and hastening the coming of the day of God, because of which the heavens will be set on fire and dissolved, and the heavenly bodies will melt as they burn! 13 But according to his promise we are waiting for new heavens and a new earth in which righteousness dwells.

1) 어떤 사본에, 타지리라

1 Some manuscripts *on your account* *2* Or *elements*; also verse 12 *3*Greek *found*; some manuscripts *will be burned up*

〰〰〰 단락 개관 〰〰〰

베드로는 거짓 가르침의 내용과 신자들의 적절한 대응 방법으로 관심을 돌린다. 이 단락은 세 부분으로 나뉜다. 첫 번째 부분에서, 베드로는 거짓 메시지의 주요 교리가 그리스도의 재림을 부인하는 것임을 강조한다(벧후 3:1-7). 사도들은 그러한 거짓 선생들이 올 것이라고 예언했다(3:1-4). 거짓 선생들의 잘못은, 하나님이 말씀으로 하늘과 땅을 창조하셨을 뿐만 아니라 마지막 날에 불사르기 위해 그것들을 보존하고 계신다는 사실을 의도적으로 간과한 것에서 시작된다(3:5-7). 두 번째 부분에서(3:8-10), 베드로는 하나님이 더디신 것처럼 보이는 것은 사실 그분의 인내를 드러내는 것

이라고 주장한다. 그분이 밤에 도둑같이 오시기 전에 사람들에게 회개할 시간을 주시는 것이다. 마지막 부분에서(3:11-13), 그는 새 하늘과 새 땅의 도래를 기다리며 거룩하고 경건한 삶을 추구하라고 신자들을 권면한다.

≋≋≋≋ **단락 개요** ≋≋≋≋

Ⅱ. 서신의 본문(1:16-3:13)

C. 그리스도께서 다시 오신다는 약속(3:1-13)

1. 거짓 선생들은 그리스도의 재림을 부인한다(3:1-7)

2. 그리스도의 재림은 확실하다(3:8-10)

3. 응답: 그리스도의 재림을 고대하며 거룩함을 추구하라(3:11-13)

≋≋≋≋ **주석** ≋≋≋≋

3:1 "내가 이제 이 둘째 편지를 너희에게 쓰노니"라는 말에서 베드로가 베드로전서를 염두에 둔 것일 수 있지만 확신할 수는 없다.[80] 수신자들이 "사랑하는 자들"인 까닭은, 그들이 하나님의 특별한 언약적 사랑의 대상이기 때문이다. 1:13에도 언급되었듯이 베드로는 "너희의 진실한 마음을 일깨[우기]" 위해 편지를 쓰고 있다. 이 말은 꼭 수신자들이 거짓 선생들의 위험성을 모르고 있다는 암시가 아닐 수도 있다. 그는 그들에게 "진실한 마음"이 있다고 단언한다. 거짓 선생들과 달리 그들에게는 숨겨진 동기

---

80 Schreiner, *1, 2 Peter, Jude*, 368-370쪽을 보라.

나 의제가 없다. 그들의 진실한 마음을 일깨우는 방법은 "생각나게" 하는 것이다. 베드로는 1:13-20의 표현을 되풀이함으로써, 서신의 내용이 비록 새롭지는 않을지라도 청중이 믿음 안에서 끝까지 견디고 세상과 거짓 선생들의 압력에 맞서고자 한다면 그것을 기억해야 한다고 암시한다.

3:2 베드로는 두 부분을 상기시킨다. 첫 번째로, 독자들은 "거룩한 선지자들이 예언한 말씀"을 기억해야 한다. 이 구절의 완료 시제는 이보다 앞서 전해진 말씀의 영속성을 강조한다. 그 예언자들은 오늘날에도 계속 말한다. 베드로는 이 서신 전체에서 구약의 주된 세 부분(토라, 선지서, 성문서)의 일부를 사용한다. 이는 그가 구약 전체를 염두에 두고 있지, 우리가 흔히 선지서로 지칭하는 부분만을 염두에 둔 것이 아님을 암시한다. 베드로가 앞에서 썼듯이, 구약 예언자들은 자신들에게 전해진 복음을 선포함으로써 신자들을 섬기고 있었다(벧전 1:10-12, 22-25).

두 번째로, 베드로의 서신을 읽는 이들은 "주 되신 구주께서 너희의 사도들로 말미암아 명하신 것"을 기억해야 한다. 베드로는 윤리적 가르침이 담긴 구체적인 계명보다는 사람들에게 죄를 회개하고 예수 그리스도를 믿으라고 명한 복음 메시지를 염두에 두고 있다(요 6:29; 행 2:38). 주권자 "주"이신 예수님은 사람들에게 그분을 믿고 그분의 모든 가르침에 순종하라고 명령할 수 있는 권위를 가지고 계신다(마 28:18-20). 사랑이 많으신 자기 백성의 "구주"이신 예수님이 "우리를 대신하여 자신을 주심은 모든 불법에서 우리를 속량하시고 우리를 깨끗하게 하사 선한 일을 열심히 하는 자기 백성이 되게 하려 하심이[다]"(딛 2:14). 우리는 예수님이 우리에게 제시하신 "의의 도"를 따름으로써(벧후 2:21), 회개하고 믿으라는 명령에 순종한다. 베드로의 독자들은 "사도들로 말미암아" 이 명령을 받았다. 예수님은 그분의 행동과 그 의미를 기억하고 신실하게 전할 수 있도록 하겠다고 사도들에게 약속하셨다(요 14:26). 오늘날 신자들인 우리는 신약을 통해 우리에게 신실하게 전해진 그 메시지를 가지고 있다.

사도의 증언과 구약이 복음의 토대이기 때문에(벧후 1:16-21), 베드로는 신자들에게 그것을 교회의 교리와 실천을 위한 권위 있는 기초이자 거짓 선생들의 접근에 저항할 열쇠로 기억하라고 요청한다.

3:3 베드로는 "먼저"라고 운을 뗌으로써 이제 그가 하려는 말이 중요하다는 것을 알린다. 독자들은 구약과 사도의 메시지를 기억함으로써 "말세에 조롱하는 자들이 와서…조롱하[는]" 것을 분별할 수 있을 것이다. "조롱하는 자"[엠파이크테스(*empaiktēs*)]는 "비웃으며 놀리는 사람"[81]이다. 조롱은 오만하고 무시하는 태도, 다른 사람이나 생각을 자신보다 아래 있는 것으로 여겨 거만하게 묵살하는 모습을 드러낸다. 이러한 조롱이 "말세에" 일어날 것이다. 말세란, 하나님이 다윗 계열 메시아가 통치하는 새 창조 세계에 대한 약속을 성취하실 때를 가리키는 표현이다. 신약 저자들은 말세가 그리스도의 초림으로 시작되었으며 예수님이 새 하늘과 새 땅을 세우시기 위해 돌아오실 때 완성됨을 명확히 한다(3:13).

예수님도 말세에 거짓 예언자들이 있을 것이라고 경고하셨다(마 24:9-14). 그들은 조롱과 함께 "자기의 정욕을 따라 행[한다]." 하나님과 그분의 약속을 조롱하는 일은 절대로 도덕적인 진공 상태에 따로 떨어져 있지 않다. 거기에는 개인의 변덕을 모두 허용하는 자기 결정적인(self-directed) 도덕성이 뒤따른다. 시편 1:1에 묘사된 사람처럼 이 사람들은 악인들의 꾀를 따르고 죄인들의 길에 서고 오만한 자들의 자리에 앉는다. 이 조롱하는 자들의 존재는 아이러니하게도 그들이 부인하는 바로 그 하나님의 계시를 확증해 준다.

3:4 조롱하는 자들은 "주께서 강림하신다는 약속이 어디 있느냐?"고 말할 것이다. 거짓 예언자들이 예레미야에게 하나님의 말씀이 언제 성취되느냐고 조롱하듯이 물었던 것처럼(렘 17:15), 이 거짓 선생들도 그리스도의

---

81 Louw and Nida, *Greek-English Lexicon of the New Testament*, s.v. ἐμπαίκτης (§33.407).

재림 약속을 비웃는다. "우리 주 예수 그리스도의…[첫] 강림"(벧후 1:16)의 증인인 베드로는 예수님이 이 시대의 끝에 재림하신다는 약속도 들었다(마 24:13-31). 그리스도의 약속에 대한 거짓 선생들의 조롱은 다음과 같은 논리에 근거한다. "조상들이 잔 후로부터 만물이 처음 창조될 때와 같이 그냥 있다." "조상들"이라는 단어가 예수님을 따르던 최초의 무리를 가리킬 수도 있지만,[82] 신약에서는 한결같이 구약의 족장들을 가리킨다(요 7:22; 행 13:32; 롬 9:5; 히 1:1). 그 다음 어구가 이 결론을 확증한다. 조롱하는 자들은 만물이 "처음 창조될 때"와 똑같이 있다고 주장한다. 그들은 세상이 족장들이 죽은 이후로, 특히 심판같은 하나님이 극적으로 개입하시는 일이 없이 있던 대로 계속되고 있다고 주장한다. 물론 이러한 주장은 뻔뻔스럽게도 구약 전체에서 하나님이 심판과 구원을 반복하셨다는 사실을 무시한 것이다(벧후 2:3b-22). 더 나아가 족장들이 죽은 이후 본질적으로 아무것도 변하지 않았다는 주장은 하나님이 육신을 입으시고, 인간으로서 우리 가운데 사시고, 우리 죄를 위해 잔혹하게 죽으시고, 승리를 거두어 무덤에서 살아나셨다는 기독교의 핵심 주장을 부인하는 것이다.

3:5 조롱하는 자들이 조롱하는 까닭은 "그들이 [이 사실을] 일부러 잊으려" 하기 때문이다. '잊으려'로 번역된 동사 란타노(lanthanō)는 무언가가 숨겨졌거나 보이지 않는다는 의미를 지닌다(막 7:24; 눅 8:47; 행 26:26). 이 잊음은 그들이 우발적이 아니라 '일부러' 하는 것이다. 조롱하는 자들은 베드로가 말하려는 내용을 알지만, 그것을 무시하는 쪽을 택한다. 그 내용은 두 부분으로 되어 있다. 하나는 "하늘이 옛적부터 있는 것"이다. 거짓 선생들의 심판이 오래 전에 결정되었던 것처럼(벧후 2:3), 하늘의 존재도 새로운 것이 아니다. 아마도 베드로는 시편 102:25을 염두에 둔 듯하다. "주께서 옛적에 땅의 기초를 놓으셨사오며 하늘도 주의 손으로 지으신 바니이다."

---

82 Bauckham, *Jude, 2 Peter*, 290-295.

다른 하나는, "하나님의 말씀으로" "땅이 물에서 나와 물로 성립된 것"이다. 창세기 1:9-10은 하나님이 어떻게 물을 모아 뭍이 드러나게 하셨는지를 묘사한다. 시편 24:2은 하나님이 "그 터를 바다 위에 세우심이여 강들 위에 건설하셨도다"라고 단언한다. 하나님의 '말씀'은 그분이 이렇게 행하시는 데 사용하신 수단이다. 창세기 1장에서 하나님은 말씀으로 창조 세계를 만드셨다. 이는 성경 다른 데서도 단언하는 진리다(시 33:6-9; 148:5-6; 롬 4:17; 히 11:3). 신약은 그 말씀이 하나님의 말씀일 뿐만 아니라 삼위일체의 제2위격임을 알려준다(요 1:1-3; 골 1:16). "성립된"으로 번역된 단어 쉬네스테미(*synestēmi*)는 골로새서 1:17에서 그리스도께서 만물을 존속시키시는 것을 묘사한다. 베드로는 이전의 구약 선지자들처럼 하늘과 땅을 인류의 반역에 불리한 증언을 하는 증인으로 부른다(신 4:26; 32:1; 사 1:2; 렘 2:12).

3:6 물과 하나님의 말씀으로 '말미암아' 주께서 '그때에 세상'(홍수 이전 세상)을 심판하셨다.[83] 세상은 "물이 넘침으로 멸망하였[다]." "멸망하였으되"[아폴뤼미(*apollymi*)]는 육체적인 죽음(마 8:25)을 가리킬 수도 있고 영원한 죽음(요 3:16)을 가리킬 수도 있다. 히브리서 1:11(시 102:26을 인용한)은 언젠가 하늘과 땅이 멸망하겠지만 하나님은 영존하신다고 묘사한다. 물론 문맥만이 그 멸망의 정도를 결정할 수 있다. 어쨌든 그 하늘과 땅은 하나님이 홍수로 멸하실 때 소멸되지 않았다. 하나님은 "물이 넘[치게]" 하심으로 세상을 멸하셨다. '넘치다'라는 동사 카타클뤼조(*kataklyzō*)는 성경 다른 곳에서는 나오지 않지만 70인역에서는 심판의 문맥에서 몇 차례 나온다. 예를 들어, 실제로는 하나님의 진노가 임박했는데도 평강을 약속한 거짓 예언자들에게 "폭우"가 내린다고 묘사하는 경우다(겔 13:8-16). 베드로는 이미 홍수를 종말론적 심판의 예표로 묘사했다(벧후 2:5). 여기서 홍수는 "만물이 처음 창조될 때와 같이 그냥 있다"(3:4)라는 거짓 선생들의 주장에

---

83 일부 사본은 "물로 말미암아"[디혼(*di' hōn*), by means of water] 대신, "물 때문에"[디혼(*di' hon*), because of water]로 읽는다. 참고. Schreiner, *1, 2 Peter, Jude*, 376-377.

대한 반론으로서 동일한 목적에 사용된다. 조롱하는 자들은 그들이 멸망하기까지 일부러 홍수의 실재를 잊었다.

3:7   이제 베드로는 홍수에서 얻은 교훈을 적용한다. 홍수 이전 세상이 소멸된 것은 깨뜨릴 수 없는 하나님의 말씀 때문이며, "이제 하늘과 땅은 그 동일한 말씀으로 불사르기 위하여 보호하신[stored up] 바" 된다. 바울은 로마서 2:5에서 회개하지 않는 자가 "진노의 날 곧 하나님의 의로우신 심판이 나타나는 그날에 임할 진노를 네게[그들에게] 쌓는도다[storing up]"라고 쓰며 유사한 의견을 표명한다. 하나님은 일반적인 심판의 수단인 "불"로 사르기 위해 현재의 창조 세계를 보호하고 계신다. 베드로후서 2:6-7에 언급되었듯이 소돔과 고모라는 하늘에서 불이 내려와서 멸망했다(창 19:24). 성경(사 66:15; 겔 38:22; 계 20:9-15)과 유대 문헌(에녹1서 1:6; 97:2; 레위의 유언 4:1) 모두 불이라는 표현으로 종말론적 심판을 묘사한다.

　　더 나아가 베드로는 현재의 하늘과 땅이 "경건하지 아니한 사람들의 심판과 멸망의 날까지 보존"된다고 설명한다. 베드로는 "보존하여"로 번역된 동사 테레오(tēreō)를 네 번 사용하는데, 모두 심판과 연관된다(참고. 벧후 2:4, 9, 17). 이 동사는 심판에 대한 하나님의 적극적인 주권을 강조한다. "심판…날"이라는 표현은 주의 날을 가리키는 다른 표현이다. 그날에 하나님은 그분의 백성을 최종적으로 구원하시고 원수들을 영원히 멸하실 것이다(3:10).

3:8   조롱하는 자들은 어떤 중요한 사실을 "잊으려" 한 반면(3:5), 베드로는 신자들에게 "이 한 가지를 잊지 말라"고 경고한다. 베드로는 독자들을 "사랑하는 자들"이라고 부름으로써, 하나님이 예수 그리스도 안에서 드러내신 그들을 향한 특별한 사랑을 상기시킨다. 그들이 잊지 말아야 할 한 가지 사실은, "주께는 하루가 천 년 같고 천 년이 하루 같다는" 것이다. 우리의 유한한 지성으로는 하나님과 시간의 관계를 알 수 없다. 그분은 항상 계시기 때문이다(욥 36:26). 이 표현은 엄격한 수학 공식이 아니라 시간에

대한 하나님의 인식과 경험을 드러내는 일반적인 격언으로 이해해야 한다. 베드로는 시편 90:4을 암시하는 듯하다. "주의 목전에는 천 년이 지나간 어제 같으며 밤의 한순간 같을 뿐임이니이다."

3:9 베드로는 "주의 약속은 어떤 이들이 더디다고 생각하는 것같이 더딘 것이 아니[다]"라고 주장한다. 베드로는 하박국 2:3의 표현을 끌어와서, 하나님은 원수를 심판하시는 데나(신 7:10) 그분의 백성에게 구원의 의를 베푸시는 데 더디지 않으심을(사 46:13) 청중에게 상기시킨다. 그 "약속"은 그리스도의 재림이며, 이는 조롱하는 자들이 거부한 것이다(벧후 3:4). 지연되는 듯 보이지만 사실 하나님의 시간표가 주의 날의 정점을 향해 전진하고 있는 것이다(3:10). 우리는 하나님이 약속을 지키시는 데 더디다고 생각하지 말고, '우리를 대하여 오래 참으심'을 인정해야 한다. 하나님의 오래 참으심이 그분의 정체성에서 가장 중요하다. 그분은 모세에게 자신을 "노하기를 더디 하고 인자와 진실이 많은 하나님"으로 계시하셨다(출 34:6-7). 이렇게 오래 참으시는 이유는, 하나님이 '아무도 멸망하지 아니하고 다 회개하기에 이르기를 원하시기' 때문이다. 하나님의 도덕적 뜻은 누구도 죽지 않는 것이다(겔 33:11). 하나님은 그분의 자비를 받으라고 두 팔 벌려 죄인들을 초청하신다(사 65:1-5).[84] 하나님은 즉시 심판하시기보다는 '다 회개하기에 이르기를' 바라신다. 베드로는 유대 전승에 의지하여 종말의 때를 하나님 백성의 회개와 묶는다.[85] 이 표현은 회개를, 하나님이 자비와 오래 참으심으로 죄인들을 "인도하[시는]"(롬 2:4) 목적지로 그린다.

3:10 그러나 하나님의 오래 참으심이 무기한 계속되지는 않을 것이다. "주의 날이 도둑같이 오리니." "주의 날"은 하나님이 원수를 심판하시고 그분의 백성을 구원하기로 정하신 날을 가리킨다(욜 2:28-32). 그날은 특

---

84 같은 책, 381-382 참고.

85 Bauckham, *Jude, 2 Peter*, 312-314.

정한 사람이나 나라에 곧 닥칠 심판을 가리키지만(욥 15-18절), 역사의 끝을 가리키는 경우도 있다(사 24:1-23). 어떤 문맥에서는 둘 다를 가리키는 듯하다(습 1:2-18). 다시 말해, 구속사 내내 역사의 끝에 있을 최종적인 절정의 '주의 날'을 내다보는 일련의 '주의 날들'이 있었다. 이러한 날들에는, 여러 민족/나라의 멸망(렘 46:10), 주전 586년에 일어난 예루살렘 멸망(사 22:2-25), 십자가 사건(마 27:45-54), 오순절(행 2:1-41) 같은 사건들이 포함된다. 주의 날에 대한 이러한 묘사에는 우주적인 현상들이 함께 언급되기도 한다(욜 2:28-32). 신약에서 주의 날은 보통 그리스도의 날로 언급된다(고전 1:8; 빌 1:6, 10; 2:16, 살후 1:5-12). 예수님은 그분의 오심을 밤에 오는 "도둑"에 비유하시며(마 24:43), 그분의 재림이 갑작스럽고 예기치 못한 것이라는 특성을 강조하신다.

베드로는 주의 날이 올 때 일어날 세 가지를 묘사한다. 첫 번째로, "하늘이 큰 소리로 떠나[간다]." '떠나가고'[파레르코마이(parerchomai)]는 "끝나서 더 이상 그곳에 없다"[86]는 의미를 가진다. 이 단어는 마태복음에서도 하늘 혹은 땅의 미래와 연관되어 두 번 나온다(마 5:18; 24:35). "큰 소리로"로 번역된 의성어 부사 로이제돈(rhoizēdon)은 70인역이나 신약, 유대 문헌이나 초기 기독교 문헌 어디에도 나오지 않는다. 이 단어는 "화살이 쌩 하고 날아갈 때나 날개를 세차게 움직일 때, 뱀이 지나다닐 때처럼 급격하게 움직일 때 나는 소리"를 가리킨다. "이 문맥에서는 하늘을 멸하는 불꽃이 딱딱거리는 소리라고 생각해야 한다."[87]

두 번째로, "물질이 뜨거운 불에 풀어[진다]." '물질'(ESV는 "heavenly bodies")로 번역된 단어 스토이케이온(stoicheion)은 종종 '원소들'(ESV의 난외주)로 번역된다. 이는 고대 사람들이 우주의 기본 원소라고 여겼던 땅, 공기, 불, 물을 가리킨다.[88] 따라서 온 우주가 '풀어[질]'[뤼오(lyō)] 것이다. 이 단어는 이 문

---

86 BDAG, s.v. παρέρχομαι (3).

87 Schreiner, 1, 2 Peter, Jude, 383-384.

88 NIDNTTE, 4:379. 이사야 34:4은 다른 어휘로 유사한 표현을 한다.

240 _ ESV 성경 해설 주석

맥에서 "무언가가 폭력에 의해 그 구성요소로 분해되다"[89]라는 뜻을 가진다. 원소들은 '뜨겁게'[카우소오(kausoō)] 되는데, 여기서 카우소오는 구체적으로 "강렬한 열기에 타오르다"[90]라는 의미일 수 있다. 베드로가 마음속에 그린 것이 세상의 완벽한 파괴인지, 세상이 불로 정화되는 것인지는 확실하지 않다. 그러나 이곳의 표현으로 보아 파괴가 더 적절한 것 같다.[91]

세 번째로, "땅과 그중에 있는 모든 일이 드러[날 것이다]."[92] 모든 인간은 하나님 앞에서 이생에서 한 모든 행동을 설명해야 한다. 인간 역사 속에서 일어난 모든 일이 "드러[날 것이다]." 휴리스코(heuriskō)라는 동사는 보통 '찾다'라는 뜻이지만, 어떤 문맥에서는 사법적 조사의 결과로 "지적인 성찰이나 관찰, 조사, 연구를 통해 발견하다"라는 의미를 갖기도 한다(요 18:38; 19:4-6; 행 13:28; 23:9).[93] 따라서 베드로의 말은 일어나는 모든 일이 주의 날에 탄로 날 것이라는 뜻이며, 이는 바울과 예수님도 하신 말씀이다 (참조. 롬 2:15-16; 마 10:26).

3:11 베드로는 독자들에게 거룩과 경건의 삶을 통해 어떤 사람이 되어야 마땅한가를 질문함으로써 3:8-10을 적용("이 모든 것이 이렇게 [너희에게] 풀어지리니")한다. 주의 날의 실재는 우리에게 특정한 방식으로 살 것을 요구한다.[94] 그것은 두 단어로 요약된다. 첫 번째로, "거룩[함]"[하기오스(hagios)]이 우리의 특징이 되어야 한다. 신자들이 거룩하도록 부르심 받는 까닭은 하나님이 거룩하신 분이며(벧전 1:15-16), 우리를 거룩한 제사장(벧전 2:5)과 거

---

89 BDAG, s.v. λύω (3).

90 LSJ, s.v. καυσόω.

91 Moo, *2 Peter, Jude*, 200-202에 나오는 유용한 논의를 보라.

92 일부 사본은 "발견되지 않으리라"로 읽는 반면, 다른 사본은 "타 버리리라"로 읽는다. 이 부분은 신약에서 가장 어려운 이형 가운데 하나다. 참고. Bauckham, *Jude, 2 Peter*, 316-321에 나오는 논의.

93 BDAG, s.v. εὑρίσκω (2). 또한 Schreiner, *1, 2 Peter, Jude*, 385-387을 보라.

94 여기서 베드로는 2:7에서(참고. 벧후 2:7 주석) "행실"로 번역된 아나스트로페(anastrophē)를 사용한다.

룩한 나라(벧전 2:9)로 삼으셨기 때문이다. 우리 삶은 우리의 이기적인 의제가 아닌 이 세상을 향한 하나님의 목적을 위해 따로 구별되었음을 입증해야 한다. 두 번째로, 그 삶은 "경건함"[유세베이아(*eusebeia*)]이라는 특징을 보여야 한다. 이에 대해서는 베드로후서 1:3-4 주석을 보라.

3:12 거룩하고 경건한 삶을 추구해야만 하는 까닭은, 신자들이 '하나님의 날이 오기를 기다리고 그날을 재촉하기'(개역개정은 "하나님의 날이 임하기를 바라보고 간절히 사모하라") 때문이다. 기다리는 것은 수동적인 행동이 아니다. 이는 창조 세계가 그 저주에서 해방되고 신자들이 육체적으로 죽은 자 가운데서 부활할 그날에 대한 간절한 기대다(롬 8:19-23). 그러나 신자들이 하나님의 날의 임함을 '재촉'한다는 말은 무슨 뜻인가? 일부 유대 본문은 이사야 60:22에 근거하여, 하나님이 종말을 서두르시는 것을 이스라엘의 회개와 연관 지어 말하곤 한다(시락서 36:8; 바룩2서 20:1-2; 54:1; 83:1).[95] 베드로후서 3:9에 언급된 회개가 이렇게 해석할 가능성을 제공한다. 그렇지만 베드로가 경건한 삶, 기도(마 6:10), 복음 전도에 대한 노력(마 24:14)도 염두에 두었을 수도 있다. 물론 하나님은 완전한 주권을 가지고 인간 역사를 주관하시지만, 세상의 토대를 놓기 전부터 미리 정하신 대로(엡 2:10) 인간의 행동을 통해 그분의 목적을 성취하신다. "하나님의 날"은 단순히 주의 날을 다른 방식으로 가리키는 것이다(벧후 3:10).

그날이 올 때 "하늘이 불에 타서 풀어[진다]." 베드로는 현재의 하늘이 멸망하는 것과 관련하여 3:10에서 한 말을 반복하며, 그 일이 불에 의해(3:7) 일어날 것이라고 덧붙인다. "풀어지고"에 대해서는 3:10 주석을 보라. 하나님의 날이 임하기 때문에 "물질이 뜨거운 불에 녹[는다]." "물질"(스토이케이아)에 대해서는 3:10 주석을 보라. "녹아지려니와"로 번역된

---

95 Bauckham, *Jude, 2 Peter*, 325; D. A. Carson, "2 Peter," in *Commentary on the New Testament Use of the Old Testament*, ed. G. K. Beale and D. A. Carson (Grand Rapids, MI: Baker Academic, 2007), 1059-1060.

동사 테코(*tēkō*)가 신약의 다른 데서는 나오지 않지만, 70인역에서는 하나님의 원수들이 패배하고 심판받는 것을 묘사하기 위해 비유적으로 사용된다(출 15:15; 사 24:23; 34:4; 64:1; 미 1:4; 나 1:6; 합 3:6; 슥 14:12).

3:13 베드로는 하나님의 날에 악한 이들에게 일어날 일을 묘사한 다음 이제 하나님의 백성을 기다리는 것으로 향한다. "우리는 그의 약속대로… 새 하늘과 새 땅을 바라보도다." 베드로는 이사야 65:17-25을 염두에 두고 있다. 그곳에서 선지자는 하나님이 그분의 약속을 완수하시고 자기 백성을 죄와 저주의 오염이 없는 세상에서 살게 하실 날을 마음속에 그린다. 물론 구약 선지서 중에서 여기서만 하나님이 창조 세계를 변화시키겠다고 약속하신 것은 아니지만(참고. 암 9:13-15), 이 주제는 특히 이사야서에서 두드러진다(참고. 사 43:16-21; 51:3). 신약 저자들도 몇 군데서 이 표현을 쓴다(롬 8:19-23; 고후 5:17; 갈 6:15). 또한 이 주제는 요한계시록 21-22장에서 절정에 이른다. 이곳에서 요한은 숨이 멎는 듯한 놀라운 이미지로 새 하늘과 새 땅을 묘사한다.

아마도 베드로는 이사야 32:16과 60:21의 표현을 끌어와서 새 하늘과 새 땅을 "의가 있는 곳"으로 묘사하는 것 같다. 새 창조 세계의 특징은, 현재 이 세상에 만연한 악함, 죄의 영향, 저주와 대조되는 의일 것이다(벧후 2:9, 15). 의로우신 이가 몸소 그분의 백성과 함께 그곳에서 사실 것이므로, 궁극적으로 의는 그곳에 있다(계 21:3).

≋≋≋≋ 응답 ≋≋≋≋

이 다채로운 단락에서 적어도 세 가지 숙고해 볼 만한 부분이 있다.

첫 번째로, 사람들은 (날짜나 얼굴을 기억하지 못한다는 의미가 아니라 지적으로 아는 것을 행동으로 옮기지 못한다는 의미에서) 무언가를 잊는 경향이 있다. 이스라엘 자손이 약속의 땅에 다가가고 있었을 때, 하나님은 그들을 위한 하나님의 사역을 그들이 잊어버릴 위험에 대해 경고하셨다(신 8:11-20). 그런데 신자인 우리도 하나님이 그리스도 안에서 우리를 위해 하신 모든 일을 잊는 경향이 있다. 그러므로 하나님의 백성은 자주 복음을 생각하고 삶의 여러 측면에 그것을 적용하는 법을 배워야 한다. 신실하게 예수님을 따르기 위해서 우리는 '온전히 성경적인' 그리스도인이어야 한다. 즉, 성경의 개별 이야기들과 책들이, 창세기부터 요한계시록까지 이어지며 그리스도의 인격과 사역에서 절정에 이르고 새 하늘과 새 땅에서 완성되는 더 큰 내러티브와 어떻게 관련되는지를 이해해야 한다. 따라서 말씀을 가르치는 이들은 모두 이것을 그들 사역의 중요한 과제로 삼아야 한다.

두 번째로, 하나님의 시간표는 대개 우리의 시간표와 완전히 다르다. 하나님이 영원하시다는 것과 이 세상을 주권적으로 다스리신다는 것을 망각하면, 그분이 일을 더 빨리 하셔야 한다고 결론내리기 쉽다. 그러나 하나님의 때는 완벽하므로, 신자인 우리는 하나님이 절대 늦지 않으심을 알고 안심할 수 있다. 지연되는 듯 보이는 것은 사실 하나님이 회개할 시간을 허락하시며 오래 참으시는 것이다(롬 2:4; 벧후 3:9). 어느 날 그 오래 참으심이 끝나고 주의 날이 갑자기 임할 것이다.

세 번째로, 종말론이 중요하다. 베드로가 관심을 둔 것은 종말의 상세한 시간표가 아니라, 마지막이 올 것을 알기에 지금 살아야 할 삶이다. 하나님이 언젠가 악한 자들을 심판하시고 새 하늘과 새 땅을 도래시키신다는 것을 진정으로 믿는다면, 우리는 이 세상에서 우리의 삶 전부를 하나님과 그분의 목적을 향해 전적으로 헌신해야 한다. 이 소망이 타락으로 일그러진 세상 가운데서 우리를 붙들어 줄 닻이다. 첫 아담이 깨뜨린 것을 마지막 아담이 고치기 시작하셨다. 언젠가 그 일이 완성되고, "물이 바다를 덮음같이 여호와를 아는 지식이 세상에 충만할" 것이다(사 11:9). 이러한 사실이 우리 마음을 사로잡을 때, 우리는 거룩하게 살 뿐만 아니라 "주 예수여 오시옵소서!"라고 외칠 힘을 얻는다(계 22:20).

2 Peter
베드로후서
3:14-18

¹⁴ 그러므로 사랑하는 자들아 너희가 이것을 바라보나니 주 앞에서 점도 없고 흠도 없이 평강 가운데서 나타나기를 힘쓰라

¹⁴ Therefore, beloved, since you are waiting for these, be diligent to be found by him without spot or blemish, and at peace.

¹⁵ 또 우리 주의 오래 참으심이 구원이 될 줄로 여기라 우리가 사랑하는 형제 바울도 그 받은 지혜대로 너희에게 이같이 썼고 ¹⁶ 또 그 모든 편지에도 이런 일에 관하여 말하였으되 그 중에 알기 어려운 것이 더러 있으니 무식한 자들과 굳세지 못한 자들이 다른 성경과 같이 그것도 ¹⁾억지로 풀다가 스스로 멸망에 이르느니라

¹⁵ And count the patience of our Lord as salvation, just as our beloved brother Paul also wrote to you according to the wisdom given him, ¹⁶ as he does in all his letters when he speaks in them of these matters. There are some things in them that are hard to understand, which the ignorant and unstable twist to their own destruction, as they do the other Scriptures.

¹⁷ 그러므로 사랑하는 자들아 너희가 이것을 미리 알았은즉 무법한 자들의 미혹에 이끌려 너희가 굳센 데서 떨어질까 삼가라

¹⁷ You therefore, beloved, knowing this beforehand, take care that you are not carried away with the error of lawless people and lose your own stability.

¹⁸ 오직 우리 주 곧 구주 예수 그리스도의 은혜와 그를 아는 지식에서 자라 가라 영광이 이제와 영원한 날까지 그에게 있을지어다²⁾

¹⁸ But grow in the grace and knowledge of our Lord and Savior Jesus Christ. To him be the glory both now and to the day of eternity. Amen.

¹⁾ 또는 교묘하게 ²⁾ 어떤 사본에, 18절 끝에 '아멘' 이 있음.

〰〰〰 단락 개관 〰〰〰

베드로는 신자들이 그리스도의 재림을 기다리며 따라야 할 네 가지 명령으로 서신을 마무리한다.

(1) 경건을 추구하는 데 힘쓰라.

(2) 하나님의 오래 참으심을 더 많은 사람이 구원받을 기회로 여기라.

(3) 의의 길에서 멀어지지 않도록 조심하라.

(4) 그리스도의 은혜와 그분을 아는 지식에서 자라가라. 우리는 현재와 미래의 하나님의 영광을 위해 이 모든 일을 행한다.

≋≋≋≋ 단락 개요 ≋≋≋≋

≋≋≋≋ 주석 ≋≋≋≋

3:14 베드로는 이제 우리의 소망을 현재 삶에 적용한다. "그러므로 사랑하는 자들아 너희가 이것을 바라보나니." 신자들은 새 하늘과 새 땅을 바라보고 있으므로(3:13), "주 앞에서 점도 없고 흠도 없이 평강 가운데서 나타나기를 힘[써야]" 한다. 우리의 부르심과 택하심을 굳게 하고자 힘썼던 것처럼(1:10) 도덕적 경건을 추구하는 데도 똑같이 힘써야 한다. "나타나[다]"로 번역된 동사 휴리스코가 여기서는 마지막 날 하나님이 인간을 평가하시는 것을 가리킨다(3:10; 빌 3:9).

목표는 그리스도께서 "흠 없고 점 없는 어린양"(벧전 1:19)이셨던 것처럼 우리도 그날에 "점도 없고 흠도 없이" 나타나는 것이다. 이렇게 조합된 묘사는 성품에 더러움과 결점이 없는 것을 의미한다. 베드로의 표현은 희생 제사 제도에서 가져온 것이다. 제사를 드릴 때 희생 제물은 흠이나 결함이 없어야 했다. 마지막 날 하나님의 백성은 흠 없는 하나님의 어린양이신 그리스도를 닮을 것이므로 흠이나 점 없이 나타날 것이다. 또한 신자들은 마지막 날에 "평강 가운데서" 나타날 것이다. 따라서 평강은 신자들에게 현재의 실재(벧후 1:2)이자 미래의 소망이다.

3:15-16   베드로의 두 번째 적용은 "우리 주의 오래 참으심이 구원이 될 줄로 여기[는]" 것이다. 이는 그가 3:9에서 한 말을 되풀이한 것이다. 거기서 베드로는 그리스도의 재림이 더딘 것처럼 보이는 것이 사실상 사람들에게 회개할 시간을 주시는 하나님의 오래 참으심의 표현이라고 상기시켰다. 이러한 주장은 베드로만 한 것이 아니다. 그는 "우리가 사랑하는 형제 바울도 그 받은 지혜대로 너희에게 이같이 썼고"라고 말한다. 베드로가 구체적인 구절/서신을 염두에 두었을 수도 있지만(예를 들어, 롬 2:4), 바울서신의 일반적인 주제를 가리킬 가능성이 더 높다. 베드로는 바울의 지지를 얻어 자신의 주장을 강화하는 듯하다. 거짓 선생들이 그들의 위험한 믿음과 관행을 옹호하기 위해 베드로의 가르침을 왜곡했기 때문이다. 비록 항상 의견이 같지는 않았지만(갈 2:11-14), 베드로는 동료 사도인 바울을 같은 영적 가정에서 같은 주님을 섬기며 같은 복음을 전하는 소중한 형제로 여겼다. 바울이 쓴 내용은 "그 받은 지혜대로" 쓴 것이었다. 이방인들을 위한 사도였던 바울은 하나님에게서 "그리스도의 비밀"(엡 3:1-6)에 대한 통찰과 지혜를 받았고, 베드로는 기꺼이 이 진리를 긍정했다.

그 지혜는 "이런 일에 관하여 말[한]" "그 모든 편지에" 나타난다. 베드로는 다수의 바울서신을 알고 있다. 뿐만 아니라 그는 그의 수신자들도 그 서신들을 알 것이라고 예상한다. 이 서신이 기록될 때 바울서신은 대부분 기록되어 있었다. 어느 시점에 바울서신 모음집(아마도 바울이 직접 편집했을)이 유포되기 시작했겠지만, 베드로가 이 편지를 기록할 때까지 그 일이 이루어졌는지를 우리는 확신 있게 말할 수 없다.[96] "이런 일"이라는 표현은 아마도 주의 오래 참으심뿐만 아니라 베드로가 다루는 다른 이슈들, 이를테면 새 하늘과 새 땅에 대한 약속이나 종말 때까지 있을 거짓 선생들의 존재와 위험 같은 것도 포함할 것이다.

베드로는 "[바울서신에서] 그중에 알기 어려운 것이 더러 있으니"라고

---

96   유용한 논의로는 Stanley E. Porter, *How We Got the New Testament: Text, Transmission, Translation,* Acadia Studies in Bible and Theology, (Grand Rapids, MI: Baker Academic, 2013), 106-120을 보라.

인정한다. 이 드문 형용사 뒤스노에토스(*dysnoētos*)는 "모호하고 적용하기 어려운 것으로 악명 높았던 그리스 신탁에 가끔 쓰였다."[97] 최초의 수신자들역시 바울이 의미하는 바를 오해하기도 했다(고전 5:9-10). 그러나 베드로는 "무식한 자들과 굳세지 못한 자들"을 염두에 두고 있다. 이들은 사도의 가르침으로 훈련을 받지 않아 참된 복음이 가져다주는 굳센 토대가 없는 이들이었다(벧후 1:12). 그 결과 그들은 거짓 선생들의 거짓말에 영향을 받기 쉬운 "굳세지 못한 영혼들" 같다(2:13-14). 그런 사람들은 바울서신을 가져다가 "억지로 풀다가 스스로 멸망에 이[른다]." "억지로 풀다"라는 동사 스트레블로오(*strebloō*)는 "탈구된 사지를 맞추려고 비트는 것, 연구 과정에서 뒤틀린 방법을 사용하는 것이라는 여러 가지 의미로"[98] 사용되었다. 바울서신에 대한 그러한 왜곡은, 마지막 날에 경건하지 않은 자들을 기다리는 영원한 멸망을 함께 받는 데로 이끌 뿐이다(2:1-3; 3:7).

이 거짓 선생들은 "다른 성경과 같이" 바울서신을 왜곡한다. 이곳에서 베드로가 한 말의 중요성을 놓쳐서는 안 된다. 그는 바울서신을 하나님께서 구약과 동일한 수준으로 영감하신 권위 있는 글로 여기며 성경의 범주에 포함시킨다. 기록된 사도들의 가르침이 구약과 동일한 권위를 지닌다는 생각은, 교회사에서 나중에 발전된 것이 아니라 1세대 그리스도인들이 가진 근본적인 진리다.

3:17 베드로의 독자들은 무식한 자들과 굳세지 못한 자들이 성경을 왜곡하는 것을 미리 알고 있었다. 그렇기 때문에 베드로는 그들에게 "무법한 자들의 미혹에 이끌려 너희가 굳센 데서 멀어질까 삼가라"라고 권면한다. 이 문맥에서 '삼가다'[퓔라소(*phylassō*)]는 무언가나 누군가에 "대비해 조심하는 것"[99]을 뜻한다. 이는 주의 깊게 경계하는 상태를 가리킨다. 조심하는 목

---

97 Moo, *2 Peter, Jude*, 211.

98 BDAG, s.v. στρεβλόω (2).

99 BDAG, s.v. φυλάσσω (3).

적은 "굳센 데서 떨어[지지]" 않기 위한 것이다. '떨어지다'로 번역된 항해 용어인 에크핍토(ekpiptō)는 보통 배가 항로를 이탈하여 좌초된 것을 가리킨다(행 27:17-32). 중요한 것은 '굳센'[스테리그모스(stērigmos)] 상태다. 이 단어는 안전한 위치를 가리킬 수도 있고, 견고한 확신과 믿음을 가리킬 수도 있다.[100] 두 의미 모두 이곳의 문맥에 맞는다. 성경을 왜곡하는 "굳세지 못한 자들"[아스테릭토이(astēriktoi), 벧후 3:16]과 대조적으로 참된 복음을 붙들고 있는 이들은 '굳센'(스테리그모스) 데 붙어 있다.

굳센 데서 떨어지는 일은 "무법한 자들의 미혹에 이끌[리는]" 일과 함께 일어난다. 거짓 가르침은, 참된 복음의 반석 위에 스스로를 세우지 못한 이들을 휩쓸어가는 위험한 홍수로 묘사된다(마 7:24-27).[101] 바울도 갈라디아서 2:13에서, 바나바가 유대주의자들의 외식에 휩쓸린 것을 묘사하기 위해 동일한 동사 쉬나파고(synapagō)를 사용한다. 거짓 선생들을 나타내는 다른 표현인 '무법한 자들의 미혹'이라는 물살에 위험이 도사리고 있다(벧후 2:8, 18).

3:18 거짓 선생들을 피하는 것만으로는 충분하지 않다. 우리는 또한 "우리 주 곧 구주 예수 그리스도의 은혜와 그를 아는 지식에서 자라가[야]" 한다. 베드로는 독자들에게 은혜가 더욱 많아지기를 기도하며 이 편지를 시작했는데(1:2), 이제 그 은혜 가운데 자라가라고 요청하며 편지를 마무리한다. 1:3-11에 설계된 성장 계획을 따라가면 현재의 굳셈과 미래의 영광이 보장된다. 이 은혜는 "우리 주 곧 구주 예수 그리스도"로부터 온다. 그분은 우주를 다스리시고 자기 백성을 죄에서 구해내시는 분이다(1:1). 우리는 그리스도를 아는 지식에서 자라가면서 하나님의 은혜를 훨씬 더 많이 경험한다(빌 3:7-14).

베드로는 송영으로 서신을 마무리한다. "영광이 이제와 영원한 날까

---

100 BDAG, s.v. στηριγμός.

101 MM, 602.

지 그에게 있을지어다." 만물의 궁극적인 목표는 하나님의 영광, 그분의 아름다움과 능력과 위엄을 드러내는 것이다. 하나님의 영광은 예수 그리스도 안에서 가장 충만하게 드러난다(요 1:14-18). 그분은 "하나님의 영광의 광채시요 그 본체의 형상"(히 1:3)이시다. 따라서 그리스도는 지금은 물론 영원한 날까지 영광을 받기 합당하시다. 이 색다른 표현은 다시금 주의 날을 가리키며(벧후 3:8-13), "아마도 파루시아가 시작되어(1:19) 영원히 지속될 날인 종말론적 시대를 가리키는 것 같다."[102]

≋≋≋≋ 응답 ≋≋≋≋

이 편지는 시작하는 부분에서 경건의 성장을 힘써 추구하라고 말한 것처럼(1:3-11; 3:14), 마무리하는 부분에서 유사한 핵심을 상기시킨다. 그러한 힘씀은 하나님이 그리스도 안에서 우리를 위해 하신 일이라는 은혜를 기반으로 하며 그분과 맺는 관계적 지식에서 흘러나온다(1:2-3; 3:17). 하나님의 영광은 그분이 우리를 그분과의 관계로 부르시는 수단일 뿐만 아니라(1:3), 경건하고 거룩한 삶의 궁극적인 목표이기도 하다(3:18).

102 Bauckham, *Jude, 2 Peter*, 338.

참고문헌

Bauckham, Richard. *Jude, 2 Peter*. WBC. Waco, TX: Word, 1983.《유다서 · 베드로후서》. WBC 성경주석. 솔로몬.

　　이 비판적이지만 보수적인 성향의 획기적인 주석은 특히 구약과 유대 배경에 관한 부분에서 강점을 가진다.

Davids, Peter H. *The Letters of 2 Peter and Jude*. PNTC. Grand Rapids, MI: Eerdmans, 2006.

　　데이비즈는 사려 깊게 학문적으로 접근하면서도 본문에 세심하게 주의를 기울인다.

Green, Gene L. *Jude and 2 Peter*. BECNT. Grand Rapids, MI: Baker, 2008.

　　그린은 관련된 그리스-로마의 정황과 배경을 설명하는 부분에서 탁월하다.

Moo, Douglas J. *2 Peter, Jude*. NIVAC. Grand Rapids, MI: Zondervan, 1996.《베드로후서 · 유다서》. NIV 적용주석. 솔로몬.

　　무는 평소의 주해 기량을 펼쳐 보이며, 본문이 제기하는 현대의 이슈들에 대한 유용한 견해를 제공한다.

Schreiner, Thomas R. *1, 2 Peter, Jude*. NAC. Nashville: Broadman & Holman, 2003.

　　슈라이너는 세심한 주해, 사려 깊은 신학적 성찰, 목회적 적용을 결합하여, 베드로후서와 유다서에 대한 최고의 포괄적인 주석을 썼다.

요한일·이·삼서

ESV 성경 해설 주석

래이 반 네스티 지음

ESV Expository Commentary
1-3 John

요한일·이·삼서 서론

개관

요한일서, 요한이서, 요한삼서로 알려진 세 서신은, 극진히 사랑하는 자신의 양 떼가 어려운 시기를 견디고 있을 때 어느 목회자가 그들을 보살피는 모습을 보여준다. 각 서신에서 저자는 사랑과 순종 그리고 교리에 대한 신실함(특히 예수님의 인격과 사역에 대한 정통 견해)의 중요성을 강조한다. 그는 이 세 가지가 서로 밀접한 관련이 있음을 분명히 한다. 하나님의 백성과 그분의 계명을 사랑하지 않고는 하나님을 사랑할 수 없다. 이러한 주안점 때문에, 이 서신들에는 그리스도인의 일상생활에 대한 지침이 매우 풍성하다.

어거스틴(Augustine)이 요한일서에 대해 말했듯이, "하나님의 양식을 음미하는 모든 건강한 그리스도에게 이 책은 매우 달콤하다. 그리고 하나님의 거룩한 교회에게는 항상 그러할 것이다."[1] 이 서신들이 "아주 뛰어난

---

1   Gerald Bray, ed., *James, 1-2 Peter, 1-3 John, Jude*, ACCS (Downers Grove, IL: IVP Academic, 2000), 166에서 재인용.

신학자의 목소리"[2]라는 마르틴 헹겔(Martin Hengel)의 주장은 확실히 옳다.

저자

요한 일·이·삼서 본문은 저자의 이름을 언급하지 않지만, 수세기에 걸쳐 절대 다수의 그리스도인이 요한 사도가 이 서신들을(요한복음과 묵시 문서, 즉 요한계시록과 함께) 썼다고 믿어왔다. 그러나 오늘날 다수의 학자들은 다른 누군가가 심지어 2세기에 이 서신들을 썼다고 주장한다. 수세기 동안 그리스도인들이 증언해온 바와 반대되는 이러한 회의론은 오늘날 학계에서 아주 흔한 입장이지만, 그러한 회의론에 회의적인 타당한 이유가 있다.

요한일서는 그리스도의 사역을 목격한 사람이 썼다고 주장하는데, 이러한 주장의 타당성을 입증하기 위해 의미 있는 작업이 이루어졌다.[3] 저자는 의식적으로 사도의 권위와 지식으로 말한다. 그는 그리스도에 대한 증인이고(요일 1:1-4; 4:14), 하나님을 대변하며(요일 4:6), 교리의 기준을 확고히 하고(요이 10절), 직접 방문하여 그의 권위에 저항하는 이들을 정리하겠다고 말한다(요삼 9-10절). 존 스토트(John Stott)가 언급하듯이, "그는 자신이 쓴 내용에 대해 전혀 망설이거나 변명하지 않는다."[4] 이러한 주장과 행동은 사도에게만 적합하다. 따라서 우리는 이 저자가 그저 훌륭한 선생일 뿐이라고 주장할 수 없다. 그는 사도 아니면 사기꾼이다.

더 나아가 우리가 가지고 있는 이 서신들의 모든 고대 사본의 제목이

---

2   Martin Hengel, *The Johannine Question*, trans. John Bowden (London: SCM, 1989), ix.

3   이 작업은 보통 요한복음을 집중적으로 다룬 다음, 요한복음이 다른 요한 서신들에 대해 갖는 함의에 주목한다. 참고. 특히 B. F. Westcott, *The Gospel according to St. John: The Authorized Version with Introduction and Notes* (London: John Murray, 1882), v-xxxv; B. F. Westcott, *The Epistles of St. John: The Greek Text, with Notes and Essays* (Cambridge: Macmillan, 1886), xxx-xxxii.

4   John R. W. Stott, *The Letters of John*, TNTC (Downers Grove, IL: IVP Academic, 1988), 37.

나 서명에 '요한'이라는 이름이 있다.[5] 따라서 흔히 제기되는 주장에도 불구하고 엄격하게 말해서 이 서신들은 익명이 아니다. 요약하자면, 우리에게는 사도의 권위를 주장하며, 교회를 대상으로, '요한'이 썼다고 주장하는 서신들이 있다. 기원이 미심쩍은 것은 모조리 거부했던 고대 교회가 그렇게 받아들였다. 심지어 회의적인 학자들도, 그리스도인들이 수세기 동안 주목했듯이 요한일·이·삼서의 표현이 요한복음의 표현과 밀접한 관련이 있음을 인정한다. 더 나아가 요한의 서신들이 빠르면 2세기 중반에 성경으로 사용되었다는 증거가 있다.[6] 따라서 이 서신들이 본질적으로 기만적이지 않고, 우리보다 이 서신의 시대와 표현과 문화에 훨씬 가까웠을 초기 교회가 그 속임수에 완전히 넘어가지 않았다면, 이 세 서신을 사도 요한이 썼다는 견해가 가장 타당하다.[7]

저작 연대와 배경

이 서신들이 기록된 순서에 대해서는 확실한 것이 전혀 없다. 그러나 이 서신들의 관심사가 전반적으로 유사하다는 점은 이 서신들이 연이어 기록되었음을 암시한다. 이 서신들은 보통 1세기 후반에 기록되었다고 여겨지는데, 몇몇 교부 자료들은(예를 들어, 이레니우스, 알렉산드리아의 클레멘트, 로마의 클레멘트) 이때 요한이 에베소에 있었다고 한다.[8] 요한계시록이 보여주는

5 Robert Yarbrough, *1-3 John*, BECNT (Grand Rapids, MI: Baker Academic, 2008), 12. 《요한서신》, BECNT (부흥과 개혁사). Yarbrough는 후기 사본들 중에서 11세기와 12세기에 나온 단 세 개에만 요한의 이름이 없다고 언급한다. 그의 빈틈없는 논의(12-13) 참고.

6 Charles Hill, *The Johannine Corpus in the Early Church* (Oxford: Oxford University Press, 2004).

7 저자에 관한 더 자세한 논의로는 참고. Bruce Schuchard, *1-3 John*, ConcC (St. Louis: Concordia, 2012), 33-58; Yarbrough, *1-3 John*, 5-15.

8 Yarbrough, *1-3 John*, 17.

바에 따르면, 에베소는 박해와 거짓 가르침이 교회를 위협하던 1세기 말에 그리스도인이 되기에는 힘겨운 장소였다.

요한일서 2:19을 볼 때, 요한이 첫 번째 편지를 쓴 교회에 분열이 있었음이 분명하다. 그리스도를 믿는다고 고백한 일부가 교회를 떠나 바른 길을 벗어난 가르침을 따랐다. 교회를 떠난 사람들은 분명 자신들이 참된 신자라고 주장했지만, 예수님에 대한 잘못된 견해를 고수했다. 요한은 그들이 교회를 떠나려 하는 모습을 책망한다. 그것은 동료 그리스도인들에 대한 사랑이 부족하다는 증거였다. 또한 요한은 남아 있는 이들에게 참된 교리를 확실하게 하려고 편지를 쓴다. '이로써 우리가 안다'라는 어구를 거듭 사용하는 모습은(예를 들어, 요일 2:3, 5; 3:19, 24; 4:13), 요한이 이 궁지에 몰린 신자들로 하여금 진리를 분별하고 확고하게 붙들도록 도우려 하고 있음을 나타낸다(2:26). 신실한 목회자인 요한은 이 사람들이 그들의 믿음을 확신하고(5:13), 그럼으로써 예수 그리스도와 사귐을 갖게 하려고 편지를 쓴다(1:3). 그들의 인내가 그의 기쁨을 충만하게 할 것이다(1:4).

요한이서는 요한일서와 아주 유사한 이유들로 인해 기록되었다고 여겨진다. 사도가 거짓 선생들에 대해 경고하며 진리 안에서 인내하고 동료 신자들을 사랑하라고 요청하기 때문이다. 요한삼서에는 조금 더 개인적인 언급들이 담겨 있는데, 이는 서신의 배경을 더 구체적으로 이해하게 해준다. 이 서신에서 요한은, 회중을 지배하려 함으로써 교회를 분열시킨 디오드레베를 다룬다.

장르와 문학적 특징

요한이서와 요한삼서는, 기독교적으로 수정했으리라고 예상되는 전형적인 그리스식 서신 형식에 잘 들어맞는다. 요한일서에는 이러한 전형적인 서신의 요소들(인사와 신원 확인 같은)이 없지만, 저자와 같은 경험을 한 구체적인 수신자들에게 편지를 쓰고 있음이 분명히 나타난다(1:4; 2:1, 7, 8, 12–14, 21, 26; 5:13). 이 서신들은 분명히 추상적인 논문이 아니며, 초기 교회는 이를 서신이라 불렀다.[9] 따라서 이 편지들은 복음과 그 복음에 함축된 윤리에 신실하라고 권하기 위해 기록된 세 개의 목회 서신이다.

요한서신의 가장 두드러진 특징은 요한이 주제를 반복하며 서로 결합시킨다는 것이다. 예를 들어, 요한일서는 주로 언급되는 세 주제(거룩함, 사랑, 올바른 교리)를 오늘날 우리가 예상할법하게 순차적으로 다루기보다는 서로 섞어서 서신 곳곳에서 되풀이한다. 모벌리(R. W. L. Moberly)는 다음과 같이 적절하게 말한다.

> 요한의 사고방식에는 일반적인 논증 방법에 나타나는 순차적인 논리가 없다. 오히려 그의 문체는 어떤 주제에 대한 음악적 변주곡 같다. 기본적인 쟁점의 주위를 계속해서 빙빙 돌고, 여러 각도에서 다가가고, 이 측면과 저 측면을 전개하고, 무엇이 수반되고 무엇이 수반되지 않는지를 명확하게 하기 위해 하나의 진술과 다른 진술의 균형을 맞추고, 이후에 언급된 것에 비추어 새롭게 보일 수 있도록 이미 밝힌 요지로 되돌아온다.[10]

요한은 또한 보통 한 문장 다음에 다른 문장을 쓸 때 둘 사이의 논리적 연관성을 말하지 않는다. 우리는 논리적 연관성과 사고의 흐름을 파악하기 위해 문학적, 신학적 맥락을 모두 검토해야 한다. 그렇게 함으로써 구체적인 구조에 관해서는 견해가 크게 갈릴 수 있지만, 전반적인 사고의 흐름은 파악할 수 있다.

---

9   Schuchard, *1-3 John*, 19.

10   Karen Jobes, *1, 2, and 3 John*, ZECNT (Grand Rapids, MI: Zondervan, 2014), 38에서 재인용. 《강해로 푸는 요한일 · 이 · 삼서》, 존더반 신약주석 시리즈(도서출판 디모데).

신학

하나님

기독론은 이 서신들에서 가장 중요한 신학적 초점이다. 예수님은 온전한 인간이신 동시에(요일 4:2; 요이 7절) "참 하나님"(요일 5:20)이시며, 자기 백성을 위해 죽으신(요일 1:7; 2:2; 5:6) 메시아(요일 2:22)시다. 거짓 선생들은 이 진리를 부인하나 요한은 그들에 맞서 이 진리를 단언한다. 그 결과로 예수님이 신자들을 위해 행하신 사역이 풍성하게 묘사된다. 요한일서에서 예수님은 영생을 베푸시고(1:2), 죄에서 깨끗하게 하시고(1:7), 아버지 앞에서 중보 기도를 하시고(2:1), 화목제물로 죽으시고(2:2), 지식을 확증해 주시고(2:20), 마귀의 일을 멸하시고(3:8), 사랑의 의미를 가르치시고, 성령을 주신다(3:24).[11]

예수님의 인격에 대한 이러한 초점은 삼위일체에 대한 강력한 단언으로 이어진다. 예수님은 '아버지의 아들'(요이 3절)이시고 '하나님의 아들'(요일 1:3, 7; 2:23–24; 3:8, 23; 4:9–10, 14–15; 5:5, 9–12, 13, 20)이시지만, 하나님 자신이시기도 하다. 따라서 그분은 아버지와 구별되지만, 아버지와 하나이시다. 요한일서 3:24에서는 아들이 성령을 주시지만, 4:13에서는 아버지가 주시므로 성령은 두 위격과 구분된다. 하지만 성령은 하나님의 영이시다(4:2). 더 나아가 성령은 요한일서 5:6-8에서 아들을 증언하시는데, 9절에서 이 증언은 "하나님의 증거"로 불린다. 이 요점들은 세 위격으로 존재하시는 한 하나님이라는, 삼위일체에 대한 정통 교리로 이어진다.

마지막으로, 이 요점에 관해 로버트 야브루(Robert Yarbrough)는 이 서신들의 하나님 중심성을 강력하게 설명하는데, 그것은 길게 인용할 만하다.

---

11 Yarbrough, *1-3 John*, 316.

요한일·이·삼서가 그 서신을 연구하는 제자에게 남기는 단 한 가지 영구적인 인상이 있다면, 그것은 하나님의 위엄과 중심성이다…맥주를 술이라고 부르는 식으로 이 서신들도 그저 신학적이라고 할 수는 없다. 오히려 이 서신들은, 알코올 함량이 매우 높아 아주 적은 양으로도 불이 잘 붙고 쉽게 취하는 술과 같은, 증류된 신학이다. 요한이 마음속에 그리는 모든 상황, 그가 내놓은 모든 조언, 그가 전하는 모든 감정, 그가 제시하는 모든 단언에는 하나님(주로 성부와 성자, 그리고 가끔은 성령)이 가득하다. 구약의 시편 기자보다도 이 서신의 저자가 하나님께 더 흠뻑 젖어 있다.[12]

성화

요한은 순종과 의가 필요함을 강력하게 주장한다. 그러므로 이 서신들은 성화, 곧 거듭난 그리스도인이 더 깊은 순종과 거룩함을 향해 평생 성장하는 과정을 이해하는 데 많은 기여를 한다. 회심은 사람을 철저하게 변화시키므로, 회심한 이들과 길을 잃은 이들은 분명 차이가 난다(요일 3:10). 신자의 표지는 하나님의 계명을 '지키는 것' 또는 '순종하는 것'(요일 2:3-6; 3:24: 5:2)인데, 이는 선을 행하는 것(요삼 11절), 정결함을 추구하는 것(요일 3:3), "의를 행하는" 것(요일 3:7-10)이다. 실제로 그들은 계속 죄를 짓는 상태에 머무를 수 없다(요일 1:6; 5:18). 사람들이 진정으로 회심했으면서도 죄 가운데서 하나님에 대해 무관심한 채로 요지부동할 수는 있다는 생각은 발붙일 곳이 없다. 믿음이 그러하듯 사랑도 행위로 나타날 것이다.

그러나 요한은 완벽주의를 가르치지 않는다. 그는 신자들이 계속 죄를 지으리라 예상한다(요일 1:8-10). 그는 우리가 죄와 싸우는 일을 돕기 위해 편지를 쓰지만, 그러한 싸움에는 죄를 무시하거나 축소시키는 것이 포

---

12 같은 책, 27-28.

함되지 않는다. 오히려 우리의 대언자이신 예수님을 의지하여 우리 죄를 고백하고(요일 1:9), 그런 다음 거룩함을 추구한다(요일 2:1-2). 신자들은 여전히 죄와 씨름하지만 의를 향해 나아가야 한다. 우리는 죄 사함을 받았음을 확신함으로써(요일 1:9; 2:1, 12), 특히 예수님의 대속적 죽음을 통해 우리에게 보이신 하나님의 사랑에 응답함으로써 거룩함이 깊어진다.

교회론

서로 사랑하라는 반복되는 권면은 우리의 교회론(교회에 관한 교리)에 중요한 영향을 미쳐야 한다. 요한은 교회를, 서로 깊이 사랑하고 서로에게 온전히 헌신(invest)하는 사람들의 공동체로 본다. 이와 관련된 본문의 해설을 주석에서 보게 되겠지만, 요한이 명하는 사랑은 단순한 감상이나 감정이 아니라 적극적이고 헌신적인 보살핌이다. 이렇게 대가가 큰 보살핌은 특별히 헌신된 이들이 선택하는 사항으로 언급되는 것이 아니라 모든 참된 신자의 기본 생활방식으로 제시된다.

그리스도인은 서로 기본적인 필요를 채워주어야 할 뿐만 아니라(요일 3:17) 끝까지 믿음을 지키도록 도와야 한다는 면에서(요일 5:16) 서로에 대해 책임을 진다. 요한은 우리가 서로의 필요와 죄를 안다고 전제한다. 그렇지 않으면 그의 권면은 말이 되지 않는다. 이러한 보살핌은, 사람들이 일주일에 한 번 보고 마는 것이 아니라 서로를 지원하고 돕고 보살피기 위해 정기적으로 관계를 맺는 지역 교회에서 가능하다.[13]

---

13 이 주제에 대한 더 자세한 논의는 참고. Ray Van Neste, "The Church in the General Epistles," in *The Community of Jesus: A Theology of the Church*, ed. Kendell Easley and Christopher Morgan (Nashville: B&H, 2013), 150-153.

목양

이 서신들에서 주목해 볼 만한 것은, 요한이 그의 양 떼를 돌보는 모습이다. 그는 페이지마다 "사랑하는 자들아"(요일 3:2; 4:1, 7; 요삼 2, 5절), "내가…사랑하는 자"(요이 1절; 요삼 1절), "자녀들아"(요일 2:12, 28; 3:7, 18; 4:4; 5:12), "나의 자녀들아"(요일 2:1; 요삼 4절)와 같이 애정을 담은 표현을 계속 사용함으로써 그들을 향한 사랑을 뿜어낸다. 그는 단지 진리를 선포하거나 의무를 이행하기 위해서가 아니라, 독자들이 기만당하지 않도록 지키고(요일 2:26), 죄를 짓지 못하게 하고(요일 2:1), 계속 하나님과 사귐을 갖게 하고(요일 1:3), 그들에게 영생에 대한 확신을 주기 위해(요일 5:13) 편지를 쓴다. 그는 그가 사랑하는 영혼들을 위해 힘쓴다. 이것이 영혼을 감독하는 사람(히 13:17)인 목사의 임무다. 요한은 돈만 주면 뭐든 하는 사람이 아니다. 오히려 그들의 신실함으로 말미암아 큰 기쁨을 얻기 때문에 그들을 위해 수고한다(요일 1:4; 요이 4절; 요삼 4절). 이러한 관계적인 맥락에서 요한은 직설적이고도 딱 부러지게 말한다. 지도자들이 자신의 말을 듣는 이들을 진심으로 사랑하지 않으면서도 직설적이고 재치 있다는 명성을 즐기기는 아주 쉽다. 요한은 더 나은 길을 보여준다. 클레르보의 베르나르(Bernard of Clairvaux)는 다음과 같이 말하며 그 본을 따랐다. "나는 대담하게 말한다, 충실하게 사랑하기 때문에."[14]

성경 다른 본문과 그리스도와의 관련성

요한의 서신들은 여러 면에서 요한복음의 가르침을 구체적인 목회 상황에

---

14 *Saint Bernard Abbot of Clairvaux: Selections from His Writings*, trans. Horatio Grimley (Cambridge: Cambridge University Press, 1910), 119.

적용한 것이다. 이 서신들은 그리스도의 인격과 사역에 관한 중요한 증언으로, 예수님의 신성과 인성에 대한 믿음이 절대적으로 필요함을 선언한다. 또한 이 서신은 윤리와 교리가 분리될 수 없음을 보여준다.

요한서신 설교

요한일서의 무게감 있는 서론에서 주요 구절은 "우리가…전함은"(요일 1:3)이며 전하는 핵심은 그리스도다. 요한일서는 복음의 윤리적 의미를 보여주는 기독론적 설교다. 세 서신 모두 누구와 무엇이 선포되어야 하는지와 그러한 선포의 윤리적인 결과를 다룬다.

하나님의 계명에 순종하고 동료 신자들을 사랑하라는 이슈는 계속 적실하므로 이 서신들을 적용할 사안을 찾기란 어렵지 않다. 오늘날 몇몇 사람은 깨닫지 못하지만, 올바른 교리를 굳게 붙드는 일의 중요성은 계속 적실하다. 이 서신들은, 하나님을 알기 위해서는 특정한 핵심 교리들을 믿어야만 한다는 것을 선포하도록 설교자들을 밀어붙일 것이다.

또한 이 서신들은 특히 한 사람이 진정으로 회심했는지 여부를 분별하는 데 초점을 맞춘다. 그렇기에 이 서신은 막연한 영성을 주장하면서 진리와 경계에 대한 분명한 묘사를 피하는 시대에 설교하는 데 아주 중요한 자료다. 이 서신들은 사람들의 영적 상태를 분별할 수 있게 하는 유용한 목회 자료다.

요한일서에 나타나는 반복은 동일한 기본 요지를 계속 제시하기 때문에 어려운 것이 될 수 있다. 어떤 사람들은 이러한 서신을 설교하는 최선의 방법에 대해 궁금해 한다. 설교자는 같은 주제를 반복하는 설교를 피하기 위해 각 주제에 대한 모든 본문을 모아 함께 설교해야 하는가? 그렇게 할 수도 있을 것이다. 그렇지만 본문을 따라 순서대로 설교하고, 하나님이 영감하신 반복을 통해 그 주제들의 중요성을 강조하며 그 주제들이 우리 마음 깊숙이 들어가게 하는 것이 가장 유용할 것 같다. 이는 또한 설교자가 그 주제들에 대한 해설을 연마하는 기회이기도 하다.

해석상 과제

이 서신들을 해석하는 데 주된 과제는 단락을 어디서 나눌지를 결정하는 것이다. 주석책들은 몇몇 부분에서 단락을 완전히 다르게 나눈다. 그러나 그 차이가 각 본문의 해석을 크게 바꾸지는 않는다.

　서신들 내에 특별히 어려운 몇몇 본문이 있는데, 이는 각 부분의 주석에서 다룰 것이다.

요한일서 서론

개요

I. 서언: 성육신에 대한 권위 있는 증언(1:1-4)

II. 거룩함의 필요성(1:5-2:2)

    A. 하나님의 완벽한 거룩하심(1:5)

    B. 하나님의 백성은 거룩해야 함(1:6-7)

    C. 거룩하려면 우리 죄를 고백해야 함(1:8-9)

    D. 우리에게는 변호해 주시는 분이 계시므로 우리는 죄를 고백할
       수 있음(1:10-2:2)

III. 순종의 필요성(2:3-6)

B. 사랑 vs. 미움과 살인(3:12-15)

C. 사랑의 최고의 본인 십자가(3:16-18)

D. 우리의 실패에도 주어지는 확신(3:19-24)

X. 분별의 필요성과 적그리스도의 영(4:1-6)

　A. 분별하라는 요청(4:1)

　B. 검증 기준: 예수님에 대한 고백(4:2-3)

　C. 겁먹은 교회에 주는 위로(4:4-5)

　D. 확증: 하나님과 하나님의 사도의 말을 듣는 것(4:6)

XI. 하나님을 계시해 주는 사랑(4:7-12)

　A. 사랑은 타협하지 않음(4:7-8)

　B. 사랑의 최고의 본: 십자가(4:9-10)

　C. 사랑의 실천과 그 결과(4:11-12)

XII. 하나님 안에 거하는 것과 온전한 사랑(4:13-21)

　A. 회심의 세 가지 증거(4:13-16)

　　1. 성령을 받음(4:13)

　　2. 예수님을 하나님의 아들이라 시인함(4:14-15)

　　3. 사랑 안에 거함(4:16)

　B. 사랑에 대한 더 자세한 설명(4:17-21)

XIII. 예수님에 대한 믿음이 세상을 이김(5:1-5)

　A. 믿음, 사랑, 순종이 서로 연결됨(5:1-3)

　B. 믿음이 세상을 이김(5:4-5)

ⅩⅣ.그리스도의 인격에 대한 증언(5:6-12)

ⅩⅤ.요약과 결론: 확신(5:13-21)

    A. 영생에 대한 확신(5:13)

    B. 기도 응답에 대한 확신(5:14-17)

        1. 기도 가운데 확신 진술(5:14-15)

        2. 구체적인 사례: 죄를 범한 형제를 위한 기도(5:16-17)

    C. 영적 보호에 대한 확신(5:18)

    D. 하나님께 속했음에 대한 확신(5:19)

    E. 예수님의 진리에 대한 확신(5:20)

    F. 끝맺는 명령(5:21)

¹ 태초부터 있는 생명의 ¹⁾말씀에 관하여는 우리가 들은 바요 눈으로 본 바요 자세히 보고 우리의 손으로 만진 바라 ² 이 생명이 나타내신 바 된지라 이 영원한 생명을 우리가 보았고 증언하여 너희에게 전하노니 이는 아버지와 함께 계시다가 우리에게 나타내신 바 된 이시니라 ³ 우리가 보고 들은 바를 너희에게도 전함은 너희로 우리와 사귐이 있게 하려 함이니 우리의 사귐은 아버지와 그의 아들 예수 그리스도와 더불어 누림이라 ⁴ 우리가 이것을 씀은 우리의 기쁨이 충만하게 하려 함이라

¹ That which was from the beginning, which we have heard, which we have seen with our eyes, which we looked upon and have touched with our hands, concerning the word of life— ² the life was made manifest, and we have seen it, and testify to it and proclaim to you the eternal life, which was with the Father and was made manifest to us— ³ that which we have seen and heard we proclaim also to you, so that you too may have fellowship with us; and indeed our fellowship is with the Father and with his Son Jesus Christ. ⁴ And we are writing these things so that

our[1] joy may be complete.

1)헬, 로고스
[1] Some manuscripts *your*

〰〰〰〰 **단락 개관** 〰〰〰〰

요한은 편지를 시작하면서 전형적인 신원 확인과 인사가 아닌, 목격자 증언에 근거하여 성육신의 진리를 강력하게 주장한다. 사고의 흐름은 따라가기에 어려운 면이 있으나, 요지는 분명하다. 서신의 뒷부분에서는 요한의 편지를 받는 회중 가운데 많은 이들이 어떤 식으로든 성육신을 부인하고 있었음을 알게 된다.

〰〰〰〰 **단락 개요** 〰〰〰〰

Ⅰ. 서언: 성육신에 대한 권위 있는 증언(1:1-4)

〰〰〰〰 **주석** 〰〰〰〰

1:1 1-3절의 분명한 초점은 예수님이다. 그분은 반복되는 관계 대명사(개역개정은 "~바")가 가리키는 대상이다. 그분은 "생명의 말씀"이시요 "영원

한 생명"(2절)이시며, 요한이 전한 "바"(3절)다. 그러나 여기서 예수님에 대해 언급되는 것 중 가장 중요한 것은, 요한(과 그와 함께한 이들)이 직접 그분의 성육신을 목격했다는 것이다.

"우리"는 요한이 자신을 가리키는 방식일 수 있지만, 그가 이 증언을 함께 하는 사도 무리에 속해 있음을 가리키는 것일 가능성이 더 크다. 이렇듯 요한은 이 증언이 한 사람의 증언이 아니라 사도 전체의 증언임을 강조한다. 요한은 자신과 다른 사도들이 예수님을 '보고'(또한 2, 3절, 1절의 "자세히 보고"), '듣고'(3절), '만졌다'고 강조한다. 예수님이 "태초부터 있는" 분이라는 사실은(참고. 요 1:1-2), 그분의 신성을 암시한다. 다른 사람들이 그분을 보고 듣고 만졌다는 사실은 그분이 정말로 몸을 입고 그분의 백성을 찾아오셨음을 보여주며, 이는 그분의 인성이 사실임을 가리킨다.

1:2 요한은 나열하기를 그치고 한 가지 주장을 한다. 이 주장은 이 서신에서 첫 번째로 나오는 온전한 문장이다. "영원한 생명"이기도 하신 "이 생명"은 예수님을 가리킨다. 요한이 말하듯이 이 생명이 "아버지와 함께 계[셨기]" 때문이다. 이렇듯 요한은 예수님을 궁극적인 생명, 다른 사람들을 위한 영생의 근원으로 말하고 있다(요 1:4과 유사하게). 예수님은 "나타내신 바" 되었다(2절에서 두 번 나옴). 즉 성육신으로 드러나셨다. 요한복음에서 말하듯이, 요한이 그때 본 것은 "아버지의 독생자의 영광이요 은혜와 진리가 충만[한]"(요 1:14) 그분의 영광이었다. 2절은 이 사실의 목격자라는 요한의 지위를 계속 강조하며("우리가 보았고"), 그에 덧붙여 이 진리를 다른 사람들에게 전하는 그의 계속되는 역할에("증언하여…전하노니") 주목한다.

이 절 마지막 부분에는 장엄함이 풍긴다. "아버지와 함께" 계셨던 그분이 이제 "우리에게 나타내신 바" 되셨다. 예수님은 아버지에게서 우리에게 오셨다. 구약 성도들은 메시아를 희미하게 알았지만, 이제 예수님이 직접 아버지에게서 우리에게 오셨다. 이것이 성육신의 은혜. 이런 말씀들에 익숙해져서 이러한 사실의 경이로움에 무뎌져서는 안 된다.

1:3 이 긴 문장(1-3절)이 드디어 주절인 "우리가…전함은"에 이른다. 이 서두의 요지는 요한의 설교에 담긴 권위가 무엇에 근거하는지를 밝히는 것이다. 그는 보고 들은 것을 전했다. 성육신을 부인하는 이들은 직접 경험하지 못한 것을 부인한다. 요한은 자신이 성육신을 거부하는 자들에 대한 반대 증인이요 더 나은 증인이라고 주장한다. 그는 성육신의 현장에 있었고 그들은 있지 않았다.

더 나아가 이 절은, 이 서신을 쓴 첫 번째 목적에 관해 진술한다. 그 목적은 이 진리를 전파하여, 독자들이 하나님과 사귐을 누리는 사도적 증인들, 곧 "우리와 사귐이 있게 하려[는]" 것이다. 2:19에서 보게 되겠지만, 이 서신이 다루는 문제는 성육신을 부인하는 무리가 교회 공동체를 떠난 것이었다. 요한이 증인으로서 가지는 권위를 선언하는 까닭은, 독자들이 자신을 비롯한 다른 정통 신자들과 계속 사귐을 갖게 하려는 것이다. 반대자들이 아니라 그와 정통 신자들이 진정으로 하나님과 사귐을 갖고 있기 때문이다.

이 절 곳곳에서 언급되는 예수님은 이제 이 절 말미에서 처음으로 아버지의 "아들 예수 그리스도"라고 불린다.

1:4 요한의 두 번째 목적은 첫 번째 목적과 직접적인 관계가 있다. 요한은 독자들과 자신의 기쁨을 확실히 하기 위해 편지를 쓰고 있다.[15] 그들이 그리스도와 서로를 꼭 붙들어 이 현재의 시련을 잘 견디고 믿음이 온전해져서, 마지막 날에 주인의 기쁨에 참여하라는 초청을(마 25:23) 듣는다면, 그들의 기쁨이 충만해질 것이다. 요한이서 4절과 요한삼서 3-4절에서 말하듯이, 요한의 기쁨은 그가 사랑하는 이 사람들이(요일 2:7; 4:1, 7에서 말하는) 믿음 가운데 인내하는 것을 볼 때 충만할 것이다.

15 1:4에는 사본 상의 이형이 있다. "우리의[헤몬(ἡμῶν)] 기쁨" 또는 "너희의[휘몬(ὑμῶν)] 기쁨"으로 두 가지 독법이 가능하다. 두 형태를 지지하는 증거는 거의 비슷하지만 대부분의 번역이 "우리의 기쁨"을 선택했다. 의미 차이는 많지 않다. 요한은 자신의 기쁨과 자기 사람들의 기쁨을 아주 밀접하게 연결시킨다. 또한 "우리"에 요한과 함께 독자들도 포함될 수 있으므로, 필자는 이 주석에서 두 독법을 연결시켰다.

≋≋≋≋≋ **응답** ≋≋≋≋≋

요한은 이 편지를 시작하면서, 성육신의 증인이라는 그의 권위를 확고하게 선언한다(바울이 종종 그랬듯이). 몇몇 사람이 성육신의 진리를 부인했다는 사실에도 불구하고(뒤에서 알게 되듯이), 요한은 그와 사도들이 부활의 사실을 직접 경험하여 안다고 주장한다.

요한의 청중은 성육신을 부인하는 자들이 떠났을 때 사귐의 단절을 겪었다. 그러나 요한은 그들에게 필요한 것은 자신과의 사귐이라고 말한다. 왜냐하면 그가 성부와 성자와 더불어 사귐을 누리고 있기 때문이다. 요한은 이 교회에 "계속 우리와 함께 있으라. 떠난 이들을 따라가지 말라"고 말하고 있다. 요한이 뒤에서 분명히 말하듯이 공동체가 깨어지는 것은 바람직하지 않다. 그렇지만 그러한 분열이 발생한다면, 요한은 사도의 증언과 연결되어 있는 자들, 곧 하나님과 연결되어 있는 자들과 계속 함께하라고 조언한다.

요한이 말하는 두 가지 목회적 목적에 주목하라. 앞서 언급했듯이, 그의 첫 번째 목적은 독자들이 정통 신자들과 계속 사귐을 가짐으로써 하나님과 사귐을 갖는 것이다. 다시 말해, 요한은 그들에게 계속 인내하라고 말하고 있다. 하나님이 자기 백성을 지키시는 것은 사실이지만, 그분이 그렇게 하시는 방법 중 하나로 목회자와 다른 신자들의 가르침과 책망과 바로잡음을 사용하신다. 우리가 그러한 가르침을 귀담아듣지 않는다면, 인내를 기대하기 어렵다(잠 19:27). 두 번째로, 요한은 그의 사람들의 기쁨을 확실히 하기 위해 편지를 쓴다. 이것 역시 자기 사람들이 인내하기를 갈망하며 그것을 위해 힘쓰는 참된 목회자의 마음을 보여준다. 요한은 "자신이 책임지고 있는 몇 사람이 복음의 온전한 복을 누리지 못하는 한, 온전히 행복할 수 없는 목회자의 마음을 가지고 있다."[16]

---

16 I. Howard Marshall, *The Epistles of John*, NICNT (Grand Rapids, MI: Eerdmans, 1978), 105.

5 우리가 그에게서 듣고 너희에게 전하는 소식은 이것이니 곧 하나님은 빛이시라 그에게는 어둠이 조금도 없으시다는 것이니라

5 This is the message we have heard from him and proclaim to you, that God is light, and in him is no darkness at all.

6 만일 우리가 하나님과 사귐이 있다 하고 어둠에 행하면 거짓말을 하고 ¹⁾진리를 행하지 아니함이거니와 7 그가 빛 가운데 계신 것 같이 우리도 빛 가운데 행하면 우리가 서로 사귐이 있고 그 아들 예수의 피가 우리를 모든 죄에서 깨끗하게 하실 것이요

6 If we say we have fellowship with him while we walk in darkness, we lie and do not practice the truth. 7 But if we walk in the light, as he is in the light, we have fellowship with one another, and the blood of Jesus his Son cleanses us from all sin.

8 만일 우리가 죄가 없다고 말하면 스스로 속이고 또 ¹⁾진리가 우리 속에 있지 아니할 것이요 9 만일 우리가 우리 죄를 자백하면 그는 미쁘

시고 의로우사 우리 죄를 사하시며 우리를 모든 불의에서 깨끗하게 하실 것이요

⁸ If we say we have no sin, we deceive ourselves, and the truth is not in us. ⁹ If we confess our sins, he is faithful and just to forgive us our sins and to cleanse us from all unrighteousness.

¹⁰ 만일 우리가 범죄하지 아니하였다 하면 하나님을 거짓말하는 이로 만드는 것이니 또한 그의 말씀이 우리 속에 있지 아니하니라 ²:¹ 나의 자녀들아 내가 이것을 너희에게 씀은 너희로 죄를 범하지 않게 하려 함이라 만일 누가 죄를 범하여도 아버지 앞에서 우리에게 ²⁾대언자가 있으니 곧 의로우신 예수 그리스도시라 ² 그는 우리 죄를 위한 화목제물이니 우리만 위할 뿐 아니요 온 세상의 죄를 위하심이라

¹⁰ If we say we have not sinned, we make him a liar, and his word is not in us. ²:¹ My little children, I am writing these things to you so that you may not sin. But if anyone does sin, we have an advocate with the Father, Jesus Christ the righteous. ² He is the propitiation for our sins, and not for ours only but also for the sins of the whole world.

1) 헬, 참 2) 또는 보혜사

〰〰〰 단락 개관 〰〰〰

첫 네 절은 예수님과 관련된 요한의 권위를 소개했다. 이 단락은 더 구체적으로 예수님이 그분을 따르는 이들에게 가르치시고 요구하신 것으로 나아간다. 하나님의 거룩하심에 관한 진술로 시작한 이 단락의 나머지 부분

은 세 개의 '만일 우리가…하면' 문장과 후속 문장으로 이루어져 있다. '만일 우리가…하면'은 거짓된 주장을 소개하고, 이어지는 절은 그와 대조되는 진리를 제시한다.

만일 우리가…행하면(1:6)

　우리도…행하면(1:7)

만일 우리가…말하면(1:8)

　만일 우리가…자백하면(1:9)

만일 우리가…하면(1:10)

　만일 누가 죄를 범하여도…(2:1-2)

〰〰〰 **단락 개요** 〰〰〰

Ⅱ. 거룩함의 필요성(1:5-2:2)

　A. 하나님의 완벽한 거룩하심(1:5)

　B. 하나님의 백성은 거룩해야 함(1:6-7)

　C. 거룩하려면 우리 죄를 고백해야 함(1:8-9)

　D. 우리에게는 변호해 주시는 분이 계시므로 우리는 죄를 고백할
　　수 있음 (1:10-2:2)

〰〰〰 **주석** 〰〰〰

1:5 요한을 비롯한 사람들이 예수님으로부터 들은 메시지는 거룩함에 초점이 있었다. 이곳에 다시 한번 권위가 언급된다. 이 메시지는 예수님에

게서 온 것이었는데("우리가 그에게서 듣고") 이제 요한이 그 메시지를 독자들에게 선포한다. 그러므로 요한의 메시지를 무시하는 것은 그리스도를 무시하는 것이다.

이곳에서 사용된 "빛"과 "어둠"은 도덕적인 범주다. 이 용례는 요한복음을 포함하여(1:5; 3:19; 12:46) 성경 다른 데서도 발견된다(욥 18:5-6, 18; 30:26; 사 5:20; 눅 11:33-36; 행 26:18). "하나님은 빛이시라 그에게는 어둠이 조금도 없으시다는 것이니라"는 말은, 하나님이 완벽하게 거룩하시다는 의미이다.

1:6 이 구절은 앞 절에서 추론을 이끌어 낸다. 하나님이 완벽하게 거룩하시므로, 우리가 그분과 사귐을 가지면서 죄("어둠") 가운데 행할 수는 없다. 그렇게 한다는 주장은 거짓말이다. '행하다'라는 동사 페리파테오(*peripateō*)는 보통 한 사람의 생활방식을 가리키는 데 쓰인다(예를 들어, 롬 14:15; 엡 5:2). 따라서 요한은 어떤 개별적인 죄악된 행동에 근거하여 하나님을 안다는 말이 거짓말이라고 하는 것이 아니라, 계속해서 죄를 회개하지 않는 생활방식이 회심하지 않은 증거라고 말하고 있다.

더 나아가 이러한 이해는 죄 가운데서 행하는 것의 반대, 곧 진리를 행하는 모습으로 확증된다. 신자들에게 기대되는 바는 계속 진리를 행하고 진리를 살아내는 모습이다. 여기서 '행하다'의 용례는 의사가 '진료를 하다'(practice medicine)라고 말할 때의 용법과 비슷하다. 진료를 하는 것은 의사의 생활방식이다.

1:7 6절의 경고와 대조적으로, 거룩함("빛") 가운데 행하면 하나님을 안다는 고백이 사실임이 확증된다. 이 경우 우리는 신자들과("서로") 사귐을 갖고, 따라서 암시되어 있듯이 하나님과도 사귐을 갖는다(요한이 요한일서 1:3에서 말했듯이). 요한은 거룩하라는 요청의 근거를 다시금 명확하게 하나님의 성품에 둔다. 하나님이 빛 가운데 계시기 때문에 우리도 빛 가운데서 행해야 한다(벧전 1:15-16과 유사하게).

빛 가운데서 행하면 두 가지 결과가 뒤따른다. 첫 번째로, 앞에서 언급했듯이 우리가 "서로" 즉 다른 신자들 및 사도 증인과 사귐을 갖는다. 거룩함이 사귐을 낳는다는 요한의 말을 놓쳐서는 안 된다. 율법주의와 죄를 무심코 받아들이면 사귐이 끝나지만, 참된 거룩함은 우리를 동료 신자들과 연합시킨다. 두 번째로, "예수의 피가 우리를 모든 죄에서 깨끗하게" 한다. 이는 우리의 거룩한 행위로 그러한 깨끗함을 얻는다는 의미가 아니다. 오히려 빛 가운데서 행하는 모습이, 우리가 깨끗함을 받은 이들에게 속해 있음을 보여준다.

"예수의 피"는 구약의 희생제사 제도와 어울리는 용어로 그분의 희생적 죽음을 가리키며 희생제사 제도는 예수님의 사역에 관한 일관된 성경적 논의의 기초이다. 요한은 신자들이 "모든 죄"에서 깨끗하게 됨을 언급하여 이 깨끗하게 됨의 포괄성을 강조한다.

1:8 앞의 "만일 우리가…하고"라는 말(6절)은 여전히 죄 가운데 있으면서 하나님과 사귐이 있다고 주장하려는 시도였다. 이제 8절에서는 처음부터 죄가 없다는 주장이 나온다. 그러나 요한은 죄가 없다는 주장이 자기기만일 뿐이라고 말한다. 이렇게 스스로 속이는 사람은 그 안에 진리가 없다. 이는 그들이 회심하지 않았다는 의미다. 어떤 사람의 영적 상태가 자기기만일 수 있다는 말은 정신이 번쩍 들게 한다. 그러나 만약 진리를 받았다면 진리가 그러한 기만에서 우리를 자유롭게 한다는 말은 위안을 준다.

1:9 앞에서 언급한 구조('만일 우리가…하면', 응답에 이어지는)는 이 절이 앞 절과 대조됨을 보여준다. 만일 우리가 우리 죄를 숨기거나 부인하려 하는 대신 자백하면 깨끗하게 될 수 있다. 이는 구약이 분명하게 가르치는 진리다(시 32:5; 잠 28:13). 우리 죄를 고백하기보다 숨기려는 유혹을 받는 까닭은, 우리가 잘못한 대상이 어떻게 반응할지가 두렵기 때문이다. 요한은 궁극적으로 모든 죄를 불쾌하게 여기시는 하나님이 "미쁘시고 의로우[시다]"고 확실하게 말한다(하나님의 신실하심은 시편 32편이 계속해서 호소하는 성품이다).

우리는 어떻게 하나님의 미쁘심과 의로우심이 우리 죄를 용서하시는 결과를 낳는지 의아해할 수도 있다. 의로우심은 우리 죄에 대한 벌을 요구하는 듯 보이기 때문이다. 의심할 여지없이 그리스도의 사역으로 말미암아 세워진 하나님과 그 백성 사이의 새 언약이라는 더 광범위한 진리가 고려되고 있다. 회개하고 믿는 이들은 그리스도 안에서 하나님과 연합하고 죄 사함과 깨끗하게 됨을 약속받는다. 그리스도께서 그들의 벌을 받으시고 그들에게 그분의 의를 약속하셨기 때문에 이 죄 사함과 깨끗하게 하심은 하나님이 하실 의롭고 신실한 일이다. 그래서 우리는 하나님의 언약 약속을 의지한다.

1:10 이 절은 여러 면에서 8절을 고쳐 말한 것이다. 8절과 10절의 진술이 서로 다르다고 가정하는 다양한 주장이 제기되었다. 10절이 앞 내용을 요약해 주는 일반 진술이라고 보는 것이 최선으로 여겨진다. 여기서 요한은 완료 시제를 사용하여 8절의 진술을 확장하는데, 현재 어느 특정한 죄도 없다는 말을 막을 뿐만 아니라 전반적으로 죄가 없는 상태라는 생각을 책망한다. 어쨌든 전반적인 요지는 분명하다. 그리스도인은 이생에서 죄 없는 완벽함을 기대할 수 없다는 것이다.

만일 우리가 완벽하게 죄가 없다고 주장한다면, 그것은 인간의 죄성과 구속의 필요성에 대한 하나님의 명확한 말씀을 부인하며 그분을 거짓말쟁이로 만드는 것이다. 죄 없다는 주장은 또한 하나님의 말씀이 우리 안에 있지 않음을 드러내기도 한다. 그 주장은 하나님의 말씀을 부인하는 것이기 때문이다["진리"(8절)와 "그의 말씀"(10절)은 서로 병행을 이룬다]. 이는 9절과 뚜렷하게 대조된다. 9절에서 우리는 죄를 고백함으로써 하나님이 신실하시고 의로우심을 알게 되었다. 반면 우리 죄를 부인하면 하나님을 자신의 말에 충실하지 않는 거짓말쟁이로 만든다.

2:1 이 절은 삽입 문장으로 시작한다. 요한은 앞서 해왔던 것처럼 "만일…하면" 절(10절)에 응답하기 전에 잠시 멈춘다. 이러한 전환은 "나의 자

녀들아"라는 직접적인 호칭을 사용하는 것으로 표시된다. 이 호칭에는 애정 어린 열정이 담겨 있다. 요한은 독자들에게 죄의 실상을 인식하라고 촉구한 직후에, 잠시 멈추어 죄를 고백하는 행위와 죄를 용인하는 행위가 같지 않음을 분명히 한다. 우리 죄의 실상을 숨기는 것은 지혜롭지 않지만, 그는 죄를 개의치 않는 반대편의 악으로도 향하지 말라고 말한다. 오히려 그는 여기서 잠시 멈추어, 이 편지를 쓰는 목적이 독자들로 하여금 죄를 짓지 않도록 돕는 것이라고 말한다. 이는 요한이 말하는 편지의 세 번째 목적이며(참고. 1:3과 1:4), 그 세 목적은 직접적인 연관성이 있다. 요한은 독자들이 하나님 및 그분의 사도와 사귐을 가진다는 것을 보이며, 회심했다는 사실을 입증하기를 바란다. 그 과정에 그들은 죄와 싸우게 될 것이다. 그리고 이를 통해 그들은 함께 기뻐할 것이다.

그러므로 요한은 독자들에게 죄를 피하라고도 말하지만, 죄의 실상을 인식하라고도 말한다. "만일 누가 죄를 범하여도"라는 조건문은, 하늘 이쪽 편에서 죄 없는 상태에 이를 가능성이 있다는 말이 아니다. 오히려 헬라어 구조는 그 행동("죄")이 일어날 수 있음을 나타낸다.[17] 요한은 독자들이 죄와 싸우는 일을 돕기 위해 편지를 쓰고 있지만, 죄를 지었을 때는 아버지 앞에서 그들을 변호해 주시는 예수님을 의지해야 한다. 이는 요한이 9절에서 한 말에서 한 걸음 더 나아간 것이다. 새로 주어진 정보는, 우리가 용서를 받는 과정에서 예수님이 행하시는 구체적인 역할에 관한 것이다. 1:9에서는 우리가 죄를 자백하며 하나님께 나아갈 수 있다는 확신의 근거가 아버지의 언약적 신실하심이었는데, 이곳에서는 그 근거가 그리스도의 중보 사역이다. 그리스도가 우리의 "대언자"시다.

이곳에 사용된 헬라어 단어 파라클레토스(*paraklētos*)는 요한이 요한복음에서 성령에 대해 사용한 것과 같은 단어다(요 14:16; 15:26; 16:7). 예수님은 요한복음 14:16에서 성령을 "또 다른 보혜사"로 부르시며, 자신 역시

---

17 참고. Daniel B. Wallace, *Greek Grammar beyond the Basics* (Grand Rapids, MI: Zondervan, 1997), 696-698.

보혜사임을 암시하신다. 이 단어는 '중보자'나 '중재자' 또는 법적인 문제를 해결하거나 저명한 사람을 만날 수 있도록 도와줄 수 있는 사람을 가리킨다. 요한은 우리가 죄를 지을 때 예수님이 아버지 앞에서 우리를 위한 이러한 "대언자"이심을 상기시킨다. 이 서신에 어떤 암시하는 바가 있다면, 요한의 설교에서 죄가 우리를 하나님에게서 분리시켜서 그분의 거룩한 분노를 불러일으켰다는 사실이 이미 독자들에게 분명히 제시되었다는 것이다. 그러므로 우리는 죄를 지을 때 절망에 몰릴 수 있다. 그러나 요한은 죄가 극악무도하긴 하지만, 우리에게는 이 사실에 대처하도록 도와주시고 하나님 곁을 떠나지 않게 해주실 중보자가 계신다고 말한다. 더욱이 이 중보자는 1:9에서 묘사된 아버지처럼 "의로우신" 분으로 묘사된다. 그분은 의로우시기 때문에 신뢰받으실 수 있고, 의가 부족한 우리와 달리 아버지 앞에 서실 수 있다. 이 대언자가 우리 죄를 어떻게 처리하시는지는 다음 절에서 다뤄진다.

2:2   예수님은 "우리 죄를 위한 화목제물"이시므로 죄를 지은 우리를 도우실 수 있다. "화목제물"로 번역된 단어 힐라스모스(*hilasmos*)는 진노를 누그러뜨리는 희생제물을 가리킨다.[18] 예수님이 우리 죄에도 불구하고 우리의 대언자이실 수 있는 이유는, 그분이 십자가에서 믿는 모든 이의 죄에 합당한 벌을 받으셨기 때문이다. 그분이 우리 죄에 대한 판결에 따른 벌을 받으셨으므로, 우리가 받아 마땅한 진노를 물리치셔서 이제 우리가 하나님과 화해할 수 있게 하셨다(참고. 롬 3장). 이렇게 '죄를 담당하신 이'가 이제 우리의 대언자로 서 계시므로 우리는 그분을 의지할 수 있다.

요한은 계속해서 예수님이 "우리 죄"뿐 아니라 "온 세상의" 죄를 처리하셨다고 말한다. 몇몇 사람은 이것이 죄를 회개하고 예수님을 믿는 사람이나 그러하지 않는 사람이나 모두 구원받는다는 의미라고 주장했다. 그

---

18 이 단어를 '화목제물'로 번역해야 하는지 아니면 '속죄제물'로 번역해야 하는지에 대한 논란에 대해서는 Yarbrough, *1-3 John*, 77-79 참고.

러나 이 편지의 요지는, 참 신자와 거짓 신자를 분별하는 것이다. 만약 모든 사람이 어차피 구원받는다면 요한의 편지는 무의미할 것이다. 요한은 다양한 무리의 사람들이 하나님과 사귐을 갖고 있지 않다고 분명히 말했다. 그들은 그리스도의 화해 사역을 받아들인 이들이 아니었다. 그렇다면 요한은 여기서 모순된 말을 하고 있지 않다. 오히려 그의 요지는 예수님이 세상을 위한 희생제물이시라는 것이다. 이 구원의 메시지는 한 무리에게만 국한되지 않고, 모든 곳 모든 사람에게 대담하게 선포되어야 한다.

≈≈≈≈ 응답 ≈≈≈≈

이 본문은 그리스도인의 삶에서 죄의 실상을 다루는 강력하고도 중요한 본문이다. 이 주제에 대한 어떤 논의든 그 시작은, 요한이 한 것처럼 하나님이 완벽하게 거룩하시다는 진리를 토대로 삼아야 한다. 이 진리가 없으면 우리는 다양한 이유로 우리의 죄성을 경시하거나 용인하게 될 것이다. 목양을 하다 보면, 결국 사람들이 사실상 이런 말을 하는 것을 아주 많이 보게 된다. "이게 얼마나 어려운지 아신다면 제 죄를 용납하셔야만 한다는 걸 이해하실 거예요. 하나님은 제가 행복하기를 원하시는데 이 어려운 결혼 생활이 저를 불행하게 하니 제가 떠나는 것을 용납해 주셔야 해요." "저는 동성에게 매력을 느껴요. 저는 외롭기 때문에 동성과 결혼을 하는 것을 용납해 주셔야 해요." 사례는 아주 많다. 우리는 거룩함의 기준이 우리 기분에 따라 좌우되지 않음을 기억하기 위해 하나님의 절대적인 거룩하심에서 시작해야 한다.

따라서 요한은 지혜로운 목사의 본이 되어, 죄에 대한 반응에 어떤 위험이 있을 수 있는지를 알려준다. 우리는 한편으로는 죄를 용인하거나 숨기고, 다른 한편으로는 우리 죄의 실상에 절망하여 움츠러드는 경향이 있다. 그런데 우리 영혼의 적은 우리가 어떤 덫에 걸리는지는 신경 쓰지 않는다. 그는 손쉽고도 교활하게 두 전략을 다 구사한다. 요한은 하늘 이쪽

편에서 죄 없는 완벽함에 이를 수 있다는 모든 주장을 반박한다. 그는 우리가 의기양양하게 드러내는 모든 허세의 허점을 찾는다. 우리 모두에게 죄는 과거의 기억일 뿐만 아니라 현재의 실재다. 우리는 그 죄를 직면해야 한다. 그러나 그 죄를 직면할 때 압도될 수 있다. 우리는 죄를 직면한 다음 예수님께로 달려가야 한다. 죄를 진지하게 여기고 또한 하나님의 용서도 진지하게 여겨야 한다.

죄와 싸우는 가장 좋은 방법은 죄를 고백하는 것이다. 보통 죄를 인정하면 죄가 가볍게 여겨질 것 같다고 느끼고("아, 괜찮아요. 우리 모두 그래요") 죄를 숨기는 편이 더 나을 것이라고 생각한다("나는 절대 그렇게 하지 않을 거야"). 그러나 그렇지 않다. 우리는 죄를 고백함으로써 깨끗해진다. 그리고 이렇게 깨끗해짐으로 죄 사함을 받은 사람은 감사하게 된다. 예수님이 가르치셨듯이 많이 용서받은 사람이 많이 사랑한다(눅 7:41-47). 그러므로 죄를 고백하면 예수님을 더 많이 사랑하게 되고, 그러한 사랑이 죄를 노출시키는 것에 대한 두려움보다 더 강하게 죄를 억제한다.

또 하나 흥미로운 점은, 요한이 우리가 할 수도 있는 말과("만일 우리가…하면", 요일 1:6, 8, 10) 하나님의 진리를 대조하고 있다는 것이다. 사람들은 온갖 주장을 하면서 때로는 다른 의견을 허용하지 않는다. 그러나 우리가 어떤 것들을 주장하든 하나님의 말씀이 진리를 판단한다.

3 우리가 그의 계명을 지키면 이로써 우리가 그를 아는 줄로 알 것이요 4 그를 아노라 하고 그의 계명을 지키지 아니하는 자는 거짓말하는 자요 1)진리가 그 속에 있지 아니하되 5 누구든지 그의 말씀을 지키는 자는 하나님의 사랑이 참으로 그 속에서 온전하게 되었나니 이로써 우리가 그의 안에 있는 줄을 아노라 6 그의 안에 산다고 하는 자는 그가 행하시는 대로 자기도 행할지니라

3 And by this we know that we have come to know him, if we keep his commandments. 4 Whoever says "I know him" but does not keep his commandments is a liar, and the truth is not in him, 5 but whoever keeps his word, in him truly the love of God is perfected. By this we may know that we are in him: 6 whoever says he abides in him ought to walk in the same way in which he walked.

1) 헬, 참

요한은 참된 신자의 거룩함에 대한 논의를 이어가며 이제 그리스도의 "계
명"에 대한 순종이라는 측면에서(처음으로 이 서신의 핵심 단어를 사용하며) 이야
기한다. 하나님의 계명에 순종하는 것은 회심했다는 분명한 증거다. 요한
은 계속 거짓 주장을 논박하지만, 그 표현은 '만일 우리가 …라 (말)하면'("if
we say")에서 '…(말)하고 ~하는 자는'("whoever says", 요일 2:4, 6)으로 바뀐다.
사고의 흐름은 단순한 주고받기 식으로, 순종(3, 5-6절)이나 불순종(4절)에
근거하여 사람의 영적 상태를 긍정적이거나 부정적으로 평가한다. 5b-6
절은 이 단락의 요약으로 긍정적인 평가를 다시 언급한다.

━━━━━ 단락 개요 ━━━━━

Ⅲ. 순종의 필요성(2:3-6)

━━━━━ 주석 ━━━━━

2:3 요한은 조금 다른 표현을 사용하여 참된 회심의 증거를 계속 논한
다. 앞 단락에서 신자는 그 속에 "진리"(1:8) 또는 하나님의 "말씀"(1:10)이
거하는 이들로 지칭되었다. 이제 참된 신자는 "그를 아는"('하나님을 아는 것'
이라는 표현이 처음 나오는데, 서신 곳곳에 계속 나온다) 이들로 묘사된다. 하나님을
"아는" 것은, 그분과 언약 관계에 있는 이들을 가리키는 아주 흔한 성경의
용어다(예를 들어, 렘 9:24: 요 17:3: 딛 1:16).

요한은 이 절과 이어지는 절들에서 하나님의 계명을 "지키[는 것]"을

언급한다. 이 헬라어 동사 테레오(*tēreō*)는 유지하다 또는 지키다라는 의미로, 이 문맥에서는 순종을 가리킨다. 하나님의 계명에 순종하는 것은, 논의의 대상인 이들이 하나님과의 관계에 들어갔다는 표지다. 이 말은 1:7에서 제시한 기본 요점을 변형시킨 것이다. 즉 하나님을 알면 그 결과로 하나님께 순종하게 된다. 멈칫거리고 망설일 수도 있지만, 그러한 관계는 언제나 결국 하나님의 계명에 순종하는 쪽으로 나아간다.

2:4 3절의 진술에 비추어 볼 때, 순종이 뒤따르지 않는데도 하나님을 안다고 하는 주장은 모두 거짓말이다. 이 말은 1:6에 표현된 진리를 변형시킨 것이다. 1:10에서는 범죄하지 않았다고 주장하는 사람이 하나님을 거짓말쟁이로 만드는 자였는데, 여기서는 하나님을 안다고 주장하지만 실제로 하나님께 순종하지 않는 사람 자신이 거짓말쟁이다. 다시 말해 "진리가 그 속에 있지 아니하[다]." 참된 믿음은 항상 순종을 낳는다.

2:5a 5절 전반부는 4절의 문장을 이어가며 그와 반대편에 있는 진리를 말한다. 불순종이 하나님을 안다는 주장이 그릇됨을 입증하듯이, 순종은 그러한 주장이 옳음을 입증한다. 여기서는 하나님의 "말씀"이 동의어인 하나님의 "계명"을 대신하고, 하나님을 아는 것은 하나님에 대한 사랑이 그 사람 속에서 온전해지는 것으로 언급된다. 여기서 하나님의 사랑이 처음으로 언급된다. 이 표현은 뒤에서 핵심 주제가 될 것이다.

　"하나님의 사랑"은 여러 가지로 이해될 수 있는데, 이 문맥에서는 하나님에 대한 신자들의 사랑을 언급하는 것일 가능성이 높다. 하나님에 대한 우리의 사랑은 하나님께 순종하는 모습으로 귀결될 때 참된 완성에 이른다(요한이 이어지는 절들에서 말하듯이, 결국 그들은 다른 사람들도 사랑하게 될 것이다). 하나님에 대한 사랑과 순종이 가지는 이러한 연관성은 요한의 글 곳곳에서 자주 나오는 주제다(요 14:15, 21, 23; 요이 6절).

2:5b-6 "이로써 우리가…아노라"는 이 단락을 시작한 3절의 어구를 되

풀이한 것인데, 요한이 이 작은 단락을 마무리하고 있다는 것과 회심의 증거로 순종이 중요함을 요약하고 있다는 것을 나타낸다. 누구든 참으로 그리스도 안에 산다면, 그는 그리스도가 사신 것처럼 살 것이다. 이는 참된 신자는 그리스도께 순종한다는 말을 풀어서 표현한 것이다. 그것이 제자가 된다는 것의 의미이기 때문이다. 제자가 된다는 것은, 스승의 길을 따르고 그 행동을 본받고 그 가르침을 고수하는 것이다. 따라서 그리스도의 제자라고 주장하면서 그분의 길을 따르려 하지 않는 것은 틀림없이 가짜다.

≈≈≈≈ 응답 ≈≈≈≈

그리스도인의 삶에서 순종은 타협할 수 없는 것이다. 요한(그리고 바울)이 아주 분명히 밝히듯이, 은혜로만 구원받는다는 사실이 순종의 필요성을 무효화하지는 않는다. 중요한 것은 순서다. 요한은 '용서받기 위해 순종하라'고 말하지 않는다. 오히려 참으로 그리스도 안에 있는 사람은 그분께 순종한다고 되풀이해서 말한다. 요한의 관심은 독자들에게 하나님을 아는 사람이 드러낼 수밖에 없는 표지를 인식시키는 것이다. 하나님의 계명에 복종하는 데 관심이 없다면, 특히 실제로 하나님의 계명이 우리의 문화적 관념이나 안락함에 영향을 미칠 때조차 그러하다면, 그 사람의 영적 상태를 의심해 봐야 한다.

7 사랑하는 자들아 내가 새 계명을 너희에게 쓰는 것이 아니라 너희가 처음부터 가진 옛 계명이니 이 옛 계명은 너희가 들은 바 말씀이거니와 8 다시 내가 너희에게 새 계명을 쓰노니 그에게와 너희에게도 참된 것이라 이는 어둠이 지나가고 참빛이 벌써 비침이니라

7 Beloved, I am writing you no new commandment, but an old commandment that you had from the beginning. The old commandment is the word that you have heard. 8 At the same time, it is a new commandment that I am writing to you, which is true in him and in you, because[1] the darkness is passing away and the true light is already shining.

9 빛 가운데 있다 하면서 그 형제를 미워하는 자는 지금까지 어둠에 있는 자요 10 그의 형제를 사랑하는 자는 빛 가운데 거하여 자기 속에 거리낌이 없으나 11 그의 형제를 미워하는 자는 어둠에 있고 또 어둠에 행하며 갈 곳을 알지 못하나니 이는 그 어둠이 그의 눈을 멀게 하였음이라

⁹ Whoever says he is in the light and hates his brother is still in darkness. ¹⁰ Whoever loves his brother abides in the light, and in him² there is no cause for stumbling. ¹¹ But whoever hates his brother is in the darkness and walks in the darkness, and does not know where he is going, because the darkness has blinded his eyes.

¹ Or *that* ² Or *it*

〰〰〰 단락 개관 〰〰〰

요한은 서로 사랑하라는 계명으로 전환하여 순종이라는 주제를 이어간다. 서로 사랑하는 것은 그리스도인이 하나님께 순종하는 한 가지 주요한 방법이다. 동료 신자들에 대한 사랑이 부족한 것은 하나님을 알지 못한다는 증거다.

〰〰〰 단락 개요 〰〰〰

IV. 동료 그리스도인을 사랑해야 할 필요성(2:7-11)
  A. 옛 계명이지만 새 계명(2:7-8)
  B. 사랑과 빛, 미움과 어둠(2:9-11)

﹌﹌ 주석 ﹌﹌

2:7 요한은 독자들을 가리켜 처음으로 "사랑하는 자들"(beloved)이라고 부른다. 서신의 나머지 부분 곳곳에서도 그는 자주 그렇게 부른다. 이는 단지 관례적인 표현이 아니다. 요한은 하나님의 사랑이 그들 속에서 온전해졌음을 방금 언급했고(2:5) 또 서로 사랑하라고 요청할 준비를 하고 있다. 이에 그들이 요한과 하나님의 사랑을 받음을 나타내는 애정이 담긴 표현을 쓴다.

이곳과 뒤이은 절들에서 논의되는 "계명"은 서로 사랑하라는 명령이다. 요한은 이 계명이 새로운 것이 아니라 그들이 "처음부터 가진" 것이며 "들은 바"라고 말한다. 의심할 여지없이 이는 다음 사실을 가리킨다. 독자들은 그리스도인의 삶을 시작했을 때부터, 선포된 복음을 들은 첫 순간부터 그리스도인은 서로 사랑해야 함을 배웠다. 그들은 아마 요한이 요한복음 13:34-35에 기록한 예수님의 말씀에 대해 이야기한 것을 들었을 것이다. 또한 "처음"은 성경의 처음을 가리킬 수도 있다. 이 명령이 가장 일찍 주어진 계시인 모세오경에 기록되어 있기 때문이다(레 19:18).

2:8 또 다른 의미에서 이 "계명"은, 그리스도의 부활과 승천에 비추어 볼 때 이제 "새" 계명이다. "어둠이 지나가고 참 빛이 벌써 비침이니라"는 하나님 나라가 도래했음을 가리킨다. 어둠이 완전히 가시지는 않았지만, 이제 그리스도의 결정적인 승리로 인해 새 시대가 시작되었다. 따라서 이 계명은 모세가 말할 수 있었던 수준, 심지어 이전 예수님의 청중이 이해할 수 있었던 수준을 넘어선다. 그리스도께서 십자가에서 보이신 자기희생으로 말미암아 이 계명이 궁극적으로 성취되었고, 그 결과로 그분이 아버지 앞에서 힘 있게 계시며(요 16:10, 28) 중보자 역할(요일 2:1)을 하신다. 그러므로 이 계명은 그 백성 가운데서 새로운 힘과 성취 가능성을 갖는다.

2:9 요한은 앞 절에서 다시 소개한 빛/어둠 주제를 이어가며, 또 다른 '…

하면서 ~하는 자는'("whoever says")라는 표현을 통해 윤리적 영향에 주목한다. 이 도래한 하나님 나라("빛")에 참여한다고 주장하지만 "그 형제를 미워하는" 자는 그가 말하는 바를 알지 못한다. 동료 신자("형제")를 미워하는 자는 이 빛의 나라에 있을 자리가 없으므로, 그러한 미움은 하나님을 안다는 주장에 대한 또 다른 반박이다.

2:10 이 새로워진 사랑 계명에 순종하는 이는, 도래한 하나님 나라에 참여하며 "빛 가운데" 있다. 그는 그리스도의 승리로 인한 혜택을 함께 누린다. 그 결과로서 그러한 사람에게는 "거리낌이 없[다]"[헬라어 스칸달론(*skandalon*), 신약에서 이 단어는 거의 항상 다른 사람들을 걸려 넘어지게 하는 것을 가리킨다]. 따라서 우리는 다른 신자들을 사랑할 때 "그들이 그 나라에서 성장하기는 것을 가로막기보다는 증진시킨다."[19]

2:11 요한은 다른 신자를 미워하는 자의 상태로 돌아가서, 그러한 사람은 어둠 가운데(하나님 나라 밖에, 참고. 9절) 있다고 되풀이해서 말한다. 요한은 그러한 미워하는 자는 "어둠에 행[한다]"고 덧붙이면서, 그가 계속 하나님의 길 밖에서 살고 있으며 그 결과로 길을 잃고 헤맴을("갈 곳을 알지 못하나니") 강조한다. 더 나아가 형제를 미워하는 자는 눈이 "멀게" 된다. 죄는 신학적·윤리적 진리에 대해 눈을 멀게 하여, 진리가 바로 눈앞에 있어도 그것을 볼 수 없게 만든다. 예수님은 종교 지도자들의 그러한 눈 먼 상태를 책망하셨고(요 9:35-41), 바울 역시 그것을 묘사한다(고후 4:4).

≋≋≋≋ 응답 ≋≋≋≋

동료 신자들에 대한 사랑은 기독교 신앙에서 타협할 수 없는 부분이다. 누

---

19 같은 책, 109.

군가가 믿는다고 고백하면서 동료 신자들을 사랑하지 않는다면, 그러한 사람은 진정으로 회심하지 않은 것이다. 사랑이 더 강하거나 약할 수도 있고, 더 지속적이거나 덜 지속적일 수도 있다. 그러나 회심이 일어났다면 사랑이 존재할 것이다. 구속사의 이 시점에, 그리스도께서 십자가에서 사역을 완수하시고 우리에게 성령을 부어주시고 계속 우리를 위해 중보하시는 이때, 신자들 사이에 사랑이 부족한 것은 특히 용납할 수 없는 일이다. 만일 다른 신자들에 대한 미움을 정당화하려 한다면, 그런 사람은 분명히 눈이 멀어서 이 본문의 분명한 진리를 볼 수 없는 것이다.

어둠은 실제로 사람들의 눈을 멀게 만들기 때문에, 단순히 합리적인 설명만으로는 다른 사람을 그리스도께로 이끌기에 충분하지 않음을 기억해야 한다. 반드시 성령께서 일하셔야만 한다. 우리의 의무는 복음을 말하는 것일 뿐이고, 하나님만이 보지 못하는 눈을 뜨게 하실 수 있다.

요한의 "사랑하는 자들아"라는 표현은 교훈적이다. 비록 '친애하는'(dearly beloved)이라는 표현은 많은 이들이 남용하는 낡은 관습이 되어버렸지만, 하나님의 백성에 대한 우리의 사랑과 하나님의 사랑을 자주 확언하는 방식으로 그들을 부르는 것의 목회적 중요성을 잃어버려서는 안 된다. 특히 목회자들은 요한의 본을 받아서, 자신의 회중을 도전하거나 책망할 때도 그들을 향한 애정을 분명히 밝히는 식으로 그들을 부를 수 있다.

12 자녀들아 내가 너희에게 쓰는 것은 너희 죄가 그의 이름으로 말미암아 사함을 받았음이요 13 아비들아 내가 너희에게 쓰는 것은 너희가 태초부터 계신 이를 알았음이요 청년들아 내가 너희에게 쓰는 것은 너희가 악한 자를 이기었음이라 14 아이들아 내가 너희에게 쓴 것은 너희가 아버지를 알았음이요 아비들아 내가 너희에게 쓴 것은 너희가 태초부터 계신 이를 알았음이요 청년들아 내가 너희에게 쓴 것은 너희가 강하고 하나님의 말씀이 너희 안에 거하시며 너희가 흉악한 자를 이기었음이라

12 I am writing to you, little children, because your sins are forgiven for his name's sake. 13 I am writing to you, fathers, because you know him who is from the beginning. I am writing to you, young men, because you have overcome the evil one. I write to you, children, because you know the Father. 14 I write to you, fathers, because you know him who is from the beginning. I write to you, young men, because you are strong, and the word of God abides in you, and you have overcome the evil one.

이 단락에는 누구와 무엇을 고려했는지를 정확히 설명하는 데 많은 난점들이 뒤엉켜 있다. "내가 쓰는"("I am writing", 현재 시제 동사, 3회)과 "내가 썼"("I write", 부정과거 시제 동사, 3회)의 차이는 무엇인가? "자녀들", "아비들", "청년들"은 누구인가? 이들은 별개의 집단인가, 아니면 어떻게든 겹치는가? 각 집단에 전한 메시지의 요지는 무엇인가? 표1처럼 병행되는 부분을 나란히 두고 보면 도움이 될 것이다. 굵은 서체는 동일한 표현이다.

(12) **자녀들아**[헬. 테크니아(*teknia*)] 내가 너희에게 쓰는 것은 너희 죄가 그의 이름으로 말미암아 사함을 받았음이요	(14) 아이들아[헬. 파이디아(*paidia*)] 내가 너희에게 **쓴 것은** 너희가 아버지를 알았음이요
(13) **아비들아 내가 너희에게 쓰는 것은** 너희가 **태초부터 계신 이를 알았음**이요	**아비들아 내가 너희에게 쓴 것은** 너희가 **태초부터 계신 이를 알았음**이요
청년들아 내가 너희에게 쓰는 것은 너희가 **악한 자를 이기었음이라**	**청년들아 내가 너희에게 쓴 것은** 너희가 강하고 하나님의 말씀이 너희 안에 거하시며 너희가 흉악한 자를 이기었음이라

표 1. 요한일서 2:12-14의 병행 부분

각 집단에게 하는 말은 이 서신의 다른 부분에서 언급되는 복음의 혜택들이다. 즉, 죄 사함(1:9), 하나님을 아는 것(2:3), 악한 자를 이기는 것[4:4(특히 테크니아에게 하는 말); 5:4-5], 하나님의 말씀이 거하는 것(1:8, 10; 2:24)이다. 청년들에게 강하라고 말하는 부분만이 서신의 나머지 부분에서 명시적으로 나오지 않는다.

"내가 쓰는"과 "내가 쓴"의 반복은 새로운 초점으로 주의를 환기시키는 역할을 하는 수사적인 표현이다. 요한은 편지를 쓰는 이유를 이미 말했다(1:4; 2:1). 그러나 거룩함과 동료 신자들에 대한 사랑을 언급하는 메시지를 잘 전한 후에 잠시 멈추어 독자들이 자신에게 집중하고 있는지 확인한다. 마치 훌륭한 설교자인 요한이 중요한 순간에 멈추어 "잘 들어 보세요!"라고 말하는 것 같다.

병행 부분을 보건대, "자녀들"(12절, 테크니아)과 "아이들"(14절, 파이디아)을 구분하려는 의도는 아닌 것 같다. 테크니아는 신약에서 요한서신에만 나오며 항상 애정을 담은 말이다. 이는 사랑과 아버지 같은 관심을 보여주는, 정서적으로 좋은 기억을 떠올리게 하는 단어다.[20] 더 나아가 이 서신 곳곳에서 청중 전체를 가리킬 때 이 두 단어가 모두 사용되기 때문에(테크니아: 2:12, 28; 3:18; 4:4; 5:21, 파이디아: 2:18; 3:7), 이 절들에서 요한이 청중의 일부만을 가리키려고 이 단어들을 쓰는 것 같지는 않다. 그러므로 요한은 "자녀들", "아이들"이라는 표현으로 교회 전체를 지칭한다.

그런 다음 요한은 격려가 되는 표현을 사용하여 신자들을 두 범주로 나타낸다. "아비"는 고대 세계에 다른 사람들을 돌보고 이끌고 본이 되는 책임을 일깨우는 존칭이었다. 따라서 여기서 요한은 교회 내에서 어느 정도 성숙한 이들에게 호소하고 있다. 아직 성숙하지 않은 이들(나이나 신앙 면에서 더 어린)은 "청년들"[네아니스코이(neaniskoi)]로 불린다. 이 단어는 보통 특별한 힘, 활력, 잠재력을 가진 시기와 연관된다. 70인역에서는 이 단어가 정탐꾼으로 여리고에 들어간 이들(수 6:23), 유배 중에도 계속 하나님께 신실했던 다니엘과 세 친구에게(단 1:17) 사용된다. 따라서 요한은 잠재력과 가능성을 염두에 두고 이 집단을 청년들이라 부른다.

앞에서 언급했듯이, '… 까닭은'("because", 개역개정은 "…것은")에 이어지는 각 어절은 이 서신의 다른 데서 언급된 복음의 혜택들을 가리킨다. 요한은 사실상, "내가 너희에게 이것을 쓰는 까닭은 너희가 교회를 떠난 거짓 선생들에도 불구하고 복음을 믿고 굳게 붙들고 있기 때문이다"(참고. 2:19)라고 말하고 있다. 서신의 이 지점에서 그는 계속 인내하도록 그들을 격려하기 위해 강력한 복음의 혜택을 상기시키려고 잠시 멈춘다.

---

20 이 점에 대한 추가적인 증거를 위해 같은 책 116 참고.

≈≈≈≈≈ **단락 개요** ≈≈≈≈≈

V. 복음 격려(2:12~14)

≈≈≈≈≈ **주석** ≈≈≈≈≈

2:12 요한은 청중에게 그들이 죄를 사함 받았음을 상기시키면서 이 수사적 단락을 시작한다. 요한은 사실상 1:9과 2:1의 요지를 다시 말함으로써, 서신의 논증에서 이 요지가 중요함을 보인다. 요한은 청중에게 참된 믿음(거짓 선생들과 구별되는)을 인식하기 위한 확실한 근거를 제공함으로써, 그리고 그들이 복음을 굳게 붙들었기 때문에 죄 사함을 받았음을 확신할 수 있다고 상기시킴으로써 그들에게 기쁨을 주려 한다(1:4). "그의 이름으로 말미암아"는 죄 사함이 그리스도와 그분의 사역으로 인해 오는 것임을 확실히 해준다.

2:13 요한은 회중 가운데서 조금 더 성숙한 이들에게, 그들이 하나님 곧 "태초부터 계신" 분이요 요한이 자기 눈으로 직접 본(1:1) 바로 그분을 알고 있음을 상기시킨다. 그들은 요한이 전한 메시지를 굳게 붙들었기 때문에 요한이 전한 참 하나님을 계속 알고 있다.

믿음이 더 어린 이들에게는 마귀를 이겼음을 잊지 말라고 말한다. 요한은 이 진리를 서신의 뒷부분에서 더 자세히 설명할 것이다. 아마도 그들이 이 원수를 이긴 중요한 방법은 거짓 선생들의 유혹에 저항한 것인 듯하다.

2:14 요한은 회중 전체에게 그들이 모두 "아버지를 알았음"을, 즉 그분

과 사귐을 갖고 있음을(1:3) 상기시킨다. 요한이 뒤에서 말하겠지만, 그들은 아버지를 부인한 이들의 가르침에 저항함으로써 여전히 아버지 안에 있다(2:22-24).

더 성숙한 이들(아비들)에게 주는 말은 2:13을 되풀이하며 강조하는 것이다. 요한은 회중 가운데서 더 젊은이들에게 하는 말에 두 가지 요지를 덧붙인다. 하나님의 말씀이 그들 안에 거하기 때문에(참고 2:24), 그들은 강하고 따라서 흉악한 자를 이긴다. 그들이 아비들의 성숙함을 가지지는 못했을지라도, 하나님의 말씀이 그들 안에 거하기 때문에 하나님의 능력이 그들 안에서 역사함을 확신할 수 있다.

≋≋≋≋ 응답 ≋≋≋≋

요한은 이 단락에서 귀중한 목회의 모범을 제공한다. 그는 이전 단락들에서 언급해야 했던 도전적인 진리들을 피하지 않았다. 그는 대담하고 직접적이다. 그러나 날카롭지 않으며 대결 구도에 머무르지 않는다. 그는 복음이 약속한 바들로 그의 사람들을 격려하기 위해 이 부분에서 잠시 멈춘다. 그 진리들은 그들을 협박하는 것이 아니라, 계속 인내하며 거룩함을 추구하도록 격려해 줄 것이다.

¹⁵ 이 세상이나 세상에 있는 것들을 사랑하지 말라 누구든지 세상을 사랑하면 아버지의 사랑이 그 안에 있지 아니하니

¹⁵ Do not love the world or the things in the world. If anyone loves the world, the love of the Father is not in him.

¹⁶ 이는 세상에 있는 모든 것이 육신의 정욕과 안목의 정욕과 이생의 자랑이니 다 아버지께로부터 온 것이 아니요 세상으로부터 온 것이라 ¹⁷ 이 세상도, 그 정욕도 지나가되 오직 하나님의 뜻을 행하는 자는 영원히 거하느니라

¹⁶ For all that is in the world—the desires of the flesh and the desires of the eyes and pride of life *¹*—is not from the Father but is from the world.

¹⁷ And the world is passing away along with its desires, but whoever does the will of God abides forever.

¹ Or *pride in possessions*

요한일서 2:7-11에서는 누구를 사랑해야 하는지를 논했다. 그들은 바로 동료 신자들이다. 요한은 극적으로 멈추어 다시 주의를 집중시킨 후에 (2:12-14), 이제는 사랑하지 '말아야' 할 것들을 강조한다. 그것들은 곧 세상이다. 신자들을 사랑하지 않는다면, 그는 어둠 가운데 머물고 눈이 먼다. 세상을 사랑하면 아버지의 사랑이 그 안에 있지 않다.

≋≋≋≋ 단락 개요 ≋≋≋≋

VI. 세상을 사랑하라는 유혹(2:15 - 17)

  A. 세상을 사랑하지 말라(2:15)

  B. 세상을 사랑하지 말아야 할 이유(2:16 - 17)

    1. 세상은 아버지께로부터 온 것이 아니다(2:16)

    2. 세상은 지나간다(2:17)

≋≋≋≋ 주석 ≋≋≋≋

2:15 "세상"을 제대로 정의하지 않는다면, 우리는 서신의 이 첫 번째 명령을 잘못 이해할 수 있다. "세상에 있는 것들"은 창조 세계를 가리키지 않는다. 이는 물질적인 것들보다는 영적인 것들에만 관심을 가지라는 이원론적 요구가 아니다. 세상을 향한 하나님의 사랑(요 3:16), 세상 죄를 위한 화목제물이 되신 예수님(요일 2:2), 세상의 구주이신 예수님(요일 4:14)과 같은 표현에서 볼 수 있듯이, 요한은 "세상"을 보다 긍정적인 의미로 사용하

기도 한다. 이 예들은 세상에 거주하는 인간을 염두에 두고 있다. 그들은 하나님께 반대하지만, 하나님은 여전히 인간을 사랑하시고 그들을 구속하기 위해 오셨다. 그러나 많은 경우 "세상"은 하나님께 반역한 영역, 심지어 반역한 체제를 가리킨다(4:4-5). 세상은 하나님이나 신자들을 모르고 실제로 신자들을 미워한다(3:13). 세상은 거짓 예언자와 적그리스도의 영역(4:1, 3)이다. "온 세상은 악한 자 안에 처[해]"(5:19) 있기 때문이다. 예수님은 구주가 되시고 사람들을 이 영역에서 구속하시기 위해 이 적대적인 영역 속으로 들어오셔서(4:17) 우리로 하여금 세상을 이기게 하신다(5:4-5).[21]

따라서 요한은 창조 세계를 보고 감탄하거나 사람들을 사랑하는 것을 금하고 있지 않다. 오히려 죄 또는 하나님과 그분의 성품에 적대적인 행위를 사랑하는 것을 경고하고 있다. 요한은 "하나님께만 합당한 전적인 헌신을 타협하게 하는 세상의 면모들에 대한 충성을 전략적으로 부인하라고 조언한다."[22]

이 요지는 이 절 후반부에서 훨씬 더 분명해진다. 요한은 세상에 대한 사랑과 아버지에 대한 사랑을 대조한다. 사랑의 대상을 대조함으로써 독자들에게 올바른 사랑(affections)의 대상을 제시한다. 세상을 사랑하면서 동시에 하나님을 사랑할 수는 없다. 세상은 하나님과 뜻이 맞지 않기 때문이다. 우리는 선택해야 한다. 한쪽으로 가야 한다. 또 하나님이 하나님이시기 때문에 그분에 대한 올바른 사랑은 경쟁자를 용인할 수 없다. 참으로 하나님을 사랑한다면 그분이 우리가 가장 사랑하는(affections) 대상이어야 한다.

2:16 2:15에 언급된 "세상에 있는 것들"의 문제는 무엇보다 그것들이 "아버지께로부터" 온 것이 아니라는 점이다. 즉 그것들은 하나님께 뿌리를 두고 있지 않고 오히려 하나님 반대편에 있는 것에서 나온다. "요한은

---

21 참고. 또한 Paul Rainbow, *Johannine Theology* (Downers Grove, IL: IVP Academic, 2014), 115-145에 있는 "세상"에 관한 장.

22 Yarbrough, *1-3 John*, 128.

우리를 성화시키시는 아버지와 연결되어 있지 않아서 해롭다고 여겨질 수 있는 것들에 관해 생각하고 있다."[23] 확실히 하나님을 사랑하는 사람은 하나님의 반대편에서 나오는 것들에 마음이 끌려서는 안 된다. 요한은 한편으로 "너희를 멸하려 하는 죄를 사랑하지 말라"고 말하고 있다.

여기서 염두에 두는 경쟁 상대들은 마음의 성향이다. "정욕"[에피튀미아(epithymia)]이 항상 부정적인 의미는 아니지만 여기서는 분명히 부정적이다.[24] "육신의 정욕"은 하나님의 성화시키시는 사역의 영향력을 벗어난 타락한 인간성에서 비롯되는 욕망을 가리킨다. 여기에는 욕정, 식탐, 다양한 다른 중독을 추구하는 것 등과 같은 폭넓은 죄악된 욕망이 포함된다.

세상에 있는 두 번째 요소인 "안목의 정욕"은 완전히 별개의 범주라기보다는 육신의 정욕의 또 다른 측면으로 볼 수 있다. 물론 우리의 눈은 아주 멋진 선물이지만, 요한은 다시 한번 이 선물의 죄악된 용도를 염두에 둔다. 예수님은 눈을 "몸의 등불"이라고 말씀하셨는데, 이 눈이 선할 수도 있고 온 몸을 어둡게 할 수도 있다고 하셨다(마 6:22-23). 최초의 죄의 경우 하와는 금지된 열매가 "보암직도"(창 3:6) 해서 속아 넘어 갔다. 따라서 "안목의 정욕"은 금지된 것들에 대한 욕망 때문에 보이는 것에 사로잡히는 것을 가리킨다. 도드(C. H. Dodd)는 안목의 정욕이 "어떤 것의 진정한 가치를 탐구하지 않은 채 그것의 외관에 사로잡히는 경향"[25]을 가리킨다고 말한다. 그렇다면 이는 하나님을 기쁘시게 하느냐 마느냐에 관심을 두지 않고 '좋아 보이는 것'을 좇는 경향을 가리킬 것이다.

이 목록의 마지막 항목은 "이생의 자랑"이다. 이 어구는 다른 어구보다는 모호하다. "자랑"에 해당하는 단어 알라조네이아(alazoneia)는 보통 오

---

23 같은 책, 131.

24 베드로 역시 잘못된 인간의 정욕(에피튀미아)과 하나님의 뜻, 곧 하나님이 바라시는 바[텔레마(thelēma)]를 대조한다(벧전 4:2).

25 Dodd, *Johannine Epistles*, 41. 참고. 또한 Daniel Akin, *1, 2, 3 John*, NAC (Nashville: Broadman & Holman, 2001), 110.

만한 자랑을 가리킨다. 반면에 "이생"에 해당하는 단어 비오스(*bios*)는 보통 물질로 된 재화나 먹고 사는 데 필요한 것(눅 15:12, 30; 21:4)을 가리키거나, 요한일서 3:17에서의 의미이다. 따라서 여기서 염두에 둔 것은 일반적인 자랑이 아니라, 소유나 지위나 위신에서 나오는 자기중심적인 자만심이다.

세상에 있는 이 세 가지는 하나님을 반대하는 세상 체제에서 활동하는 것들의 특징이다. 그것들은 수동적이지 않고, 공격적으로 그리스도인을 포함하여 모든 사람의 마음을 사로잡으려 한다. 따라서 요한은 청중에게 이런 것들을 사랑하지 말라고 경고한다.

2:17 세상과 그 안에 있는 것들은 하나님의 반대편에 서 있을 뿐만 아니라 "지나[간다]." 그것들은 오래가지 못하므로 우리가 사랑할만한 대상이 아니다. 그것들은 삶의 안정된 기반을 주지도 못한다. 이에 반해 하나님의 뜻을 행하는 이들은 "영원히 거[한다]." 요한의 요지는 권고 형태로 되어 있다. 희미해지고 사라질 이러한 죄악된 욕망에 우리 마음을 두어서는 안 된다. 그 욕망은 결국 사라질 것이기 때문이다. 그러나 하나님께 순종하면 지속적인 기쁨을 얻을 것이다. 그러므로 생명을 사랑하고 온전함을 갈망한다면, 악한 욕망의 유혹에 저항하고 하나님께 순종해야 한다.

〰〰〰 **응답** 〰〰〰

요한은 대부분의 대중문화와는 반대로, 사랑은 그것 자체가 답이 아님을 알아챈다. 중요한 것은 우리가 무엇을 사랑하는가이다. 어떤 사랑은 죄가 된다. 하나님과 그분의 말씀과 그분의 백성을 사랑해야지, 이기심과 죄를 사랑해서는 안 된다.

어떤 사람은 2:15에서 쾌락을 미워하는 금욕주의 또는 아름다움이나 즐거움이나 사람에 대한 괴팍한 회의주의를 보고, 그 구절을 없애려 한다. 그러나 이 절은 그 중 어떤 것도 요구하지 않는다. 하나님께 속한 것들에 반대되는 흔한 삶의 방식, 성공을 돕는듯하지만 사실은 하나님께 반대되는 삶의 방식이 있음이 분명하다. 요한은 바로 이것을 사랑하지 말라고 하는 것이다. 그는 하나님의 창조 세계나 하나님이 그 창조 세계의 일부로 우리에게 주신 좋은 선물들을 미워하라고 말하지 않는다.

디트리히 본회퍼(Dietrich Bonhoeffer)는 나치 권력의 영향력 아래서 사역했는데, 당시는 세상이 안전을 약속하는 듯 보였기 때문에 많은 신자가 세상과의 우호적인 관계에 사로잡혔다. 그는 우리가 살핀 본문의 핵심을 포착하여 다음과 같이 썼다.

> 교회는 오직 믿음과 순종만으로 교회에 부과된 싸움을 한다. 말씀만이 교회를 이끌 수 있다. 교회는 교회의 주님을 위해 모든 염려, 모든 안전, 세상과의 모든 우호적인 관계를 기꺼이 내려놓았다. 그렇다. 우리의 길에 고통이 있기도 하겠지만, 항복하지 않도록 주님께서 우리를 붙드신다. 오늘 세상과의 우호적인 관계를 위해 항복하고 싶은가, 안전한 미래라는 팥죽 한 그릇을 얻으려고 우리의 소명을 팔고 싶은가? 우리는 우리의 행동을 통해 교회의 복음을 믿을 만한 가치가 없게 만들고 있다![26]

---

26 Bonhoeffer의 말, Rudolf Wentorf, *Paul Schneider: The Witness of Buchenwald*, trans. Franklin Sanders (Las Vegas: Geodesics, 1986), 68에 인용됨.

1 John
요한일서
2:18-27

18 아이들아 지금은 마지막 때라 적그리스도가 오리라는 말을 너희가 들은 것과 같이 지금도 많은 적그리스도가 일어났으니 그러므로 우리가 마지막 때인 줄 아노라

18 Children, it is the last hour, and as you have heard that antichrist is coming, so now many antichrists have come. Therefore we know that it is the last hour.

19 그들이 우리에게서 나갔으나 우리에게 속하지 아니하였나니 만일 우리에게 속하였더라면 우리와 함께 거하였으려니와 그들이 나간 것은 다 우리에게 속하지 아니함을 나타내려 함이니라

19 They went out from us, but they were not of us; for if they had been of us, they would have continued with us. But they went out, that it might become plain that they all are not of us.

20 너희는 거룩하신 자에게서 기름 부음을 받고 모든 것을 아느니라
21 내가 너희에게 쓰는 것은 너희가 ¹⁾진리를 알지 못하기 때문이 아니

라 알기 때문이요 또 모든 거짓은 ¹⁾진리에서 나지 않기 때문이라

²⁰ But you have been anointed by the Holy One, and you all have knowledge.¹ ²¹ I write to you, not because you do not know the truth, but because you know it, and because no lie is of the truth.

²² 거짓말하는 자가 누구냐 예수께서 그리스도이심을 부인하는 자가 아니냐 아버지와 아들을 부인하는 그가 적그리스도니 ²³ 아들을 부인하는 자에게는 또한 아버지가 없으되 아들을 시인하는 자에게는 아버지도 있느니라

²² Who is the liar but he who denies that Jesus is the Christ? This is the antichrist, he who denies the Father and the Son. ²³ No one who denies the Son has the Father. Whoever confesses the Son has the Father also.

²⁴ 너희는 처음부터 들은 것을 너희 안에 거하게 하라 처음부터 들은 것이 너희 안에 거하면 너희가 아들과 아버지 안에 거하리라 ²⁵ 그가 우리에게 약속하신 것은 이것이니 곧 영원한 생명이니라

²⁶ 너희를 미혹하는 자들에 관하여 내가 이것을 너희에게 썼노라 ²⁷ 너희는 주께 받은 바 기름 부음이 너희 안에 거하나니 아무도 너희를 가르칠 필요가 없고 오직 그의 기름 부음이 모든 것을 너희에게 가르치며 또 참되고 거짓이 없으니 너희를 가르치신 그대로 주 안에 거하라

²⁴ Let what you heard from the beginning abide in you. If what you heard from the beginning abides in you, then you too will abide in the Son and in the Father. ²⁵ And this is the promise that he made to us²— eternal life.

²⁶ I write these things to you about those who are trying to deceive you. ²⁷ But the anointing that you received from him abides in you, and you have no need that anyone should teach you. But as his anointing teaches

you about everything, and is true, and is no lie—just as it has taught you, abide in him.

1) 헬, 참
1 Some manuscripts *you know everything* *2* Some manuscripts *you*

〰〰〰 **단락 개관** 〰〰〰

호격인 "아이들아"는 새로운 단락이 시작됨을 알려준다. 이 새 단락은 요한의 청중을 "미혹하[려]는"(2:26) "적그리스도"[2:18(2회), 22]를 다룬다. 우리는 이제 그가 이 서신을 쓴 이유를 알게 된다. 그 이유는 한 무리가 교회를 떠나, 예수님의 정체에 관한 새롭고 왜곡된 가르침을 따랐기 때문이다. 이 분열 때문에, 누가 진짜 신자인지 알 수 있는 방법에 관한 질문들이 제기되었다. 그에 수반되는 몇몇 사안들을(거룩함, 동료 신자들에 대한 사랑) 다룬 뒤, 이제 요한은 그 소란의 중심에 있는 교리적인 사안에 초점을 맞춘다.

〰〰〰 **단락 개요** 〰〰〰

Ⅶ. 분별의 필요성(2:18-27)
  A. 적그리스도의 실재(2:18)
  B. 배교(2:19)
  C. 신실한 자들에 대한 단언(2:20-21)
  D. 적그리스도는 아들을 부인함(2:22-23)
  E. 거하라는 요청(2:24-27)

주석

2:18 "아이들아"라는 표현은 가정적인 분위기와 함께 요한이 가진 아버지의 사랑을 다시금 강조한다. 요한은 이제 그 표현을 쓰며, 방향을 바꿔 이 서신을 쓴 원인이 된 고통스러운 상황을 더 직접적으로 다룬다. 요한은 그가 독특하게 사용하는 반복이라는 방식을 통해, "많은 적그리스도"의 등장이 "마지막 때"가 옴을 입증한다고 말한다. 요한의 "적그리스도" 언급은 기독교 저술 가운데 이 용어를 가장 일찍 사용한 것이다. 이는 바울이 언급한, 하나님과 그분의 백성을 반대한 마지막 때의 인물("불법의 사람", 살후 2:3)과 같은 인물일 수 있다. 요한의 청중은 이미 그러한 사람이 나타나리라는 가르침을 받았다. 그러나 지금의 관심은 그리스도에 대한 수많은 반대자들, 곧 그리스도의 인격에 대해 그릇되게 가르친 적그리스도가 당시 현장이 있다는 것이다. 요한은 그저 예언하는 것만이 아니라, 목양하는 현재에 관심을 가지고 있다.

거짓 선생들이 온다는 경고는 사도들이 전한 일반적인(standard) 가르침이다(바울: 행 20:29-30, 베드로: 벧후 2:1-3). 그들은 특히 "말세"에(딤후 3:1; 벧후 3:3) 그런 선생들이 온다고 말했다. 그러나 독자들은 '말세' 또는 '마지막 때'라는 언급을 오해한다. 신약의 표현에 따르면, 그리스도의 부활과 승천 이후에 '말세' 또는 '마지막 때'가 시작되었다(행 2:17; 히 1:2, 참고. 또한 고전 10:11; 히 9:26; 벧전 4:7). 요한의 요지는 거짓 선생들이 오고 있음을 독자들이 알았다는 것이다. 그 충격(그들 중 일부가 떠나는 것)이 그들을 흔든다 해도, 거짓 선생의 등장은 놀랄 일이 아니다.

2:19 이 공동체의 구성원 중 일부가(거짓 선생들이든 그들의 영향을 받은 이들이든) "우리에게서 나갔[다]." 이 사람들은 새롭고 일탈적인 가르침을 따르기 위해, 사도의 가르침을 굳게 붙들고 있던 기독교 공동체를 버렸다. 요한은 신학적으로 탄탄하고 목회적으로 엄격하게, 이 사람들이 교회를 버린 것은 그들이 진실로 그 공동체에 속하지 않았음을 입증한다고 지적한다. 다

시 말해, 그들은 회중과 함께하고 어울리기는 했지만 진실로 회심하지는 않았다. 전통적인 신학적 표현을 따라 말하자면, 그들은 '유형 교회'에는 가입했지만 '무형 교회'에는 속하지 않았다.

요한은 이것을 어떻게 아는가? 그들이 참으로 "우리에게" 속하여 참으로 회심했다면 "우리와 함께 거하였[을]" 것이기 때문이다. 참된 회심자는 끈기 있게 믿으며 신실한 교회와 반드시 연결되어 있다. 요한에 따르면, 이 사람들이 나간 것은 그들이 진실로 회심하지 않았음을 분명히 해준다.

2:20 요한은 떠나간 사람들이(이 서신을 듣는 이들이 분명 알고 사랑했을) 신앙 밖에 있으므로 하나님의 진노 아래 있다는 끔찍한 진실을 말한 후에, 이제 신자들을 안심시킨다. 그는 그들이 "기름 부음을 받고" 모든 것을 "알고" 있다고 말함으로 그들을 격려한다. 구약에서 기름 부음은 하나님이 택하셔서 어떤 임무를 위해 따로 세우셨다는 표지였다. 여기서 결국 요한이 뜻하는 바는, 그들이 회심했으며 하나님이 친히 그들을 구별하셨다는 것이다. 더 직접적으로 기름 부음은, 그들이 받은 사도의 가르침이나 회심에 앞선 성령의 거듭나게 하심을 가리킬 수도 있다. 요한은 이 서신 전체에서 그러한 사도의 가르침을 염두에 두고 있으며, 이 가르침으로 그들이 '알게' 되었다. 성령은 명확하게 언급되지는 않더라도 보통 기름 부음과 연관되는데(삼상 16:13; 사 61:1; 행 10:38),[27] 요한복음에서 그분은 구체적으로 신자를 모든 진리 가운데로 인도하실 분이다(요 16:13). 칼빈이 말했듯이 "사람들은 지성의 통찰력에 의해서가 아니라, 성령의 조명으로 인해 제대로 지혜로워진다."[28] 어쨌든 성령과 진리는 성경 전체에서 밀접하게 연결된다.

이러한 기름 부음은 하나님을 뜻하는(구체적으로 아버지인지 아들인지는 명확하지 않다) "거룩하신 자"께서 해주신다. 이 표현은 앞에서 요한이 거룩함

---

27 이것은 예수님의 세례를 연상시킨다(마 3:16-17; 막 1:10-11; 눅 3:21-22; 요 1:32-34).

28 John Calvin, *Commentaries on the Catholic Epistles*, trans. John Owen (Grand Rapids, MI: Baker, 1999), 194.

에 관해 가르친 바와 연결된다. 공동체를 떠나 거룩함을 버린 이들과 대조적으로, 신실한 이들은 거룩하신 분이 구별하신 자들이다. "몇몇 사람의 떠남이 여전히 굳건히 서 있는 이들의 사기를 꺾지 않도록"[29] 말이다.

이러한 기름 부음 때문에 신자들은 '모두(우리 한 사람 한 사람) 지식을 가지고 있다(개역개정은 "모든 것을 아느니라").' 떠난 이들과 대조적으로 참된 신자는 진리, 사도의 가르침, 복음을 알고 있다.

2:21 요한은 형제로 여겼던 이들의 배반 때문에 흔들리는 청중을 격려하고 있다. 그래서 그는 이 편지를 쓰는 까닭이, 그들이 진리를 모르거나 기억하지 못해서가 아니라고 말한다. 오히려 그는 그들이 어려움 가운데서도 신실하게 진리를 '지켰기' 때문에 이 편지를 쓰고 있다. 그들이 알고 붙든 이 진리에는 거짓이 있을 자리가 없다.

2:22 요한은 21절에서 염두에 둔 "거짓"을 자세히 설명한다. 그것은 예수님이 그리스도가 아니라는 주장이다. 계속해서 그는 이 부인함이 아들을 부인하는 것이요, 따라서 아버지를 부인하는 것이기도 하다고 묘사한다. 이렇듯 요한은 예수님의 메시아 되심과 하나님의 아들이라는 신으로서의 지위를 연결시킨다. 예수님의 확실한 정체성은 신자들이 아는 진리의 핵심이므로 그 진리를 부인하는 것은 거짓말하는 것이다. 이런 거짓말을 주장하면 그리스도를 부인하는 것이기 때문에 "적그리스도"가 된다. 야브루가 제대로 말하듯이, 그것은 적그리스도의 반(反)신앙고백(anticonfession)이다.[30] 포스트모던 정서와는 반대로 요한은 이러한 종교적 개념이 개인의 의견에 지나는 것이 아니라고 주장한다. 그것은 모든 시대 모든 사람에게 해당된다.

---

29 Yarbrough, *1-3 John*, 151.

30 같은 책, 157.

2:23 어떤 사람이 아들을 받아들이지 않는다면, 그가 다른 주장을 제시한다 할지라도 아버지를 알지 못하는 것이다. 아버지와 아들은 하나이기 때문이다. 어떤 사람이 명확하게 아들을 고백하면 그에게는 아버지도 있다. 예수님 외에는 여호와 하나님(Yahweh)을 알 길이 없다.

2:24 요한은 이 현안의 심각성을 고려하여, 독자들에게 변절자들의 행위를 따라 어떤 새로운 가르침으로 옮겨가지 말고 그들이 들은 사도의 가르침 안에 계속 있으라고 권면한다(참고. 2:14의 비슷한 표현). 이 진리에 거하거나 머무는 것은 그들이 하나님 안에, 즉 아버지와 아들 안에 계속 머물고 있음을 보장한다. 여기서 말하는 인내를 위한 열쇠는 참된 교리를 굳게 붙드는 것이다.

2:25 명확하게 언급되지는 않지만, 이 절의 요지는 아들과 아버지 안에 거하는 이들에게 하나님이 영생을 약속하신다는 것이다(참고. 24절). 요한이 앞에서 분명히 했듯이, 현안은 떠난 이들이 맞이할 영원한 운명이다.[31]

2:26 요한은 독자들을 잘못된 길로 유인하려는 이들 때문에 경고와 지침을 준다고 다시 말한다. 훌륭한 목회자인 요한은 자기 양 떼를 속임수로부터 지키기 위해서 그들의 잘못을 폭로하며 독자들에게 인내하라고 촉구한다.

2:27 요한은 2:20에서 처음 언급했던 "기름 부음"으로 돌아간다. 그 절 주석에서 언급했듯이 이는 사도의 가르침이나 성령의 내주하심을 가리킬 수 있는데, 이 둘은 밀접한 관련이 있다(성령께서 사도의 가르침을 영감하셨으며,

---

31 이곳에 있는 "우리" 대 "너희"(개역개정, ESV 각주)라는 사본 상의 변이형은, 이 절의 의미에 큰 영향을 주지 않는다. 요한이 자신을 제외한 청중(너희)에게 직접적으로 초점을 맞추었을 수 있지만, 약속은 모든 그리스도인(우리)에게 주어진 것이다.

우리 마음으로 그것을 확신하게 하신다). 이러한 기름 부음이 요한의 독자들 안에 거하고 그들을 가르친다. 이는 요한이 그 들은 바를 그들 안에 거하게 하라고 권면했던 것과 동일하다(24절). 이 복음 진리는 계속해서 그들을 가르치고 인도하며, 그들이 하나님 안에 거하고 잘못된 것을 좇지 말기를 외칠 것이다.

"아무도 너희를 가르칠 '필요가 없고'"라는 요한의 말로 많은 오해가 생겨났다. 요한은 인간 교사들의 어떠한 자리도 부인하지 않는다. 그렇게 하는 것은 그가 쓴 바로 이 편지를 깎아내리는 일이다! 나아가 교사가 필요함에 관해 성경이 일관되게 증언하는 바에도 완전히 대치된다. 그보다는, 그들에게는 믿음의 기본 토대를 다시 놓을 사람이 누구도 필요하지 않다고 말하고 있는 것이다. 요한이 그들에게 준 가르침이 그들의 토대이고, 그 진리가 그들을 인도할 것이다. 요한은 목회자로서 직접적으로 호소한다. 요한은 다음과 같이 말하며 그들을 안심시킨다. 그들에게 지식이 없는 것이 아니기 때문에(참고. 2:20) 누군가가 들어와서 "처음부터 다시 시작하라"라고 말할 필요가 없다. 오히려 그들은 이 거짓 선생들의 잘못을 분별하고, 그들이 하나님, 곧 아버지와 아들 안에 거해야 함을 인지하기에 충분한 진리를 가지고 있다.

≋≋≋≋ 응답 ≋≋≋≋

흔히들 교회를 괴롭히고 사람들을 지옥으로 쫓아 보내는 현재의 적그리스도들을 다루기보다는, 미래의 적그리스도에 관해 추측하느라 너무 많은 에너지를 쏟는다. 우리는 이곳의 요한처럼, 미래를 예언하기보다는 양 떼를 지키는 데 더욱 신경을 써야 한다.

요한일서 2:19은 신앙을 고백했지만 이후에 떠나고 부인하는 이들을 다루는 데에 중요한 본문이다. 그리스도인들은 이를 신학적으로 정확히 어떻게 이해해야 하는지를 두고 논쟁하는데, 요한은 그런 사람들이 회심한 듯 보일지라도 절대 참 신자가 아님을 분명히 하는 것 같다("만일 [그들이] 우리에게 속하였더라면 우리와 함께 거하였으려니와"). 19절은 교회에 소속되는 것의 중요성을 이해하는 데 필요한 열쇠이다. 우리는 교회에 소속됨으로써 인내하도록 서로를 돕는다. 교회를 버리는 것은 진정한 영적 생명이 없음을 입증한다.

다시 한번 요한은 목사의 본을 보인다. 그는 잘못을 폭로하면서도, 미혹을 견딘 이들을 격려하는 데 신경을 쓴다. 진리에 열심을 내다보면, 의도와는 달리 쉽사리 연약한 영혼을 짓밟을 수 있다. 야브루가 지적하듯이, "주님의 권위와 사도의 권위는 독재자의 폭력이 아닌 목자의 돌봄으로 행사될 때 영향력을 발휘한다."[32]

22-23절은 세상의 다른 종교들과의 상호 작용에 아주 중요한 영향을 미친다. 아들(the Son)을 부인하는 사람은 여호와 하나님을 진정으로 알거나 예배하지 못한다. 다시 말해 예수님을 메시아이자 하나님의 아들로 받아들이지 않는 사람은 여호와 하나님을 예배하지 못한다. 따라서 유대인과 무슬림은 기독교인과 같은 하나님을 예배하지 않는다. 물론 유대인은 그리스도인이 사용하는 것과 같은 하나님의 이름을 쓰지만, 이는 올바른 이름을 그분에 대한 잘못된 개념에 사용하는 것이다.

---

32 Yarbrough, *1-3 John*, 152.

²:²⁸ 자녀들아 이제 그의 안에 거하라 이는 주께서 나타내신 바 되면 그가 강림하실 때에 우리로 담대함을 얻어 그 앞에서 부끄럽지 않게 하려 함이라 ²⁹ 너희가 그가 의로우신 줄을 알면 의를 행하는 자마다 그에게서 난 줄을 알리라 ³:¹ 보라 아버지께서 어떠한 사랑을 우리에게 베푸사 하나님의 자녀라 일컬음을 받게 하셨는가, 우리가 그러하도다 그러므로 세상이 우리를 알지 못함은 그를 알지 못함이라 ² 사랑하는 자들아 우리가 지금은 하나님의 자녀라 장래에 어떻게 될지는 아직 나타나지 아니하였으나 그가 나타나시면 우리가 그와 같을 줄을 아는 것은 그의 참모습 그대로 볼 것이기 때문이니 ³ 주를 향하여 이 소망을 가진 자마다 그의 깨끗하심과 같이 자기를 깨끗하게 하느니라

²:²⁸ And now, little children, abide in him, so that when he appears we may have confidence and not shrink from him in shame at his coming. ²⁹ If you know that he is righteous, you may be sure that everyone who practices righteousness has been born of him. ³:¹ See what kind of love the Father has given to us, that we should be called children of God; and so we are. The reason why the world does not know us is that it did

not know him. ² Beloved, we are God's children now, and what we will be has not yet appeared; but we know that when he appears¹ we shall be like him, because we shall see him as he is. ³ And everyone who thus hopes in him purifies himself as he is pure.

⁴ 죄를 짓는 자마다 불법을 행하나니 죄는 불법이라 ⁵ 그가 우리 죄를 없애려고 나타나신 것을 너희가 아나니 그에게는 죄가 없느니라 ⁶ 그 안에 거하는 자마다 범죄하지 아니하나니 범죄하는 자마다 그를 보지도 못하였고 그를 알지도 못하였느니라 ⁷ 자녀들아 아무도 너희를 미혹하지 못하게 하라 의를 행하는 자는 그의 의로우심과 같이 의롭고 ⁸ 죄를 짓는 자는 마귀에게 속하나니 마귀는 처음부터 범죄함이라 하나님의 아들이 나타나신 것은 마귀의 일을 멸하려 하심이라 ⁹ 하나님께로부터 난 자마다 죄를 짓지 아니하나니 이는 하나님의 씨가 그의 속에 거함이요 그도 범죄하지 못하는 것은 하나님께로부터 났음이라 ¹⁰ 이러므로 하나님의 자녀들과 마귀의 자녀들이 드러나나니 무릇 의를 행하지 아니하는 자나 또는 그 형제를 사랑하지 아니하는 자는 하나님께 속하지 아니하니라

⁴ Everyone who makes a practice of sinning also practices lawlessness; sin is lawlessness. ⁵ You know that he appeared in order to take away sins, and in him there is no sin. ⁶ No one who abides in him keeps on sinning; no one who keeps on sinning has either seen him or known him. ⁷ Little children, let no one deceive you. Whoever practices righteousness is righteous, as he is righteous. ⁸ Whoever makes a practice of sinning is of the devil, for the devil has been sinning from the beginning. The reason the Son of God appeared was to destroy the works of the devil. ⁹ No one born of God makes a practice of sinning, for God's² seed abides in him; and he cannot keep on sinning, because

he has been born of God. ¹⁰ By this it is evident who are the children of God, and who are the children of the devil: whoever does not practice righteousness is not of God, nor is the one who does not love his brother.

¹ Or *when it appears* ² Greek *his*

≋≋≋≋ 단락 개관 ≋≋≋≋

직접적인 호격어인 "자녀들아"가 다시금 새로운 단락을 알려준다. 요한은 거하는 것이라는 주제를 이어가며, 하나님의 자녀가 된다는 것과 그것에 요구되는 거룩함이라는 주제를 다룬다. 요한은 앞 단락에서 거짓 가르침을 직접적으로 다룬 후에, 이제 거룩함의 필요성으로 돌아간다. 이제 그 거룩함은 그리스도의 재림 및 하나님의 자녀가 된 결과와 연관된다.

본문은 2:28-3:3과 3:4-10의 두 단락으로 나눌 수 있다. 첫 번째 단락은, 하나님의 자녀라는 우리의 신분이 그리스도께서 오시는 날에 대한 우리 소망의 중심임을 다룬다. 그리고 두 번째 단락은, 의로운 삶이라는 주제를 그리스도의 재림을 열렬히 고대하는(3:3) 하나님의 자녀라는 신분을 고려하여 더 직접적으로 다룬다. 이 두 단락은 '하나님에게서 난다'는 주제로 서로 연결된다. 2:29, 3:1, 9, 10에 그 주제가 나온다.

2장

VIII. 그리스도의 재림 때 하나님의 자녀로서의 담대함(2:28-3:10)

A. 그리스도의 재림에 대한 준비로서의 거함과 의로운 삶
(2:28-3:3)

B. 하나님의 자녀가 된 결과인 의로운 삶(3:4-10)

〰〰〰〰 주석 〰〰〰〰

2:28 요한은 다시 애정을 담은 표현인 "자녀들아"(테크니아)를 사용한다. 그는 기름 부음이 그들에게 하나님 안에 거하라고 가르친다고 말한 직후에, 이제 직접적으로 바로 그렇게 하라고 권면한다. 여기서 새로운 개념은 "그[의] 강림"이다. 그리스도의 재림에 비추어 사는 삶은 요한의 독자들이 이미 받은 기독교의 기본 가르침이었기 때문에, 요한은 멈추지 않고 설명한다. 대신에 그는 그리스도의 재림에 대한 현저히 다른 두 반응에 초점을 맞춘다. 신실하게 계속 하나님 안에 있는 이들은 "담대함을" 가질 것이고, 계속 그 안에 있지 못하고 다른(거짓) 가르침으로 옮겨간 이들은 "그 앞에서 부끄럽[게]" 될 것이다. 요한은 이제 독자들에게 그리스도의 재림에 비추어 계속 인내하라고 요청한다. "그분의 재림은 확실하다. 너희는 그 앞에 선다. 유일한 질문은 그때 너희가 어떤 모습일 것인가이다."

2:29 요한은 이제 그리스도의 재림 때 어떻게 담대함을 얻을 수 있는지에 관해 말한다. 그 방편은 의로운 삶을 통해 영적 출생을 입증하는 것이다. 담대함을 얻는 사람은 자신이 하나님의 자녀임을 아는 이들이며, 하나님의 자녀는 의로움이라는 하나님 가족의 특징을 표지로 가진다. 요한은

다시 한 번 거룩한 삶의 근거를 하나님의 성품에 둔다(참고. 1:5-6; 2:5-6).

3:1 하나님에게서 났다는 말을 한 요한은, 이제 하나님의 자녀가 됨으로 누리는 특권에 경탄하는 데로 나아간다. "보라"는 경탄과 놀라움을 표현하는 감탄사다. 요한은 하나님에게 입양되었다는 사실에 황홀해한다. 하나님이 심판을 그치시고 우리같이 반역한 죄인들을 용서하시고 구속하셨다는 일 자체에서도 그분의 사랑이 놀랍게 드러나지만, 우리 주님은 그보다 더 나아가 우리를 그분의 자녀로 삼으셨다! 우리는 결코 이 사실을 빠르게 지나칠 수가 없다. 이 진리에 대해 요한처럼 경탄하고 경이로워할 때까지 깊이 숙고해야 한다. 하나님이 우리의 거룩하신 아버지이심을 아는 것이 '신약 신앙'(New Testament religion)의 요약이며, 자신이 하나님의 자녀임을 얼마나 많이 이해하느냐로 그가 기독교를 얼마나 잘 이해하는지 말할 수 있다는 제임스 패커(J. I. Packer)의 말은 옳다. "이 생각이 그의 예배와 기도와 인생관을 자극하고 주관하지 않는다면, 그것은 그가 기독교를 아주 잘 이해하지는 못하고 있다는 뜻이다."[33]

요한의 경탄은 인내를 권하는 역할도 한다. 그의 청중이 머무는 진리는 하나님의 자녀가 되는 일의 상상도 할 수 없는 특권을 제시한다. 어느 누가 다른 메시지를 따르려고 이 진리에서 등을 돌리겠는가?(히브리서도 유사한 주장을 한다) 사실 하나님의 자녀가 되는 일은 어마어마한 특권일 뿐만 아니라, 우리와 세상의 갈등을 설명해 주기도 한다. 세상은 우리를 알지 못한다. 세상은 우리를 알아보거나 인정하지 않는다. 왜냐하면 "세상이…그를 알지 못[하기]" 때문이다. 그리스도를 거부한 세상이 그분을 따르는 자들을 거부하는 것은 놀랄 일이 아니다. 이는 번영신학과는 거리가 멀다. 여기서 말하는 "세상"에 특히 거짓 선생들이 포함됨은 의심의 여지가 없다.

---

33 J. I. Packer, *Knowing God* (Downers Grove, IL: InterVarsity Press, 1973), 182. 《하나님을 아는 지식》(IVP).

3:2 요한은 독자들을 애정이 담긴 또 다른 표현으로 "사랑하는 자들"이라고 칭하며 앞 절을 다시 정리한다. 그들은 요한이 사랑하는 자들이지만, 더 나아가 하나님의 놀라운 사랑의 대상이다. 이 사랑을 지금까지 설명했고, 요한이 "[그들이] 지금은 하나님의 자녀라"라고 말하며 지금 다시 묘사한다. 또한 요한은 그리스도의 재림이라는 개념으로 돌아간다. 요한은, 그분이 재림하실 때 우리가 정확히 어떤 모습일지는 알지 못하지만 "그와 같을 줄을", 즉 그분처럼 거룩해지리라는 것을 안다고 말한다. 따라서 비록 예수님이 오실 때까지 완벽한 의에 이르지는 못하더라도 우리는 지금 의롭게 살아야 한다(2:29). 그때 우리는 정화될 것이다. 왜냐하면 "우리가…그의 참모습 그대로 볼 것이기 때문이[다]." 이것이 신학자들이 말하는 '지복직관'(至福直觀, beatific vision) 또는 신성한 봄(blessed vision)인데, 곧 그리스도의 충만하심을 보고 그로 인해 정화되는 것이다.

3:3 장차 깨끗하게 될 것에 마음을 두는 사람은 현재 깨끗하게 되려고 애쓸 것이다. 신자의 소망에 대한 요한의 표현은 흥미롭다. 참된 신자는 장래의 입장(vindication)과 성화에 관한 소망을 그리스도께 둔다. 그리스도인은 현재 상황만을 바라보고 살 수 없다. 그래서 신약은 끊임없이 종말론적 소망이라는 토대에서 현재의 인내를 말한다(딛 2:12-13). 미래에 대한 믿음이 현재 인내할 수 있는 기반이다.

그래서 요한은 계속해서 거룩함에 관심을 둔다. 거룩함을 추구하지 않는 이들은 그리스도를 알지 못함을 나타내는 것이다. 그분의 성품을 드러내지도 않고 그분의 재림을 염두에 두고 살지도 않기 때문이다.

3:4 이제 요한은 죄를 계속 짓는 문제로 곧바로 옮겨간다. 그는 거룩함이 필요함을 입증한 다음, 거룩함이 없는 상태로 나아간다. ESV는 이에 해당하는 헬라어를 '습관적으로 죄를 짓는'과 '습관적으로 불법을 행하나니'라고 적절하게 번역한다(개역개정은 "죄를 짓는 자마다 불법을 행하나니"). 헬라어 어구는 '행하다' 또는 '습관처럼 하다'를 뜻하는 동사 포이에오(poieō)와, 죄

와 불법에 해당하는 명사를 결합했다. 이 어휘는 계속되는 습관을 강조한다[대니얼 에이컨(Daniel Akin)은 "계획적이고, 습관적인 행동"이라고 말했다[34]]. 요한은 간헐적인 행동이 아닌 생활방식을 가리키고 있는데, 이는 이 단락 전체에서 말하는 바이기도 하다.

요한은 "죄"와 "불법"을 연결시킨다. "불법"은 특별히 악랄한 죄에 대해 성경이 일반적으로 사용하는 표현이다.[35] 이는 하나님의 길을 무시하는 것을 가리킨다. 죄를 짓는 습관이 생겼다면 하나님께 전적으로 반역하며 살아간다는 뜻이다. 그러한 죄는 가볍게 다룰 수 없다.

3:5 또다시 요한은 독자들이 이미 아는 진리에 호소한다. 그들은 성육신의 한 가지 목적이 예수님이 죄를 제거하시는("없애려고") 것이었음을 안다. 예수님이 죄를 없애려고 오셨다면 그분의 백성이 어떻게 죄 안에서 살 수 있겠는가? 예수님과 동행하는 동시에 그분이 멸하려 오신 것을 지지할 수는 없다. 더 나아가 예수님은 죄가 없으시므로 그분의 백성도 죄에게 자리를 내주지 말아야 한다.

3:6 하나님 안에 거하는 것이나 하나님을 아는 것은 죄와 양립할 수 없다. 이것이 거룩함에 관한 요한의 메시지의 핵심이다. 거룩하신 하나님은 죄를 반대하시므로 그분의 백성이 죄와 친해질 수는 없다. ESV는 '죄를 계속 짓지'(개역개정은 "범죄하지")라고 제대로 번역한다. 현재 시제 동사가 이곳의 문맥과 함께, 요한의 말이 무슨 의미인지를 분명히 해주기 때문이다. 요한은 사람이 일단 회심하면 더 이상 어떤 죄도 짓지 않는다는 의미로 말하지 않았다. 그러한 생각은 1:8-10과 모순된다. 오히려 요한은 신자가 계속 죄와 씨름할 테지만 죄와 단호하게 결별했다고 말하고 있다. 신자의 삶에

---

34 Akin, *1, 2, 3 John*, 140.

35 참고. 실례와 또 다른 증거에 대해 Yarbrough, *1-3 John*, 181-182.

서 여전히 특정한 죄들이 순간 순간 나타나겠지만, 그의 삶이 담긴 영상은 더 이상 "죄"라는 제목을 붙일 수 없다.

3:7-8a 요한은 애정을 담은 가장 부드러운 호칭으로 강력한 경고를 시작한다. 그가 강력하게 권고할 수밖에 없는 까닭은, 그의 "자녀들"에 대한 애정 때문이다. 미혹에 대한 경고는(7-8절의 틀이 되는) 그가 거짓 선생들을 논박하려 함을 암시한다. 우리는 수많은 재기 넘치는 말솜씨에 혹해서 명백한 진리로부터 주의를 돌려서는 안 된다. 의는 하나님과의 관계에서 나오지만 죄는 마귀와의 관계에서 나온다. 따라서 의로운 행위를 드러내는 삶은 하나님을 안다는 증거지만, 죄라는 특징을 보이는 삶은 하나님을 알지 못하며 마귀의 수중에 있다는 증거다(성경의 다른 부분처럼 요한이 여기서 가능한 두 범주만 본다는 사실을 주목하라). 사실 죄는 마귀와 연결되었을 뿐만 아니라 마귀'에게서' 비롯된다. 그는 "처음부터", 곧 우리가 마귀에 대해 가지고 있는 가장 초기의 기록에서부터 죄를 지었기 때문이다. 죄 자체가 마귀의 반역으로 시작되었다.

3:8b 그리스도께서 오신 한 가지 중요한 목적은 마귀의 일, 곧 사람들을 유혹하는 그의 죄와 반역을 멸하시는 것이다. 한편, 이 절은 하나님의 백성이 죄에 가담해서는 안 되는 이유에 관한 또 다른 진술이다. 또한 격려의 말이다. 죄와 속임수가 교회에 심적 고통과 문제를 일으키기 때문에 꽤 강해 보일 수도 있지만, 요한은 예수님이 사탄의 일을 모두 멸하려 오셨다고 상기시킨다. 그분이 아직 더 멸하셔야 할지 모르지만, 루터의 말대로, "아하, 그의 멸망은 확실하다."

3:9 이 절의 전반부와 후반부는 동일한 요지를 조금 다른 방식으로 말한다. 하나님에게서 난 자는 죄를 습관적으로 짓지 않고(9a절) 실제로 범죄하지 못한다(9b절). 이유는 다 하나님에게서 난 것과 연관된다. 9a절은 이를 하나님의 "씨"[스페르마(sperma)]라는 단어로 말하고, 9b절은 그것을 더 일

반적으로 말한다. "씨"(또는 "자녀")라는 단어는 후손을 가리키는 데 사용되었다(바울이 로마서 9:6-8에서 "씨"와 "자녀"를 거의 혼용해서 사용함을 주목하라). 자녀가 남자의 "씨"에서 나왔기 때문이다. 마찬가지로 이곳에서도 하나님의 아버지 되심이 강조된다. 자녀가 생물학적 부모와 같은 특성을 가지듯이, 하나님의 씨로 태어난 이들은 하나님과 같은 특성을 가질 것이다.

3:10 이 결론 문구는 앞 절들에서 제시한 요한의 요지를 요약한다. 각 사람의 행동은 그들의 영적 상태를 분명히 보여준다. 하나님이 아버지이든 마귀가 아버지이든 우리는 아버지를 닮을 것이다. 우리에게 의가 없고 동료 신자들에 대한 사랑이 없다면, 그러한 사람이 그리스도인이라는 확신도 없을 것이다.

≋≋≋≋ **응답** ≋≋≋≋

요한은 독자들이 날마다 신실하게 살도록 북돋아 주려고, 현재의 곤경을 넘어 복된 소망을 올려다보게 한다. 칼빈은 적절하게 다음과 같이 말했다.

> 우리의 현재 상태는 하나님의 자녀의 불빛을 발하기에는 많이 모자란다…죽음이 항상 우리 눈앞에 있다. 우리는 수천 가지 불행을 겪고 있고, 영혼은 셀 수 없이 많은 악에 노출되어 있다…더욱 필요한 것은 우리의 모든 생각이 현재의 관점에서 벗어나야 한다는 것이다. 그리할 때에야 우리 사방을 포위하고 거의 압도하는 고통이, 아직은 숨겨진 더할 나위 없는 행복에 대한 우리 믿음을 흔들지 못할 것이다. 사도가 의미하는 바는, 하나님이 우리에게 부어주신 것들을 현재 상태에서 평가할 때 우리가 아주 어리석게 행동하게 된다는 것이다. 오히려 우리는 아직 나타나지 않은 것들을 붙드는 확고한 믿음으로 살아야 한다.[36]

성경은 우리가 이생에서는 죄 없는 완벽함에 이르지 못한다고 분명히 말한다. 우리가 기대하는 바는 그리스도께서 오실 때 그러한 완벽함이 이루어지리라는 것이다(요일 3:2). 그러나 회심은 우리 삶에 진정한 변화를 낳는다. 한편으로, 우리는 신앙을 고백하는 사람들이 거룩함에 관심을 두지 않은 채 계속 떠돌아다니는 일이 일어나지 않도록 그 사실이 경시되지 않게 해야 한다. 다른 한편으로는 자기 삶에서 충분한 거룩함을 보지 못해서 확신을 갖지 못하는 민감한 영혼을 도와주어야 한다. 우리는 실제로 우리 자신을 살피라는 명령에 주의를 기울여야 하지만(고후 13:5), 그것이 개인주의적인 노력만으로 되지 않음을 인식해야 한다. 우리의 평가가 지나치게 느슨하지도 않고 가혹하지도 않도록 우리에게 이러한 살피는 일을 도와줄 믿음의 공동체가 필요하다.

---

36 Calvin, *Commentaries on the Catholic Epistles*, 204.

¹¹ 우리는 서로 사랑할지니 이는 너희가 처음부터 들은 소식이라

¹¹ For this is the message that you have heard from the beginning, that we should love one another.

¹² 가인 같이 하지 말라 그는 악한 자에게 속하여 그 ¹⁾아우를 죽였으니 어떤 이유로 죽였느냐 자기의 행위는 악하고 그의 ¹⁾아우의 행위는 의로움이라 ¹³ 형제들아 세상이 너희를 미워하여도 이상히 여기지 말라 ¹⁴ 우리는 형제를 사랑함으로 사망에서 옮겨 생명으로 들어간 줄을 알거니와 사랑하지 아니하는 자는 사망에 머물러 있느니라 ¹⁵ 그 형제를 미워하는 자마다 살인하는 자니 살인하는 자마다 영생이 그 속에 거하지 아니하는 것을 너희가 아는 바라

¹² We should not be like Cain, who was of the evil one and murdered his brother. And why did he murder him? Because his own deeds were evil and his brother's righteous. ¹³ Do not be surprised, brothers,¹ that the world hates you. ¹⁴ We know that we have passed out of death into life, because we love the brothers. Whoever does not love abides in

death. [15] Everyone who hates his brother is a murderer, and you know that no murderer has eternal life abiding in him.

[16] 그가 우리를 위하여 목숨을 버리셨으니 우리가 이로써 사랑을 알고 우리도 형제들을 위하여 목숨을 버리는 것이 마땅하니라 [17] 누가 이 세상의 재물을 가지고 형제의 궁핍함을 보고도 도와 줄 마음을 닫으면 하나님의 사랑이 어찌 그 속에 거하겠느냐 [18] 자녀들아 우리가 말과 혀로만 사랑하지 말고 행함과 진실함으로 하자

[16] By this we know love, that he laid down his life for us, and we ought to lay down our lives for the brothers. [17] But if anyone has the world's goods and sees his brother in need, yet closes his heart against him, how does God's love abide in him? [18] Little children, let us not love in word or talk but in deed and in truth.

[19] 이로써 우리가 [2]진리에 속한 줄을 알고 또 우리 마음을 주 앞에서 굳세게 하리니 [20] 이는 우리 마음이 혹 우리를 책망할 일이 있어도 하나님은 우리 마음보다 크시고 모든 것을 아시기 때문이라 [21] 사랑하는 자들아 만일 우리 마음이 우리를 책망할 것이 없으면 하나님 앞에서 담대함을 얻고 [22] 무엇이든지 구하는 바를 그에게서 받나니 이는 우리가 그의 계명을 지키고 그 앞에서 기뻐하시는 것을 행함이라 [23] 그의 계명은 이것이니 곧 그 아들 예수 그리스도의 이름을 믿고 그가 우리에게 주신 계명대로 서로 사랑할 것이니라 [24] 그의 계명을 지키는 자는 주 안에 거하고 주는 그의 안에 거하시나니 우리에게 주신 성령으로 말미암아 그가 우리 안에 거하시는 줄을 우리가 아느니라

[19] By this we shall know that we are of the truth and reassure our heart before him; [20] for whenever our heart condemns us, God is greater than our heart, and he knows everything. [21] Beloved, if our heart does

not condemn us, we have confidence before God; 22 and whatever we ask we receive from him, because we keep his commandments and do what pleases him. 23 And this is his commandment, that we believe in the name of his Son Jesus Christ and love one another, just as he has commanded us. 24 Whoever keeps his commandments abides in God,² and God³ in him. And by this we know that he abides in us, by the Spirit whom he has given us.

1) 헬, 형제 2) 헬, 참

1 Or brothers and sisters. In New Testament usage, depending on the context, the plural Greek word *adelphoi* (translated "brothers") may refer either to *brothers* or to *brothers and sisters*; also verses 14, 16 *2* Greek *him* *3* Greek *he*

≋≋≋≋≋ 단락 개관 ≋≋≋≋≋

요한일서 3:10 말미에서는 다소 갑작스레 사랑이라는 주제로 돌아가는데, 이는 3:11-24에서 말하는 주제로 돌아가는 전환점을 놓은 것이다. 11절은 이 단락의 주제문 역할을 한다. 요한의 청중은 서로 사랑하라는 명령을 받았음을 알고 있다. 12-15절은 미움, 살인과의 대조를 통해 사랑을 설명한다. 16-18절은 사랑의 긍정적인 예(십자가)를 제시하고 그런 사랑이 일상생활에서 어떤 모습인지 설명한다. 이러한 도전적인 명령에 비추어서 19-24절은 우리가 실패할지라도 어떻게 담대함을 가질 수 있는지를 논한다.

≋≋≋ **단락 개요** ≋≋≋

≋≋≋ **주석** ≋≋≋

3:11 　요한은 자신의 권면이 청중이 "처음부터"(2:7, 24) 들은 진리와 일치함을 상기시키기를 좋아한다. 요한은 새로운 것을 퍼뜨리고 있지 않는데, 이는 거짓 선생들이 그러했음을 시사하는 것일 수 있다.

3:12 　요한은 반증으로 창세기 4장에 나오는 가인을 상기시킨다. 아마도 이는 이 사랑 명령이 "처음"으로 거슬러 올라감을 강화하는 것 같다. 사랑의 반대는 미움이고(다음 절에서 분명하게 언급되는), 이는 살인으로 이어진다. 그렇다면 무엇이 그렇게 미움에 불타는 살인을 초래하는가? 악인은 의를 행하는 사람을 미워한다. 이는 우리가 서로를 향해 의와 사랑을 실천해야 한다는 요한의 요지와 연결된다.

3:13 　요한은 이제 적용을 한다. 첫 번째 살인(가인이 저지른)은 악인이 의를 미워하여 일어났다. 그러므로 하나님을 반대하는 세상이, 하나님의 자녀여서 의로운 행동을 하는 우리를 미워할 때 놀라서는 안 된다. 성경은 그러한 반대를 예상해야 한다고 분명히 말한다. 그런 일에 충격을 받으면 우리가

성경을 모른다는 사실이 드러날 것이다(요 16:33; 딤후 3:12, 참고, 시 2편).

3:14 동료 신자들을 사랑하는 것은 회심, 곧 사망의 영역에서 생명의 영역으로 들어갔다는 증거다. 이는 우리가 실재로 회심했는지를 알 수 있는 한 가지 방법이다. 이는 또한 그러한 사랑이 초자연적인 것임을 보여준다. 그 사랑은 타락한 마음에서 자연스레 나오는 것이 아니라 하나님의 초자연적인 사역을 필요로 한다. 반면 그러한 사랑을 하지 못하는 사람은 모두 여전히 사망의 영역에 있다.

3:15 이제 요한은 미움과 살인의 관계를 분명히 한다. 요한은 예수님의 말씀을 되풀이하며(마 5:21-22), 형제를 미워하는 것이 살인하지 말라는 명령을 어기는 것이라고 말한다. 요한의 말대로 미움은 사람을 살인자로 만들며, 잘 아는 바와 같이 살인하는 자는 영생을 가지지 못한다.

악한 자는 하나님의 백성에게 미움을 불어넣는데, 그 범위는 관심을 두지 않는 데서부터 실제로 그 사람들을 죽이는 데까지(살인) 이른다. 이는 악한 자가 처음부터 살인한 자였기 때문이다(요 8:44). 따라서 첫 번째 살인자인 가인은 "악한 자에게 속하여"(요일 3:12) 있다. 이는 그가 마귀에게 속해 있고 마귀의 영역으로부터 왔다는 뜻이다. 악한 자의 영역에서 살고 사망에 거하는 자는 모두 하나님의 백성을 미워할 것이다.

요한은, 살인한 자는 회심할 수 없다고 주장하지 않으며(실제로 사도 바울이 반대 사례일 것이다!), 정당방위나 우발적인 살해에 대해 말하고 있지도 않다.[37] 오히려 그는, 회심한 사람이 제멋대로 무고한 인간 생명을 해칠 수 없다고 말하고 있다. 이곳에서 "살인하는 자"에 대해 사용된 단어 안트로포크토노스(*anthrōpoktonos*)는 신약 다른 곳으로는 요한복음 8:44에만 나오고 마귀를 가리키는 데 사용된다.

---

37 구약은 이를 구별한다(출 21:12-14; 신 4:41-43; 19:1-13).

미움과 살인의 관계에 대해서는 하워드 마샬(I. Howard Marshall)이 적절하게 말한다. "우리는 요점을 아주 솔직하게 말하고 싶어 하지 않을 수도 있다. 그렇지만 미움을 조심하라고 경고하기 위해서는 미움의 진짜 특성을 매우 분명하게 드러내는 편이 좋다…미움은 영적인 삶과 양립할 수 없다. 다르게 말하자면, 다른 사람을 미워하는 사람은 그 사람의 생명을 빼앗고 싶어 한다. 그런 사람은 분명 생명의 영역에 속해 있지 않다."[38]

3:16 부정적인 사례를 제시한 요한은 이제 사랑하라는 권면으로 돌아간다. 십자가에서 절정에 이른 예수님의 자기 내주심은 우리에게 사랑이 무엇인지를 가르쳐주고 그분의 본을 따르라고 요청한다. 미움은 다른 사람의 생명을 빼앗는 데로 나아가는 반면, 사랑은 자신의 생명을 내려놓는 데로 나아간다.

3:17 목숨을 내놓는 일에는 다른 사람들의 기본적인 필요를 충족시켜주는 것이 포함된다. "세상의 재물"이라는 어구는 2:16에서 다룬 단어인 비오스이다. 고려되는 상황은 분명하다. 경제력이 있는 어느 신자가 어려움에 처한 다른 신자를 본다. 그 신자가 그렇게 어려움에 처한 형제를 알면서도 그에 대해 마음을 닫는다면, 그러한 행동은 그 신자의 믿음을 의심하게 만든다.

16절의 복수(일반적인)가 이곳 17절에서 단수(특정한)로 바뀐 것은 의도적인 것이다. 루이스(G. P. Lewis)가 지적하듯이, "한 개인, 특히 재미없거나 짜증스럽거나 타락했거나 그렇지 않으면 매력적이지 않은 사람을 사랑하기보다는 인류에게 열정을 쏟기가 더 쉽다. 일반적으로 모두를 사랑한다는 구실을 들어 구체적으로 아무도 사랑하지 않을 수 있다."[39]

---

38 Marshall, *Epistles of John*, 191-192

39 G. P. Lewis의 말, Stott, *Letters of John*, 147에서 재인용.

3:18 애정을 담은 요한의 표현("자녀들아")은 앞의 두 절을 요약하는 그의 결론에 특별히 주의를 집중시킨다. 진짜 사랑, 곧 요한이 다루는 하나님의 사랑은 "말과 혀"로만 하는 것이 아니다. 그것은 항상 행동을 낳는다. 하나님이 세상을 너무 사랑하셔서 그분이 '주셨다'(요 3:16).

물론 이는 사랑의 말이 소용없다는 뜻이 아니다! 요한은 이 편지에서 사랑의 말의 실례를 보여준다. 그의 요지는 참된 사랑은 '그저' 말이나 감정에서 그치지 않는다는 것이다. 사랑은 말로 만족하지 않고 사랑하는 이를 위해 행동한다. 느끼고 말을 하지만 행동하지 않는 것은 진짜 사랑이 아니다. 행함이 없는 사랑은 죽은 것이다.

3:19-20 "이로써"는 앞의 절들을 가리킨다. 즉 우리가 "진실함으로"(진정으로) 사랑할 때 "진리에" 속했다고 확신할 것이다("우리가…알고"). "진리에 속[했다]"라는 말은 하나님을 앎 또는 회심함을 나타내는 요한의 관용어다(1:6-8에는 '진리 안에서 행함' 또는 '있음'). 순종은 확신을 낳는다. 요한은 진리를 가졌다고 주장하던 이들이 떠남으로 인해 흔들리고 있던 양떼에게 편지를 씀으로써, 그들이 계속해서 사도의 가르침에 거하는 것이 옳음을 어떻게 알 수 있는지를 거듭 보여주고 있다. 그가 묘사하는 '이' 사랑이 올바른 길이다.

그러나 하나님 앞에서 "우리 마음을…굳세게" 해야만 할 때도 있을 것이다.[40] 아마도 우리가 행하는 최선의 사랑조차 부족한 것이라는 사실을 뼈아프게 인식하기 때문일 것이다. 그래서 요한은 우리 마음이 우리를 책망할 때 하나님께 기대라고 말한다. 우리는 믿음에서 나오는 순종이 있는지 우리 삶을 살피지만, 결국은 우리 자신이 아닌 하나님께 기댄다. 죄를 회개하고 순종하려 애쓰며 하나님께 기댄다. 그분이 우리 마음보다 크시

---

40 어떤 사람들은 19절의 "주 앞에서"가 최종 심판을 가리킨다고 주장한다. 그러나 20절의 "…이 있어도"(whenever)가 그러한 해석을 반대한다. 요한은 우리가 언제든 하나님 앞에서 죄책감을 느껴서 그분 앞에 올 수 없는 때를 염두에 두고 있다.

고 모든 것을 아신다는 사실을 우리가 알기 때문이다. 하나님은 우리의 모든 죄를 아시고 그분의 대속 사역을 아신다. 다시 말해, 우리는 양심의 가책을 받아도, 하나님의 용서가 영원한 용서임을 기억할 수 있다. 바울은 이렇게 말했다. "만일 하나님이 우리를 위하시면 누가 우리를 대적하리요…누가 능히 하나님께서 택하신 자들을 고발하리요 의롭다 하신 이는 하나님이시니 누가 정죄하리요 죽으실 뿐 아니라 다시 살아나신 이는 그리스도 예수시니 그는 하나님 우편에 계신 자요 우리를 위하여 간구하시는 자시니라"(롬 8:31-34).

3:21 책망하는 마음에 대한 치료책을 제시한 요한은, 이제 양심이 깨끗한 자가 누리는 복으로 옮겨가면서 독자들을 또 다른 애정 어린 표현으로 부른다. 그가 이렇게 주제를 바꾸며 그들에게 자신이 정말 "사랑하는" 이들이라는 것을 상기시킬 때 우리는 대부분 흥분될 것이다. 그리스도의 사역 때문에 우리 마음이 더 이상 우리를 책망하지 않을 때, 우리는 담대하게 (히 10:19-20에 유사한 표현이 나온다. ESV는 같은 단어인 "confidence"로, 개역개정은 "담력"으로 번역했다) 하나님께 나아갈 수 있다. 이것이 바로 찰스 웨슬리(Charles Wesley)가 놀라운 사랑(Amazing Love)[41]이라는 찬송에서 묘사한 것이다.

> 나는 이제 정죄의 두려움 없네
> 예수와 그 안에 있는 모든 것이 내 것이네
> 살아 계신 나의 주, 나는 그 안에서 살아 있네
> 하나님의 의로 옷 입었네
> 나는 담대히 영원한 보좌로 나아가
> 그리스도로 인해 왕관을 나의 것이라 하네

---

41 영어 찬송가 제목은 첫 줄 가사를 따라 *And Can It Be That I Should Gain*이며, 우리나라에는 <어찌 날 위함이 온지>라는 성가곡으로 불리고 있다. (편집자 주)

3:22 앞 절과 함께 이 절은 기도 상황을 염두에 두고 있음을 분명히 한다. 은혜로 깨끗해진 양심의 담대함은 효력을 발휘하는 기도를 낳는다. 우리는 요한이 말하는 바를 남용하거나 축소하지 않도록 조심해야 한다. 한편으로 "무엇이든지 구하는 바"라는 약속을 그저 "무엇이든 말하고 무엇이든 요구하라"고 말하는 번영신학의 근거로 해석해서는 안 된다. 이러한 신념이 전 세계적으로 인기를 누리고 있긴 하지만, 그러한 믿음은 성경의 전반적인 진의는 물론, 우리가 하나님께 순종하고 그분을 기쁘시게 하는 일을 해야 한다는 이 부분의 조건을 놓치는 것이다.

그러나 이러한 남용 때문에 일부 그리스도인은 실제로 주어진 약속을 진지하게 여기지 못한다(또한 마 7:7; 막 11:24). 우리가 하나님께 순종하고 하나님을 기쁘시게 하며, 그분의 계명과 일치되므로 그분을 기쁘시게 해드리는 것들을 구하면, 하나님은 우리 기도에 응답하시고 큰일을 하실 것이다. 이에 힘입어 우리는 순종하고 기도해야 한다.

3:23 계명에 순종하라고 말한 요한은 두 가지 계명을 명시한다. 첫 번째 계명은, "그 아들 예수 그리스도의 이름을 믿고"이다. 이는 요한복음 6:29에서 예수님이 하신 말씀과 아주 유사하다. "그 아들 예수 그리스도"라는 명칭은 그리스도의 위격에 대한 온전한 고백을 함축한다. 거짓 선생들은 이를 거부했다(참고. 요일 2:22-23). 두 번째 계명은 보내심 받은 아들이 명하신 대로 "서로 사랑할 것이니라"이다. 그러므로 효력을 발휘하는 기도는 그리스도의 위격에 대한 올바른 믿음과 신자들에 대한 진정한 사랑에 달려 있다.[42] 요한은 서신의 두 핵심 주제를 여기까지 반복하고 있는 것이다.

3:24 요한은 하나님의 계명을 지키는 것에 관한 주제를 이어가면서, 그러한 순종이 사람이 하나님 안에 거하고 하나님이 그 안에 거하심을 보

---

42 흥미롭게도, 그리스도인 남편들이 아내를 사랑하지 못하는 것도 그들의 기도를 방해할 수 있다(벧전 3:7).

여준다고 쓴다. 하나님 안에 거함이라는 말은 참된 기독교를 표현하는 요한의 또다른 관용어다. 앞에서 요한은 하나님 안에 거하는 것을 순종(2:6; 3:6)과 그리스도의 재림 때 담대함을 가지는 것(2:28)에 연결시켰다. 하나님의 말씀(2:14), 기름 부음(2:27), 씨(3:9), 사랑(3:17)이 모두 신자들 안에 "거하[는]" 것으로 언급되었다. 이는 예수님이 요한복음 15장에서 말씀하신던 진리이며, 생명의 근원이신 하나님과 더불어 하나님과 그분의 자녀 사이에 있는 생명의 관련성을 나타낸다. 야브루는, "요한의 신학에서 거한다는 것은 바울이 말하는 '그리스도 안에' 있는 것처럼, 그리스도에 대한 신뢰를 나타내는 것이다"라고 설명한다.[43]

"이로써"("by this", 개역개정에는 없음)는 하나님의 계명을 지키는 것을 가리킨다(요일 3:24a). 순종은 하나님이 우리 안에 거하심을 아는 방법이다. 이는 요한이 이 서신의 다른 데서 쓴 내용과도 일치하고, 믿음이 행위를 낳는다는 신약의 일관된 증언과도 일치한다. 또한 우리는 성령의 사역을 통해 하나님이 우리 안에 거하신다는 이러한 확신을 가지게 된다. 바울도 "우리에게 주신 성령으로 말미암아"(롬 5:5) 주어지는 확신에 대해 말한다. 요한은 이곳에서 성령을 언급함으로써, 다음 단락에서 새롭게 성령의 사역에 대해 초점을 맞출 준비를 한다.

≋≋≋≋ **응답** ≋≋≋≋

우리는 세상이 미워하는 것에 놀라지 말고 오히려 교회 안에 사랑이 부족한 것에 놀라야 한다. 슬프게도 오늘날 이것이 뒤바뀐 경우가 너무나 많다. 교회 지체들은 교회 내의 갈등은 예상하지만, 세상의 반대자들에 대해서는 깜짝 놀란다. 복음 위에 세워져서 세상의 반대를 담대하게 마주할 수

있는 깊은 사랑의 공동체를 되찾기 위해서는 요한의 도전이 절실하게 필요하다.

요한이 요청하는 사랑은 큰 노력을 들여야 하는 것이다. 요한은 기꺼이 최고의 희생을 하라고 도전하고(3:16), 그런 다음 매일의 필요를 지적함으로써 거대한 희생만을 생각하지 않게 한다(3:17). 일주일에 한 번 궁핍한 이들과 함께 모임에 참석하는 것으로는 그러한 필요를 알고 관심을 가지는 일이 생기지 않을 것이다. 이 단락이 바라보는 교회는 단지 가는 장소가 아니라 속하는 가정이다.

요한이 분명하게 말한 순종의 필요성은 불안해하는 양심을 세심하게 다루는 일과 결합되어(3:19-24) 목회적으로 많은 교훈을 전한다. 대개 신자들은 확고한 진리로 인한 담대함과 부패한 영혼에 관한 죄책감, 이 둘이 서로 배타적인 것인 양 둘 중 하나를 택한다. 요한은 다른 길을 보여주는데, 그것은 복음은 우리에게 주어진 타협할 수 없는 요구를 명확히 한 다음 우리에게 그리스도 안에 있는 소망과 능력을 상기시킨다는 것이다.

¹ 사랑하는 자들아 영을 다 믿지 말고 오직 영들이 하나님께 속하였나 분별하라 많은 거짓 선지자가 세상에 나왔음이라

¹ Beloved, do not believe every spirit, but test the spirits to see whether they are from God, for many false prophets have gone out into the world.

² 이로써 너희가 하나님의 영을 알지니 곧 예수 그리스도께서 육체로 오신 것을 시인하는 영마다 하나님께 속한 것이요 ³ 예수를 시인하지 아니하는 영마다 하나님께 속한 것이 아니니 이것이 곧 적그리스도의 영이니라 오리라 한 말을 너희가 들었거니와 지금 벌써 세상에 있느니라

² By this you know the Spirit of God: every spirit that confesses that Jesus Christ has come in the flesh is from God, ³ and every spirit that does not confess Jesus is not from God. This is the spirit of the antichrist, which you heard was coming and now is in the world already.

⁴ 자녀들아 너희는 하나님께 속하였고 또 그들을 이기었나니 이는 너희 안에 계신 이가 세상에 있는 자보다 크심이라 ⁵ 그들은 세상에 속한 고로 세상에 속한 말을 하매 세상이 그들의 말을 듣느니라

⁴ Little children, you are from God and have overcome them, for he who is in you is greater than he who is in the world. ⁵ They are from the world; therefore they speak from the world, and the world listens to them.

⁶ 우리는 하나님께 속하였으니 하나님을 아는 자는 우리의 말을 듣고 하나님께 속하지 아니한 자는 우리의 말을 듣지 아니하나니 ¹⁾진리의 영과 미혹의 영을 이로써 아느니라

⁶ We are from God. Whoever knows God listens to us; whoever is not from God does not listen to us. By this we know the Spirit of truth and the spirit of error.

1) 헬, 참

〰〰〰 단락 개관 〰〰〰

앞 단락 끝에서는 성령을 언급하며 바로 다음 단락에서 성령에게 초점을 맞출 준비를 했다. 요한은 우리 마음을 분별하는 어려운 주제를 논의한 후에, 성령의 영감을 받아 말한다고 주장하는 "영들"을 분별하는 데로 옮겨간다. 요한일서의 이 단락은 여러 면에서 요한일서 2:18-27과 병행을 이룬다.

≋≋≋ 단락 개요 ≋≋≋

X. 분별의 필요성과 적그리스도의 영(4:1-6)

    A. 분별하라는 요청(4:1)

    B. 검증 기준: 예수님에 대한 고백(4:2-3)

    C. 겁먹은 교회에 주는 위로(4:4-5)

    D. 확증: 하나님과 하나님의 사도의 말을 듣는 것(4:6)

≋≋≋ 주석 ≋≋≋

4:1 또다시 "사랑하는 자들아"라는 애정을 담아 부르는 표현은 새로운 단락으로 전환됨을 나타낸다. 이 직접적인 호격어를 통해 요한은 거짓 선생들에 대한 경고에 거듭 주의를 집중할 것을 요청한다. 이곳에서 말하는 "영들"은 성령의 영감을 받아 말한다고 주장하는 이들이다. 요한은 수많은 거짓 선생들이 성령의 영감을 주장할 것이므로 분별이 꼭 필요하다고 힘주어 말한다. 하나님이 자신들에게 해야 할 말을 알려주셨다고 주장한다는 이유만으로 그 사람들을 믿어서는 안 된다. 그런 사람들은 진심으로 현혹되었거나 의도적으로 속이는 것일 수 있다. 이러한 사상이나 가르침은("영들") 그냥 곧이곧대로 받아들이기보다는 항상 검증해야 한다. 이어서 요한은 검증하는 방법을 다룬다.

4:2 요한은 특유의 "이로써…알지니"라는 어구로, 의심스러운 가르침을 확인하는 방법을 소개한다(참고. 4:1과 그 주석). 우리의 목표는 "하나님의 영을 [아는]" 것, 즉 성령이 어떤 의심스러운 가르침 배후에 계신지 아닌지를 파악하는 것이다. 어떤 신념이나 선생이 하나님에게서 왔다고 여겨지

려면, 예수님이 성육신하신 메시아임을 인정해야 한다. 그리스도의 위격과 사역을 제대로 이해하는 일에 대한 이러한 관심은 앞의 2:18-23에 언급되었는데, 이 단락과 유사한 부분이 많다.

4:3 "예수를 시인하[는]" 것은 4:2의 온전한 고백을 축약하여 표현한 것이다. 예수님의 메시아 되심과 성육신을 인정하지 않거나 약화시키는 선생이나 교리는 하나님께로부터 나온 것일 수 없다. 오히려 그런 가르침은 "적그리스도의 영"이다. 요한은 2:18에서처럼 독자들이 그러한 영이 오고 있음과 현재 활동하고 있음을 알고 있다고 상기시킨다.

　이는 대부분의 현대 서구 기독교가 가지는 생각과 완전히 반대된다. 현대 서구 기독교는 진실성이 가장 중요하고, 의도만 좋다면 교리적 특성은 무의미하다고 여긴다. 물론 교리적 정확성 자체가 가장 중요한 것은 아니지만, 하나님의 백성에 속하려면 어떤 교리는 분명하게 붙들어야 한다. 아무리 의도가 좋을지라도 예수님의 성육신을 부인하는 자는 그리스도의 교회의 참 구성원이 아니다.

4:4 그리스도를 반대하는 악한 영이 활동하고 있다는 현실은 당황스러운 일이다. 요한의 청중이 그들의 교회에서 이런 영들의 영향을 목격한 것으로 보아 그들에게도 분명 그러했을 것이다. 그래서 요한은 이런 현실을 언급한 다음 방향을 바꾸어 사랑하는 '자녀들'을 위로한다. 그는 세 가지 내용으로 위로한다. 첫 번째로, 그는 청중들이 거짓 영들과는 다르게(4:3) 예수를 시인하는 영처럼(4:20) 하나님께 속하였음을 상기시킨다.[44] '하나님께 속했는지 세상에 속했는지'를 구별하는 것은 이 단락 나머지 부분의 주요 주제다. 거짓 선생들이 어떤 말을 하든, 진리를 굳게 붙들고 있는 신자들은 그들이 하나님께 뿌리를 두고 있는 것이라는 사도의 증언으로 격려

---

44 동일한 헬라어 어구, 에크 투 테우(*ek tou theou*)가 2-4절의 "하나님께 속한"이라는 각 어구에 사용된다.

를 받을 것이다.

두 번째로, 이 신실한 신자들은 거짓 선생들과 그들을 따르는 이들(적 그리스도의 영)을 "이기었[다]." 우리는 그 교회의 몇 퍼센트가 떠나고 몇 퍼센트가 남았는지는 모르지만, 요한의 청중들은 그 일로 인해 악이 이긴 것처럼 느꼈을 수 있다. 요한은 그들이 느끼는 것과는 상관없이 실제로는 그들이 이겼다고 격려한다(참고. 5:4 주석에 나오는 이에 대한 더 자세한 설명).

세 번째로, 그 승리가 확실하다는 것은 그들 안에 계시며 그들에게 힘을 주시는 분인 하나님이 세상 안에 계신다는 사실과 그 하나님이 세상에 힘을 주는 이보다 더 크시다는 사실에 기초한다. 세상에 있는 자가 누구인지 분명히 명시되지는 않지만, 궁극적으로는 여러 번 언급된 마귀를 가리킨다(2:14; 3:10, 12).

따라서 신자들은 영적 위험이라는 심각한 현실을 인식해야 하지만, 두려움으로 마비되어서는 안 된다. 왜냐하면 신자들은 하나님, 곧 그들을 자기 소유로 삼으시고(그들은 "하나님께 속하였고" 그분은 그들 안에 있다) 그들을 대적하는 세력들보다 더 강하신 분을 알기 때문이다. 이러한 기본적인 진리는 성경 곳곳에서 볼 수 있으며, 타락한 세상에서 그리스도인이 용기와 평온함을 가질 수 있는 기초다.

4:5 이에 반해 거짓 선생들을 따르는 이들은 세상(하나님께 적대적인 영역. 신자들은 이곳을 사랑해서는 안 된다. 참고. 2:15)에 속했다. 요한은 방금 거짓 선생들과 세상의 관계가 신실한 신자들이 그들을 이긴 이유임을 설명했다(4:4). 여기서는 그렇게 진 사람들이 성공한 듯 보이는 이유를 설명한다. 세상은 그들과 '생각이 같기' 때문에 그들의 메시지에 매료된다. 거짓 선생들은 대개 세상이 듣고 싶어 하는 것을 말하기 때문에 많은 무리가 따른다. 세상의 욕구에 맞게 가공한 메시지는 항상 추종자를 얻겠지만, 생명을 낳지는 못한다. 이는 추종자들의 수에 근거해 어떤 사역을 평가하는 일을 조심하라는 우렁찬 경고다.

4:6 1장에서 그랬듯 "우리"는, 요한을 비롯해 더 광범위한 사도 증인(참고. 1:1 주석)을 가리킨다. 4절에서 요한은 "너희" 청중이 하나님께 속했다고 말했다. 그런데 이곳에서는 자신을 포함하여 "우리"라고 말하는데, 그 이유는 여기서는 선포된 메시지에 대해 말하고 있기 때문이다. 요한은 하나님께 속했다(그는 2절의 검증을 통과했다). 그러므로 하나님을 아는 자는 그의 메시지를 듣는 반면, 하나님께 속하지 않는 자들은 그의 말을 듣지 않는다.

이는 어떤 설교자에게 "나는 하나님께 속했으므로 내 말을 듣는 사람은 누구든 하나님께 속하지만, 나를 좋아하지 않는 사람은 누구든 하나님을 알지 못한다"라고 말할 자격을 주는 것이 아니다. 오히려 우리는 이 선언이 사도가 영감을 받아 증언하는 말임을 인식해야 한다. 하나님께로부터 온 메시지/메신저(전령)의 지위는 아무나 마음대로 가질 수 있는 주관적인 것이 아니다. 오히려 이 편지는 하나님께 속하는 것이, 예수님을 성육신한 메시아이자 하나님의 아들로 시인하는 자들이 되는 것이라고 기술한다. 그는 거룩함을 추구하고 동료 신자들을 사랑한다. 요지는 참으로 하나님을 아는 이들은 이러한 메시지를 듣는다는 것이다. 그러한 메시지를 좋아하지 않는 이들은 자신들이 하나님을 알지 못함을 입증하는 것이다. 이것이 6절 마지막 문장의 요지다. 신자들은 어떤 선생이 사도의 증언에 주의를 기울이는지 기울이지 않는지에 근거해, "진리의 영"과 "미혹의 영"이 어떻게 다른지를 구별할 수 있다.

〰〰〰 **응답** 〰〰〰

특히 남의 말을 잘 믿는 시대에 교회는 이 본문이 말하는 분별법을 절실하게 필요로 한다. 그리스도인들이 거짓 선생들과 사기꾼들에게 홀랑 넘어가는 경우가 너무나도 많다. 거짓 선생들과 사기꾼들이 하나님을 대변한다고 주장하며 몇몇 성경 구절을 덧붙이기 때문이다. 어떤 권위적인 지도자들은 자신들을 의심하는 것이 하나님을 의심하는 것이라고 주장한다.

하지만 이 본문은 계시된 성경에 비추어 모든 선생을 점검하라고 요구한
다. 실제로 성경은, 성경을 살핌으로써 사도 바울을 재점검한 이들을 '고상
한 사람들'이라고 칭찬한다(행 17:11, 새번역). 참된 복음 사역자는 그러한 검
증을 환영할 것이다. 그러한 경계는 심각한 회의주의가 아닌, 교회가 성경
에 충성하고 있으며 거짓 선생들의 실체를 건전하게 인식하고 있음을 나
타낸다.

7 사랑하는 자들아 우리가 서로 사랑하자 사랑은 하나님께 속한 것이니 사랑하는 자마다 하나님으로부터 나서 하나님을 알고 8 사랑하지 아니하는 자는 하나님을 알지 못하나니 이는 하나님은 사랑이심이라

7 Beloved, let us love one another, for love is from God, and whoever loves has been born of God and knows God. 8 Anyone who does not love does not know God, because God is love.

9 하나님의 사랑이 우리에게 이렇게 나타난 바 되었으니 하나님이 자기의 독생자를 세상에 보내심은 그로 말미암아 우리를 살리려 하심이라 10 사랑은 여기 있으니 우리가 하나님을 사랑한 것이 아니요 하나님이 우리를 사랑하사 우리 죄를 속하기 위하여 화목제물로 그 아들을 보내셨음이라

9 In this the love of God was made manifest among us, that God sent his only Son into the world, so that we might live through him. 10 In this is love, not that we have loved God but that he loved us and sent his Son to be the propitiation for our sins.

> 11 사랑하는 자들아 하나님이 이같이 우리를 사랑하셨은즉 우리도 서로 사랑하는 것이 마땅하도다 12 어느 때나 하나님을 본 사람이 없으되 만일 우리가 서로 사랑하면 하나님이 우리 안에 거하시고 그의 사랑이 우리 안에 온전히 이루어지느니라
>
> 11 Beloved, if God so loved us, we also ought to love one another. 12 No one has ever seen God; if we love one another, God abides in us and his love is perfected in us.

≋≋≋ 단락 개관 ≋≋≋

요한은 신자와 세상이 분명히 나뉜다는 사실과 거짓 가르침에 관해 경계할 필요가 있음을 논의한 후에, 이제 교회 내에 사랑이 필요함을 이야기하는 쪽으로 향한다. 오류에 맞서다 보면, 서로를 의식적으로 사랑하는 공동체를 세워야 한다는 사실을 쉽사리 잊게 된다. 요한은 청중들로 하여금 "진리의 영"(요일 4:6)이 항상 사랑과 연결됨을 끊임없이 기억하게 한다.

이 단락에서 요한은 다른 그리스도인을 사랑해야 함을 다시 주장하고 (7-8절), 십자가를 가리킴으로써 사랑이 무엇인지를 설명한다(9-10절). 그런 다음 이 진리를 청중에게 적용하며, 이 모범적인 사랑을 본받으라고 요청한다(11-12절).

XI. 하나님을 계시해 주는 사랑(4:7- 12)
  A. 사랑은 타협하지 않음(4:7- 8)
  B. 사랑의 최고의 본: 십자가(4:9- 10)
  C. 사랑의 실천과 그 결과(4:11- 12)

≋≋≋≋≋ 주석 ≋≋≋≋≋

4:7 요한은 애정을 담은 표현을 사용하여 직접 부름으로써 다시 한번 새로운 단락으로 이동함을 나타낸다. 여기서 "사랑하는 자들"이라는 표현은 그 주제를 소개하는 것이기도 하다. 요한은 사랑이라는 되풀이되는 주제로 돌아가서, 이제 사랑에 관해 논의하기보다 사랑을 '명령한다.'[45] 사랑하자라는 일인칭 복수형 명령은 요한 특유의 표현이다.[46]

그리스도인은 두 가지 이유에서 서로 사랑해야 한다. 첫 번째로, 사랑은 하나님에게서 비롯되므로, 그분의 백성의 표지는 바로 사랑이어야 한다. 두 번째로, 사랑은 하나님으로부터 나서 하나님을 안다는 증거다. 사랑은 하나님의 근본적인 성품이다. 따라서 그분의 자녀는 아버지를 닮아야 한다. 이는 애정이 담겼거나 친절한 행동을 하는 이들은 누구든지 그 사실만으로 그리스도 안에 있는 신자라는 의미가 아니다. 그리스도를 부인하는 사람들이 믿음과 별개로 구원받는다는 보편구원론이나 포용주의는 아

---

45 요한은 일인칭 명령의 문법 형태인 청유형 가정법을 사용한다.

46 Yarbrough, *1-3 John*, 233 참고.

무런 근거가 없다. 그러한 개념은 요한이 서신의 다른 데서 말하는 바와도 분명하게 모순된다. 불신자들이 사랑이 많고 친절할 수 있지만, 요한은 특별히 그리스도인들이 다른 그리스도인들을 향해 보이는 자기희생적인 깊은 사랑을 묘사하고 있다.

4:8 이런 식으로 사랑하지 않는다면 그는 분명히 하나님을 알지 못한 것이다. 이 사랑이 하나님의 존재의 중심이기 때문이다. "하나님은 사랑이심이라"는 문장(4:16에서 반복됨)은 중요한 신학적 요점으로, 패커는 그것을 "성경에 나오는 말 가운데 가장 엄청난 말"이라고 칭한다.[47] 그런데 여기서 많은 오해가 나온 것 또한 사실이다.

"하나님은 사랑이심이라"라는 말은 무슨 뜻인가? 이 말은 하나님의 기본 성품에 대해 1:5에 나오는 또 다른 표현인 "하나님은 빛이시라"와 함께 고려해 보는 것이 도움이 된다. 이 표현은 하나님을 추상적인 개념이나 감정으로 축소하기 위한 것이 아니다. 오히려 이 말은 하나님의 행동을, 그분이 행하시는 모든 일을 통해 표현되는 그분의 성품의 본질적인 요소들을, 따라서 우리가 어떻게 그분을 경험하는지를 가리킨다. 이렇듯 하나님은 무슨 일을 하시든 사랑하고 계신다. "하나님이 인류에게 보여주셨으며, 그리스도인들이 알고 그 안에서 기뻐하는 그 사랑은 하나님 자신의 내적 존재에 대한 계시다."[48] 이는 우리 같은 죄인들에게 놀라운 소식이다. 이는 우리를 복음의 영광과 아름다움으로 이끌어준다. 그것은 완벽하게 거룩하신 하나님이(1:5) 죄인을 사랑하셔서 그들을 구원하시고 성화시키기로 하셨다는 것이다. 우리가 이 교리 안에서 거룩한 땅에 서게 될 것이라는 패커의 말은 분명히 옳다.[49]

---

47 Packer, *Knowing God*, 106.

48 같은 책, 108.

49 같은 책.

4:9 이 사랑이 너무 중요하기 때문에 요한은 이제 사랑의 최고의 본인 그리스도의 사역을 가리킴으로써 그것이 구체적으로 어떤 모습인지를 명확히 알려주는 데로 향한다. 이 사랑은 우리 가운데서 "나타난 바", 즉 '계시'되었다. 이곳에 사용된 동사 파네로오(*phaneroō*)는 보통 이전에 숨겨진 어떤 것이 드러남을 가리킨다. 인간을 향한 하나님의 사랑은 태초 이전으로 거슬러 올라간다. 이 사랑은 비록 구약 내내 부분적으로 계시되었지만, 우리를 구속하시기 위한 아들의 보내심에서 비로소 온전히 계시되었다. 요한은 요한복음 3:16과 아주 유사한 표현을 사용하여[50] 이 사건이 하나님의 사랑을 실증한다는 면에서(참고. 또한 롬 5:8) 다른 모든 것을 왜소하게 만든다는 것을 보여준다. 이 진술을 비롯해 이와 비슷한 다른 진술들은, 그리스도의 이 사역이 성경 전체의 중심점이라는 사실을 가리킨다.

아들이 받은 '보내심'은 그리스도의 온전한 사역, 곧 성육신, 삶, 죽음, 장사, 부활, 승천을 암시한다. 보냄 받은 이는 하나님의 '독생자'다. 여기에 사용된 형용사 모노게네스(*monogenēs*)는 하나님의 아들로서 예수님의 유일무이함을 강조한다.[51] 칼빈이 썼듯이, "본래 그분의 독생자이신 분이 은혜와 입양으로 수많은 아들을 만드셨다."[52] 거짓 선생들은 속이기 위해 "세상에" 나온 반면(요일 4:1), 아들은 "그로 말미암아 우리를 살리려[고]"(9절) "세상에"(같은 헬라어 어구) 보내심을 받았다. 그러므로 그분이 하신 일은 사랑을 입증하는 것이다. 예수님이 엄청난 자기희생으로 우리를 구해내셨다. 따라서 이 사랑에는 두 가지가 수반된다. 곧, 자기를 희생하는 것과 다른 사람의 유익을 위해 행동하는 것이다.[53]

---

50 Marshall은 "그가 의도적으로 독자들에게 그 엄청난 선포를 상기시킨다는 것은 의심의 여지가 없다"고 말한다(*Epistles of John*, 213).

51 *monogenēs*의 의미에 대한 더 자세한 논의에 대해서는 같은 책, 214 주8 참고.

52 Calvin, *Commentaries on the Catholic Epistles*, 239.

53 Marshall, *Epistles of John*, 214.

4:10 요한은 또한 사랑이 어디에서 시작되었는지를 분명히 말하며 사랑을 명확하게 해준다. 사랑은 우리가 아니라 하나님에게서 시작되었다. 우리의 사랑은 약하고 부서지기 쉽고 변덕스럽다. 우리는 참된 사랑의 척도일 수 없다. 오히려 하나님이 사랑의 기준이요 창시자시다. 우리가 무엇을 행하기 전에 그분이 "우리 죄를 속하기 위하여 화목제물로 그 아들을 보내셨[다]." 바울이 말하듯이 "우리가 아직 죄인 되었을 때에 그리스도께서 우리를 위하여 죽으심으로 하나님께서 우리에 대한 자기의 사랑을 확증하셨[다]"(롬 5:8).

4:9처럼 하나님의 사랑은 아들을 보내심으로 나타났다. 여기서 아들의 사역은 더 구체적으로 묘사된다. "화목제물"(propitiation)은, 예수님이 우리 죄로 인한 하나님의 거룩한 진노를 없애는 희생제물로서 십자가에서 이루신 사역을 가리킨다(참고. 2:2 주석). 요한은 이따금 상세한 설명 없이 거대한 신학적 사실을 언급한다. 요한은 화목제물을 언급하며 우리가 죄 사함을 받고 구속받도록 하나님이 아들을 보내어 아버지의 강렬한 진노를 지고 잔인하게 죽게 하신 것에서 하나님의 사랑이 나타났다고 말한다. 예수님은 우리가 살도록 죽기 위해 오셨다. 이는 그저 감정의 사치가 아니다. 이것이 사랑이다. 윌리엄 리스(William Rees, 1802-1883)가 그의 대표적인 찬송 "바다 같은 주의 사랑"에 이 진리를 잘 담아냈다.

> 바다 같은 주의 사랑
> 내 맘속에 넘치네
> 생명의 주 우릴 위해
> 보혈 흘려 주셨네.
>
> 주 못 박힌 언덕 위에
> 생명의 문 열렸네
> 깊고 넓은 은혜의 샘
> 강과 같이 흐르고

하나님의 자비하심
이 땅 위에 넘치네
평강의 왕 주님 예수
세상 죄 구속했네[54]

4:11 "사랑하는 자들아"는 요한이 권면으로 돌아감을 알려준다. 요한은 잠시 멈춰 그리스도의 사역을 가리킴으로써 사랑을 정의하였으며, 이제 그가 의도하는 권면으로 돌아온다. 그는 사실상 이렇게 말하고 있다. "사랑하는 자들아, 이 놀라운 사랑을 보건대, 이렇게 오래 참고 희생적이고 효과적인 사랑을 받은 자인 우리가 어떻게 서로 사랑하지 않을 수 있겠는가?" 이는 형제를 사랑하지 않는 자는 하나님을 알 수 없다고 선언한 요한의 모든 말의 뿌리다. 방금 묘사된 이 사랑을 안다면 그는 그 보답으로 사랑할 것이다. 노련한 설교자인 요한은 놀라운 신학적 진리의 정점에서 날카로운 도덕적 권면으로 옮겨간다. 경배는 행동으로 이어져야 한다.

4:12 이 절과 앞의 내용의 관계는 그리 명확하지 않다. 하나님이 영이시기에 누구도 하나님을 볼 수 없다는 것은 성경의 기본 진리지만(출 33:20; 딤전 1:17), 여기 나오는 주장이 무엇을 의미하는지는 궁금증을 일으킨다. 요한의 청중들이 이 진리에 대해 어떤 의문을 제기한 것 같지는 않다. 오히려 요한은 신학적인 기정사실로부터 윤리적인 당위성(necessity)을 주장하고 있다. 하나님을 볼 수 없으므로, 그리스도인은 서로 사랑함을 통해서만 그들을 지켜보는 세상에 그분을 '보여줄' 수 있다.

그리스도인들이 서로 사랑할 때 하나님이 그들 안에 거하신다. 그분이 그들 가운데 거주하신다. 또 방금 아주 강력하게 묘사된 그분의 사랑이 그들 가운데서 완성된다. 하나님의 사랑이 "온전히 이루어지느니라"는 말

---

54 올네이션스 경배와 찬양 〈침묵기도 5집〉, 예수전도단 〈Campus Worship 2010 His Kingdom Come〉에 수록된 가사를 인용하였다. (편집자 주)

은 하나님의 사랑에 어떤 결핍이 있을 암시하지 않는다. 오히려 텔레이오오(*teleioō*)는 '완료되다', 의도된 결말에 이르다라는 뜻이다. "이미 아주 깨끗한 하나님의 사랑이, 사람들이 그리스도의 메시지에 반응하여 그 결과로 서로에게 관심을 보일 때 땅에서 가능한 최상의 모습으로 나타난다."[55] 그러므로 하나님이 '보이는' 방법, 즉 인지되는(사람들이 그분이 실재하심을 아는) 방법은 그리스도인들이 적극적이고 열정적으로 서로를 보살피는 것이다.

≋≋≋≋ 응답 ≋≋≋≋

이 본문은 교리와 기쁨과 의무로 가득하다. 우리는 하나님의 사랑의 실재에 대해 오래, 깊이, 자주 생각해야 한다. 그러한 사랑을 아는 것이 영혼의 긴급한 필요다. 깨지고 궁핍한 영혼들은 이러한 위안을 찾아 서로를 짓밟고 집어삼킨다. 그러나 그들은 하나님의 사랑이 그들이 찾는 것임을 알지 못한다. "하나님의 사랑을 아는 것은 지상의 낙원을 얻은 것과 같다"[56]라는 패커의 말이 옳다. 우리는 이 사랑을 한껏 즐기고 그것이 우리를 예배로 이끌게 해야 한다. 그런 다음 이 영광스러운 소식을 아직 알지 못하는 이들에게 가져가야 한다.

요한은 사랑받은 대로 사랑하라고 명했다. 그러므로 마땅히 우리는 하나님이 얼마나 우리를 사랑하셨는지를 묵상해야 할 것이다.

- 그분이 먼저 사랑하셨다. 그분은 우리가 먼저 행동을 취하기를 기다리지 않으셨다. 우리의 사랑도 먼저 하는 사랑이 되어야 한다.
- 그분은 그분을 미워하는 이들을 사랑하셨다. 우리는 사람들이 힘겨

---

55 Yarbrough, *1-3 John*, 245.

56 Packer, *Knowing God*, 106.

워서 사랑할 수 없다고 변명할 수 없다. 만약 '죄 없으신' 하나님이 '죄악된' 사람을 사랑하실 수 있다면, '죄악된' 사람은 당연히 다른 '죄악된' 사람을 사랑할 수 있다.

- 그분은 자신과는 다른 이들을 사랑하셨다. 우리가 다른 사람들과 다른 것이 하나님이 우리와 다른 것보다 더 크지는 않을 것이다. 우리는 우리와 비슷한 사람들만 제한적으로 사랑해서는 안 된다.
- 그분의 사랑은, 그 당시에 우리가 원했던 것은 아니더라도 우리에게 최선인 것을 성취하셨다.
- 그분의 사랑은 편리하지 않을 때도 계속되었다.
- 그분의 사랑은 우리가 그분에게 잘못하거나 그분께 죄를 지을지라도 꾸준하다.
- 그분은 큰 대가를 치르고 사랑하셨다.
- 그분의 사랑은 구체적으로 표현되었다. 그저 모호한 감정이 아니라 실제적인 행동이었다.

더욱이 교회는 이러한 의식적인 돌봄과 사랑이 뚜렷이 드러나는 공동체여야 한다. 세상의 모든 봉사 활동은 이러한 사랑을 지속적이고 손에 잡히는 방식으로 실행하여 드러내 보이는 능력에 이를 수 없다. 요한은 이 방법이 하나님을 드러낼 방법이라고 말했다. 그러나 서로를 향한 골치 아프고 연약한 사랑에 가담하기보다는 또 다른 프로그램을 계획하는 편이 더 쉬울 때가 많다. 필자는 동료 신자들이 슬픔과 고통을 겪고 있던 필자의 가족을 돌보는 수고를 아끼지 않는 모습에서 이 사랑이 실행되는 것을 보았다. 그리고 구경꾼들은 자신들이 본 것으로 인해 당황했다. "이 사람들은 누구입니까? 왜 당신을 위해 그런 수고를 하죠?" 그들이 우리 교회의 지체들이라고 말하자, 구경꾼들은 이렇게 반응했다. "어떤 교회에 다니시죠?" 기독교가 주도적인 지역에서도 하나님의 사랑을 설명할 문은 여전히 열려 있었다.

13 그의 성령을 우리에게 주시므로 우리가 그 안에 거하고 그가 우리 안에 거하시는 줄을 아느니라 14 아버지가 아들을 세상의 구주로 보내신 것을 우리가 보았고 또 증언하노니 15 누구든지 예수를 하나님의 아들이라 시인하면 하나님이 그의 안에 거하시고 그도 하나님 안에 거하느니라 16 하나님이 우리를 사랑하시는 사랑을 우리가 알고 믿었노니 하나님은 사랑이시라 사랑 안에 거하는 자는 하나님 안에 거하고 하나님도 그의 안에 거하시느니라

13 By this we know that we abide in him and he in us, because he has given us of his Spirit. 14 And we have seen and testify that the Father has sent his Son to be the Savior of the world. 15 Whoever confesses that Jesus is the Son of God, God abides in him, and he in God. 16 So we have come to know and to believe the love that God has for us. God is love, and whoever abides in love abides in God, and God abides in him.

17 이로써 사랑이 우리에게 온전히 이루어진 것은 우리로 심판 날에 담대함을 가지게 하려 함이니 주께서 그러하심과 같이 우리도 이 세

상에서 그러하니라 ¹⁸ 사랑 안에 두려움이 없고 온전한 사랑이 두려움을 내쫓나니 두려움에는 형벌이 있음이라 두려워하는 자는 사랑 안에서 온전히 이루지 못하였느니라 ¹⁹ 우리가 사랑함은 그가 먼저 우리를 사랑하셨음이라 ²⁰ 누구든지 하나님을 사랑하노라 하고 그 형제를 미워하면 이는 거짓말하는 자니 보는 바 그 형제를 사랑하지 아니하는 자는 보지 못하는 바 하나님을 사랑할 수 없느니라 ²¹ 우리가 이 계명을 주께 받았나니 하나님을 사랑하는 자는 또한 그 형제를 사랑할지니라

¹⁷ By this is love perfected with us, so that we may have confidence for the day of judgment, because as he is so also are we in this world. ¹⁸ There is no fear in love, but perfect love casts out fear. For fear has to do with punishment, and whoever fears has not been perfected in love. ¹⁹ We love because he first loved us. ²⁰ If anyone says, "I love God," and hates his brother, he is a liar; for he who does not love his brother whom he has seen cannot[1] love God whom he has not seen. ²¹ And this commandment we have from him: whoever loves God must also love his brother.

[1] Some manuscripts *how can he*

≋≋≋ 단락 개관 ≋≋≋

이 단락은 사랑과 거함이라는 주제를 이어간다. 요한일서 4:13-16은 사람이 진심으로 그리스도를 믿게 되었다는 세 가지 증거를 나열한다. 각 증거마다 신자가 하나님 안에 거하고 하나님이 그 신자 안에 거하신다는 말이 언급된다. 그 다음 17-21절은 4:12로부터 "온전히 이루어지다"라는 개념을 가져와 마지막 증거인 사랑에 대해 더 자세히 설명한다[17, 18절(2회)].

≋≋≋ 단락 개요 ≋≋≋

XII. 하나님 안에 거하는 것과 온전한 사랑(4:13-21)
　　A. 회심의 세 가지 증거(4:13-16)
　　　　1. 성령을 받음(4:13)
　　　　2. 예수님을 하나님의 아들이라 시인함(4:14-15)
　　　　3. 사랑 안에 거함(4:16)
　　B. 사랑에 대한 더 자세한 설명(4:17-21)

≋≋≋ 주석 ≋≋≋

4:13 '이로써'("By this", 개역개정에는 없음)는 앞으로 요한이 열거할 참된 회심에 대한 세 가지 증거를 가리킨다.[57] 첫 번째 증거는 하나님이 우리에게

---

57 '이로써'에 해당하는 헬라어 어구는 엔 투토(*en toutō*)인데, 이는 4:9, 10의 "이렇게", "여기"에 해당하는 헬라어 어구와 동일한 것이다. 이 표현 역시 앞으로 나올 내용을 가리킨다.

성령을 주신 것이다. 이것이 정확히 어떻게 증거 역할을 하는지는 여기서 언급되지 않는다. 그것은 로마서 8:16에서 바울이 말하는 바와 유사한 것일 수 있다. "성령이 친히 우리의 영과 더불어 우리가 하나님의 자녀인 것을 증언하시나니." 요한이 선택한 단어는 요한일서 3:24의 표현과 아주 유사하다. 거기서 요한은 우리가 순종할 때 하나님이 우리 안에 거하신다는 사실을 성령이 확실히 해준다고 주장했다. 여기서는 성령의 사역이 하나님과 신자의 상호 내주를 입증한다. 그 성령의 사역이 여기서 논의되는 사랑을 격려하고 이끌어내는 것같다. "서로 안에 거하는 것은 서로를 알고 사랑하는 것이며, 이 사랑은 성령이 조성하신다."[58] 요한은 우리 안에 성령이 계신다는 어떤 느낌 때문에 우리가 그리스도인이라는 사실을 안다고 주장하지 않는다. 오히려 그는 우리가 동료 신자들을 사랑한다는 사실이 우리 안에서 성령이 일하신다는 증거이며, 따라서 우리의 회심을 확증해준다고 지적하고 있다.

4:14 요한은 회심의 두 번째 증거로 옮겨가기 전에 잠시 멈추어 이 증거의 사도적 권위를 강조한다. 요한은 그와 다른 사도들의 권위를 확고히 했던 편지의 서두를 상기시키는 표현으로(1:1-3), 그리스도의 위격과 사역의 확실성을 보강한다. 이것이 분명 공격을 받고 있었다(2:23-24, 4:3, 5:10). 요한은 아무도 아버지를 보지 못했지만(4:12) 자신과 다른 사도 증인들은 사실 예수님이 보내신 자들이며, 예수님이 아들이요 구세주이심을 보았다고 강조한다.[59] 아버지께서 예수님을 보내셨다는 것은 예수님의 성육신뿐만 아니라 그분의 신적인 근원과 사명을 가리킨다. 이는 일부 사람들이 부인했던 것이었다(4:2, 5:6; 요이 7절). 예수님의 아들 됨은 그분의 신성과 그분

---

58 Rainbow, *Johannine Theology*, 269

59 어떤 사람들은 이곳의 "우리"가 앞 절에서처럼 요한과 그의 청중을 가리킨다고 주장한다. 그러나 4:14의 "우리"는 단순히 4:13처럼 동사 접미사로써 표현된 것이 아니라 특정한 헬라어 대명사 헤메이스(*hēmeis*)이다. 이는 지시 대상이 바뀌었음을 가리키는 데 사용될 수 있다. 그리고 1:1-3의 표현과 유사하다는 점도 일차적으로 사도 증인을 염두에 두고 있음을 시사한다.

이 아버지와 하나이심을 확고히 해준다. 이것 역시 부인되었던 것이다(요일 2:23-24). "세상의 구주"는 예수님의 사명을 나타내는데, 이는 그분이 정말로 보냄 받은 아들이어야만 가능한 것이다(4:9-10에서 방금 묘사된 사명. 참고. 요 4:42의 유사한 표현).[60] 이 진리의 진실함이 회심의 다음 증거로 이어진다.

4:15 4:14의 진리를 "시인하[는]" 사람은 누구든 하나님과의 상호 내주를 누린다. 시인한다는 것은 단지 어떤 것을 말하는 것만이 아니라 그것을 진리로 인정하는 것이다. 그것은 믿는다는 선언이다. 예수님을 "하나님의 아들"이라 시인하는 것은, 앞 절에서 요한이 그분에 대해 방금 말한 것을 모두 인정한다는 뜻이다.

이렇게 예수님을 하나님의 아들로 시인하는 것이 회심의 두 번째 증거다. 요한은 여기서 신자와 하나님의 상호 내주에 관해 4:13과 동일한 어구를 사용한다. 요약하자면, 그리스도의 성육신의 역사성을 단언하는 것은, 하나님을 참되게 하는(그리고 그분과 관계를 맺는) 전제 조건이다.

4:16 4:14이 4:15에 나오는 믿음의 증거를 위해 기초를 놓았듯이, 이 절의 앞부분은 뒷부분에서 언급되는 증거를 위해 기초를 놓는다. 사도는 증인으로서 예수님에 관한 진리를 증언했는데, 여기서 온 교회는 자기 백성에 대한 하나님의 사랑이 진실함을 증언한다.[61] 요한은 사실상 4:9-10에서 설명한 내용과 관련하여 "우리는 모두 이것이 진실임을 압니다. 그렇지 않습니까?"라고 말하고 있다. 이 말은 베드로가 요한일서 4:15의 고백을 한 요한복음 6:69을 반영한 것이다.

또한 요한은 자기 백성에 대한 하나님의 사랑이 얼마나 놀라운지를 강조하면서, 4:8에서 언급한 그의 요지, 곧 "하나님은 사랑이시라"는 말을

---

60 Rainbow, *Johannine Theology*, 188은 이 어구가 "주"와 같은 의미라고 주장한다.

61 이곳에서 사용된 대명사 "우리"는, 요한과 그의 청중을 함께 가리키는 것으로 거슬러 간다.

되풀이한다. 그러므로 우리는 우리를 향한 하나님의 놀라운 사랑에 비추어 "사랑 안에 거[해야]" 한다. 한편으로 이는 '사랑 안에 머무는 것', 즉 하나님이 우리를 사랑하신다는 진리를 계속 믿고 마귀의 거짓말에 설득되지 않는 것을 뜻한다. 다른 한편으로 이는 또한 '사랑 안에서 사는 것', 즉 이 사랑을 다른 사람들에게 드러내는 것을 뜻한다. 이는 4:11에서 제시한 요점과 이어진다. 따라서 "사랑 안에 거하는" 자는 자신이 진실로 신자라는 것, 그가 "하나님 안에 거하고 하나님도 그의 안에 거[하심]"을 보여준다.

4:17 회심의 세 가지 증거를 열거한 요한은, 이제 4:7-12의 개념을 되풀이하며 세 번째 증거(동료 신자들을 사랑하는 것)에 대해 더 자세히 설명한다. "이로써"는 서로 사랑하는 것을 가리킨다(참고. 16절). 따라서 4:12에서처럼, 우리가 서로 사랑할 때 하나님의 사랑이 우리 가운데서 그 결실을 맺는다. 요한은 이제 이 하나님의 사랑의 완성이 우리에게 "심판 날에 담대함"을 줄 것이라고 덧붙인다. 2:28에서처럼 하나님 안에 거하는 것이 그러한 담대함의 기초다. 물론 2:28의 거함은 교리에 대한 충실함과 연관되었고, 본문의 거함은 동료 신자들을 사랑하는 것과 연관되지만 말이다. 요한은 이 주제들이 서로 뗄 수 없게 연결되어 있음을 계속 보여준다.

"심판 날"은 자세한 설명 없이 언급된다. 이것은 우리가 스스로 하나님 앞에서 자신에 대해 해명할 것이라는 신약의 핵심 진리를 독자들이 잘 알 것이라고 요한이 기대했음을 보여준다. 이 진리는 당연히 정신을 번쩍 들게 한다. 요한의 요지는 심판하시는 이가 우리를 사랑하신다는 사실을 아는 것이 그날에 강한 담대함을(우리의 타락에도 불구하고) 준다는 것이다. 하나님의 사랑이 우리의 유일한 소망이다.

이러한 담대함은 "이로써"가 가리키는 앞 절에 묘사된 사랑과, "주께서 그러하심과 같이 우리도 이 세상에서 그러하니라"라는 사실에 근거한다. 요한은 예수님이 오실 때 가질 담대함에 관해 진술한 뒤, 3:2에서는 그분이 오실 때 우리가 그분을 보고서 그분처럼 될 것이라고 말했다. 그러나 이 절에서는 우리가 '지금' 그분과 같다고 말한다. 3:2에서 요한은 우리가 어떻게 예수님의 영광과 거룩함을 공유할지를 다루었다. 반면 이곳 17절에서는 아버지와 맺는 동일한 사랑의 관계에 우리가 예수님과 함께 참여함을 다루고 있다. 이는 방금 주장했던 예수님의 아들 됨에 관련한 진리에서(4:15-16) 나온다. 그분이 사랑받는 아들이시듯이, 이제 우리 역시 (여전히 세상 속에 있지만) 입양되었기에 사랑받는 자녀다(3:1). 그러므로 우리는 담대함을 가진다. 왜냐하면 언젠가 우리가 그 앞에 설 심판자가 우리가 사랑하는 아버지, 우리를 자녀로 삼기로 하신 분이기 때문이다. 심판자 앞에 선다는 것은 여전히 정신을 번쩍 들게 하는 일이겠지만, 우리는 그것을 확신을 가지고 할 수 있다. 루터가 말했듯이, "큰 죄에 대한 자각이 당신을 짓누른다면, 이 사랑의 보혈로 스스로를 위로하라…어떤 인간의 종교도 심판에 직면하여 자기 입장을 고수할 수 없지만, 우리는 오로지 그리스도의 보혈로만 심판 날에 담대할 수 있다."[62]

4:18 이 절은 문맥에서 벗어나 두려움과 사랑이 절대 함께할 수 없음을 암시하기 때문에 종종 혼란스럽게 여겨진다. 그러나 우리는 성경이 하나님을 두려워하면서 사랑하라고 명령했다는 것을 안다. 예를 들어, 구약에서 가장 중요한 본문인 신명기 6:1-5에 나오는 이 두 요지를 주목하라.

> "이는 곧 너희의 하나님 여호와께서 너희에게 가르치라고 명하신 명령과 규례와 법도라…곧 너와 네 아들과 네 손자들이 평생에 네 하나님 여호와를 '경외하며'…이스라엘아 들으라 우리 하나님 여호와는 오직 유일한 여호와이시니 너는 마음을 다하고 뜻을 다하고 힘을 다하여 네 하나님 여호와를 '사랑하라'"[63]

---

62 Yarbrough, *1-3 John*, 260에서 재인용.

63 이 요소들은 시편에서도 종종 결합된다. 예. 시편 34편.

요한은 바로 앞의 진술에 이어서 사랑이 심판 때에 거부나 정죄당할 두려움을 내쫓는다고 단언하고 있다. 우리는 누군가가 우리를 완벽하게 사랑함을 아는 동시에 그가 우리를 거부할까 봐 두려워할 수 없다. 다른 사람이 우리를 거부할까 봐 두려워하는 것은, 그의 사랑이 완벽하지 않음을 두려워하는 것이다. 요한은 방금 우리를 향한 하나님의 완벽하신 사랑을 단언했고, 그러한 사랑이 정죄에 대한 이 두려움을 몰아낸다고 말한다. 그러므로 사랑이 보증이다. 따라서 그러한 형벌이나 정죄를 두려워하는 사람은 하나님의 사랑을 알고 믿는 데 온전히 이르지 못했다(요일 4:16).

4:19 요한은 잠시 멈추어 그런 사랑이 어디서 시작되는지를 분명히 해준다. 그것은 우리가 아닌 하나님으로부터 시작된다. 요한은 하나님이 우리를 사랑하셨기 때문에 우리도 사랑해야 한다고 내내 주장했다. 이렇듯 그의 논증 방식은 우리를 향한 하나님의 사랑이 우선됨을 전제한다. 이제 그는 그것을 4:10에서보다 훨씬 더 분명히 제시한다. 하나님이 사랑으로 먼저 태초 이전부터 우리를 생각하셨고 그 다음 십자가에서 우리를 사셨으며, 그런 다음 우리를 찾아내고 붙잡으셔서 그분의 나라로 데려가기까지 하셨다. 그렇다면 하나님에 대한 우리의 사랑은 전혀 노고를 인정할 만한 것이 아니라, 오히려 그분이 보여주신 사랑에 감사하는 반응이다. 하나님의 사랑을 더 많이 알수록 우리는 그에 대한 보답으로 더 많이 사랑한다. "그러므로 우리는 성경에서 하나님의 사랑에 대해 읽고 교회의 예배를 통해 그것이 선포되는 것을 들으며, 우리를 향한 하나님의 사랑과 돌보심으로 우리 삶 전체가 빚어지는 모습을 숙고하면서 하나님의 사랑에 대한 우리의 지식을 계속 새롭게 해야 한다."[64]

---

64 Marshall, *Epistles of John*, 225.

4:20 요한이 권하듯이, 이러한 하나님에 대한 사랑은 '반드시' 다른 신자들에 대한 사랑으로 이어져야 한다. 만약 어떤 사람이 하나님의 백성을 사랑하지 않는다면 하나님을 사랑하지 않는 것이다. 따라서 하나님을 사랑한다고 주장하면서 그분의 백성을 사랑하려 하지 않으면 그는 "거짓말하는 자"다.

이제 요한은 하나님을 사랑하지만 하나님의 백성을 미워한다는 주장이 왜 말이 되지 않는지를 설명한다. 그는 앞서 4:12에서 하나님을 본 사람이 없다는(그분이 영이시므로) 기본적인 성경의 진리를 단언했다. 그렇다면 '볼 수 있는' 사람을 사랑하지 못하는데, '볼 수 없는' 누군가를 어떻게 사랑할 수 있는가? 이 서신 전체에서 '사랑'은 좋은 감정이 아니라 직접적인 행동이다. 그런데 볼 수 없는 누군가를 향해 어떻게 사랑의 행동을 할 수 있는가? 보이지 않는 하나님을 향해 사랑의 행동을 하는 한 가지 방법이 그분의 백성을 사랑하는 것이다.

바로 이점에서 신비주의를 반대할 수 있다. 다른 사람들에게 몸을 사리고 자기 자신과 하나님에게만 관심을 가지면서 하나님을 향한 사랑을 보일 수는 없다. 하나님을 사랑하려면 그분의 백성을 사랑해야 한다. 따라서 하나님을 사랑한다고 주장하면서 그분의 백성과 함께하지 않는 것은 터무니없는 것이다. 성경에는 '나와 하나님만의' 신앙에 대해서 말하는 바가 없다.

4:21 요한은 계명을 통해 우리가 동료 신자들을 사랑해야 한다는 구체적인 명령을 발전시킨다. 예수님이 하나님과 이웃을 사랑하라고 요구하시며 구약 율법을 요약하셨던 것처럼, 이제 요한은 그 명령이 형제를 '사랑함으로써' 하나님을 사랑하라는 것이라고 선언한다. 그러한 사랑이 볼 수 없는 하나님에 대한 우리 사랑을 입증하는 방법이다. 서로 사랑하는 것 외에 다른 방법은 없다. 구체적으로 다른 신자를 사랑하지 않는 한 참으로 하나님을 알 수 있는 길은 없다.

$$\approx\approx\approx\approx\quad 응답 \quad \approx\approx\approx\approx$$

하나님이 참으로 그분의 백성을 깊고 신실하게 사랑하신다는 사실을 믿는 것은 사소한 일이 아니다. 인간은 일반적으로 변덕스러운 사랑을 경험한다. 그러므로 분명 우리 중 누구도 우리가 하나님을 향해 보이는 불충실함을 용인하지 못할 것이다. 더욱이 우리에게는 우리 귀에 대고 이렇게 속삭이는 원수가 있다. "이렇게 좋은 게 진리일 리가 없어. 그가 정말로 '너'를 사랑할 리 없어. 이젠 아니야. 네가 그렇게 한 후부터 아니야." 이 때문에 우리는 4:9-10의 단언이 필요하다. 4:16을 고백하기 위해서 말이다. 요한이 가르치는 대로, 우리를 향한 하나님의 사랑을 알고 믿어야 다른 사람들을 사랑할 힘을 얻는다.

1 John
요한일서
5:1-5

5장

¹ 예수께서 그리스도이심을 믿는 자마다 하나님께로부터 난 자니 또한 낳으신 이를 사랑하는 자마다 그에게서 난 자를 사랑하느니라 ² 우리가 하나님을 사랑하고 그의 계명들을 지킬 때에 이로써 우리가 하나님의 자녀를 사랑하는 줄을 아느니라 ³ 하나님을 사랑하는 것은 이것이니 우리가 그의 계명들을 지키는 것이라 그의 계명들은 무거운 것이 아니로다

¹ Everyone who believes that Jesus is the Christ has been born of God, and everyone who loves the Father loves whoever has been born of him. ² By this we know that we love the children of God, when we love God and obey his commandments. ³ For this is the love of God, that we keep his commandments. And his commandments are not burdensome.

⁴ 무릇 하나님께로부터 난 자마다 세상을 이기느니라 세상을 이기는 승리는 이것이니 우리의 믿음이니라 ⁵ 예수께서 하나님의 아들이심을 믿는 자가 아니면 세상을 이기는 자가 누구냐

⁴ For everyone who has been born of God overcomes the world. And

this is the victory that has overcome the world—our faith. 5 Who is it that overcomes the world except the one who believes that Jesus is the Son of God?

〰〰〰 단락 개관 〰〰〰

이 단락은 계속해서 다른 신자들에 대한 사랑을 다루며, 논의에 순종과 믿음을 다시 거론한다. 이 단락은 믿음과(요일 5:1, 4-5) 하나님께로부터 난 것에 관한 언급으로 시작하고 끝난다. 요한의 글에서 믿음과 사랑과 순종은 깊이 얽혀 있음이 드러난다. 예수님에 대한 믿음은 거듭났다는 증거이고, 하나님을 사랑하는 자들은 하나님께로부터 난 자들을 사랑해야 한다. 따라서 "하나님께로부터 난" 자들은 같은 믿음을 가진다("우리의 믿음", 4절). 하나님의 자녀를 사랑하는 자는 하나님을 사랑하고 그분께 순종하는 자이며, 그분을 사랑하는 것 자체가 그분께 순종하는 것이다. 세상이 맹렬하게 공격할지라도 사랑의 순종에 대한 이 요구는 위축되지 않는다. 하나님의 아들이신 예수님에 대한 믿음이 우리에게 힘을 주시기 때문이다.

〰〰〰 단락 개요 〰〰〰

XIII. 예수님에 대한 믿음이 세상을 이김(5:1-5)

    A. 믿음, 사랑, 순종이 서로 연결됨(5:1-3)

    B. 믿음이 세상을 이김(5:4-5)

≋≋≋≋ **주석** ≋≋≋≋

5:1 요한은 하나님을 사랑하는 자는 다른 그리스도인들도 사랑해야 한다고 계속 주장한다. 여기서는 누가 하나님께로부터 난 자들인지를 정의함으로써 그렇게 한다. 예수님을 메시아로 믿는 모두가(4:14-15에서 논의된 온전한 고백을 암시하며) 하나님께로부터 난 자다.[65] 따라서 하나님을 사랑하는 자는 누구든 그분께로부터 난 자들을 사랑할 것이다. 그분을 사랑하면 그분의 자녀를 사랑할 것이다.

계속되는 요지는 사랑이지만, 요한이 잠시 멈추어 회심의 또 다른 표지로 믿음을 드러내는 것은 주목할 만하다. 그가 5:4-5에서 분명히 하듯이, 믿음은 그리스도인의 삶에 가장 중요하다. 그렇다고 해서 믿음을 고백만 할 뿐인 이들이 모두 회심했다는 의미는 아니다. 요한은 구원하는 믿음에는 변화시키는 효과가 있음을 분명히 한다. 그렇게 삶을 변화시키는 믿음이 하나님의 자녀의 표지다.

5:2 요한은 앞에서 신자들에 대한 사랑이 하나님에 대한 사랑을 증명한다고 쓴 다음, 이제 하나님에 대한 사랑이 신자들에 대한 사랑을 증명한다고 말한다. 그러나 이는 앞뒤가 안 맞는 말이 아니다. 요한은 이렇게 하나님이 심으신 사랑이 두 방향으로 움직여, 필연적으로 사람을 향한 사랑과 하나님을 향한 사랑을 낳는다고 암시하고 있다. 더 나아가 요한이 권하는 다른 사람들에 대한 사랑은 그저 인간적이기만 한 것이 아니다. 우리는 하나님을 사랑할 때 다른 사람들을 제대로 사랑한다. 하나님 대신 사람을 애정의 첫 번째 대상으로 삼는 '사랑'은 제대로 된 사랑이 아니다. 칼빈이 말하듯이, "하나님이 최고의 자리에 계실 때 사람은 제대로 적절하게 사랑한다…하나님을 제외하고 인간을 사랑하는 일이 종종 일어나는데, 불경하고

---

65 이 모든 것에 대한 더 자세한 논의는 예수를 메시아로 시인하는 데 암시되어 있다. Yarbrough, *1-3 John*, 209 참고.

육욕적인 우정은 사욕이나 어떤 다른 사라지는 것들만을 중요하게 여긴다."[66]

하나님의 자녀들을 참되게 사랑하는 것은 하나님의 계명에 순종함을 보여주는데, 동료 신자들을 사랑하라는 것이 계명 중 하나이기 때문이다. 첫 번째 요지는, 신자들을 사랑하는 것에는 하나님의 다스림 아래서 하나님을 위해 사랑하는 것이 포함된다는 것을 밝힌다. 이 요지는 동료 신자들에 대한 사랑이 거룩하고 순종하는 사랑임을 보여준다. 우리가 다른 사람들을 위해 하나님께 불순종하거나, 어떤 식으로든 그들에게 하나님의 계명에 순종하지 말라고 권하면 우리는 그들을 사랑하는 것이 아니다. 이는 누군가를 사랑하려면 그 사람이 하는 어떤 행동이든 인정해야 한다는 우리 문화의 관념을 차단한다.

5:3 앞서 하나님을 사랑하고 그분의 계명에 순종하는 것이 다른 이들을 사랑하는 것이라고 언급한 후에, 이제 요한은 그 두 요소가 사실은 하나임을 분명히 해준다. 하나님을 사랑하는 것이 하나님께 순종하는 것이다. 그는 애정이 사랑의 일부임을 부인하지 않지만, 여기서는 사랑의 적극적인 측면에 대해 계속 말하고 있다. 반대되는 주장이 있긴 하지만, 순종이 없는 곳에는 하나님에 대한 애정도 없다. 이것은 예수님이 직접 하신 말씀이다 (요 14:15, 23-24).

하나님의 "계명들은 무거운 것이 아니로다"라는 말은 순종이 쉽다는 뜻이 아니다. 사실 성경은 순종이 힘든 것이며 보통 고난이 수반된다는 가르침과 실례들을 아주 많이 제시한다. 그렇기 때문에 다음 절이 말하듯이, 순종이 가능하도록 하나님이 능력을 주신다. 더 나아가 하나님의 계명은 모두 우리를 위한 것이다. 계명은 우리를 억압하고 참된 삶에 이르지 못하게 하는 무거운 짐이 아니며, 오히려 그와 정반대되는 것이다(요 6:63; 시 119편).

---

66 Calvin, *Commentaries on the Catholic Epistles*, 252.

5:4　하나님의 계명은 타락한 인간의 욕망을 거슬러 차단하지만 멍에가 아니다. "믿음이 신자들로 하여금 세상의 아래로 당기는 힘을 뿌리칠 수 있게 해주기" 때문이다.[67] "하나님께로부터 난" 자들의 믿음인 "우리의 믿음"이, 하나님의 것들과 싸우는 이 세상 체제를 이기게 한다(참고. 2:15 주석).

　　이 문맥에서 신자들의 "승리"는 '기꺼이 하나님의 계명을 받아들이는 믿음을 통해 하나님을 사랑하는 것'[68]으로 보인다. 이는 우리가 세상의 시각에서 항상 승리함을 암시하는 승리주의가 아니다. 오히려 하나님의 계명이 선하고 옳음을 믿음으로써(시 119:137), 그리고 그로 말미암아 우리의 타락한 육신에도 불구하고 그 계명에 기꺼이 순종함으로써 세상의 유혹과 미혹을 이기는 것이다. 이렇게 세상을 이긴다는 것은 상처를 입을 때, 혹은 대가를 치르는 것처럼 보일 때라도 하나님을 신뢰하는 것을 뜻한다. 이것이 진짜 승리이며 이는 믿음을 통해서, 즉 하나님께 순종하기 위해 하나님을 신뢰함으로써 온다.

5:5　요한은 5:4의 요지를 개인에게 적용하며, 거기에서 언급한 믿음을 구체적으로 명시한다. 이 승리는 그저 '무언가'를 믿음으로써 오지 않는다. 우리의 문화는 무엇을 믿든 상관없이 '믿기만 하라'고 제안한다. 세상은 무언가를 믿기만 하면 그것이 전부라고 주장한다. 요한은 그 주장에 동의하지 않는다. 오히려 중요한 것은 예수님이 하나님의 아들이심을 믿는 것이다. 우리가 믿는 대상이 핵심이다. 이는 이 단락을 시작했던 고백이자 앞단락에서 설명했던 내용이다(4:14-15). 예수님에 대한 믿음이, 그 사람이 하나님께로부터 났으며 세상을 이길 수 있음을 보여준다.

67　Yarbrough, *1-3 John*, 275.

68　같은 책, 276.

요한은 예수님에 대한 믿음이 그리스도인의 존재의 중심에 있음을 분명히 한다. 요한은 순종의 필요성을 강조하지만, 이 순종은 하나님을 믿고 사랑하는 데서 나오는 것이 분명하다. 이 모든 것이 거듭남의 결과다.

우리는 죄와 싸울 때 종종 우리가 세상을 이겨야 함을 기억해야 한다. '내가 무엇을 기대했던가?'라고 생각하며 죄에 대해 체념하려는 유혹을 받을 수 있다. 물론 우리가 분투하지만, 하나님은 우리를 무방비 상태로 내버려두지 않으신다. 우리는 우리를 거듭나게 하심으로 하나님이 시작하신 변화시키시는 사역을 감히 가볍게 여겨서는 안 된다. 하나님을 신뢰하고 그분의 말씀을 믿고 순종해야 한다.

또 그러한 이김을 위해서는 죄를 억누르지 못할 것 같은 상황을 견뎌내는 믿음이 필요하다. 유혹과 우리의 약함에 직면할 때, 실제로 예수님이 우리에게 견뎌낼 힘을 주시기 위해 이기셨다는 확고한 믿음이 필요하다. 그러한 믿음은 "예수 그리스도께서 죽음을 이기셨고, 죽음을 이기실 수 있는 이는 무엇이든 이기실 수 있다는 사실을 확고하게 의지하는"[69] 것이다.

---

[69] Marshall, *Epistles of John*, 229.

1 John
요한일서
5:6-12

5장

⁶ 이는 물과 피로 임하신 이시니 곧 예수 그리스도시라 물로만 아니요 물과 피로 임하셨고 증언하는 이는 성령이시니 성령은 ¹⁾진리니라 ⁷ 증언하는 이가 셋이니 ⁸ 성령과 물과 피라 또한 이 셋은 합하여 하나이니라 ⁹ 만일 우리가 사람들의 증언을 받을진대 하나님의 증거는 더욱 크도다 하나님의 증거는 이것이니 그의 아들에 대하여 증언하신 것이니라 ¹⁰ 하나님의 아들을 믿는 자는 자기 안에 증거가 있고 하나님을 믿지 아니하는 자는 하나님을 거짓말하는 자로 만드나니 이는 하나님께서 그 아들에 대하여 증언하신 증거를 믿지 아니하였음이라 ¹¹ 또 증거는 이것이니 하나님이 우리에게 영생을 주신 것과 이 생명이 그의 아들 안에 있는 그것이니라 ¹² 아들이 있는 자에게는 생명이 있고 하나님의 아들이 없는 자에게는 생명이 없느니라

⁶ This is he who came by water and blood—Jesus Christ; not by the water only but by the water and the blood. And the Spirit is the one who testifies, because the Spirit is the truth. ⁷ For there are three that testify: ⁸ the Spirit and the water and the blood; and these three agree. ⁹ If we receive the testimony of men, the testimony of God is greater,

for this is the testimony of God that he has borne concerning his Son. [10] Whoever believes in the Son of God has the testimony in himself. Whoever does not believe God has made him a liar, because he has not believed in the testimony that God has borne concerning his Son. [11] And this is the testimony, that God gave us eternal life, and this life is in his Son. [12] Whoever has the Son has life; whoever does not have the Son of God does not have life.

1) 헬, 참

단락 개관

요한은 앞 단락에서 예수님에 대한 제대로 된 믿음을 강조함으로 기초를 놓은 다음, 이 단락에서는 그 믿음을 뒷받침하는 강력한 증인 또는 증언('증언하다'와 '증언'에 해당하는 헬라어는 어근이 같으며 전부 이 단락에서 10번 나온다)을 강조한다. 이 다양하지만 통일된 증언들은 예수님의 정체와 사역의 진정성을 확고히 해준다. 그 증언들은 하나님이 직접 하신 것이다. 따라서 이 증언을 받아들이지 못하는 것은 하나님을 거짓말하는 자로 칭하는 것이다. 다른 한편 예수님에 관한 진리를 믿는 자에게는 아들이 있고, 따라서 영원한 생명이 있다. 요한은 서신 전체에서 모든 생명이 하나님의 아들에게 달려 있음을 분명히 하므로, 이 단락은 이 서신의 닻과 같은 역할을 한다. 이 서신은 예수님이 누구신지를 단언함으로 시작했고, 이 단락에서 동일한 주제로 결론을 맺기 시작한다.

≈≈≈≈ **단락 개요** ≈≈≈≈

XIV. 그리스도의 인격에 대한 증언(5:6-12)

≈≈≈≈ **주석** ≈≈≈≈

5:6 요한은 5:5에서 요청한 고백을 지지하는 증인들에게로 향하며 예수님을 "물과 피로 임하신 이"로 밝힌다. 이 어구가 현대 독자들에게는 금방 이해되지 않고 그 의미에 관한 약간의 논란이 있긴 하지만, 거의 확실히 예수님의 세례와 죽음을 가리킨다.[70] 거짓 선생들은 예수님의 성육신을 반박했으므로(4:2-3), 이 절은 예수님의 지상 사역을 염두에 두고 그분이 어떤 분인지를 밝힌다. 그분의 지상 사역은 세례 때 공개적으로 물로 시작해서, 죽으실 때 피로 끝났다.

요한은 "물로만 아니요 물과 피로 임하셨고"라고 말함으로써 예수님의 죽음을 강조하는데, 아마도 거짓 선생들이 세례는 인정하지만 죽음은 반박했던 것을 암시하는 듯하다. 우리는 이 특정 거짓 선생들이 정확히 어떻게 가르쳤는지 알 수는 없지만, 하나님이신 그리스도가 세례 때 한 인간일 뿐인 예수에게 오셨다가 죽음 전에 그분을 떠났다고 주장한 거짓 가르침이 초대교회에서 일어났던 것은 알고 있다.[71] 어쨌든 요한은 하나님이자 인간이신 예수님의 역사적 죽음을 믿는 일이 중요함을 강조한다. "피"라는

---

70 다양한 해석들에 대한 탁월한 논의에 대해서는 참고. Akin, *1, 2, 3 John*, 195-197. Akin은 대부분의 주석가처럼 이곳의 주장과 동일한 견해를 가지고 있다.

71 Cerinthus라는 사람이 이런 견해를 옹호했다. 이곳에서 그나 그의 추종자를 염두에 두든 아니든 말이다. Gareth Lee Cockerill, "Cerinthus," in *The Anchor Bible Dictionary*, ed. David Noel Freedman, vol. 1 (Doubleday, 1992), 885 참고.

단어 역시 그분의 죽음이 가지는 속죄하는 성격을 떠올리게 한다. 이는 신약 전체가 증언하는 요지다(마 26:28; 행 20:28; 롬 3:25; 5:9; 엡 1:7; 히 13:12).

그러나 요한이 말하려는 핵심은 성령이 이 진리들을 증언하신다는 것이다. 목격자이자 사도의 일원인 요한의 증언이 중요하지만(요일 1:1-4), 이 진리들은 그의 증언에만 의존하지 않는다. 오히려 하나님의 영이 직접 증언하신다. 성령이 진리이시므로 그분의 증언이 문제를 해결한다. 그러나 성령이 어떻게, 언제, 어디서 증언하시는지를 질문할 수 있다. 첫 번째로, 성령은 예수님의 사역에서(예를 들어 그분이 세례 받으셨을 때, 요 1:32-34), 예수님을 예언한 구약 저자들에게 영감하신 데서, 신약 저자들에게 예수님이 말씀하신 모든 것을 생각나게 하신 데서(요 14:26) 이 진리들을 증언하셨다. 두 번째로, 성령은 말씀이 선포될 때 예수님에 관한 진리를 증언하신다(고전 2:9-16). 세 번째로, 성령은 복음 진리의 진실성을 신자들에게 내적으로 확증하신다(롬 8:16).

5:7 구약의 율법에서는 어떤 문제의 진실을 두세 증인으로 확증할 것을 요구했다(신 19:15). 요한은 예수님과(마 18:16) 바울이(고후 13:1) 그랬듯이, 이러한 필요조건에 호소하는 듯 보인다. 요한이 제시하는 증인(증거) 둘(예수님의 세례와 죽음)은 비록 과거의 사건들이지만, 예수님이 하나님의 아들이심을 현재에 증언한다. 성령의 일하심을 통해 역사는 설교가 되어 과거에 실제로 일어난 일이 우리 마음에 들어와 박힌다.[72]

5:8 세 증인은 성령과 물과 피로, 이 셋은 방금 논의되었다. 이 셋은 예수님의 지상 사역(그 시작과 마무리)과 그분의 영을 통한 하나님의 현재 사역을

---

[72] 이 절에서 KJV는 ESV나 대부분의 다른 번역본에는 없는 본문을 담고 있다. 사본 상의 증거는 이 추가된 본문이 나중에 본문에 덧붙여진 것임을 보여준다. 더 자세한 논의는 참고. Marshall, *Epistles of John*, 236-237; Akin, *1, 2, 3 John*, 198-200.

나타낸다. 이 세 증인은 그 증언이 일치한다.[73] 물과 피는 그분이 '우리에게' 오셨음을 증언하고, 성령은 그분이 '우리를 위해' 오셨음을 증언한다.[74] 한쪽은 역사적 증거를 제공하고 다른 한쪽은 개인적 적용을 제공한다.

5:9 요한은 더 약한 논증에서 더 강력한 논증으로 나아가며, 예수님에 관한 이 정통 견해를 믿어야 함을 역설한다. 우리는 두세 증인이 확증할 때 한낱 인간의 증언도 받아들인다. 그렇다면 하나님이 직접 하시는 증언은 당연히 받아들여야 하지 않겠는가? 이 증언을 하시는 분이 바로 하나님의 영이기 때문이다. 수사적으로 이는 "그러므로 여호와가 이처럼 말하노라"라는 반복되는 구약의 어구와 유사하다. 요한은 하나님이 이 주제에 대해 말씀하심을 분명히 한다. 예수님은 육신을 입고 오셔서 죽으신, 하나님의 아들이시다. 그러므로 이 진리를 거부하는 것은 하나님을 믿기를 거부하는 것이다.

5:10 이 증언에 대해 보일 수 있는 반응은 믿든지 아니면 믿지 않든지뿐이다. 이 둘은 전혀 다른 결과에 이른다. 이 메시지를 믿으면 성령이 내주하신다. 그러고는 성령이 증언하시므로 이제 그 증언이 신자 안에 있게 된다. 반면에 믿지 않는 것은 하나님을 거부하는 것이다. "하나님을 믿지 아니하는 자는 하나님을 거짓말하는 자로 만[든다]." 이는 냉혹한 말이지만 서신 전체에 나오는 요한의 표현과 어울린다. 요한은 호들갑을 떨거나 무례하지 않다. 오히려 사람의 영혼이 갖는 영원한 운명에 대해 진지하다. 요한은 예수님의 역사적 사역, 사도들의 증언, 성령의 증언으로 입증된 하나님의 분명한 증언에 비추어, 우리가 중간 영역에 있을 수 없음을 알기 원

---

73 이곳에 사용된 복잡한 헬라어 어구[에이스 토 헨 에이신(*eis to hen eisin*), "합하여 하나이니라"로 번역됨]에 대한 논의로는 Yarbrough, *1-3 John*, 285; Marshall, *Epistles of John*, 237 주21 참고.

74 여기서 필자는 Adolf Schlatter(Yarbrough, *1-3 John*, 284에서 인용된)의 표현을 가져왔지만, 그와는 다른 방식으로 사용했다.

한다. 하나님이 말씀하셨다. 우리는 그분을 신뢰하고 믿거나 아니면 믿기를 거부한다. 믿기를 거부하는 것은, 그분의 증언이 사실이 아니라고 주장하는 것과 마찬가지다. 이 거짓 선생들처럼, 하나님을 믿으면서 그분의 아들에 대한 그분의 증언을 거부할 수는 없다. 루돌프 슈나켄부르크(Rudolf Schnackenburg)가 이를 적절하게 말한다. "그러므로 (하나님의 증언을) 거부하는 것은 심각한 죄이며, 그것에 반대하는 것은 헛된 시도다."[75]

5:11 이곳의 "또"는 새롭거나 다른 개념을 더하기보다 이전 절들의 함의를 이어가는 것이다. 9-10절은 하나님이 예수님의 인격과 사역을 증언하셨다고 말했다. 이 증언은 그분의 아들 안에 있는 영생이라는 하나님의 선물을 가리킨다. 게다가 요한의 요지는 그저 추상적인 신학이 아니다. 오히려 요한은 신앙이 깊은 목회자로서, 영생은 아들을 통해서만 얻을 수 있음을 자기 사람들에게 상기시키며 그들의 생명을 위해 싸우고 있다.

5:12 이 절은 요한이 이 단락에서 한 말을 마무리하며 통합한다. 영생은 아들 안에만 있으므로, 아들이 있는 자에게는 생명이 있지만 아들이 없는 자에게는 생명이 없다. '아들이 있다'는 것은 그분을 믿는다는 뜻이다. 이러한 믿음의 결과가 그분 안에 거하는 것이고 그분이 그 신자 안에 거하는 것이므로, 생명의 유무를 아들이 있고 없음으로 표현하는 것은 타당하다.[76]

---

75 Rudolf Schnackenburg, *The Johannine Epistles*, trans. R. Fuller and I. Fuller (New York: Crossroad, 1992), 239.

76 요한은 다른 데서 아버지(2:23) 또는 하나님(요이 9절)이 '있다'고 언급한다.

〰〰〰 응답 〰〰〰

이 단락은 교리적 진리를 대담하게 단언하며 그 진리를 믿으라고 강력하게 요청한다. 요한이 쓰는 내용의 절대적인 확실성은, 그러한 확실성을 부적절하다고 생각하도록 훈련받은 현대인에게 이상하거나 거슬리게 들릴지도 모른다. 그러나 하나님이 말씀하셨다면, 그 메시지에 주저하는 것은 합당하지 않으며, 그분을 믿고 싶어 하지 않음을 암시하는 것이다. 더 나아가 그분의 메시지가 사람들이 영원한 파멸에서 벗어나 생명을 찾을 유일한 길을 수반한다면, 그 메시지에 대한 명확하고 대담한 반응은 냉담하거나 가혹한 일이 아니라 누구나 할 수 있는 가장 사랑스러운 일이다.

요한은 영생에 이르는 길이 오직 하나뿐임을 분명히 한다. 바로 십자가에 못 박히신 하나님의 아들을 믿는 것이다. 타당한 의도나 정해진 틀이 없는 믿음을 지지하며 교리를 묵살하는 것에 대해서는 변명의 여지가 없다. 하나님은 그분의 아들에 관한 특정한 사실을 믿으라고 요청하신다. 구원하는 믿음에는 교리적 내용이 있다. 또한 이 본문은 배타성, 즉 구원은 그리스도 안에만 있다는 진리를 강력하게 가르친다. 다른 종교를 진지하게 믿어도 결국에는 구원을 얻을 수 있다면, 요한의 글은 말이 안 된다. 이 진리는 복음 전도와 선교가 중요하고도 긴급하다는 사실에 힘을 더한다.

¹³ 내가 하나님의 아들의 이름을 믿는 너희에게 이것을 쓰는 것은 너희로 하여금 너희에게 영생이 있음을 알게 하려 함이라

¹³ I write these things to you who believe in the name of the Son of God, that you may know that you have eternal life.

¹⁴ 그를 향하여 우리가 가진 바 담대함이 이것이니 그의 뜻대로 무엇을 구하면 들으심이라 ¹⁵ 우리가 무엇이든지 구하는 바를 들으시는 줄을 안즉 우리가 그에게 구한 그것을 얻은 줄을 또한 아느니라 ¹⁶ 누구든지 형제가 사망에 이르지 아니하는 죄 범하는 것을 보거든 구하라 ¹⁾그리하면 사망에 이르지 아니하는 범죄자들을 위하여 그에게 생명을 주시리라 사망에 이르는 죄가 있으니 이에 관하여 나는 구하라 하지 않노라 ¹⁷ 모든 불의가 죄로되 사망에 이르지 아니하는 죄도 있도다

¹⁴ And this is the confidence that we have toward him, that if we ask anything according to his will he hears us. ¹⁵ And if we know that he hears us in whatever we ask, we know that we have the requests that we have asked of him.

16 If anyone sees his brother committing a sin not leading to death, he shall ask, and God¹ will give him life—to those who commit sins that do not lead to death. There is sin that leads to death; I do not say that one should pray for that. 17 All wrongdoing is sin, but there is sin that does not lead to death.

18 하나님께로부터 난 자는 다 범죄하지 아니하는 줄을 우리가 아노라 하나님께로부터 ²⁾나신 자가 그를 지키시매 악한 자가 그를 만지지도 못하느니라
18 We know that everyone who has been born of God does not keep on sinning, but he who was born of God protects him, and the evil one does not touch him.

19 또 아는 것은 우리는 하나님께 속하고 온 세상은 악한 자 안에 처한 것이며
19 We know that we are from God, and the whole world lies in the power of the evil one.

20 또 아는 것은 하나님의 아들이 이르러 우리에게 지각을 주사 우리로 참된 자를 알게 하신 것과 또한 우리가 참된 자 곧 그의 아들 예수 그리스도 안에 있는 것이니 그는 참 하나님이시요 영생이시라
20 And we know that the Son of God has come and has given us understanding, so that we may know him who is true; and we are in him who is true, in his Son Jesus Christ. He is the true God and eternal life.

21 자녀들아 너희 자신을 지켜 우상에게서 멀리하라
21 Little children, keep yourselves from idols.

≋≋≋≋ 단락 개관 ≋≋≋≋

이 단락은 서신의 요지들을 요약한다. 단락을 시작하는 절은(요일 5:13) 이전 단락에서 논의한 믿음과 이 단락의 주제인 확신을 연결한다. '우리가 안다'(15, 18, 19, 20절)가 되풀이해서 사용된 데서 드러나듯이, 이 확신이 이 단락 나머지 부분의 주제다. 하나님의 아들을 믿는 자들인 우리는 이 단락이 강조하는 진리들을 확신한다. 요한은 그의 소중한 청중이 끝까지 견디도록 돕기 위해 그들에게 보장된 것들로 편지를 마무리한다. 이는 중요한 목회적 요점이다. 우리는 우리 죄에 대해 책망을 받아야 하고, 또한 순종하라는 명령도 받아야 한다. 그러나 목사는 우리를 그곳에 내버려두어서는 안 된다. 오히려 복음의 약속들을 가리켜야 한다. 이것이 우리가 끝까지 견디려 할 때 확고히 서 있어야 할 자리다.

≋≋≋≋ 단락 개요 ≋≋≋≋

XV. 요약과 결론: 확신(5:13 – 21)

A. 영생에 대한 확신(5:13)

B. 기도 응답에 대한 확신(5:14 – 17)

1. 기도 가운데 확신 진술(5:14 – 15)

2. 구체적인 사례: 죄를 범한 형제를 위한 기도(5:16 – 17)

C. 영적 보호에 대한 확신(5:18)

D. 하나님께 속했음에 대한 확신(5:19)

E. 예수님의 진리에 대한 확신(5:20)

F. 끝맺는 명령(5:21)

〰〰〰〰 주석 〰〰〰〰

5:13 요한은 또 다른 진술을 통해 편지를 쓰는 목적을 요약한다. 그는 믿음을 굳게 지키는 이들에게 영생에 대한 확신을 주기 위해 편지를 쓰고 있다. 요한은 이 편지 전체에서 "영생"에 관해 말해왔으며, 앞 단락에서는 그러한 생명을 가지는 것은 예수님이 누구신가에 대한 온전한 진리를 믿는 것에 달려 있음을 보여주었다. 서신 전체의 관심사는 이 회중이 그러한 진리를 굳게 붙들어서 그들에게 영생이 있음을 알게 되는 것이다.

헬라어 순서가 그들의 믿음을 강조한다. 요한은 사실상 이렇게 말하고 있다. "나는 여러분에게 확신을, 다시 말해 예수님에 대한 정통 신앙을 굳게 지키는 이들에게 확신을 주기 위해 편지를 쓰고 있습니다." 어떤 목사든 '거짓' 확신을 주지 않으면서 확신을 가지게 하는 일이 어렵다는 것을 안다. 여기서 요한은 예수님을 믿음으로써만 확신을 얻을 수 있음을 분명히 한다.

5:14 자신에게 영생이 있음을 알면 기도할 때 "담대함"을 갖게 된다. 요한은 3:21-22과 동일한 기본적인 요지를 되풀이한다. 하나님이 우리 기도를 "들으[신다]"는 말은 그분이 호의적으로 들으신다는, 응답해 주시려는 마음으로 주의를 기울이신다는 뜻이다. 이렇게 그분이 들으시는 기도는 "그의 뜻대로" 드리는 기도다. (예수님은 요한복음에서 기도에 관해 비슷한 말씀을 하신다. 참고. 요 14:13 - 14; 15:7, 16; 16:23 - 27.) 이러한 단서는 우리로 하여금 하

나님을 우리가 원하는 일은 무엇이든 수행하는 우주적 종으로 여기지 않게 한다.

5:15 요한은 계속해서, 하나님이 이렇게 우리 기도를 "들으시[면]" 응답하실 것이라고 말한다. 다시금, 들으시는 것과 주시는 것은 "그의 뜻대로"를 조건으로 한다. 번영신학 교사들은 그저 충분히 믿기만 하면 원하는 건강과 부를 다 가질 수 있다고 주장하며 이 본문을 비롯한 다른 본문들을 심하게 왜곡한다. 이 서신의 문맥에서 요한은 독자들로 하여금 하나님을 자동판매기로 보지 않고, 그들의 모든 염려와 요청을 가지고 갈 수 있는 사랑 많으신 아버지로 보도록 돕고자 한다. 그러한 아버지이신 하나님은 우리에게 응답하시기 위해 우리의 필요와 기쁨에 주의를 기울이신다. 그러나 우리를 사랑하시기 때문에 우리에게 가장 좋은 것을 아시는 지혜라는 필터로 우리의 요청들을 걸러내신다.

그러므로 우리는 이 본문을 남용하는 것은 거부해야 하지만, 본문이 가르치는 바는 받아들여야 한다. 요한은 하나님 안에 상호 거주함과 우리를 입양하신 하나님의 깊은 사랑에 관한 그의 모든 가르침을 기반으로해서 기도하고 우리의 요구들을 하나님께 아뢰라고 요청한다. 우리는 하나님이 우리 기도에 응답하실 것을 알고 담대하게 기도해야 한다. 마샬은 기도할 때의 담대함을 "그리스도인의 확신의 가장 중요한 열매 중 하나"[77]라고 부른다.

5:16 요한은 서신의 또 다른 주안점인 동료 신자들에 대한 사랑을, 방금 기도에 대해 한 말에 비추어 다시 이야기한다. 형제들에 대한 사랑은 인내하도록 서로를 위해 기도하는 측면으로 표현된다. 어떤 신자가 "형제" 곧 동료 신자가 범죄하는 것을 보았다면 하나님이 그에게 생명을 주시도록,

---

77 Marshall, *Epistles of John*, 245.

다시 말해 하나님이 믿음 안에서 이 형제를 지켜 주시도록 그를 위해 기도해야 한다. 여기에는 다른 신자들과 함께하는 삶의 깊은 가치와 중요성이 함축되고 전제된다.

그러나 두 가지 중요한 질문이 남는다. 첫째, "사망에 이르는 죄"가 무엇인가? 둘째, 왜 요한은 그러한 죄를 범한 사람들을 위해 기도해야 한다고 말하지 않는가?

이 '사망에 이르는 죄'가 무엇인가를 놓고 많은 논의가 있었지만, 이 서신의 문맥 안에서 단서를 찾아야 한다.[78] 요한은 서신 전체에서 특별히 그 안에 영생이 없음을 보여주는 죄들, 다시 말해 실제로 죽음을 낳는 죄들에 관심이 있다. 요한은 그러한 죄들을 구체적으로 예수님을 메시아이자 하나님의 아들로 믿지 않으려는 것, 하나님께 순종하고 거룩함을 추구하지 않으려는 마음, 동료 신자들을 사랑하지 못하는 것으로 명시한다. 따라서 "사망에 이르는 죄는 의도적으로 예수 그리스도를 믿지 않으려 하고, 하나님의 계명을 따르지 않으려 하고, 형제를 사랑하지 않으려 하는 것이다."[79] 이는 요한의 청중을 속이려 했던 이들이 한 행동이었다(2:26). 이 해석이 서신의 문맥에서 가장 의미가 통한다.

그러므로 요한은 우발적이거나 순간적으로 범할 수 있는 죄를 묘사하는 것이 아니다. 오히려 모든 죄는 점진적이다. 누구도 하룻밤 사이에 완전히 잠식당하지는 않는다. 그러나 모든 죄는 더 깊고 더 큰 죄로 가는 길을 연다. 그래서 요한은 신자들에게 누구도 죄의 속임수에 마음이 완고해져서(히 3:13과 유사하게) 결국 그리스도를 외면하고 구속받은 이들의 공동체에서 떨어져 나가 자신이 참으로 구원받지 못했음을 입증하지(요일 2:19) 않도록 서로를 위해 기도하라고 요청한다. 마샬의 도전적인 말은 아주 적절하다. "오늘날 교회 기도회에서는(기도회를 하고 있다면) 죄에 빠진 특정 지체

---

78 주된 해석들에 대한 개관으로는 참고. Akin, *1, 2, 3 John*, 208-211.

79 Marshall, *Epistles of John*, 248.

의 이름을 부르며 기도하지 않는다….요한의 말은 다른 사람들을 위한 우리 중보기도의 성격에 대한 도전이다."[80]

요한은 다른 신자들을 위한 그러한 기도에 대해 응답을 기대하라고 말한다. "[하나님이] 그에게 생명을 주시리라." 이는 건방진 태도가 아니다. 오히려 성도들의 견딤을 위한 기도가 하나님의 뜻대로 하는 기도(5:15)임을 알고 서로를 위해 담대하게 기도할 수 있다.

마지막으로, 사망에 이르는 죄를 범한 이들에 관한 요한의 조언을 어떻게 이해해야 하는가? 요한은 보통 서신에서 아주 직설적으로 말해 왔지만, 이곳에서는 아주 조심스럽고도 거의 주저하는 듯이 말한다. 그가 그런 죄를 범한 이들을 위한 기도를 '금하는 것이 아님'을 주의하라. 그는 그저 '그들을 위해 기도해야 한다고 말하지 않는다'고 언급한다("나는…하지 않노라"). 그의 말은 '우리에게 기도하라고 문을 열어 둔다.' 그런 다음 아마도 어느 시점에 기도를 멈추어도 그것 때문에 죄책감을 느끼지 않게 하려 한다.

하나님이 예레미야에게 그분의 백성을 위한 기도를 그만두라고 말씀하신 때가 있었다(렘 7:16; 11:14; 14:11). 예수님은 제자들에게 그들의 말을 듣지 않은 성읍에 발의 먼지를 떨어 버릴 때가 있을 것이라고 말씀하셨다(마 10:14). 요한은 사람들이 기도가 아무 소용도 없는 지점에 이를 수도 있음을 인정하는 듯 보인다. 그러나 언제 그 지점에 이르는지가 항상 분명한 것은 아니다. 그러므로 요한은 그런 사람들을 위한 기도를 금하지 않으며, 오히려 그때가 올 때 그러한 기도를 멈추는 것을 허용한다.

5:17 죄들을 구분했다고 해서 사망에 이르게 하는 죄가 아닌 죄의 무게를 경시하는 듯 보이지 않도록, 요한은 재빨리 "모든 불의가 죄로되"라고 단언한다. 죄는 용인되지 않는다. 모든 죄가 하나님에 대한 반역이며(3:4), '불의' 또는 '범법'으로 여겨진다. 그러나 의도적으로 믿지 않거나 순종하

---

80 같은 책, 250-251.

지 않으려는 것 외에도, 넓은 영역에서의 죄가 있다. 그러므로 우리는 죄의 극악무도함을 주장함과 동시에 하나님의 은혜의 크심과 그분이 기꺼이 용서하고자 하심도 주장해야 한다. 하나님에 관한 이러한 진리가 서로를 위한 우리의 기도에 생기를 불어넣어 주어야 한다.

5:18 배교에 대한 논의에 뒤이어, 이 절은 거룩함에 대한 요한의 가르침을 다시 언급할 뿐만 아니라 확신을 준다. 참으로 하나님께로부터 난 자는 영적 죽음에 이르는 죄를 계속 짓지 않는다. 요한이 이미 주장했듯이, 우리가 하나님께로부터 날 때 죄와 싸우는 쪽으로 변화되기 시작한다.

하나님께로부터 난 자는 "하나님께로부터 나신 자"의 보호를 받는다. 이 표현이 동료 신자들을 가리켜 신자의 기도가 동료 신자들을 보호할 수 있다는 의미일 수도 있다(참고. 16절). 그러나 이 표현은 예수님을 가리키며, 아마도 '독생자'이신 예수님과 입양된 자녀인 신자들의 관계를 강조하는 것 같다. 예수님은 악한 자가 그를 "만지지도" 못하도록 하나님의 자녀를 보호하신다. 예수님은 베드로를 위해 비슷하게 기도하심으로 그를 보호하셨다(눅 22:32).

하지만 사탄이 그 보호받는 형제를 "만지지도" 못한다는 것은 무슨 뜻인가? 어떤 의미에서는 사탄이 욥을 '만진' 듯이 보인다[욥 2:4-8, 5절의 동사 "치소서"(touch)를 주목하라]. 예수님은 그분을 따르는 자들을 세상에서 데려가 달라는 것이 아니라 "보전"해 주실 것을 아버지께 기도드리셨다(요 17:15). 이 보호가 어떠한 것일지는 "하나님께로부터 나신" 자의 경험에서 미루어 짐작할 수 있다. 예수님은 고난당하시고 죽으셨지만 결국 부활하셨다. 그러므로 우리 또한 고난당하고 심지어 죽임당할 수도 있지만, 우리의 영적 생명은 아무도 건들 수 없다.

5:19 요한은 독자들에게 그들이 하나님께 속했다는 증거들을 제시해왔다. 요한은 자신의 메시지를 요약하며 사실상 그들에게 직설적으로 이렇게 말한다. "우리는 증거를 검토했습니다. 우리는 약하고 실패하고 걸려 넘

어집니다. 그러나 우리는 믿고 순종하고 사랑하여 하나님께 속했습니다."
사도의 이러한 단언은 궁지에 몰린 회중에게 틀림없이 큰 의미가 있었을
것이다.

　요한은 독자들에게 세상에는 분명히 구별되는 두 영역이 있다고 상
기시킨다. 요한과 그의 청중과는 반대로 세상은 "악한 자 안에 처한" 것이
다. 이는 우리가 사랑해서는 안 되는 "세상"이다(2:15). 신자들이 생명을 받
은 것과 대조적으로, 이 사람들은 악한 자의 지배 아래 있다. 따라서 요한
의 청중은 어떻게든 교회를 떠난 이들의 형편이 더 나을지도 모른다는 생
각을 하지 않고 감사할 것이다.

　이는 또한 앞 절에 나온 보호에 관한 약속을 보강해 준다. 우리는 우
리가 보호받음과 하나님께 속했음을 알지만, 지금 적이 점령한 영역에서
살고 있음도 안다. 요한은 청중이 그들이 처한 환경의 어려움에 대해 환상
을 갖지 않기를 바란다. 궁극적인 승리가 보장되지만, 그 승리로 가는 동안
전투를 치러야 하고 사상자들이 나올 것이다.

5:20　세상에 있는 사람들이 마귀의 지배 아래 있다면, 사람들은 어떻게
"세상"에서 하나님께로 옮겨가는가? 그러한 옮겨감은 예수님의 오심으로
써만 가능하다. 성육신은, 찬탈자인 마귀를 타도하고 하나님의 백성을 구
해내시기 위해 하나님이 세상에 침입하신 것이다.

　예수님은 세상에 오시어 우리에게 "지각"을 주셔서 그분이 어떤 분이
신지를 깨닫게 하셨다. 이는 은혜를 가리키는 표현이다. 우리는 우리의 지
혜로는 하나님의 진리를 분별하여 그분을 추구하지 못했다. 오히려 우리
역시 악한 자의 권세 아래 있었지만, 그리스도의 사역으로 말미암아 눈이
열려서 그분을 알 수 있게 되었다(딤후 2:25-26; 고후 4:3-6). 따라서 요한의
청중은, 다른 이들은 그 지각을 거부했지만 그들은 진리를 "알게" 된 궁극
적인 원인이 은혜임을 깨닫는다.

　요한은 이 한 절에서 예수님을 세 번 "참(된)"이라고 묘사한다. 여기
에 사용된 단어 알레티노스(*alēthinos*)는 신약의 다른 데보다 요한의 글에 더

자주 나오며, 궁극적인 진리를 가리킨다. 이 단어는 하나님 또는 그리스도에 대해 가장 많이 사용되는데, 이때 "신적인"[81]이라는 의미를 가진다. 우리는 참으로 "하나님"이라 부를 수 있는 유일하신 이를 알게 되었다. 야브루가 지적하듯이, "아마 요한은 아들의 실체를 가리키는 데 사용할만한 더 고상한 수식어를 찾지 못했을 것이다."[82] 그래서 요한은 예수님이 누구신지에 대한 올바른 이해를 여러 가지로 변론한 후에, 다음과 같은 가장 강력한 표현으로 마무리한다. "예수님은 참된, 진정한, 진짜 하나님이시다." 요한의 청중은 다르게 가르치는 이들에도 불구하고 이러한 고백을 굳게 붙들라는 격려를 받는다.

5:21 요한은 전형적인 방식으로 서신을 마무리하는 대신, 마지막 명령을 준다. 애정을 담은 표현인 "자녀들아"를 마지막으로 쓰이며 서신 전체를 감싸는 목회적 어조가 다시 한번 울린다. 현대 독자들은 "우상"이 무엇을 말하는 것인지 의아해할 수 있다.[83] 이 편지는 이교(우상들을 숭배하는)가 아닌 탈선한 기독교를 다룬다. 아마 요한이 염두에 둔 것은, 예수님의 성육신, 메시아 되심, 하나님의 아들이라는 지위를 부인하는 거짓 선생들이 선포한, 하나님에 대한 잘못된 견해인 듯하다. 만약 성부 성자 성령의 삼위일체 하나님이 아닌 다른 존재를 신으로 예배한다면, 우리는 우상숭배의 죄를 짓는 것이다. 요한은 사랑하는 청중에게 한 분이신 참 하나님을 꼭 붙들고 그분만을 예배하라고 권면하며 서신을 끝맺는다.

---

81 Ceslas Spicq, *Theological Lexicon of the New Testament*, trans. and ed. James Ernest, vol. 1 (Peabody, MA: Hendrickson, 1994), 84-85.

82 Yarbrough, *1-3 John*, 319.

83 "우상"의 정체로 제안된 상세한 목록으로는, 참고. Raymond Brown, *The Epistles of John*, AB (New York: Doubleday, 1982), 627-628.《앵커바이블 요한서신》(CLC).

필자가 이 책을 쓸 때, 필자의 아내와 두 아들은 아프리카의 한 빈곤 지역에서 복음을 전하고 있었다. 아내가 어떤 집에서 가서 한 남자에게 그를 위해 기도해도 되겠냐고 물었다. 그는 직장을 주시도록 하나님께 기도해 주시면 하나님을 믿겠다고 말했다. 아내는 이 남자에게 직장을 주시도록 기도하는 것은 행복한 일이지만, 그가 그의 영혼을 두고 하나님과 물물교환을 할 입장은 아니라고 지적했다. 실제로 하나님이 그의 실직 상태를 통해 그를 믿음으로 이끌기를 의도하셨을 수도 있다. 이 사건은 하나님과 기도에 대한 아주 흔한 오해를 보여준다. 요한은 기도를(또는 믿음마저), 우리가 하나님에게서 무언가를 얻어내는 데 사용할 수 있는 도구라고 말하지 않는다. 오히려 하나님의 사랑과 그분 안에 거함에 관한 논의가 담긴 이 서신의 흐름을 기억한다면, 요한이 우리에게 확신에 관해 말하고 있다는 것을 알 수 있다. 이 확신은 예수님으로 인해 우리가 하나님의 자녀가 될 수 있다는 것이다. 우리의 하늘 아버지는 자녀에게 복을 주고 그 자녀를 보살피고자 하신다. 그러나 우리를 사랑하시기 때문에 우리에게 해가 될 것들은 주시지 않을 것이다. 따라서 우리는 구하는 모든 선한 것을 하나님이 주시리라 신뢰하는 가운데 와서 간구하라는 격려를 받는다.

요한이서 서론

개관

요한이서는 주로 진리와 사랑이 서로 연결되어 있음을 다룬다. 서론(1-3절)은 이 두 주제를 미리 간단히 소개한다. 그후 이 주제는 이 간단한 서신 전체에서 계속 제시된다. 4-6절에서 요한은, 진리를 행하는 자는 서로 사랑하라는 계명에 순종함을 강조한다. 7-11절에서 진리를 왜곡하는 자들의 위험성을 논의한 다음, 12-13절에서 이 짧은 서신을 끝맺는다.

개요

Ⅰ. 인사(1-3절)

Ⅱ. 메시지(4-11절)
    A. 진리와 사랑을 행함(4-6절)
    B. 진리를 반대하는 자들(7-11절)

Ⅲ. 마무리(12-13절)

1 장로인 나는 택하심을 받은 부녀와 그의 자녀들에게 편지하노니 내가 참으로 사랑하는 자요 나뿐 아니라 진리를 아는 모든 자도 그리하는 것은 2 우리 안에 거하여 영원히 우리와 함께 할 진리로 말미암음이로다 3 은혜와 긍휼과 평강이 하나님 아버지와 아버지의 아들 예수 그리스도께로부터 진리와 사랑 가운데서 우리와 함께 있으리라

1 The elder to the elect lady and her children, whom I love in truth, and not only I, but also all who know the truth, 2 because of the truth that abides in us and will be with us forever: 3 Grace, mercy, and peace will be with us, from God the Father and from Jesus Christ the Father's Son, in truth and love.

〰〰〰 단락 개관 〰〰〰

요한은 헬레니즘 세계에서 편지를 시작하는 표준 양식을 사용하여, 편지를 받는 교회에 인사한다. 이때 그는 이 서신의 두 주제인 진리와 사랑을 제시한다. 복음 진리는 요한과 이 교회와 다른 신자들이 서로 사랑하는 근거가 되며 또 그 사랑을 장려한다.

〰〰〰 단락 개요 〰〰〰

> I. 인사(1-3절)

〰〰〰 주석 〰〰〰

1절 요한은 자신을 그저 "장로"로 칭한다. 요한일·이·삼서 서론에서 언급했듯이, 일부 학자는 이 표현이 저자가 사도 요한이 아닌 다른 사람임을 암시한다고 주장한다. 그러나 신약 다른 곳에서 베드로 역시 자신을 "장로"(벧전 5:1)로 지칭하므로, 사도가 이렇게 자신을 가리키는 사례는 낯설지 않다. "장로"는 신약에서 목회자를 지칭하는 가장 일반적인 용어이며, 따라서 요한은 자신을 특별히 이러한 목회의 일을 맡은 자로 소개하고 있다.

요한이 편지를 쓰는 대상인 "택하심을 받은 부녀"는 말 그대로 여성이거나 아니면 교회를 비유적으로 가리키는 말일 수 있다. 대부분의 주석가는 요한이 여기서 성경의 흔한 이미지를 사용하여, 교회와 그 구성원들("그의 자녀들")을 가리킨다고 생각한다. 신구약 전체에서 하나님의 백성은 종종 여성이나 신부로 지칭된다(사 54:6; 62:5; 렘 2:2; 3:1; 겔 23장; 호 2장; 엡

5:22-31; 계 22:17). 요한은 지금 요한이서에서 하듯이 요한일서에서도 신자들을 자주 "자녀들"로 칭했다. 따라서 요한은 성경의 흔한 이미지를 사용하여 지역 교회를 지칭한다.

2절   이 인사가 강조하는 점은 사랑과 진리이다. 요한은 '진리 안에서'("in truth", 개역개정은 "참으로") 이 교회를 사랑하고, 진리를 아는 모든 자도 이 교회를 사랑한다(1절). 더 나아가 이 사랑의 이유는 신자들 안에 '거하는' 진리다(2절). 하나님께로부터 신자들에게 말한 "은혜와 긍휼과 평강"도 "진리와 사랑" 안에 있다(3절). 이러한 반복이 현대의 독자들에게는 어지러워 보일 수 있다. 그러나 사랑과 진리가 초점이며 그 둘이 서로 연결됨은 분명하다. "진리 안에서" 이 교회를 사랑한다는 요한의 말은, 단순히 '참으로' 또는 '진심으로'라는 뜻일 수도 있다. 그러나 이 서신에 사용된 "진리"의 다른 용례를 고려해 볼 때, 더 많은 의도가 있는 듯하다. 요한의 사랑은 '진리에', 다시 말해 그들이 공통으로 가진 복음 진리에 뿌리를 두고 있다. 이 때문에 진리를 아는 모든 사람 역시 이 교회를 사랑한다.

사랑은 복음에 함께 헌신하는 데서 나온다. 2절은 그러한 사랑의 기초가 "진리"임을 언급하면서 복음에 헌신하는 것과 사랑의 관계를 분명히 한다. 따라서 진리(복음)가 그리스도인의 연합과 사랑의 기초다. 진리를 경시하면 서로를 향한 사랑이 커질 수 없다. 오히려 가장 중요한 복음 진리를 붙들고 함께 그 진리에 충성할 때, 동료 신자들을 향한 사랑이 커질 것이다. 이 진리가 영원히 우리 안에 거하고 우리와 함께할 것이므로, 우리의 사랑 역시 우리 안에 거하고 끝까지 계속될 것이다. 그리스도인의 사랑은 우리의 행동이나 능력이 아닌 복음 진리를 기반으로 한다.

3절   헬레니즘 서신들에는 전형적으로 건강을 기원하는 글이 인사에 포함되었다. 여기서 요한은 그와 비슷하게 복음의 복이 "우리와 함께 있으리라"라고 말한다. "은혜와 긍휼과 평강"은 기독교 문서에서 아주 관례적으로 언급되는 세 가지이긴 하지만, 요한에게는 평범한 것이 아니었다. 그는 하나님이 그분의 백성들에게 베푸시는 언약의 복을 선언하며, 그분이 그들의 죄를 기꺼이 용서하심과 그들과 하나님 사이의 좋은 관계를 상기시킨다.[84]

≋≋≋ 응답 ≋≋≋

이 본문은 그리스도인의 사랑과 사귐을 힘주어 강조한다. "진리를 아는 모든 자"는 여기서 특정 교회를 사랑하라는 말을 듣는다. 그러므로 우리는 모든 그리스도인이 복음 진리를 알고 시인하는 모든 교회를 사랑해야 한다고 이해해야 한다. 복음을 굳게 붙든 다른 사람들을 사랑하지 못하는 것은 그 복음을 참으로 이해하지 못함을 드러낸다.

사람들은 너무 쉽게 사랑과 진리를 분리한다. 어떤 사람들은 사람들을 너무 사랑하여 교리적 실수에 지나치게 무관심하다. 그들은 참된 가르침과 거짓 가르침을 구분하는 것을 사랑하지 않는 것이라 여긴다. 또 다른 사람들은 교리적 정확성이 중요하다고 단언하지만, 이 교리에서 비롯되어야 하는 다른 신자들에 대한 사랑을 표현하지는 못한다. 이 스펙트럼의 양극단이 다 심각한 오류다. 이 무대에서 '둘 중 하나'는 없다. 한쪽 방향이나 다른 방향에서 실수하는 것이 더 안전하다고 여길 여지가 없다. 이곳에 나타나 있듯, 사랑과 진리가 서로 연결되어 있음은 그리스도인의 삶과 증언에 결정적인(crucial) 요소다.

---

84 Yarbrough, 1-3 John, 336.

⁴ 너의 자녀들 중에 우리가 아버지께 받은 계명대로 진리를 행하는 자를 내가 보니 심히 기쁘도다 ⁵ 부녀여, 내가 이제 네게 구하노니 서로 사랑하자 이는 새 계명 같이 네게 쓰는 것이 아니요 처음부터 우리가 가진 것이라 ⁶ 또 사랑은 이것이니 우리가 그 계명을 따라 행하는 것이요 계명은 이것이니 너희가 처음부터 들은 바와 같이 그 가운데서 행하라 하심이라

⁴ I rejoiced greatly to find some of your children walking in the truth, just as we were commanded by the Father. ⁵ And now I ask you, dear lady—not as though I were writing you a new commandment, but the one we have had from the beginning—that we love one another. ⁶ And this is love, that we walk according to his commandments; this is the commandment, just as you have heard from the beginning, so that you should walk in it.

요한은 이 교회가 보여준 사랑을 칭찬하고 계속 그렇게 하라고 권면한다. 그는 계속해서 사랑을 진리인 하나님의 계명에 순종하는 것으로 정의함으로써, 사랑과 진리가 서로 엮여 있음을 보여준다.

≈≈≈≈ 단락 개요 ≈≈≈≈

Ⅱ. 메시지(4-11절)
  A. 진리와 사랑을 행함(4-6절)

≈≈≈≈ 주석 ≈≈≈≈

4절 앞에서 언급했듯이, "너의 자녀들"은 요한이 편지를 쓰고 있는 교회의 지체들을 가리킨다. 그는 이 교회의 지체들이 하나님의 계명에 순종하며 신실하게 살고 있다는 소식을 듣고 그 소식에 크게 기뻐했다. 진리 안에 함께하면 그리스도인이 서로 사랑하게 될 뿐만 아니라, 서로의 순종으로 인해 크게 기뻐하게 된다. 앞 단락에서 요한은 우리가 진리를 사랑하면 그 진리를 믿는 사람들을 사랑한다고 말했는데, 여기서는 우리가 진리를 사랑하면 사람들이 그 진리에 따라 사는 것을 아주 좋아한다고 말한다.

5절 진리를 행하려면, 즉 하나님의 계명에 따라 살려면 동료 신자들을 사랑해야 한다. 요한이 여기서 가리키는 것은 요한복음에 기록된 예수님의 가르침(요 13:34-35)이 거의 확실하다. 이는 수신자들에게 "새 계명[이]…

아니요” 처음 그리스도인이 되었을 때부터 들었던 계명이다. 심지어 이 계명은 옛 계명에 뿌리를 두고 있기도 하다(레 19:18). 따라서 동료 신자들을 사랑하라는 이 계명의 기원은, 그들이 처음 그리스도인이 된 때로 거슬러 올라간다. 아니, 사실상 성경의 시작 부분으로까지 거슬러 올라간다.

6절 항상 그래왔듯이 요한은 사랑을 정의하지 않은 채로 두지 않는다. 사랑에 대한 오해가 유독 오늘날에만 나타난 것은 아니다. 사랑은 인간 역사 전체에서 공통적으로 오해되었다. 올바른 사랑은 하나님의 계명이 형태를 만들고 그 속을 채운다. 다른 사람을 사랑하는 것은, 그들과 관련하여 하나님이 우리에게 하라고(또는 하지 말라고) 명령하신 것을 지키는 것이고 그들이 하나님의 계명에 순종하도록 돕는 것이다. 다른 사람이 하나님의 계명을 어기게 만드는 행동은, 아무리 의도가 좋거나 낭만적으로 여겨질지라도 사랑이 아니다. 그 사람이 하나님의 계명에 순종하지 못하게 권하거나 돕는 행동은, 아무리 그 동기가 좋다 해도 사랑이 아니다.

어떤 사람들은 6절 후반부에 나오는 “계명”을, 사랑 계명(5절)을 다시 언급하는 것으로 이해한다. 그러나 이는 기독교가 타협 불가능한 기본적인 계명 체계(4절에서 언급한)를 가지고 있다는 사실에 대한 더 일반적인 언급으로 이해하는 편이 최선인 듯하다. 요한의 독자들은 처음 그리스도인이 된 때부터 하나님이 순종을 명하시고 기대하심을 알았다. 요한은 이렇게 순종의 필요성을 상기시킴으로써 다음 단락에서 이어질 거짓 선생들에 대해 논의할 자리를 만든다.

≋≋≋≋ 응답 ≋≋≋≋

동료 신자들을 사랑하는 것이 복음의 핵심이다. 진리를 진짜 사랑하면 똑같이 진리를 사랑하는 이들을 항상 사랑하게 된다. 더 나아가 신자들 사이의 이러한 사랑은 다른 신자들의 순종을 크게 기뻐하는 데로 이끌어야 한다. 당신은 다른 신자들의 신실함에 크게 기뻐하는가? 그렇지 않다면 당신의 사랑은 고장 나 있는 것이다. 서로를 향한 이러한 깊은 애정이, 그리고 그 애정으로 인해 서로의 순종을 기뻐하는 것이 성장하는 교회 공동체를 만든다. 이러한 공동체에서는 사람들이 서로 돌보고 돕고 격려하며 하나님께 순종하는 데서 기쁨을 찾는다.

덧붙이자면, 목회자로서 요한이 누리는 기쁨은 다른 사람들의 어떤 인정이 아닌 그의 사람들의 신실한 순종에서 나온다. 목회자들이 더 넓은 세상(문화적으로든 교파적으로든)의 인정에서 만족을 찾는다면, 외부인들이 무엇을 보고 듣는지에 집중할 것이다. 그러나 우리가 우리 사람들의 신실한 순종에서 만족을 얻는다면, 그들에게 더 시선을 머물고 그들의 일상생활에 흥미와 관심을 가질 것이다. 따라서 그들을 상담하고 보살피고 훈련하고 그들과 함께 시간을 보내는 일이 더 이상 '더 중요한 일'에 방해거리가 아니라 기쁨에 이르는 길이 될 것이다.

이 시대의 많은 사람이 죄를 죄라고 부르는 행위를 애정이 없는 것이라고 말한다. 또한 사랑을 그저 사람들이 원하는 대로 하게 내버려두는 관용으로 정의한다. 바로 이 시대에 이 본문은 지극히 필요하다. 사랑은 순종하는 사람들을 지지하는 것이고, 사람들에게 순종하라고 하는 것이며, 불순종을 책망하는 것이다. 매튜 헨리(Matthew Henry)가 말했듯이, "만약 친구들이 우리 영혼을 사랑하여 우리에게 죄를 짓지도 않고 우리를 죄 가운데 두지도 않는다면 그것은 그들이 정말 신실하다는 표지다."[85] 물론 이러한 책망은 상냥하게 해야겠지만, 책망을 하지 않으면 사랑하지 않는 것이다.

은혜의 실재가 순종의 필요성을 무효화하지는 않는다. 일부 좋은 의도를 가진 사람들이 "기독교는 규율이 아닌 관계에 관한 것이다"라고 주장한다. 그러나 이 어구는 잘못된 판단이다. 신약성경을 읽다 보면 계명과 규율이 자주 나오는 것을 모르고 넘어갈 수 없다. 하나님은 왕이시므로 피조

---

85 Matthew Henry, *Matthew Henry's Commentary on the Whole Bible*, new modern ed., 6 vols. (Peabody, MA: Hendrickson, 1991), 3:779.

물들에게 어떻게 살아야 할지를 말씀하실 권리가 있다. 규율과 관계가 함께 가지 않는다고 말한다면, 심각한 실수를 범하는 것이다. 사실 모든 건강한 관계에는 규율이 있다. 물론 기독교는 그저 규율 목록이 아니다. 기독교는 관계, 곧 그 명령에 순종해야 하는 전능하신 하나님 아버지와의 관계다.

7 미혹하는 자가 세상에 많이 나왔나니 이는 예수 그리스도께서 육체로 오심을 부인하는 자라 이런 자가 미혹하는 자요 적그리스도니 8 너희는 스스로 삼가 우리가 일한 것을 잃지 말고 오직 온전한 상을 받으라 9 지나쳐 그리스도의 교훈 안에 거하지 아니하는 자는 다 하나님을 모시지 못하되 교훈 안에 거하는 그 사람은 아버지와 아들을 모시느니라 10 누구든지 이 교훈을 가지지 않고 너희에게 나아가거든 그를 집에 들이지도 말고 인사도 하지 말라 11 그에게 인사하는 자는 그 악한 일에 참여하는 자임이라

7 For many deceivers have gone out into the world, those who do not confess the coming of Jesus Christ in the flesh. Such a one is the deceiver and the antichrist. 8 Watch yourselves, so that you may not lose what we*1* have worked for, but may win a full reward. 9 Everyone who goes on ahead and does not abide in the teaching of Christ, does not have God. Whoever abides in the teaching has both the Father and the Son. 10 If anyone comes to you and does not bring this teaching, do not receive him into your house or give him any greeting, 11 for

≋≋≋≋ **단락 개관** ≋≋≋≋

이 단락에는 서신의 주요 관심사가 담겨 있다. 그것은 바로, 거짓 선생들의 유혹을 피하는 것이다. 요한은 그러한 속이는 자들이 항상 존재하기 때문에 그들을 경계해야 한다는 것을 청중이 알기 원한다. 거짓 선생들에 대한 해결책은 신실한 교리("그리스도의 교훈")를 굳게 붙드는 것과 그러한 거짓 선생들을 지지하는 데 관여하지 않는 것이다.

≋≋≋≋ **단락 개요** ≋≋≋≋

Ⅱ. 메시지(4-11절)
　B. 진리를 반대하는 자들(7-11절)

≋≋≋≋ **주석** ≋≋≋≋

7절　요한의 독자들이 계속 순종하고 서로 사랑해야 하는 이유는 "미혹하는 자가" 세상에 "많이" 있기 때문이다. 그들은 요한의 독자들을 현혹하려 할 것이다. 신자들은 이러한 악한 세력으로부터 서로를 지킬 수 있도록 서로 사랑하며 끝까지 견뎌야 한다.

요한은 거짓 선생들이 "많이" 있음을 강조하는데, 실제로 거짓 가르침은 신약 곳곳에서 두드러지는 특징을 보인다. 여기서 언급하는 특정한 거짓 선생들은 성육신을 부인한다. 그들은 크리스마스를 훔치려 한 그린치(Grinch)[86]들이다. 일부는 이들이 초기 영지주의자였다고 제안했지만, 그들이 가르치는 것의 전체 내용은 알 수 없다. 거짓 선생들이 성육신을 부정한 것은 그리스도의 온전한 인성을 무시한 것과 같다고 말할 수 있다. 우리는 온전한 성경적 기독론에서 벗어나는 것이 거짓 가르침으로 이어짐을 알아야 한다. 이는 학문적인 이슈에만 해당하지 않는다. 그리스도 안에 약속된 구원, 그분이 시작하신 사랑의 사귐, 우리가 기다리는 미래의 소망이 모두 성경이 증언하는 예수님의 존재에 달려 있다. 그리스도의 인격에 대한 성경의 묘사를 왜곡하는 이들은 누구든 "미혹하는 자"이자 말 그대로 적그리스도이다.

8절 복수 명령형인 "너희는 스스로 삼가"는 교회의 각 지체를 지키라고 교회 공동체 전체에게 주는 요청이다. 미혹을 조심하는 일은 목회자의 임무일 뿐만 아니라 양 떼에 속한 각 지체의 임무이기도 하다. 목회자들은 자신이 감독하는 영혼들을 인도하지만(히 13:17), 모든 지체가 각자의 역할을 한다. 끝까지 인내하는 것은 공동체의 과업이다.

이 절의 주요 논점은 경계하지 못할 때 벌어질 잠재적인 결과이다. 요한은 분명 독자들이 끝까지 믿음을 지켜서 참 신자임을 드러내는 일에 관심이 있다(요일 2:18-20). 그는 그들이 복음을 이해하고, 회개하고 믿고, 믿음 안에서 끝까지 견디게 하려고 일했다. 그들이 복음을 외면하고 거짓 교훈으로 향한다면 스스로 불신자임을 드러낸 것이고, 따라서 요한과 교회 내의 다른 이들이 했던 수고가 허사로 돌아갈 것이다. 요한은 그들이 끝까

---

86 미국의 동화 작가 닥터 수스(Dr. Seuss)가 쓴 동화 *How the Grinch Stole Christmas!*의 등장인물이다. 동명의 영화와 애니메이션도 있다.(편집자 주)

지 견뎌서 마지막 날에 온전한 상을 받기를 바란다. "상"[미스토스(*misthos*)]이라는 단어는 우려할 만한 것이 아니다. 예수님과 사도들은 주로 그리스도를 믿고 그 믿음을 끝까지 지켜 선을 행함으로써 누리게 되는 영원한 혜택을 가리킬 때 이 표현을 사용했다(눅 6:23; 요 4:36; 고전 3:8, 14; 계 22:12).

9절 이 절에서 요한은 독자들의 영원한 구원에 관심이 있음을 더 명확히 한다. 미혹하는 자들의 교훈을 받아들여서 "그리스도의 교훈 안에 거하지" 않는 이들은 하나님을 모시지 못한다. 그들은 신자가 아니다. 거하는 것 또는 '머무는 것'은 올바른 교리를 끝까지 붙드는 것을 가리킨다. 이 절은 이 교리를 버리는 것을 "지나쳐"("[going] on ahead")라고 표현한다. 이 거짓 선생들은 아주 진보적이다. 정통 가르침에 만족하지 않고 이단으로 '달음박질해' 간다.

요한은 아들을 모시지 않고는 아버지를 모실 수 없음을 분명히 한다. 아들에 관한 올바른 교훈을 버린다면 아버지를 모실 수 없다. 그러나 아들에 대한 바른 이해를 굳게 붙들면 아버지와 아들을 다 모신 것이다(아버지가 "있는" 것에 대해서는 참고. 요일 5:12 주석).

10-11절 거짓 교훈은 영혼을 파멸시킬 수 있다는 점에서 아주 심각한 문제이므로, 우리는 어떤 식으로든 그들을 지원해서는 안 된다. 고대 세계에 순회 교사들은 사람들이 그들을 집안으로 들여 음식과 숙소를 제공해야만 일을 할 수 있었다. 요한삼서에서 요한은 정통 교사들에게 이러한 지원을 제공하라고 교회에 권면하지만, 이곳에서는 그리스도인들이 '이단' 교사들을 지원해서는 '안 된다'고 말한다. 이곳에서 금지하고 있는 인사는 일상적으로 주고받는 '안녕하세요'가 아니라, 맞아들여서 하나님의 복을 비는 것을 의미하는 기독교식 인사다. 이는 예의 없거나 무례하게 행동하라는 말이 아니다. 오히려 동료 그리스도인으로 인정받는 사람과 그렇지 못한 사람을 명확히 하라는 요청이다. 거짓 선생들을 격려하거나 지원하는 것은 사람들을 미혹하여 지옥에 이르게 하는 "악한 일"에 참여하는 것이다.

≋≋≋≋ 응답 ≋≋≋≋

신약은 끝까지 견디는 일이 필요하다고 분명히 말한다. 참된 믿음은 비록 흔들릴지라도 지속된다. 그렇다면 신자들은 거짓 선생들을 조심하면서 신실한 교리와 서로를 굳게 붙들어야 한다. 끝까지 견디라는 이러한 명령의 의미를 온전히 파악하는 그리스도인들은 성경이 교회의 필요성과 그 안에서 신실하게 영혼을 돌보는 것을 왜 그렇게 중요하게 여기는지를 이해하게 될 것이다. 교회와 교회의 돌봄은 우리가 끝까지 견딜 수 있도록 하나님이 정하신 수단이다. 이러한 자원들을 무시하면서 믿음 안에서 끝까지 견딜 수 있으리라 기대해서는 안 된다.

요한처럼 우리도 복음을 타협하는 거짓 교훈을 기꺼이 밝혀야 한다. 우리와 의견이 다른 사람을 모두 거짓 선생으로 여겨서는 안 되지만, 그리스도의 인격에 대한 성경적 이해를 왜곡하는 이들에 대해서는 그들이 누구든 저항해야 한다. 참된 목자는 양떼 가까이에 있는 늑대의 존재를 무시하지도 않고, 일반적인 경고를 주는 것으로 충분하다고 여기지도 않을 것이다. 양떼를 돌보는 데에는 가르침뿐만 아니라 직접적이고 명쾌한 경고도 필요하다.

10-11절은 신자들이 다른 신앙을 가진 이들에게 다가갈 수 없다거나 그들을 집에 들일 수 없는 것처럼 말하지 않는다. 신자들은 이런 식으로 불신자들에게 다가갈 수 있고 다가가야 한다. 그들이 해서는 안 되는 일은 복음에서 벗어난 견해를 가르치는 이들을 돕거나 격려하거나 재정적으로 지원하는 것이다. 신자들은 어떤 사역이든 후원할 때 성실하고 세심해야 한다. 그러한 사역들이 무엇을 가르치는지, 신실한 목회자의 지도를 구하는지를 살펴야 한다.

요이

¹² 내가 너희에게 쓸 것이 많으나 종이와 먹으로 쓰기를 원하지 아니하고 오히려 너희에게 가서 대면하여 말하려 하니 이는 ¹⁾너희 기쁨을 충만하게 하려 함이라

¹³ 택하심을 받은 네 자매의 자녀들이 네게 문안하느니라

¹² Though I have much to write to you, I would rather not use paper and ink. Instead I hope to come to you and talk face to face, so that our joy may be complete.

¹³ The children of your elect sister greet you.

1) 어떤 사본에, 우리

서신에 대한 간단한 마무리에서 요한은 다시금 이 회중을 향한 애정을 표현하며 이후에 직접 방문하고자 하는 소망을 나타낸다.

≋≋≋≋≋ 단락 개요 ≋≋≋≋≋

Ⅲ. 마무리(12 – 13절)

≋≋≋≋≋ 주석 ≋≋≋≋≋

12절 요한은 자신이 돌보는 사람들과 소통하기 위해 이용할 수 있는 방편을 사용하지만, 그 어떤 것도 직접 얼굴을 마주한 상호작용에 비할 수 없다. 그것이 그가 갈망하는 것이다. 요한이 서신으로, 또 직접 대면하여 소통하는 목적은 사람들과 기쁨을 나누기 위해서다. 그것이 목회자의 마음이다. 곧 자기 사람들의 기쁨을 갈망하고, 그 기쁨을 함께 나누고, 그러한 기쁨이 그리스도에 대한 진리를 따르는 데서 발견됨을 아는 것이다.

13절 1절의 "택하심을 받은 부녀"가 요한이 편지하는 교회를 가리키듯이, "택하심을 받은 …자매"는 요한이 편지를 쓸 당시 머물고 있던 또 다른 교회를 가리킨다. 요한삼서에서처럼 요한은 인사를 나눔으로써 교회들끼리 관계를 맺게 하는 데 관심이 있다.

목회자가 자기 사람들과 함께 수고하고 교회 지체들과 상호 작용하는 목적은 그리스도 안에서 기쁨을 나누기 위해서다(4절). 그리스도인들은 하나님의 말씀에 순종하는 것이 기쁨에 이르는 길임을 알기에, 그리스도의 기쁨을 알도록 이러한 순종을 서로 격려해야만 한다. 그 어떤 것도 직접 만나는 것에 비할 수 없음을 알고 있지만, 우리는 다른 신자들과 교통하고 그들을 돕기 위해 요한이 한 것처럼 사용할 수 있는 모든 수단을 활용해야 한다. 하지만 우리 기쁨이 충만해지는 것, 다시 말해 우리가 믿음 안에서 끝까지 견디는 일은 신실한 교회 공동체와 정기적으로 얼굴을 대하여 교통함으로써 가장 잘 이루어질 것이다.

요한삼서 서론

개관

요한삼서는 신약에서 가장 짧은 책이다.[87] 이 간단한 서신은 요한이 묘사하는 세 사람, 곧 가이오, 디오드레베, 데메드리오를 중심으로 구성된다. 편지의 수신자인 가이오는 칭찬을 받고, 특히 신실한 순회 교사들을 지원한데서 신실함에 대한 긍정적인 사례로 제시된다. 디오드레베는 부정적인 반대 사례로, 오만하고 반항적이며 분열을 일으켰다. 아마도 디오드레베의 행위가 이 편지를 쓰게 된 주된 원인일 것이다. 요한은 편지를 마무리하기 전에 데메드리오를 언급하며 잠시 긍정적인 예로 돌아간다. 이들은 실제 인물이지만 본보기 역할도 하며, 악을 본받지 말고 선을 본받으라는(11절) 요한의 명령을 뒷받침한다.

---

87 요한삼서가 요한이서보다 절 수는 더 많지만, 단어 수는 더 적다.

개요

Ⅰ. 인사(1-4절)

Ⅱ. 본론(5-12절)

    A. 선교사 지원에 대한 칭찬(5-8절)

    B. 디오드레베에 대한 비판(9-10절)

    C. 데메드리오와 본받음(11-12절)

Ⅲ. 서신의 마무리(13-15절)

¹ 장로인 나는 사랑하는 가이오 곧 내가 참으로 사랑하는 자에게 편지하노라

² 사랑하는 자여 네 영혼이 잘됨 같이 네가 범사에 잘되고 강건하기를 내가 간구하노라 ³ 형제들이 와서 네게 있는 진리를 증언하되 네가 진리 안에서 행한다 하니 내가 심히 기뻐하노라 ⁴ 내가 내 자녀들이 진리 안에서 행한다 함을 듣는 것보다 더 기쁜 일이 없도다

¹ The elder to the beloved Gaius, whom I love in truth.

² Beloved, I pray that all may go well with you and that you may be in good health, as it goes well with your soul. ³ For I rejoiced greatly when the brothers¹ came and testified to your truth, as indeed you are walking in the truth. ⁴ I have no greater joy than to hear that my children are walking in the truth.

---

¹ Or *brothers and sisters*. In New Testament usage, depending on the context, the plural Greek word *adelphoi* (translated "brothers") may refer either to *brothers* or to *brothers and sisters*; also verses 5, 10

≋≋≋≋ 단락 개관 ≋≋≋≋

요한은 당시의 표준 서신 인사 형식에 따라 가이오에게 인사한다. 이 인사
에는 사랑과 진리의 상호 연관성에 대한 요한의 관심이 명확하게 나타난
다. 요한은 자신을 목회자("장로")로 밝히며, 목회자로서 가지는 마음을 분
명하게 드러낸다.

≋≋≋≋ 단락 개요 ≋≋≋≋

Ⅰ. 인사(1-4절)

≋≋≋≋ 주석 ≋≋≋≋

1절 요한은 요한이서에서처럼 자신을 그냥 "장로"로 밝히며, 자신의 목
회자 역할을 강조한다. 더 눈에 띄는 것은, 가이오와 관련하여 사랑이라는
단어를 되풀이하는 점이다. 요한에게 가이오는 "사랑하는" 자요 "내가 참
으로 사랑하는 자"이다. 그런 다음 이 서신에서 그를 가리켜 세 번 더 "사
랑하는 자"라고 부른다(2, 5, 11절). 일부 번역은 이 헬라어 단어 아가페토
스(*agapētos*)를 '친애하는 친구'(dear friend)로 번역하는데, 오늘날 "사랑하는
자"(beloved)라는 표현을 잘 사용하지 않는다는 점을 감안해도 이 번역은 의
미가 너무 약하다. 이 표현을 형식에 불과한 것으로 볼 필요는 없다. 그리
스도인의 사랑의 중요성을 매우 자주 강조하는 이 서신들에서는 특히 그
렇다. 요한은 동료 신자들을 깊이 사랑하라고 권할 뿐만 아니라 그 사랑에
대한 실례를 들고 있다.

우리는 가이오에 대해 이 서신에 언급된 것 외에는 아무것도 모른다. 가이오는 흔한 이름이었는데, 고린도전서 1:14과 로마서 16:23에서 바울이 언급한 가이오와 동일 인물은 아닌 것 같다. 요한은 가이오를 "참으로"(in truth) 사랑한다고 말한다. 요한이서에서 언급했듯이 "참으로"가 요한이 가진 사랑의 진정성을 전달하지만, 그보다는 이 친구들과 나눈 사랑이 예수 그리스도 안에 계시된 진리에 뿌리내리고 있음을 보여준다. 진정한 우정은 일시적이든 중요한 것이든 항상 공통된 연합에 뿌리를 두고 있다. 이 우정은 궁극적인 진리에 근거한다.

2절　오늘날 편지에서도 그렇듯, 그리스-로마의 서신에서도 일반적으로 서두에 건강을 기원하거나 기도했다. 요한은 가이오의 영혼의 건강에 어울리도록 가이오의 강건함과 전반적인 행복을 위해 기도한다. 여기서 "영혼"으로 번역된 단어 프쉬케(psychē)는 물질과 대조되는 형체 없는 것이 아니라 삶 전체를 가리킨다. 기독교적 용례에서 이 단어는 하나님과의 관계를 포함할 것이다. 그러므로 요한은 삶의 모든 측면에서 가이오가 건강하고 행복하기를 기도한 것이다. 너무도 흔한 불균형을 감안할 때, 이러한 기도의 포괄성은 참고할 만하다. 일부 번영신학 교사들은, 이 절을 근거로 삼아 신실한 그리스도인들이 항상 건강을 기대할 수 있다고 생각한다. 그러나 그것은 이 절은 물론 성경의 나머지 부분을 심각하게 오독한 것이다. 무엇보다 우리 믿음이 죄 없으신 메시아의 고난에 기초하기 때문이다.

3절　일부 동료 신자들이("형제들") 가이오의 신실한 삶에 대해 요한에게 알려주었다. 요한서신의 다른 곳에서 말한 것처럼 "진리"는 단순히 '개념'이 아니라 '살아내는' 것이다. 이곳에 언급된 가이오의 "진리"는 그의 행위를 가리킨다. 이는 이어지는 어구인 "진리 안에서 행한다"에서 명확해진다. 가이오는 선포된 기독교 진리에 따라 살고 있다. 이로 인해 요한은 "심히 기뻐[한다]." 참으로 하나님의 진리를 사랑하는 사람은 모두 다른 사람들이 이 진리를 따라 사는 것을 보며 크게 기뻐한다.

4절　요한은 "자녀들"(그가 목회하고 가르친 신자들)이 신실하게 살고 있다는 말을 듣는 것이 가장 기쁜 일이라고 말한다. 이것이 목회자의 마음이며, 모든 신자의 마음이어야 한다. 우리가 사람들을 사랑하고 하나님의 진리를 사랑한다면, 사람들이 이 진리를 따라 살 때 크게 기뻐할 것이다.

≋≋≋≋　응답　≋≋≋≋

오늘날 일부 그리스도인은 왠지 '더 영적인' 문제들과 비교하여 육체적인 건강을 위해 기도하는 것을 '덜 영적인' 것으로 생각한다. 최근에 받는 수술에 관해서만 기도하는 것 같은 이들에 대해 어떤 신자는 그들이 더 깊은 것들을 위해 기도하기를 애타게 바란다. 요한은 건강과 행복을 위해 기도하는 좋은 본을 제시한다. 우리는 성경보다 '더 영적'이 되려고 노력할 필요가 없다. 그러나 다른 한편으로 요한의 본은 우리 자신과 다른 사람들을 위해 우리 영혼이 잘 되도록 기도할 때, 우리의 기도에 삶의 모든 영역을 포함시키라고 우리에게 촉구한다.

　3-4절은 목회자의 모습에 관한 아주 멋진 묘사다. 자녀가 성숙할 때 부모가 깊은 자부심과 기쁨을 얻듯이, 목사들도 섬기는 이들의 신실한 삶에서 큰 기쁨을 얻는다. 목사들은 설교를 하거나 '사역'을 구축하거나 명성을 얻는 것만으로는 만족을 얻지 못한다. 오히려 사역하는 이들이 영적으로 잘 되는 데서 가장 큰 기쁨을 발견한다.

5 사랑하는 자여 네가 무엇이든지 형제 곧 나그네 된 자들에게 행하는 것은 신실한 일이니 6 그들이 교회 앞에서 너의 사랑을 증언하였느니라 네가 하나님께 합당하게 그들을 전송하면 좋으리로다 7 이는 그들이 주의 이름을 위하여 나가서 이방인에게 아무 것도 받지 아니함이라 8 그러므로 우리가 이 같은 자들을 영접하는 것이 마땅하니 이는 우리로 진리를 위하여 함께 일하는 자가 되게 하려 함이라

5 Beloved, it is a faithful thing you do in all your efforts for these brothers, strangers as they are, 6 who testified to your love before the church. You will do well to send them on their journey in a manner worthy of God. 7 For they have gone out for the sake of the name, accepting nothing from the Gentiles. 8 Therefore we ought to support people like these, that we may be fellow workers for the truth.

가이오가 "진리 안에서 행한다"(3절)는 한 가지 증거는, 교회가 다른 지역에서 복음을 선포하도록 보낸 이들을 후원한 것이다. 요한은 가이오의 실천을 지지하며 신실한 선교사들을 후원하는 일이 올바르고 중요함을 보여준다.

요삼

≋≋≋≋ 단락 개요 ≋≋≋≋

> Ⅱ. 본론(5-12절)
> A. 선교사 지원에 대한 칭찬(5-8절)

≋≋≋≋ 주석 ≋≋≋≋

5절 이 단락에서 요한은 그가 칭찬할 수밖에 없던 가이오의 구체적인 행동을 자세히 설명한다. 가이오는 "주의 이름을 위하여 나[간]"(7절) 동료 신자들("형제"), 다시 말해 순회 교사나 선교사로 일하던 이들을 후원했다. 이 사람들은 신자였지만 가이오가 개인적으로 알지는 못했다("나그네 된 자들"). 그러나 가이오는 이 사실 때문에 후원하기를 꺼려하지 않았으며, 그것은 그의 행동이 친숙함이 아니라 복음 전파에 대한 헌신에서 비롯된 것임을 보여주었다.

6절 1세기에 순회 교사들은 그들이 사역을 완수 수 있게 거처와 음식을 제공한 교회들의 환대에 의지해서 살았다. 비정통 교사들을 후원하지 말라는 요한서 10절의 경고에서도 이를 알 수 있다. 디다케(*Didache*, 1세기 후반 또는 2세기 초반의 문헌)는 그리스도인들이 후원을 받아야 하는 신실한 교사와 그러한 환대를 이용하려는 거짓 교사나 기회주의자를 구분하는 방법을 모색한다. 가이오는 이곳에 언급된 형제들이 신실한 교사임을 올바르게 분별하고, 그들을 후원함으로써 그리스도인의 사랑을 보여주었다.

이 본문은 선교사 후원과 관련하여 신약에서 가장 중요한 본문 중 하나다. 이곳에 언급된 형제들은 복음을 선포하도록("주의 이름을 위하여") 보냄을 받았다. 요한은 그러한 복음의 종들을 후원하는 사역을 지지하며, 그들에게 제공된 보살핌과 후원을 "사랑"이라고 표현했다. 요한이 보기에(그리고 나머지 신약 저자들도) 사랑은 필요를 채우는 데로 이어지는 애정이기 때문이다. 이러한 순회 교사들은 교회로 돌아가서 가이오가 베푼 후원과 보살핌에 대해 보고했다.

요한은 그러한 사역자들을 후원한 일을 칭찬하며, 가이오에게 "하나님께 합당하게" 그들을 후원하는 것이 온당하다고 말한다. 이는 선교사들을 후원할 때 주목할 만한 기준이다! 고대 세계에서 보편적으로(오늘날 많은 지역에서도 마찬가지로) 전령은 그를 보낸 사람처럼 대우받으리라고 기대한다. 따라서 예수님의 메시지를 선포하기 위해 나가는 이들은 예수님이 받으실 만한 후원을 받아야 한다. 이것은 분명히 후원에 대한 모든 반쪽짜리, 어정쩡한 접근을 배격하고 대신, 마게도냐 교회가 보여주고 바울이 칭찬한 것과 같은 자발적이고 자애로운 관대함을 요구한다(고후 8:1-5).

7절 이 사람들이 그렇게 확실한 후원을 받아야 하는 이유는, 그들이 "주의 이름을 위하여 나[갔기]" 때문이다. 누군가의 "이름"은 그 사람의 평판과 성품을 가리킨다. 이 형제들은 예수님의 명성을 전파하기 위해 고향의 익숙한 환경을 두고 떠났다. 그들의 수고는 자신의 영광을 위한 것이 아니라(그들의 이름은 언급조차 되지 않는다) 예수님을 높이기 위한 것이다. 그리스도의 몸은 그리스도를 높이는 수고를 후원해야 한다. 그러나 사람을 높이려는 수고는 하나님의 백성의 후원을 받을 자격이 없다.

요한은 이 설교자들이 "이방인에게 아무것도 받지 아니[했다]"고 말한다. 이곳에서 "이방인"으로 번역된 단어는 신약의 다른 곳에서 "이방인"으로 번역된 일반적인 단어인 에트노스(*ethnos*)가 아니다. 동일하게 외부인을 가리키지만 '믿지 않고, 세속적이고, 다신교를 믿는'[88] 것을 강조하는 단어인 에트니코스(*ethnikos*)다. 이 복음의 종들은 불신자들이 자신의 사역을 후원하리라 기대하지 않았다. 하나님의 자녀는 사탄의 가족들이 그들 사역을 후원하리라 기대해서는 안 된다. 복음 사역자들을 후원하는 것은 교회의 일이다.

8절 이 절은 이 단락의 요지를 종합한다. 가이오는 신실한 순회 교사들을 후원하여 칭찬을 받았고, 요한은 "우리가" 모두 이 같은 자들을 "영접하는 것이 마땅하[다]"고 분명하게 적용한다. 또한 마지막으로 요한은 이러한 후원을 더 하도록 동기부여한다. 그들을 후원함으로써 우리는 "진리를 위하여 함께 일하는 자"가 된다. 후원자들은 후원을 통해 그들이 후원하는 이들의 사역에 참여한다(요이 11절에서처럼, 이 절에서 이단 교사들을 후원한 이들은 그들의 죄에 함께했다). 진리를 사랑하는 이들은 진리를 새로운 영역으로 가져가거나 그렇게 하는 이들을 후원함으로써 진리를 위해 일할 수 있다.

≋≋≋≋ 응답 ≋≋≋≋

요한은 사실 높은 기준을 세운다. 이는 교회들이 돈, 일, 격려, 기도로 선교사들과 함께할 때 숙고해야 하는 것이다. 교회가 이 선교 사역을 지원해야지 세상이 그렇게 하리라 기대해서는 안 된다. 요한의 가르침은 비그리스도인들이 주도하는 우물 파기나 다른 인도주의적 기획에 '불신자'가 후

---

88 BDAG, s.v. ἐθνικός, 강조는 원문의 것.

원하는 것을 막으라는 말이 아니라, '교회가' 복음을 여러 나라에 가져가는 책임을 져야 한다는 말이다. 복음을 선포하러 나가는 이들을 후원할 때 우리는 그 일에 참여한다. 이것은 복음에 근거한 사욕, 곧 우리의 짧은 생애 동안 할 수 있는 한 많은 하나님 나라 사역에 관여하고자 하는 욕구에 호소한다. 우리는 다른 사람들을 후원함으로써 우리의 영향력을 증대시킬 수 있다.

⁹ 내가 두어 자를 교회에 썼으나 그들 중에 으뜸 되기를 좋아하는 디오드레베가 우리를 맞아들이지 아니하니 ¹⁰ 그러므로 내가 가면 그 행한 일을 잊지 아니하리라 그가 악한 말로 우리를 비방하고도 오히려 부족하여 형제들을 맞아들이지도 아니하고 맞아들이고자 하는 자를 금하여 교회에서 내쫓는도다

⁹ I have written something to the church, but Diotrephes, who likes to put himself first, does not acknowledge our authority. ¹⁰ So if I come, I will bring up what he is doing, talking wicked nonsense against us. And not content with that, he refuses to welcome the brothers, and also stops those who want to and puts them out of the church.

요한은 가이오의 긍정적인 본과 대비되는 디오드레베의 악함을 묘사한다.
그는 요한의 권위에 반대하며 교회의 신실한 사역을 방해하고 있었다.

≋≋≋≋ 단락 개요 ≋≋≋≋

Ⅱ. 본론(5 - 12절)
  B. 디오드레베에 대한 비판(9 - 10절)

≋≋≋≋ 주석 ≋≋≋≋

9절 디오드레베는 사랑을 보이지 않고 "형제들을 맞아들이지도 아니[했
다]"(10절). 요한은 가이오와 디오드레베 둘 다 지체로 있는 교회에 편지를
썼지만, 디오드레베는 그 편지가 읽히지 않도록 막은 듯하다. 디오드레베
의 경우, 개인적인 야망에 감염되어 그것이 반역으로 부풀어 올랐다.

　　디오드레베에 관한 첫 말은 "으뜸 되기를 좋아하는"이다(9절). 이는
오만에 대한 인상적인 묘사다. 요한과 디오드리베가 무슨 쟁점을 두고 의
견 차이가 있었는지는 알 수 없지만, 그러한 이기적인 야망은 충분히 분
란을 일으킬 만하다. 성경은 하나님이 인간의 교만을 혐오하신다고 분명
히 말한다. 잠언 6:16-17에 나오는 여호와께서 미워하시는 것들 목록에서
첫 번째가 "교만한 눈"이다. 그리고 지혜자는 뒤에서 "나는 교만과 거만…
을 미워하느니라"(잠 8:13)라고 선언한다. 더 나아가 성경은 이렇게 말한다.
"무릇 마음이 교만한 자를 여호와께서 미워하시나니 피차 손을 잡을지라

도 벌을 면치 못하느니라"(잠 16:5). 디오드레베는 자아도취에 빠짐으로 인해, 교회에 방해물이자 사도 요한의 대적이 되었다.

디오드레베의 오만은 반역으로 이어졌다. 요한은 그가 "우리를 맞아들이지 아니하니"라고 전한다. 디오드레베는 이제 의도적으로 요한의 권위를 무시한다. 요한이 사도요 열두 제자 중(그리고 세 명의 수제자 중) 한 사람이며, 예수님이 십자가에서 죽으셨던 자리에 있었고 그분의 빈 무덤에 찾아갔으며, 부활하신 그리스도와 대화를 나누었던 사람인데도 말이다.

10절 디오드레베의 오만과 반역은 비방으로 이어졌다. 그는 요한을("우리"는 요한을 가리키는 '편집상의 복수'일 수도 있고, 요한과 뜻을 같이하는 가이오 등을 포함할 수도 있다) "악한 말로…비방"했다. 정당한 권위에 대한 저항은 거의 언제나 그 권위에 대해 악한 말을 하게 만든다. 잠언 10:18의 "중상하는 자는 미련한 자이니라"라는 경고에 주의를 기울이지 않으면서 말이다.

마지막으로, 디오드레베는 신실한 교사들을 환대하려 하지 않았을 뿐더러 다른 사람들도 그러한 환대를 하지 못하게 하였다. 그리고 가이오처럼 이 "신실한" 사역(참고. 요삼 5절)에 참여하려 하는 이들을 몰아냄으로써 교회에 분열을 초래했다. 신약은 교회가 출교시키는 지점에 이르기까지 올바르게 권징하는 것의 중요성을 단언하지만(고전 5장), 디오드레베는 신실하려는 사람들을 내쫓음으로 이러한 관행을 남용하고 있었다. 디오드레베는 마치 자신들이 교회를 '소유하고' 자기 생각이나 욕구에 따라 조종할 수 있다는 듯이 행동하는 이들의 조상이다. 그러한 지도자들은 결국 교회의 진짜 주인이신 분과 대면할 때 안녕하지 못할 것이다.

요한은 교회의 주인이신 주님의 대리인으로 방문할 때(참고. 요삼 14절) 디오드레베를 대면하려 한다. 진리에 반대함으로써 교회에 해를 끼치고 있는 이들을 직접적이고 단호하게 다루려 한다. 요한은 방문할 때 디오드레베가 더 잘 행하기를 바라기 때문에 그를 묵인하지 않을 것이고, 오히려 "그 행한 일을 잊지 아니[할]" 것이다. 요한은 디오드레베의 악한 행동에 주의를 환기시키며 그에게 회개를 요청할 것이다. 참된 사랑은 악행을 내버려두지 않고 항상 진리를 따르며, 다른 사람들을 위해 가장 좋은 것을 바라고 그들도 같은 진리를 따르도록 요청한다.

〰〰〰 **응답** 〰〰〰

교만과 관련하여 방심할 수 없는 한 가지는, 교만이 우리로 하여금 그 힘을 보지 못하게 만든다는 것이다. 디오드레베의 행동이 명백히 잘못된 것임에도, 우리가 신약성경의 분명한 가르침을 무시하는 것은 그를 본받는 것이다. 왜냐하면 신약성경은 우리에게 전해 내려온 사도의 가르침이기 때문이다. 오늘날 서구 교회에서 적절한 권위를 인정하지 않는 것은 일반적인 문제이다. 많은 이들이 교회가 어떤 권위도 갖고 있지 않다고 말할 정도이다. 그러나 히브리서 13:17은 분명히 명령한다. "너희를 인도하는 자들에게 순종하고 복종하라 그들은 너희 영혼을 위하여 경성하기를 자신들이 청산할 자인 것같이 하느니라." 우리가 올바른 권위에 기꺼이 복종하고 있는지 스스로 정직하게 살피는 것이 온당할 것이다.

11 사랑하는 자여 악한 것을 본받지 말고 선한 것을 본받으라 선을 행하는 자는 하나님께 속하고 악을 행하는 자는 하나님을 뵈옵지 못하였느니라 12 데메드리오는 뭇 사람에게도, 진리에게서도 증거를 받았으매 우리도 증언하노니 너는 우리의 증언이 참된 줄을 아느니라

11 Beloved, do not imitate evil but imitate good. Whoever does good is from God; whoever does evil has not seen God. 12 Demetrius has received a good testimony from everyone, and from the truth itself. We also add our testimony, and you know that our testimony is true.

〰〰〰 단락 개관 〰〰〰

요한은 악한 디오드레베와는 대조적으로 데메드리오의 본을 칭찬한다. 요한은 따라할 좋은 본을 찾는 일이 중요하다고 강조한다.

≋≋≋≋ 단락 개요 ≋≋≋≋

II. 본론(5 - 12절)
 C. 데메드리오와 본받음(11-12절)

≋≋≋≋ 주석 ≋≋≋≋

11절 요한은 가이오에게 주의를 돌리며, 다시 그를 "사랑하는 자"라고 부른다. 악을 본받지 말라는 명령은 디오드레베의 악에 악으로 대응하지 말라는 권면이다. 가이오는 데메드리오의 수준으로 비열해져서는 안 된다. 여기서 "선을 행하는" 것은 신실한 삶을 가리킨다. 이는 복음에 대한 올바른 반응이다. 신약성경은 행위로 구원을 얻는 것은 아니지만 구원이 항상 선행을 '낳는다'고 분명히 말한다. 그러므로 선을 행하기보다 악이 뚜렷한 삶을 사는 이들은 "하나님을 뵈옵지 못하였[다]." 그들은 구원에 이르는, 하나님을 아는 지식에 이르지 못했다.

12절 요한은 "선"과 선을 행하는 이들을 칭찬한 직후에, 또 다른 신실한 형제인 데메드리오를 소개한다. 데메드리오는 하나님으로부터 이 서신을 가이오에게 전달하라는 임무를 받은 이로 보인다. 고대 서신의 본문에는, 일반적으로 서신의 수신인들에게 서신 전달자를 칭찬하는 내용이 있었다. 서신을 전달하는 사람이 서신을 해석하는 데도 종종 중요한 역할을 했기 때문이다.[89] 요한은 세 가지 다른 출처에서 나온 증언에 근거해 데메드리오

---

89 참고. E. R. Richards, *Paul and First-Century Letter Writing* (Downers Grove, IL: IVP Academic, 2004), 207-209.

가 신뢰받을 만하다고 가이오에게 보증한다. 첫 번째로, "뭇 사람"(요한의 편지를 받는 지역의 신자들)이 그를 칭찬한다. 데메드리오는 지역 교회에서 칭찬을 아주 많이 받았다. 두 번째로, "진리" 즉 복음 자체가 데메드리오를 칭찬한다. 복음이 누군가를 칭찬한다는 것은 그 사람의 삶이 복음 진리를 따른다는 뜻이다. 이는 요한이 앞에서 가이오가 "진리 안에서 행한다"(3절)고 한 말과 유사하다. 이는 또 데메드리오가 11절의 시험을 통과했다는 뜻이다. 그의 삶에 순종("선")이 보이므로 그는 "하나님께 속[했다]." 세 번째로, 요한 자신("우리") 곧 사도인 증인이 데메드리오를 칭찬한다.

〰〰〰〰 **응답** 〰〰〰〰

악에 악으로 대응하려는 유혹은 아주 흔한데다, 너무나 자주 강렬한 유혹으로 다가온다. 우리는 악과 싸우기 위해 악으로 맞서야 한다고 확신하기 쉽지만, 이러한 생각은 하나님이 결국 모든 악을 심판하신다는 사실을 신뢰하지 못하게 만든다. 성경은 우리에게 악에 대한 심판은 하나님께 맡기고 계속 옳은 일을 행하라고 자주 명령한다. "하나님께 속[한]" 자인 우리는 어떤 일을 당하든 악을 행하는 자가 되지 않도록 선을 행하는 데 충실해야 한다.

또한 이 본문은 좋은 본의 중요성도 간단히 다룬다. 우리는 추상적인 것을 통해서만 배우지 않는다. 사실 인간은 주변에 있는 것을 따라하지 않을 수 없다. 우리는 우리 자신, 우리의 자녀, 우리의 교회에 훌륭한 본을 제시해야 한다. 당연히 이는 경건한 성도들과 함께 살아감으로, 또 우리 이전에 살았던 신실한 사람들의 글과 전기를 읽음으로 가능하다.

¹³ 내가 네게 쓸 것이 많으나 먹과 붓으로 쓰기를 원하지 아니하고
¹⁴ 속히 보기를 바라노니 또한 우리가 대면하여 말하리라
¹⁵ 평강이 네게 있을지어다 여러 친구가 네게 문안하느니라 너는 친구들의 이름을 들어 문안하라

¹³ I had much to write to you, but I would rather not write with pen and ink. ¹⁴ I hope to see you soon, and we will talk face to face.

¹⁵ Peace be to you. The friends greet you. Greet the friends, each by name.

≋≋≋≋ 단락 개관 ≋≋≋≋

요한은 가이오를 보고 싶은 마음을 전하며, 기독교의 근본 요소가 스며든 표준적인 인사로 서신을 마무리한다.

≋≋≋ **단락 개요** ≋≋≋

Ⅲ. 서신의 마무리(13-15절)

≋≋≋ **주석** ≋≋≋

13-14절 요한이 직접적인 상호작용을 아주 귀하게 여김은 주목할 만하다. 그것은 글을 통한 의사소통을 피해야 한다는 말이 아니다. 결국 이 서신은 성령이 요한으로 하여금 쓰게 하셨기 때문에 신약 정경의 일부가 되었다. 이 절의 핵심 요지는, 요한이 편지를 받는 이들에게 드러내는 목회적 관심과 사랑이다.

15절 이곳의 "평강"은 갈등이 없는 상태만이 아니라(물론 당연히 디오드레베와의 문제를 해결하기를 바라는 마음이 담겨 있지만), "하나님의 언약의 복, 보호, 풍성한 공급"[90]을 포함한다.

요한은 인사를 확대하여 다른 교회들에 있는 신자들과도 관계를 맺게 한다. 다른 신자들을 가리키는 데 사용한 "친구들"이라는 표현은 신약에서 일반적이지 않다. 여기서 이 호칭은 요한이 신자들 사이에 있기를 권하는 사랑을 강조한다. 요한은 개인적인 돌봄이라는 주제를 이어가며 친구들에게 "이름을 들어"[카트 오노마(kat' onoma)] 인사하라고 청한다.

---

90 Yarbrough, *1-3 John*, 385.

〰〰〰 응답 〰〰〰

요한은 더 중요하거나 흥미로운 일들을 계속해 나가기 위해, 목록에 있는 항목들을 확인하기만 하는 무심한 목회자가 아니다. 여기에는 교회의 각 사람들에 대한 사랑과 보살핌을 분명하게 드러내 보임을 통해 논란을 다루고 있는 바쁜 목회자가 있다. 그는 멀리서도 소통할 수 있고 실제로 그렇게 소통하지만, 그들을 보고 그들과 함께하기를 간절히 원한다. 그러하기에 그는 실제로 그들이 잘 지내는지를 파악하여 그들의 행복을 위해 할 수 있는 모든 것을 하겠다고 보장할 수 있다. 더 나아가 그에게 교회는 그저 집단(a collective group)이 아니다. 그는 그들에게 "이름을 들어" 문안하라고 부탁한다. 목회자가 이름조차 몰라도 영혼을 감독할 수 있다는 듯이 사람들을 그저 집단으로만 목양할 수 있을 것 같지는 않다.

참고문헌

Akin, Daniel L. *1, 2, 3 John*. NAC. Nashville: B&H, 2001.

탄탄하고 유용한 주석서. 에이킨은 언어학적이고 구조적인 논점들을 꿰뚫고 있으며, 구절의 다양한 해석에 대해 최고로 간결한 목록을 제시한다.

Marshall, I. Howard. *The Epistles of John*. NICNT. Grand Rapids, MI: Eerdmans, 1978.

이 주석서는 오래되긴 했지만, 통찰력 있는 성찰과 적용이 잘 섞인 탄탄한 주해로 필독서가 될 만하다. 마샬은 아주 목회적이고, 수월하게 읽어내려 갈 수 있다.

Rainbow, Paul A. *Johannine Theology*. Downers Grove, IL: IVP Academic, 2014.

요한의 것으로 여겨지는 모든 책(요한계시록을 포함하여)의 신학에 대한 가장 유용한 개관. 주제별로 정리되어 있어서, 요한이 '세상' 같은 핵심 개념을 어떻게 다루는지를 이해하는 데 유용하다.

Schuchard, Bruce. *1–3 John*. Concordia Commentary. St. Louis: Concordia, 2012.

슈하르트는 아주 철저하여, 헬라어 본문에 대한 상세한 논의와 중요한 신학적 성찰을 제시한다. 또 언어학적이고 구조적인 논점들에도 주의를 기울인다.

Stott, John R. W. *The Letters of John*. TNTC. Downers Grove, IL: IVP Academic, 1988.

> 스토트의 책은 여전히 고전이다. 그는 이 작은 지면에 아주 많은 탁월한 주석을 담아놓았다. 그는 목회자인 동시에 설교자다.

Yarbrough, Robert W. *1–3 John*. BECNT. Grand Rapids, MI: Baker, 2008. 《요한서신》. BECNT. 부흥과개혁사.

> 주해, 신학, 목회의 향연인 이 책은 이 서신들에 대한 최고로 포괄적인 주석서다. 야브루는 항상 전체적인 사고의 흐름과 목회적인 동기를 염두에 두고 아주 면밀하게 해석해 나가며, 다른 주석가들이 하지 않는 질문들을 한다.

유다서

ESV 성경 해설 주석

매튜 S. 하몬 지음

ESV Expository Commentary
Jude

유다서 서론

개관

유다서는 간결하고 거짓 선생들에게 초점을 맞추며, 성경이 아닌 낯선 유대 문헌을 인용한다. 그렇기 때문에 현대의 독자들은 더 직접적으로 적용할 만한 본문들을 찾아서 이 책을 재빨리 훑고 지나갈 수 있다. 하지만 거짓 교훈에 직면하여 "성도에게 단번에 주신 믿음의 도를 위해 힘써 싸우라"(유 3절)라는 유다의 요청은 모든 세대의 교회가 짊어지는 책무다.

저자

유다라는 이름은 1세기에 흔했지만, 저자는 더 나아가 자신을 "예수 그리스도의 종이요 야고보의 형제"(1절)로 밝힌다. 이 야고보는 예루살렘 교회의 지도자이자 예수님의 형제가 거의 확실하다. 그러므로 유다 역시 예수님의 형제다(마 13:55).[1] 그는 겸손했고, 또한 예수님과의 영적 관계보다는 생물학적 관계에 근거하여 특별한 권위를 주장하는 것으로 보이지 않으려고 자신을 예수님의 형제로 부르기를 자제하는 듯하다.

초대교회의 몇몇 사람은 어떤 유다가 이 서신을 썼는지를 의문을 가졌지만, 유다서의 신빙성을 의심하는 사람은 없다. 어떤 이들이 정경의 지위를 인정하지 않은 이유는 유다서가 외경 자료를 사용하기 때문이다.[2] 오늘날 많은 비평주의 학자들은 유다서의 탁월한 헬라어를 이유로 들어 유다서가 가명으로 저술, 즉 누군가가 수신자들로 하여금 유다의 저술로 생각하게 속이려고 쓴 글이라고 결론 내린다. 비평가들은 갈릴리 출신의 한 수공업자가 이렇게 수려한 편지를 쓸 수는 없다고 주장한다. 그러나 그러한 주장은, 유다가 필사자를 통해 서신을 기록했을 가능성과 순회선교사로서 습득할 수 있었던 능숙한 헬라어 실력을 과소평가하는 것이다.[3] 따라서 예수님의 형제인 유다가 이 서신을 썼다는 사실을 의심할 실질적인 이유는 없다.[4]

저작 연대와 배경

서신 자체는 연대를 결정짓는 데 거의 도움을 주지 않는다. 예수님의 동생 유다는 1세기 후반까지 살았을 수 있다. 그러나 만약 베드로가 유다서를

1 참고. Richard Bauckham, *Jude and the Relatives of Jesus in the Early Church* (Edinburgh: T&T Clark, 1990), 5-133.

2 Gene L. Green, *Jude and 2 Peter*, BECNT (Grand Rapids, MI: Baker Academic, 2008), 5-6.

3 같은 책, 7-8.

4 또한 Thomas R. Schreiner, *1, 2 Peter, Jude*, NAC (Nashville: Broadman & Holman, 2003), 404-408을 보라.

베드로후서의 자료로 사용했다면, 유다서의 연대는 늦어도 60년대 중반 이전이어야 한다. 베드로가 그 즈음에 네로에게 처형당했기 때문이다. 서신이 일찍이 40년대 중반에 기록되었을 수도 있다. 이 20년이라는 기간보다 더 구체적으로 추정할 수는 없다.

유다는 특정 교회나 한 무리의 교회들에게 편지를 썼겠지만, 그 이름을 밝히지는 않는다. 아마도 가장 가능성 있는 장소로, 세포리스나 디베랴 같은 팔레스타인 어딘가에 있는 이방 도시를 들 수 있다. 그러나 사실 그 장소는 지중해 세계 어디든 될 수 있다.[5] 유다는 수신자들이 구약만이 아니라 유대 외경 문서에도 익숙하리라 예상했다. 따라서 수신자들은 유대인 그리스도인이거나 아마 유대인과 이방인이 섞인 무리였을 것이다.

사도 중 누군가가 처음 교회를 세우고 얼마 후에(17-18절) 거짓 선생들이 잠입했다. 이 외부인들은 꿈에 근거하여 권위를 주장하고, 성적 부도덕을 일삼고, 탐욕에 따라 움직였다. 그들은 하나님의 권위와 함께 교회 지도자들의 권위도 거부했다. 그 결과 거짓 선생들은 교회의 분열을 초래하고, 그들의 부도덕에 함께하도록 연약한 이들을 미혹했다.

장르와 문학적 특징

유다서의 장르는 '서신 형식의 설교'(epistolary sermon)로, 설교와 같은 내용이 서신의 본문에 삽입되어 있다.[6] 유다서는 특정 거짓 선생들로부터 특정한 위협을 받은 특정 무리에 속한 사람들에게 보낸, 실제 편지다. 그러나 서신 형식의 설교라는 장르는 서신의 결말에 흔히 있는 개인적인 인사 대신 송

5   Peter H. Davids, *The Letters of 2 Peter and Jude*, PNTC (Grand Rapids, MI: Eerdmans, 2006), 17-23.

6   Richard Bauckham, *Jude, 2 Peter*, WBC (Waco, TX: Word, 1983), 3.

영이 있는 이유를 설명해 준다.

유다는 다양한 문학적 장치를 사용한다. 그는 생생한 은유, 특히 자연에서 끌어온 은유를 좋아한다. 구약의 사례와 이미지는 그가 요점을 설명하기 위해 즐겨 사용하는 도구 중 하나다. 심지어 그는 그의 주장에 도움이 된다면 다른 유대 문헌의 내용도 끌어온다('해석상 과제'를 보라). 또한 유다는 궁휼과 평강과 사랑(2절), 세 가지 구약의 실례(5-7, 11절), 삼위일체(20-21절), 믿음과 소망('기다림')과 사랑(20-21절)과 같이 트라이어드(triad, 셋을 하나로 묶은 것)를 여러 번 사용한다.[7] 유다의 "간결하고 그림 같고 열정적인 문체, 트라이어드를 사용하는 경향, 구약 및 성경 이외의 자료 사용, 이미지와 시적 리듬, 수많은 하팍스 레고메나(*hapax legomena*)로 인해…유다서는 신약의 책들 중에서 뚜렷이 구별된다."[8] 유다의 수려한 헬라어 문체가 그리스식 교육을 받았기 때문인지 숙련된 필사자의 도움 때문인지는 확실하지 않다.

구약과 유대 전승에 대한 해석은 이 서신의 중요한 요소다. 유다는 그러한 본문들을 소개한 후, "이 사람들"이라는 표현을 써서(8절, 참고. 10, 12, 16절) 그 본문에 담긴 내러티브를 해석하는 데로 옮겨간다. 그는 또한 동사의 시제를 다르게 사용하는데, 일반적으로 본문을 소개할 때는 부정과거 시제를 쓰고 그의 해석은 현재 시제를 쓴다. 유다는 이러한 본문들을 예표론적으로 사용한다. 그는 성경의 사건들을 단순한 역사적 사건으로만이 아니라 거짓 선생들의 행동과 운명을 예시하는 예표로도 본다.

유다서와 베드로후서의 관계에 대해서는 베드로후서 서론의 '장르와 문학적 특징'을 보라.

---

7 또한 J. Daryl Charles, "Literary Artifice in the Epistle of Jude," *ZNW* 82 (1991): 122-123을 보라.

8 같은 책, 111. 하팍스 레고메나는 헬라어 신약 성경에서 단 한 번만 나오는 단어를 가리킨다.

신학

하나님

삼위일체의 세 위격이 모두 언급된다. 성부는 신자에게 사랑과 은혜를 베푸시지만 경건하지 않은 자들을 심판하신다. 예수님은 이스라엘을 애굽에서 구원하셨지만 이후에 믿지 않는 이들을 멸하셨다. 마지막 날 그분은 그분의 백성에게 자비를 베푸실 것이다. 성령은 신자들이 하나님의 사랑 안에서 자신을 지키도록 그들의 기도에 힘을 부어주신다.

인간

그리스도로부터 떨어져 나간 사람들은 경건하지 않다. 그들의 삶은 하나님이 아니라 그들 자신에게로 향해 있다. 이러한 경건하지 않음은 성적 부도덕, 하나님의 권위에 대한 반역, 탐욕으로 나타난다. 그 결과 하나님의 심판이 그들을 기다린다.

그리스도인의 삶

신자들은 "예수 그리스도를 위하여 지키심을"(1절) 받지만, 하나님의 사랑 안에서 자신을 지켜야 한다. 그들은 믿음 위에 자신을 세우며, 성령으로 기도하며, 마지막 날 임할 그리스도의 긍휼을 기다림으로써 그렇게 한다. 그러는 동안 신자들은 그들을 넘어지지 않게 보호하시는 하나님의 능력을 확신하며, 주변에 있는 이들에게 긍휼을 베푼다.

성경 다른 본문 및 그리스도와 관련성

유다는 십자가와 새 창조 세계 사이에 사는 신자들이 복음 진리 안에서 끝까지 견뎌야 한다고 상기시킨다. 성경에 나오는 이전의 사건들은, 마지막 날 주 앞에 서기를 기다리는 신자들을 가르치는 예표다.

유다서 설교

모든 세대의 그리스도인이 복음 진리를 위해 싸우고 거짓 교훈에 저항해야 한다. 유다서 설교는 자기 백성을 지키시는 하나님의 능력과 함께, 하나님의 사랑 안에서 자신을 지켜야 한다는 신자의 책임을 강조할 기회다. 유다는 또한 거짓 선생들과 그들의 영향을 받은 이들에게 어떻게 대응해야 할지에 대해 신자들을 가르친다.

해석상 과제

가장 분명한 과제는 유다가 성경에 나오지 않는 유대 전승을 사용한다는 것이다. 그는 에녹1서(유 6절, 14-15절)에서 자료를 가져왔으며, 아마도 모세 승천기(*Assumption of Moses*, 유 9절)에서도 가져왔을 것이다. 이는 유다가 이런 작품들을 성경으로 간주했다는 뜻이 아니다. 바울도 세속적인 예언자들의 말을 인용하는데, 이는 그 인용하는 말이 사실이기 때문이지 그 작품이 성경이어서가 아니다(행 17:28; 딛 1:12). 마찬가지로 유다도 이러한 특정 사례에 대해 그 글들이 진실을 말하기 때문에 그런 글들을 사용한다. 유다는 절대 이 글들을 '성경'[그라페(*graphē*)]이라 지칭하지도 않고, "기록되었으되"
와 같은 인용 공식으로 소개하지도 않는다. 구약 정경은 기본적으로 주후
1세기에 정해졌으므로, 이러한 유대 문헌 중 어느 것도 정경으로 받아들여
지지 않았다.[9] 유다는 수신자들이 이미 그런 전승들을 알고 있었기 때문에
그것들을 인용한 것 같다.

개요[10]

Ⅰ. 인사(1-2절)

Ⅱ. 서신의 목적(3-4절)

Ⅲ. 거짓 선생들에 대한 묘사와 정죄(5-16절)

    A. 거짓 선생들은 정죄 받을 운명이다(5-10절)

    B. 거짓 선생들은 경건하지 않은 삶을 산다(11-13절)

    C. 거짓 선생들은 마지막 날 심판을 받는다(14-16절)

Ⅳ. 복음에 충실하라(17-23절)

    A. 사도의 경고를 기억하라(17-19절)

    B. 하나님의 사랑 안에서 자신을 지키라(20-21절)

    C. 곤경에 처한 이들에게 긍휼을 베풀라(22-23절)

Ⅴ. 송영(24-25절)

---

9   Roger T. Beckwith, *The Old Testament Canon of the New Testament Church and Its Background in Early Judaism* (Grand Rapids, MI: Eerdmans, 1986)을 보라.

10 Douglas J. Moo, *2 Peter, Jude*, NIVAC (Grand Rapids, MI: Zondervan, 1996), 29에서 각색.

¹ 예수 그리스도의 종이요 야고보의 형제인 유다는

부르심을 받은 자 곧 하나님 아버지 안에서 사랑을 얻고 예수 그리스

도를 위하여 지키심을 받은 자들에게 편지하노라 ² 긍휼과 평강과 사

랑이 너희에게 더욱 많을지어다

¹ Jude, a servant¹ of Jesus Christ and brother of James,

To those who are called, beloved in God the Father and kept for² Jesus

Christ:

² May mercy, peace, and love be multiplied to you.

¹ For the contextual rendering of the Greek word *doulos*, see ESV Preface ²Or *by*

≈≈≈≈≈ 단락 개관 ≈≈≈≈≈

유다는 고대 서신 작성자들의 관례를 따라, 자신을 저자로 밝히고 수신자들에 관해 묘사한다. 그다음 하나님이 그들에게 긍휼과 평강과 사랑을 크게 더하시기를 기원한다.

≈≈≈≈≈ 단락 개요 ≈≈≈≈≈

Ⅰ. 인사(1-2절)

≈≈≈≈≈ 주석 ≈≈≈≈≈

1절 유다는 두 사람과의 관계로 자신을 밝힌다. 첫 번째로, 그는 "예수 그리스도의 종"이다. "종"이라는 단어 둘로스(*doulos*)는 '노예'로도 번역할 수 있는데, 이는 한 사람이 다른 사람의 완벽한 권위와 통제 아래 있는 관계를 의미한다. 이 단어는 구속사 전체에서 모세, 여호수아, 다윗 그리고 궁극적으로 예수님과 같이, 하나님의 계획 가운데 핵심이 되는 지도자들을 가리키는 명칭으로 사용되었다. 두 번째로, 유다는 "야고보의 형제"다. 신약에서 몇몇 사람이 야고보라는 이름으로 불리지만, 이 사람은 아마 예수님의 형제이자, 그 이름으로 된 서신의 저자(약 1:1)이면서 예루살렘 교회의 지도자(행 15:12-21)였던 야고보를 가리킬 것이다. 따라서 유다 역시 예수님의 형제다.

수신자들은 세 가지 표현으로 묘사된다. 첫 번째로, 그들은 "부르심을 받은" 자다. 이는 하나님과의 구원받은 관계로 완전하게 들어갔다는 신자들의 지위를 가리킨다. 이 지위는 뒤따르는 두 어구로 더 구체적으로 묘사된다. 그들은 "하나님 아버지 안에서 사랑을 얻[은]" 자이다. 신자들은 전혀 그럴 만한 자격이 없지만, 성부께서 언약적 사랑을 베푸시는 대상이다. 또한 그들은 "예수 그리스도를 위하여 지키심을 받은" 자다. 하나님의 백성이 장래에 하나님의 모든 약속이 완성될 것을 기다리고 있을 때, 하나님은 현재에 적극적으로 그분의 백성을 지키신다. 이 두 번째와 세 번째 묘사에 사용된 완료 시제는 하나님 앞에서 신자들이 가지는 지위를 강조한다. 세 가지 묘사 모두 이사야의 종의 노래에서 가져온 것 같다(사 42:1-6; 49:1-8).[11] 만약 그렇다면, 이는 신자들이 약속된 하나님의 종말론적 백성이라는 표지일 것이다.

2절 유다는 수신자들에게 세 가지가 "더욱 많[기를]" 간절히 바란다. "긍휼"은 하나님이 우리가 받아 마땅한 것을 주시지 않는 것이다. 우리는 죄 때문에 하나님의 정죄를 받아 마땅하지만, 그리스도께서 우리를 위해 하신 일 때문에 그것을 피하게 해주신다(23절). "평강"은 하나님과의 적대적인 관계가 끝났음을 가리킨다. 우리는 한때 그분의 적이었지만, 이제 그분의 가족으로 입양되었다. 구약에서 평강은, 하나님이 그분의 약속을 완료하셨을 때 그 결과로 나타날 온전하고 완전한 상태를 가리킨다(사 32:15-18; 48:18; 52:7; 53:5; 54:10). "사랑"은 감정보다 더 큰 것이다. 성경적으로 말해서 사랑은 다른 사람의 궁극적인 선을 추구하려는 뜻에 열심을 내는 것이다(고전 13장).

---

11 Bauckham, *Jude, 2 Peter*, 25.

〰〰〰 응답 〰〰〰

유다가 긍휼과 평강과 사랑이 더욱 많기를 바란다는 사실은 두 가지를 시사한다. 첫 번째로, 그것은 신자들인 우리가 이미 그러한 것들을 어느 정도 경험했음을 보여준다. 두 번째로, 이는 우리가 하나님의 복을 경험하는 자리에 계속 머무르는 것으로 만족해서는 안 됨을 상기시킨다. 하나님이 아담과 하와를 불러 번성하여 땅에 충만하라고 하셨던 것처럼(창 1:28), 또한 초대 교회가 말씀 선포를 통해 그 수가 심히 많아졌던 것처럼(행 6:7), 하나님의 백성은 하나님의 선하심을 더 깊이 누리기를 추구해야 한다.

3 사랑하는 자들아 우리가 일반으로 받은 구원에 관하여 내가 너희에게 편지하려는 생각이 간절하던 차에 성도에게 단번에 주신 믿음의 도를 위하여 힘써 싸우라는 편지로 너희를 권하여야 할 필요를 느꼈노니 4 이는 가만히 들어온 사람 몇이 있음이라 그들은 옛적부터 이 판결을 받기로 미리 기록된 자니 경건하지 아니하여 우리 하나님의 은혜를 도리어 방탕한 것으로 바꾸고 홀로 하나이신 주재 곧 우리 주 예수 그리스도를 부인하는 자니라

3 Beloved, although I was very eager to write to you about our common salvation, I found it necessary to write appealing to you to contend for the faith that was once for all delivered to the saints. 4 For certain people have crept in unnoticed who long ago were designated for this condemnation, ungodly people, who pervert the grace of our God into sensuality and deny our only Master and Lord, Jesus Christ.

〰〰〰 단락 개관 〰〰〰

유다는 독자들과 그리스도 안에서 함께 누리는 구원에 초점을 맞춘 편지를 쓸 작정이었지만, 교회에 잠입한 거짓 선생들 때문에 주제를 바꿀 수밖에 없었다. 유다는 이러한 거짓 선생들을 염두에 두며 신자들에게 사도가 전한 복음에 충실하라고 요청한다.

〰〰〰 단락 개요 〰〰〰

Ⅱ. 서신의 목적(3-4절)

〰〰〰 주석 〰〰〰

3절 그들은 하나님의 "사랑"을 받는 자들, 즉 그리스도 안에서 하나님이 특별한 언약적 사랑을 베푸시는 대상이다. 그러므로 유다는 청중에게 "우리가 일반으로 받은 구원에 관하여 내가 너희에게 편지하려는 생각이 간절[했다]"고 말한다. 유다의 원래 계획은 그들이 그리스도 안에서 함께 누리는 구원에 초점을 맞춘 편지를 쓰려는 '것이었지만'("although", 개역개정은 "…하던 차에"), 상황이 변했다. 대신 유다는 "성도에게 단번에 주신 믿음의 도를 위하여 힘써 싸우라는 편지로 너희를 권하여야 할 필요를 느꼈[다]." 그 다음 절이 암시하듯이, 이 필요는 거짓 선생들의 존재 때문에 생겨났다. 그리스도의 종으로서 유다는 아무 조치도 취하지 않은 채 교회가 잘못된 방향으로 가는 것을 지켜만 보고 있을 수 없었다. 그래서 유다의 목적은 이 신자들에게 "권하[는]" 것이었다. '권하다'라는 동사 파라칼레오

(*parakaleō*)는 강력하게 권고한다는 의미를 전한다. 이 편지는 단지 유용한 조언이 아니라, 수신자들로 하여금 구체적인 행동을 취하게 하도록 유다를 통해 하나님이 주신 말씀이다.

그 행동은 "믿음의 도를 위해 힘써 싸우[는]" 것이다. '싸우다'라는 동사 에파고니조마이(*epagōnizomai*)는 운동 경기에서 유래되었다. 유대 문헌에서 이 단어는 "경건한 사람들이 이 세상에서 겪어야 하는 투쟁"[12]을 묘사한다. 신약에서 이 단어가 속하는 단어족은 그리스도인의 삶(고전 9:25; 빌 1:27-30; 딤전 6:12; 딤후 4:7)과 사역(골 1:29; 딤전 4:10)을 계속해 나가는 데 필요한 수고를 묘사한다. 유다의 독자들은 "성도에게 단번에 주신 믿음의 도"를 위해 싸워야 한다. 여기서 "믿음의 도"라는 단어는 믿는 내용을 가리킨다. 즉 복음 진리와 올바른 삶을 위한 지침들이다. 이 믿음은 "성도에게 단번에 주신" 것이었다. 이 표현은 예수 그리스도 안에서 그리고 그분을 통해 주어졌으며, 권위 있는 사도들에 의해 전해진 확고한 복음의 계시를 나타낸다(고전 11:23; 15:3; 히 1:1-4).

4절 독자들이 복음 진리를 위해 싸워야 하는 까닭은 "가만히 들어온 사람 몇이 있[었기]" 때문이다. 진짜 정체와 동기를 숨기는 첩자들처럼 거짓 선생들은 은밀하게 교회에 침투했다. 거짓 선생들은 교회 내에서 생겨났다기보다는 "교회의 경건한 구성원인 척하는 은밀하고 교활한" 떠돌이였을 것이다.[13] 유다는 이 거짓 선생들을 네 가지로 묘사한다.

첫 번째로, 그들은 "옛적부터 이 판결을 받기로 미리 기록된" 자다. 프로그라포(*prographō*)라는 동사가 ESV에는 '지정된'("designated")으로 번역되어 있는데, "미리 기록된"이 더 구체적인 의미를 전한다.[14] 헬라어 문헌에서 이는 "결혼 계약서나 매매 증서, 공고 등에서 공식 법령으로 제정한다

---

12 *TDNT*, 1:135; *4 Maccabees* 16:16; 17:13-14; Philo, *De agricultura* 111-118 참고.

13 Schreiner, *1, 2 Peter, Jude*, 436.

14 BDAG, s.v. προγράφω (1.b).

는 개념과 관련된다."[15] 뒤에 인용된 구약과 유대 저술들은 거짓 선생들에 대한 심판을 예언했다. 완료 시제는 그들의 영원한 '심판'을 강조하는 동시에, 하나님의 말씀의 변치 않는 권위를 강조할 수도 있다.

두 번째로, 그들은 "경건하지 아니[한]" 자들이다. 이 말은 하나님을 떠나는 쪽으로 향하는 삶을 나타낸다. 그들은 기본적으로 하나님이 아니라 자신과 자신의 이득을 바라보았다.

세 번째로, 그들은 "우리 하나님의 은혜를 도리어 방탕한 것으로 바꾸[었다]." '바꾸다'라는 동사 마타티테미(*metatithēmi*)는 어떤 것에서 한 가지를 다른 것으로 변화시키다, 그 본성을 변화시킨다는 의미를 가진다. 이것이 거짓 선생들이 "하나님의 은혜"로 한 짓이다. 그들은 사도의 메시지를 "방탕한 것"[아셀게이아(*aselgeia*)]에 탐닉하는 기회로 왜곡시켰다. '방탕한 것'이라는 단어는 "사회적으로 용인되는 모든 범주를 어기는 행위와 관련하여 자제력이 없는 것"을 가리킨다(벧후 2:2, 7, 18).[16] 이 단어는 종종 성적 어감을 갖기도 하므로(롬 13:13; 벧전 4:3), 이 부분이 소돔과 고모라 거주민들의 음란에 대한 언급을(유 7절) 고려하고 있음을 암시할 수도 있다.

네 번째로, 그들은 "홀로 하나이신 주재 곧 우리 주 예수 그리스도를 부인하는" 자들이다. 거짓 선생들은 방탕한 삶을 통해 그리스도의 정체성과 권위를 적극적으로 부인했다. "주재"와 "주"라는 두 호칭은 예수님의 완벽한 권위 및 그분을 구주로 고백하는 이들로부터 그분이 마땅히 받으셔야 할 수그러들지 않는(unflinching) 복종을 강조한다.

15 Green, *Jude and 2 Peter*, 58.

16 BDAG, s.v. ἀσέλγεια.

≋≋≋ 응답 ≋≋≋

하나님의 백성인 우리는 "성도에게 단번에 주신 믿음의 도를 위하여 싸[워야]" 한다는 사실을 끊임없이 기억해야 한다. 하나님은 우리로 하여금 복음에 충실하게 머물려는 마음을 계속해서 가지게 하시고자, 그분의 말씀을 주시고 그분의 백성과 사귀게 하셨다. 우리는 하나님으로부터 오는 새로운 계시가 필요하지 않다. 우리에게 필요한 것은, 하나님이 예수 그리스도를 통해 계시하셨고, 우리를 위해 성경에 기록된 사도의 증언을 통해 전해진 복음을 새롭게 이해하고 적용하는 것이다.

5 너희가 본래 모든 사실을 알고 있으나 내가 너희로 다시 생각나게 하고자 하노라 주께서 백성을 애굽에서 구원하여 내시고 후에 믿지 아니하는 자들을 멸하셨으며 6 또 자기 지위를 지키지 아니하고 자기 처소를 떠난 천사들을 큰 날의 심판까지 영원한 결박으로 흑암에 가두셨으며 7 소돔과 고모라와 그 이웃 도시들도 그들과 같은 행동으로 음란하며 다른 육체를 따라 가다가 영원한 불의 형벌을 받음으로 거울이 되었느니라

8 그러한데 꿈꾸는 이 사람들도 그와 같이 육체를 더럽히며 권위를 업신여기며 영광을 비방하는도다 9 천사장 미가엘이 모세의 시체에 관하여 마귀와 다투어 변론할 때에 감히 비방하는 판결을 내리지 못하고 다만 말하되 주께서 너를 꾸짖으시기를 원하노라 하였거늘 10 이 사람들은 무엇이든지 그 알지 못하는 것을 비방하는도다 또 그들은 이성 없는 짐승 같이 본능으로 아는 그것으로 멸망하느니라

5 Now I want to remind you, although you once fully knew it, that Jesus, who saved¹ a people out of the land of Egypt, afterward destroyed those who did not believe. 6 And the angels who did not stay

within their own position of authority, but left their proper dwelling, he has kept in eternal chains under gloomy darkness until the judgment of the great day— [7] just as Sodom and Gomorrah and the surrounding cities, which likewise indulged in sexual immorality and pursued unnatural desire,[2] serve as an example by undergoing a punishment of eternal fire.

[8] Yet in like manner these people also, relying on their dreams, defile the flesh, reject authority, and blaspheme the glorious ones. [9] But when the archangel Michael, contending with the devil, was disputing about the body of Moses, he did not presume to pronounce a blasphemous judgment, but said, "The Lord rebuke you." [10] But these people blaspheme all that they do not understand, and they are destroyed by all that they, like unreasoning animals, understand instinctively.

[11] 화 있을진저 이 사람들이여, 가인의 길에 행하였으며 삯을 위하여 발람의 어그러진 길로 몰려갔으며 고라의 패역을 따라 멸망을 받았도다 [12] 그들은 기탄없이 너희와 함께 먹으니 너희의 애찬에 암초요 자기 몸만 기르는 목자요 바람에 불려가는 물 없는 구름이요 죽고 또 죽어 뿌리까지 뽑힌 열매 없는 가을 나무요 [13] 자기 수치의 거품을 뿜는 바다의 거친 물결이요 영원히 예비된 캄캄한 흑암으로 돌아갈 유리하는 별들이라

[11] Woe to them! For they walked in the way of Cain and abandoned themselves for the sake of gain to Balaam's error and perished in Korah's rebellion. [12] These are hidden reefs[3] at your love feasts, as they feast with you without fear, shepherds feeding themselves; waterless clouds, swept along by winds; fruitless trees in late autumn, twice dead, uprooted; [13] wild waves of the sea, casting up the foam of their own

shame; wandering stars, for whom the gloom of utter darkness has been reserved forever.

14 아담의 칠대 손 에녹이 이 사람들에 대하여도 예언하여 이르되 보라 주께서 그 수만의 거룩한 자와 함께 임하셨나니 15 이는 뭇 사람을 심판하사 모든 경건하지 않은 자가 경건하지 않게 행한 모든 경건하지 않은 일과 또 경건하지 않은 죄인들이 주를 거슬러 한 모든 완악한 말로 말미암아 그들을 정죄하려 하심이라 하였느니라 16 이 사람들은 원망하는 자며 불만을 토하는 자며 그 정욕대로 행하는 자라 그 입으로 자랑하는 말을 하며 이익을 위하여 아첨하느니라

14 It was also about these that Enoch, the seventh from Adam, prophesied, saying, "Behold, the Lord comes with ten thousands of his holy ones, 15 to execute judgment on all and to convict all the ungodly of all their deeds of ungodliness that they have committed in such an ungodly way, and of all the harsh things that ungodly sinners have spoken against him." 16 These are grumblers, malcontents, following their own sinful desires; they are loud-mouthed boasters, showing favoritism to gain advantage.

1 Some manuscripts *although you fully knew it, that the Lord who once saved* 2 Greek *different flesh* 3 Or *are blemishes*

유다는 이 경건하지 않은 사람들의 심판이 오래 전에 기록되었다는 주장을 기초로(4절), 거짓 선생들에 대해 자세히 묘사한다. 그들은 하나님이 정하신 경계에서 벗어난, 구약과 유대 전승에 나온 이들처럼 심판을 받을 운명이다(5-10절). 그들은 경건하지 않은 삶으로 구약에 나오는 악명 높은 반역자들의 뒤를 따른다(11-13절). 그 결과로 하나님은 에녹이 예언한 대로 마지막 날에 그들을 심판하실 것이다(14-16절).

III. 거짓 선생들에 대한 묘사와 정죄(5-16절)

   A. 거짓 선생들은 정죄 받을 운명이다(5-10절)

   B. 거짓 선생들은 경건하지 않은 삶을 산다(11-13절)

   C. 거짓 선생들은 마지막 날 심판을 받는다(14-16절)

5절 유다는 신자들이 그들에게 주어진 믿음의 도를 위해 싸울 수 있도록, 하나님이 그분의 길에서 떠난 이들을 심판하신 세 가지 성경의 예를 상기시키면서 이 단락을 시작한다.[17] 유다는 그들에게 말하려는 바를 "너희가

---

17 Bauckham(*Jude, 2 Peter*, 46-47)은 유대 문헌의 다른 데서 이 세 가지 예시가 함께 나온다고 언급한다.

본래…알고 있으나"라고 인정한다. 보통 하나님의 백성에게 가장 필요한 것은 새로운 정보가 아니라 이미 아는 진리를 다시 생각하는 것이다. 첫 번째 예는 출애굽 사건이다. 유다는 "주께서[예수님이] 백성을 애굽에서 구원하여 내시고"라고 말한다. 신약 저자들은 종종 출애굽 사건을 신자들이 경험하는 구원의 예표로 언급한다(고전 10:1-22; 히 3:7-4:10). 유다는 독특하게도 이스라엘 자손을 구해 내신 이가 '예수님'(개역개정은 "주")이라고 구체적으로 밝힌다.[18]

예수님은 이스라엘 자손을 애굽에서 구원하셨지만, 그분은 "후에 믿지 아니하는 자들을 멸하셨[다]." 여기서 '멸하다'라는 동사 아폴레센(apōlesen)은 육체적인 죽음을 가리킨다. 이는 또한 영원한 멸망을 가리키는 이미지이기도 하다(유 11절). 멸망은 "믿지 아니하는 자들"에게 임했다. 유다가 이스라엘의 금송아지 사건을 염두에 두었을 수도 있지만(출 32-34장), 비슷한 동사가 쓰인 것을 통해 이스라엘이 약속의 땅에 들어가지 않으려 했던 일을 고려했음을 알 수 있다(민 13:1-14:12).[19] 이스라엘이 약속의 땅에 들어가지 않으려 하며 불신앙으로 반역했기 때문에, 하나님은 그 이스라엘 세대 사람들이 죽을 때까지 광야에서 40년 동안 방황하게 하는 판결을 내리셨다(민 14:20-38). 유다의 요지는 분명하다. 애굽에서 구원받은 이들이 결국 여호와(주)와 그분의 약속을 끝까지 믿지 못했기 때문에 심판을 받았다는 것이다. 이 사건들은 하나님의 백성으로서 어떻게 살아야 하는지와 관련하여 신자들을 가르치는 예표다.

6절 두 번째 성경의 예는 "자기 지위를 지키지 아니하고 자기 처소를 떠난" 천사들이다. 유다는 '하나님의 아들들'이 '사람의 딸들'을 아내로 삼은 창세기 6:1-4을 참조했지만, 그 이야기를 유대 전승(아마도 에녹1서 6-21장)

---

18 다수의 사본이 "예수님" 대신 "주님"으로 되어 있다. 전반적으로 보아 원문이 "예수님"이라는 더 강력한 논거가 제시될 수 있다. 참고. Green, *Jude and 2 Peter*, 64-65.

19 Schreiner, *1, 2 Peter, Jude*, 446.

을 통해 해석한다(참고. 벧후 2:4 주석). 그들의 죄는 "자기 지위를 지키지" 않은 것이었다. 성경은 천사들의 구체적인 통치 영역을 자세히 설명하지 않지만, 몇몇 천사는 특정한 역할을 맡았음을 암시한다(단 10:18-21; 눅 1:18-38). 더 나아가 유다는 이 천사들이 "자기 처소를 떠[났다]"고 설명한다. 이 동사 아폴레이포(*apoleipō*)는 떠나는 행동이 최종적이라는 의미를 전달한다.[20] 이 천사들은 그들이 섬기는 자리에 그대로 있지 않고, 음란을 행하려고 하나님이 정하신 경계를 넘었다.

천사들이 자신의 고유 영역에서 떠났기 때문에 하나님이 그들을 "큰 날의 심판까지 영원한 결박으로 흑암에 가두셨[다]." 천사들이 자기 지위를 지키지[테레오(*tēreō*)] 못했기 때문에, 하나님이 마지막 날까지 영원한 결박으로 그들을 "가두셨[다]"(테레오). 완료 시제는 이 천사들의 현재 상태를 강조한다. "영원한 결박"은 이 반역한 천사들이 절대 투옥에서 벗어나지 못함을 확실히 하고, "흑암"은 그들의 끔찍한 상태를 나타낸다. 이 마지막 표현은 그리스 문헌의 다른 데서 지하 세계의 칠흑 같은 어둠을 묘사하는 데 사용된다.[21] 그 지하 세계에서 그들은 "큰 날의 심판까지" 그대로 있다. 이러한 정확한 표현은 드문 것이지만, 그 개념은 아주 흔하다. 요한계시록 20:7-10에서 마귀와 그 부하들은 불과 유황 못에 던져져 세세토록 밤낮 괴로움을 받게 된다. 특권적인 지위도 죄에 대한 하나님의 심판에서 그 사람을 보호하지 못한다.[22]

7절 하나님의 길에서 떠난 이들에게 임하는 하나님의 심판에 관한 세 번째 성경의 예는 "소돔과 고모라와 그 이웃 도시들"이다. 창세기 18-19장이 그 유명한 이야기를 기록한다(참고. 벧후 2:6-8 주석). 이 도시들의 주민은 "음란하며 다른 육체를 따라" 갔다. 첫 번째 표현은 동사 에크포르뉴오

---

20 BDAG, s.v. ἀπολείπω (3).

21 LSJ, s.v. ζόφος.

22 Green, *Jude and 2 Peter*, 68.

(*ekporneuō*)를 번역한 것이다. 이 단어는 70인역에서 창녀처럼 행동하는 것을 가리키는데(창 38:24; 호 1:2; 2:7), 금지된 성행위를 나타내는 일반적인 의미를 가질 수도 있다(민 25:1; 신 22:21). 창녀처럼 행동하는 이 이미지는 주로 우상숭배를 묘사하는 데 사용된다(출 34:13-16; 겔 16장). 두 번째 표현인 "다른 육체를 따라가다"는 문자적인 번역이며(ESV는 "pursued unnatural desire", 비정상적인 욕정에 빠지다라고 의역), 여기서 말하는 음란이 동성애 및 다른 형태의 일탈적인 성행위를 포함하고 있음을(그러나 거기에 국한되지는 않음을) 확인해 준다(롬 1:26-27).

그들의 음란 때문에 이 도성들이 "영원한 불의 형벌을 받음으로 거울이 되었[다]." 유다의 표현은 모든 사람이 이 예를 볼 수 있었음을 명확히 해준다.[23] "거울"(ESV는 "example")에 해당하는 단어 데이그마(*deigma*)는, 어떤 사건이나 사람이나 상황이 그 자체를 넘어 더 큰 실재를 가리키는 것을 묘사하는 데 사용된 단어족에 속해 있다(요 13:15; 약 5:10; 벧후 2:6). 이 도시들은 "영원한 불의 형벌을 받음으로" 공공연한 사례가 되었다. 창세기 19:24을 이렇게 요약하며, 그는 그 요약을 통해 복음에서 떠난 이들을 기다리는 "영원한 불"의 이미지를 본다.

8절 유다는 이제 독자들을 위협하는 거짓 선생들과 5-7절에서 언급한 예들을 확실하게 연결시킨다. 이 거짓 선생들은 세 가지를 한다. 첫 번째로, 그들은 "육체를 더럽[힌다]." 더럽힌다[미아이노(*miainō*)]는 것은 무언가를 얼룩지게 하는 것이지만, 이 단어는 "부도덕한 행동으로 순결함을 훼손하는 것"[24]으로 그 의미가 확장되었다. 70인역에서 이 동사는 때로 성적인 의미를 가지는데(창 34:5; 민 5:14; 욥 31:11), 에녹1서 7:1에서는 명확히 그런 의미를 가진다. 에녹1서에서 이 단어는 인간 아내들을 취한 타락한 천사들

---

23 BDAG, s.v. πρόκειμαι (1).

24 BDAG, s.v. μιαίνω (2).

의 행동을 묘사한다. 거짓 선생들은 성령의 열매를 드러내기보다는 "육체"의 일을 행했다(갈 5:19-23).

두 번째로, 거짓 선생들은 "권위를 업신여[겼다]." 다른 데서는 "권위"[퀴리오테스(*kyriotēs*)]가 영적 존재를 가리키지만(엡 1:21; 골 1:16), 여기서는 부활하신 주 예수님이 행사하시는 신적 권위를 가리킨다고 여겨진다.[25] 거짓 선생들은 죄악된 방식을 따라 삶으로써, 모든 창조 세계에 대한 주 예수 그리스도의 합당한 통치를 거부한다.

세 번째로, 그들은 "영광을 비방[했다]." 이 문맥에서 비방은 더 일반적인 의미인 '모욕적인 중상모략'을 가리킨다. 이곳에서 "영광"(glorious ones)은 천사를 가리키는데, 그렇게 불리는 이유는 천사들이 빛나고 영광스러운 외모를 가졌기 때문이다. 유다가 무엇을 의도했는지는 명확하지 않다. 거짓 선생들이 율법을 전달하는 데 관여하는 선한 천사들을 비방했을 수도 있고,[26] 악한 천사들과 그들의 힘을 무시하듯 말했을 수도 있다.[27] 최종 결정은 어렵지만, 어느 쪽이든 거짓 선생들의 그 행동은 천사장 미가엘의 행동(유 9절)과 극명하게 대비된다.

그들은 '꿈에 의지하여'(개역개정은 "꿈꾸는") 이런 일들을 했다. 하나님은 거짓 예언자들이 꿈을 이용하여 그분의 백성을 호도할 것이라고 경고하셨는데(신 13:1-5), 이는 이스라엘 역사에서 사실로 입증되었다(슥 10:2). 거짓 선생들은 예레미야 시대의 거짓 예언자들과 흡사하다. 그 거짓 예언자들은 음란을 행하고 그들이 꿈이라 주장한 것을 근거로 하나님의 권위를 거부했다(렘 23:9-40).

9절 유다는 거짓 선생들이 오만한 비방으로 보인 어리석은 행동을 유대 전승을 사용해 설명한다. "천사장 미가엘"은 이스라엘을 다스리는 천사

---

25 BDAG, s.v. κυριότης (2).

26 Bauckham, *Jude, 2 Peter*, 58-61.

27 Moo, *2 Peter, Jude*, 245-247.

장으로(단 10:21; 12:1), 이스라엘의 대적들과 싸우는 영적 전투를 이끈다(단 10:13; 계 12:7). 유대 문헌은 미가엘과 관련된 수많은 전승을 기록하는데,[28] 그중에 그가 "모세의 시체에 관하여 마귀와 다투어 변론[한]" 사건이 있다. 신명기 34:1-12은 모세의 죽음을 기록하지만, 이곳에 묘사된 사건에 대해서는 아무것도 말하지 않는다. 유대 전승에 따르면, 마귀는 모세가 살인자였으므로 그의 시체는 자기 것이라고 주장하며, 모세의 시체를 두고 미가엘과 변론했다.[29] 이에 대해 미가엘은 "감히 비방하는 판결을 내리지 못[했다]." 다시 말해 그는 주제넘게 자신이 권한을 쥐지 않고 그저 "주께서 너를 꾸짖으시기를 원하노라"라고 말하여 주님의 권위에 호소했다. 이 구절은 스가랴 3:2에서 가져온 것이다. 그곳에서 여호와는 대제사장 여호수아에 대해 고소를 제기한 사탄을 책망하신다. 유다는 미가엘이 마귀에게 비방하는 고소로 맞서는 대신에 그런 말을 했다고 주장한다. 요지는 그러한 고소가 사실이 아니었다는 것이 아니라, 오히려 미가엘이 고소할 권한을 쥐지 않았다는 것이다.

미가엘과 달리 거짓 선생들은 자신들에게 천사를 비방하고 심판할 권위가 있다고 생각했다. 천사장 미가엘만큼 강력하고 거룩한 이가 명백하게 올바른 고소를 하려 하지 않았다면, 한낱 인간은 거의 이해할 수 없는 천사에 대해서 얼마나 더 판단을 자제해야 하겠는가?

10절 유다는 이제 두 가지 측면에서 미가엘과 거짓 선생들을 확실하게 대조한다. 첫 번째로, 거짓 선생들은 "무엇이든지 그 알지 못하는 것을 비방[한다]." 다시 등장한 이 "비방"은 '중상모략'이나 '매도' 같은 더 일반적인 의미로 보인다. "무엇이든지 그 알지 못하는 것"이라는 표현은 최소한 천사를 가리키는 것이지만("영광", 8절), 아마도 더 넓게는 그들 이외의 영적

28 Green, *Jude and 2 Peter*, 81-82을 보라.
29 이 유대 전승의 출처와 재구성에 대해서는 Bauckham, *Jude, 2 Peter*, 65-76을 보라.

인 실체들까지도 가리킬 것이다. 거짓 선생들은 분명 "성도에게 단번에 주신 민음의 도"(3절) 또는 하나님의 심판이 그 민음에서 떠난 이들에게 임한다는 사실을 이해하지 못한다(5-7절).

두 번째로, 거짓 선생들은 "이성 없는 짐승같이 본능으로 아는 그것으로 멸망[한다]." '멸망하다'로 번역된 동사 프테이로(*phtheirō*)는, 부도덕한 행실을 보인 거짓 선생들의 타락을 가리킬 수도 있고(엡 4:22; 계 19:2), 마지막 날 그들을 기다리는 영원한 심판을 가리킬 수도 있다(고전 3:17). 두 가지 의미가 다 어울리지만, 여기서는 첫 번째 의미가 더 적절한 듯하다. 그들을 멸망하게 한 수단은 "본능으로 아는 그것"이다. '본능으로'라는 부사 퓌시코스(*physikōs*)는 거짓 선생들의 부도덕한 행동이 그들의 타락에서 비롯됨을 강조한다. 그들은 타락한 본능의 지배를 받기 때문에, 본능이 아닌 다른 것에 근거하여 행동할 수 없는 "이성 없는 짐승" 같다.

11절　유다는 이제 거짓 선생들의 세 가지 행동에 근거하여 이들에게 예언자의 "화 있을진저"를 선언한다. 그 세 가지는 모두 구약에 나오는 유명한 사건들을 기반으로 한다. 첫 번째로, 그들은 "가인의 길에 행하였[다]." '행하다'라는 표현은 성경에서 어떤 사람의 생활방식을 나타내는 일반적인 은유다(시 1:1-2; 엡 2:10; 4:1). 아담과 하와의 장자 가인은 여호와께서 그의 제물은 거부하시고 아벨의 제물은 받으시자 동생 아벨을 죽였다(창 4:1-8). 하나님은 가인을 도망자로 만드심으로써 그를 벌하셨고, 가인은 결국 놋 땅에 정착했다(창 4:9-16). 유대 문헌은 가인의 배반을 제대로 기억하여 탐욕, 폭력, 욕정 그리고 사람들을 악으로 이끈 것을 그의 책임으로 돌리는데, 아마도 이 마지막 원인이 유다서와 가장 관련이 있을 것이다.[30] 신약에서 가인은 의로운 아벨을 죽인 자로 기억되고(히 11:4), 살인을 낳은 미움의 실례로 제시된다(요일 3:12). 그러므로 유다가 가인의 악함을 일반적으로 언

30　같은 책, 79-80. Jubilees 4:31; *Testament of Benjamin* 7:1-5; *Apocalypse of Abraham* 24:3-5; *Apocalypse of Moses* 2:1-4; 3:1-3; 40:4-5; *1 Enoch* 22:7을 보라.

급하고 있지만,[31] 유다가 유대 전승에 익숙하다는 사실에 비추어볼 때 가인을 교회를 괴롭히는 거짓 선생들의 예표로 보는 것 같다.

두 번째로, 거짓 선생들은 "삯을 위하여 발람의 어그러진 길로 몰려갔[다]." 이는 그저 잠시 실수한 것이 아니다. 거짓 선생들은 탐심에 완전히 굴복했다. 발람은 이스라엘을 저주하는 대가로 모압 왕 발락에게 돈을 받은 예언자였다(민 22-24장, 참고. 벧후 2:15-16 주석).

세 번째로, 그들은 "고라의 패역을 따라 멸망을 받았[다]."[32] 이곳에서 "패역"에 사용된 헬라어 단어 안틸로기아(antilogia)는 고라의 경우처럼 반역에 강력한 언어적 요소가 있었음을 암시한다.[33] 고라는 이스라엘을 다스리던 모세와 아론의 지도력에 반기를 들었다. 그는 모세와 아론이 스스로를 백성들 위에 높였으며, 이스라엘에게 그들을 호화로운 땅으로 데리고 간다는 거짓말을 했다고 고발했다(민 16장). 여호와는 고라와 그를 따르는 자들은 물론 하나님의 심판에 대해 투덜댄 이들을 심판하셨다. 유대 전승에서 고라는 "반율법주의(antinomian) 이단의 전형적인 실례가 되었다."[34] 고라는 하나님이 정하신 지도력에 반역했기 때문에, 유다는 거짓 선생들이 교회의 지도력을 약화시키고 있음을 나타내는 것일 수 있다. 어떤 경우든 그들은 고라와 동일한 운명, 곧 멸망을 맞을 것이다.

12-13절 유다는 이제 여섯 가지 생생한 이미지로 거짓 선생들을 묘사하는데, 두 번째 것 외에는 모두 자연에서 가져온 것이다. 첫 번째로, 그들은 "기탄없이 너희와 함께 먹으니 너희의 애찬에 암초"다. 그들의 반역은 암초처럼 표면 아래 있어서, 의심하지 않는 이들을 무너뜨린다. 거짓 선생들

---

31 Schreiner, *1, 2 Peter, Jude*, 463.

32 유다는 연대순과 상관없이 고라 사건을 마지막에 배치함으로써 이 사건에 특별히 중요성을 부여한다. 아마도 그 교회 상황과의 관련성 때문으로 보인다. 참고. Schreiner, *1, 2 Peter, Jude*, 464.

33 BDAG, s.v. ἀντιλογία (2).

34 Bauckham, *Jude, 2 Peter*, 83.

은 "애찬", 즉 주의 만찬을 기념하는 온전한 식사에서 신자들과 함께 마음껏 먹는다(고전 11:17-34).[35] 그들은 그들의 죄악된 삶이나 다른 사람들에게 불러올 멸망에는 전혀 관심을 보이지 않고 "기탄없이" 그렇게 한다.

두 번째로, 그들은 "자기 몸만 기르는 목자"다. 목자는 구약에서 지도자를 가리키는 일반적인 은유다. 하나님이 맺으신 언약으로 말미암아 다윗은 하나님의 백성을 다스릴 미래의 목자-왕의 전형적인 예가 되었다(겔 34:23-24). 양을 위해 목숨을 내놓는 선한 목자이신 예수님이 그 소망을 성취하시고(요 10:11), 목회자들을 그분의 권위 아래 하나님의 백성을 돌보는 부목자로 정하신다(벧전 5:1-5). 그러나 유다가 비난하는 목자는 하나님의 백성을 보호하고 먹이는 대신, 자신의 이익을 위해 양들을 착취하는 데만 관심이 있다(겔 34:1-8).

세 번째로, 거짓 선생들은 "바람에 불려가는 물 없는 구름"이다. 성경에서 구름은 일반적으로 하나님의 임재를 상징하지만(출 13:21-22; 눅 9:34-36), 여기서는 거짓 선생들을 묘사한다. 그들은 비를 품은 것처럼 보이지만 실상은 그렇지 않은 구름과 같다. "물 없는"에 해당하는 단어 아뉘드로스(anydros)는 70인역에서 보통 광야를 말하는데, 경우에 따라서 하나님이 가져오신다고 약속하시는 새 창조 세계와 대조되어 사용된다(사 35:7; 41:19; 43:19-20; 44:3). 또 이곳의 표현은 잠언 25:14과도 관련이 있다. "선물한다고 거짓 자랑하는 자는 비 없는 구름과 바람 같으니라." 거짓 선생들은 복음이라는 생명수에 담긴 생명을 제공하는 자양분이 없으므로, 개인적인 변덕과 교리적인 혼란으로 인해 정처 없이 흩날린다.

네 번째로, 그들은 "죽고 또 죽어 뿌리까지 뽑힌 열매 없는 가을 나무"다. 성경은 종종 하나님의 백성을, 그분이 열매를 맺게 하려고 심으신 나무/식물/포도나무로 묘사한다(사 5:1-7; 요 15:1-11). 예수님은 양의 탈을 쓴 늑대였던 거짓 예언자들에게 경고하시며, 그들이 맺는 열매로 그들을 알

---

35 거짓 선생들은 그리스-로마의 연회에 가듯 애찬에 참여했을 것이다. 참고. Green, *Jude and 2 Peter*, 93-95.

수 있다고 하셨다(마 7:15-20). 하나님은 새로운 창조 세계에서 그분의 백성 안에 열매를 맺으시겠다고 약속하셨다(사 65:21; 갈 5:22-23). 늦은 가을에 나무는 열매를 맺으리라 기대되지만, 이 거짓 선생들은 그렇지 않다. 대신 그들은 "죽고 또 죽[는다]." 이 문맥에서 이는 둘째 사망(계 21:8)을 가리키는 것일 수도 있고, 단지 "뿌리까지 뽑힌"이라는 이어지는 묘사를 미리 가리키는 것일 수도 있다. 후자가 옳다면, 요지는 그 나무가 이미 죽었는데 뿌리까지 뽑혀서 두 번 죽었다는 것이다. 비가 부족하고, 열매를 맺지 못하고, 정해진 궤도를 가지 못하는 별들(아래의 여섯 번째 요지를 보라)이 언급되었다는 것은 유다가 에녹1서 80:2-6의 표현에서 차용했음을 암시한다.

다섯 번째로, 그들은 "자기 수치의 거품을 뿜는 바다의 거친 물결"이다. "거친 물결"이라는 표현은 거짓 선생들의 변덕과 제어되지 않는 비도덕적 행위를 묘사한다. 아마도 유다는 이사야 57:20에서 "자기 수치의 거품을 뿜는"이라는 표현을 차용했을 것이다. 이사야서의 그 구절은 악한 자가 "그 물이 진흙과 더러운 것을 늘 솟구쳐 내는 요동하는 바다" 같다고 말한다. 물결이 바다 바닥에서 오물들을 훑어 올리듯이, 거짓 선생들의 부도덕함이 대중 앞에 넘쳐흐른다.

여섯 번째로, 거짓 선생들은 "영원히 예비된 캄캄한 흑암으로 돌아갈 유리하는 별들"이다. 부활의 때에 성도들이 별처럼 빛날 것과는 달리(단 12:3), 거짓 선생들은 자기의 본 영역을 떠났으므로 심판을 받아 마땅하다. 그들은 "캄캄한 흑암"이 "영원히 예비된" 자들이다. "흑암"[조포스(*zophos*)]에 대해서는 유다서 6절 주석을 보라. 이 끔찍한 운명이 영원히 준비되어 있다. 이 일은 반드시 일어날 것이다. 신자들이 "그리스도를 위하여 지키심"(1절)을 받고 "하나님의 사랑 안에서 자신을 지키[듯이]"(21절), 하나님의 대적들에게는 영원한 심판이 준비되어 있다.

14-15절 유다는 이제 이 거짓 선생들을 구약의 또 다른 인물, 곧 "아담의 칠대 손 에녹"(창 5:18-24)과 연결시킨다. 아주 긴 계보에서(창 5:1-32) 에녹은 분명 죽지 않은 유일한 사람으로 부각된다(창 5:24). 에녹이 구약에서 다

른 한 군데서만 더 언급됨에도(대상 1:3), 유대 문헌은 그에 대해 수많은 추측을 덧붙여 그를 하늘의 환상과 계시를 받은 자이자 그의 이름으로 된 일련의 책들을 기록한 이로 여기게 되었다.

유다는 에녹이 거짓 선생들을 기다리는 마지막 심판에 대해 "예언"했다고 주장한다. "보라 주께서 그 수만의 거룩한 자와 함께 임하셨나니." 유다가 인용한 부분은 에녹1서 1:9이지만,[36] 유사한 표현이 몇몇 구약 본문에 나온다. 신명기 33:2은 하나님이 시내 산에서 "일만 성도" 가운데 나타나셨다고 말한다. 이와 유사하게 다니엘 7:10은 "그 앞에서 모셔 선 자는 만만이며"라고 하며 하나님의 보좌 주변에서 이뤄지는 심판 장면을 묘사한다. 이 이미지는 하나님을, 정의를 실행하시기 위해 천군을 이끄시는 전사이신 하나님으로 묘사한다. 유다서 14절에 나오는 "거룩한 자"는 신명기 33:2의 표현에 근거할 때 천사들일 수도 있지만, 신명기 33:3에서 "성도(거룩한 자)"가 "[그분의] 백성"과 병행을 이루는 것으로 보인다. 어느 쪽이든 결정은 쉽지 않다.

주께서 두 가지 목적을 가지고 거룩한 자와 함께 임하신다. 첫 번째로, 그분은 "뭇 사람을 심판"하기 위해 임하신다. 이 어구는 문자적으로는 '정의를 행하다'이며, 전형적인 셈어 표현이다(렘 7:5; 22:3; 요 5:27). 이는 마지막 날에 있을 전 세계적인 심판을 가리킨다. 두 번째로, 그분은 "모든 경건하지 않은 자가 경건하지 않게 행한 모든…일…로 말미암아 그들을 정죄하려[고]" 임하신다. 정죄하다에 해당하는 동사 엘렝코(elenchō)는 무언가를 폭로한다는 의미를 가질 수 있는데, 이곳에서는 "어떤 사람으로 하여금 범법 행위를 깨닫는 지점까지 이르게 하다"[37]라는 더 강력한 의미를 가진다. 이 의미에는 대개 강력한 사법적인 측면이 포함된다(렘 2:19; 호 5:9; 요 16:8-11). 그렇게 정죄 받은 이들은 "경건하지 않은 자"[아세베스(asebēs)]인데, 이

---

36 유다의 에녹1서 사용에 대해서는 서론의 '해석상 과제'를 보라.

37 BDAG, s.v. ἐλέγχω (2).

단어는 그들이 근본적으로 하나님에게서 돌아선 방향에 있음을 강조한다.

경건하지 않은 자는 두 가지 때문에 정죄 받는다. 첫 번째로, 그들은 "경건하지 않은 일"로 정죄 받는다. 더 나아가 유다는 이런 행동을 "경건하지 않게 행한" 것으로 묘사한다. 그들이 한 일은 발단부터 실행을 거쳐 결과에 이르기까지 경건하지 않음에 푹 젖어 있다. 두 번째로, 그들은 "경건하지 않은 죄인들이 주를 거슬러 한 모든 완악한 말로" 말미암아 정죄 받는다. 여기서는 특히 경건하지 않은 자들의 말에 초점을 맞춘다. 이 말은 그들이 하나님과 그분의 길을 비방하는 데 사용한 말이다. 이 마지막 표현은 특히 유다가 맞서고 있던 거짓 선생들에게 적절하다. 그들은 이해하지 못하는 것을 다 비방한다(10절).

16절 유다는 이제 거짓 선생들에 대해 다섯 가지를 더 묘사한다. 첫 번째로, 그들은 "원망하는 자"[공귀스테스(*gongystēs*)]다. 이 단어는 주로 이스라엘이 광야에서 하나님께 원망한 일과 연관된 어군에서 나온 것이다(출 16:7-12; 고전 10:10). 유다가 투덜대거나 불평하는 사람이라는 포괄적인 개념에 더하여 이런 전통을 상기시키는 것일 수 있다. 두 번째로, 그들은 "불만을 토하는 자"[멤프시모이로스(*mempsimoiros*)], 자신의 신세에 대해 불평하는 자다. 이곳에서 멤프시모이로스는 "일탈적인 삶의 방식을 택한 다음 그것이 그들의 '불행한 운명'이라고 (빈정대는 투로?) 불평하는 사람을 풍자하는 말"[38]로 사용된다.

세 번째로, 그들은 '자기들의 욕심을 따라 사는 자'("following their own sinful desires"), 또는 좀 더 직설적으로 "그 정욕대로 행하는 자"다. 유다는 이들의 정욕과 가인을 연결시키기 위해 11절에 나오는 동사 포류오마이(*poreuomai*)를 다시 사용한다. 네 번째로, '그들은 입으로 허풍을 떤다'("they are loud-mouthed boasters") 또는 문자적으로 "그 입으로 자랑하는 말을 [한

---

[38] BDAG, s.v. μεμψίμοιρος.

다]." 자랑하는 자로 번역된 단어 휘페롱코스(*hyperonkos*)는 지나칠 정도로 크게 부풀리거나 부어오른 것을 가리킨다. 그들의 오만은 그들로 하여금 자랑을 통해 주제넘게 자신에게로 관심을 끄는 데까지 이르게 한다(벧후 2:18). 다섯 번째로, 그들은 "이익을 위하여 아첨[한다]", 또는 아마도 더 문자적으로 '이익을 위해 면전에서 경탄한다.' 면전에서 존경을 표하거나 경탄한다는 말은 일반적으로 편애를 은유적으로 표현한 것이다(참고. 롬 2:11). 이 거짓 선생들은 "생계를 유지하는 데 필요한 관대함을 베푸는 공동체의 구성원들이 마음에 들어할 만한"[39] 모습을 가지고자 했다.

≋≋≋≋   응답   ≋≋≋≋

유다서는 회심했다거나 교회에 소속되었다고 주장하지만 그리스도에 대한 진짜 믿음은 없는 이들에게 냉철한 경고를 발한다. 끈질기게 음란하고 탐욕을 품고 하나님의 지도자들에게 반역하여 그리스도의 권위를 부인하는 이들은 마지막 날에 정죄 받을 것을 예상해야 한다. 쾌락, 만족, 의미, 의의를 추구하며 자신의 죄악된 본능과 욕망에 이끌리는 이들은 확실한 정죄를 마주할 것이다.

그러나 하나님은 성경을 통해 우리에게 예표/모본을 주셔서 그리스도에 대한 믿음을 끝까지 견지하고 참된 복음을 굳게 붙들라고 경고하셨다. 죄악된 자신의 길을 따르려고 주님을 외면한 이들의 사례가 아주 많으므로, 우리는 주님께 동일한 죄악된 욕망이 도사리고 있는 우리 삶의 영역들을 들춰내 보여주시기를 간구해야 한다.

---

39 Bauckham, *Jude, 2 Peter*, 100.

Jude
유다서
17-23절

17 사랑하는 자들아 너희는 우리 주 예수 그리스도의 사도들이 미리 한 말을 기억하라 18 그들이 너희에게 말하기를 마지막 때에 자기의 경건하지 않은 정욕대로 행하며 조롱하는 자들이 있으리라 하였나니 19 이 사람들은 분열을 일으키는 자며 육에 속한 자며 성령이 없는 자 니라

17 But you must remember, beloved, the predictions of the apostles of our Lord Jesus Christ. 18 They¹ said to you, "In the last time there will be scoffers, following their own ungodly passions." 19 It is these who cause divisions, worldly people, devoid of the Spirit.

20 사랑하는 자들아 너희는 너희의 지극히 거룩한 믿음 위에 자신을 세우며 성령으로 기도하며 21 하나님의 사랑 안에서 자신을 지키며 영생에 이르도록 우리 주 예수 그리스도의 긍휼을 기다리라

20 But you, beloved, building yourselves up in your most holy faith and praying in the Holy Spirit, 21 keep yourselves in the love of God, waiting for the mercy of our Lord Jesus Christ that leads to eternal life.

²² 어떤 의심하는 자들을 긍휼히 여기라 ²³ 또 어떤 자를 불에서 끌어 내어 구원하라 또 어떤 자를 그 육체로 더럽힌 옷까지도 미워하되 두려움으로 긍휼히 여기라

²² And have mercy on those who doubt; ²³ save others by snatching them out of the fire; to others show mercy with fear, hating even the garment² stained by the flesh..

¹ Or *Christ, because they* ² Greek *chiton*, a long garment worn under the cloak next to the skin

≋≋≋≋ 단락 개관 ≋≋≋≋

거짓 선생들에 대한 책망을 마무리한 유다는, 이제 3-5절의 주제로 돌아가서 믿음의 도를 위해 싸우는 것이 무슨 의미인지를 설명한다.[40] 그는 다섯 가지 명령을 하는데, 이는 크게 세 가지 범주로 나뉜다.[41] 첫 번째로, 독자들은 사도의 경고를 기억해야 한다(17-19절). 두 번째로, 하나님의 사랑 안에서 자신을 지켜야 한다(20-21절). 마지막으로, 곤경에 처한 이들에게 긍휼을 베풀어야 한다(22-23절).

40   Davids, *Letters of 2 Peter and Jude*, 84-85.

41   Moo, *2 Peter, Jude*, 280.

42   J. P. Louw and Eugene Nida, *Greek-English Lexicon of the New Testament: Based on Semantic Domains* (New York: United Bible Societies, 1989), s.v. ἐμπαίκτης (§33.407).

단락 개요

Ⅳ. 복음에 충실하라(17-23절)

A. 사도의 경고를 기억하라(17-19절)

B. 하나님의 사랑 안에서 자신을 지키라(20-21절)

C. 곤경에 처한 이들에게 긍휼을 베풀라(22-23절)

주석

17-18절 유다는 주로 거짓 선생들이 어떤 모습인지에 초점을 맞춘 후에, 이제 독자들이 이러한 위협에 어떻게 대응해야 하는지를 설명하는 데로 옮겨간다. 그들은 하나님이 "사랑하는" 자들로서 "우리 주 예수 그리스도의 사도들이 미리 한 말을 기억[해야]" 한다. 구약은 하나님의 백성에게 거듭 기억하라고 명하는데(신 5:15; 7:18; 8:2; 24:9), 신약도 동일하게 명령한다(엡 2:11; 딤후 2:8). 유다가 염두에 둔 말은 단순한 '예고'에 그치지 않는다. 직역하면, 그 말은 "사도들이 미리 한 말"이다. 그러한 말을 기억해야 하는 까닭은, 그 말이 "우리 주 예수 그리스도의 사도들"에게서 나왔기 때문이다. 사도들은 예수님의 삶과 가르침에 대한 권위 있는 증인들이었고, 복음을 널리 알리도록 그리스도께로부터 직접 위임받았다. 그들은 말로써 그리고 결국 신약이 된 글을 통해 그 복음을 전했다.

사도들은 "마지막 때에…조롱하는 자들이 있으리라"라고 경고했다. "마지막 때"라는 어구는 그리스도의 첫 강림에서부터 재림까지 이어지는 전체 기간을 가리킨다. "조롱하는 자들"이라는 모멸적인 어구는, 자기를 과신하는 오만함에서 비롯된 무시하는 태도로 비웃음으로써[42] 희롱하는 이들을 가리킨다. 조롱하는 자들인 그들은 "자기의 경건하지 않은 정욕대로" 행하고 있다. 유다는 그 예언과 거짓 선생들을 연결시키기 위해, 사도들의 경고(18절)에 에녹1서 인용문에 나오는 표현(15절)을 반영한다.

19절   조롱하는 자들에 대한 언급으로부터 거짓 선생들을 묘사하는 또 다른 목록이 이어진다. 첫 번째로, 그들은 "분열을 일으키는 자"다. 그들은 거짓 교훈과 부도덕한 생활방식으로 교회를 분열시키고 불안감을 조성한다. 두 번째로, 그들은 "육에 속한 자"다. '육에 속한'이라는 형용사 프쉬키코스(*psychikos*)는 굉장히 넓은 의미를 가지는데, 이곳에서는 영적인 것을 "중심되는 특성으로 가지는 자들이 경험하는 영역과 대비되는, 자연적인 세상 및 그곳에 속한 모든 것에 관한 삶"[43]을 가리킨다. "육에 속한[다]"는 것은, 그 삶이 이 타락한 세상의 가치관을 지향하고 그 가치관의 영향을 받는 것이다(약 3:15). 세 번째로, 거짓 선생들은 "성령이 없는 자"다. 그들은 그리스도를 안다고 주장하지만, 그들의 삶은 하나님의 영이 그들 안에 거하지 않음을 보여준다. 성령의 내주는 종말론적 하나님의 백성이 가지는 본질적인 특징이다(갈 3:1-5; 엡 1:13-14).

20-21절   유다는 이미 독자들에게 사도의 가르침을 기억하라고 요청했다(17-18절). 이제는 거짓 선생들을 대하기 위한 더 적극적인 지침을 준다. 그는 독자들에게 "예수 그리스도를 위하여 지키심을 받은"(1절) 자들로서 "하나님의 사랑 안에서 자신을 지키[라]"고 권면한다. 유다가 품은 뜻이 신자들을 향한 하나님의 사랑인지, 아니면 하나님을 향한 신자들의 사랑인지는 분명하지 않다. 유다서에는 두 개념이 다 있지만, 신자들을 향한 하나님의 사랑이 더 나은 해석으로 보인다(참고. 요 15:9-10; 요일 4:16).
　　신자들은 세 가지를 함으로써 하나님의 사랑 안에서 자신을 지킨다. 첫 번째 방법은 "너희의 지극히 거룩한 믿음 위에 자신을 세우며"이다. 세

43　BDAG, s.v. ψυχικός (b.β).

우다라는 동사 에포이코도메오(*epoikodomeō*)는 "이미 세워진 무언가 위에 무언가를 세우는 것"[44]을 뜻한다. 신자들은 "그 안에 뿌리를 박으며 세움을 받아…믿음에 굳게 서[야]"(골 2:7) 한다. 그리고 하나님은 그리스도인들을 그분이 거하실 성전으로 세워 가신다(엡 2:19-22). 몸을 분리시키는 거짓 선생들과 대조적으로 신자는 함께 신앙이 성장하도록 애써야 한다.[45] 신자는 이미 존재하는 "지극히 거룩한 믿음"을 토대로 삼는다. 복음에 대한 참된 믿음은 신자를 따로 구별시키고, 거짓 선생들의 부도덕한 삶과는 대조적으로 거룩한 삶을 낳는다(벤후 1:5-8).

신자들이 하나님의 사랑 안에서 자신을 지키는 두 번째 방법은 "성령으로 기도하며"이다. 거짓 선생들은 "성령이 없는"(19절) 반면, 신자들은 우리를 위해 간구하시는(롬 8:26) 성령의 능력과 인도하심으로 기도하는 특권을 누린다. 바울은 신자들에게 "모든 기도와 간구를 하되 항상 성령 안에서"(엡 6:18) 하라고 권면한다.

마지막으로, 신자들은 "우리 주 예수 그리스도의 긍휼을 기다[림]"으로써 하나님의 사랑 안에서 자신을 지킨다. 기다리다라는 동사 프로스데코마이(*prosdechomai*)는 이곳에서처럼 대부분 종말론적 의미를 지닌다(막 15:43; 눅 2:25; 딛 2:13). 우리가 기대할 대상은 마지막 날 예수 그리스도로부터 받을 "긍휼"이다. 그분은 구원 사역을 통해 이미 우리가 죄 때문에 받아 마땅한 심판을 받으셨다. 그 궁극적인 결과는 "영생", 곧 새 하늘과 새 땅에서 하나님의 풍성한 은혜를 영원히 누리는 것이다.

이 두 절에는 두 개의 트라이어드가 나온다. 첫 번째 것은 삼위일체로, 아버지와 아들과 성령이 각각 언급된다. 두 번째 것은 믿음(즉, "기다[림]")과 소망과 사랑이다. 이는 바울서신에 자주 나온다(고전 13:13).

---

44 BDAG, s.v. ἐποικοδομέω (2).

45 Davids, *Letters of 2 Peter and Jude*, 94.

22-23절　유다는 이제 거짓 선생들에 관해 한 모든 말에 비추어, 거짓 선생들에게 영향을 받은[46] 다른 사람들에 관해 독자들에게 마지막으로 세 가지를 명령한다.[47] 먼저 신자들은 그들을 "긍휼히 여[겨야]" 한다. 하나님이 긍휼이 많으시고(시 116:5) 그리스도를 통해 우리에게 긍휼을 베푸신다(엡 2:4-7). 그러므로 우리는 다른 사람들에게 하나님의 긍휼을 흘려보내는 관이 되어야 한다. "의심하는"으로 번역된 동사 디아크리노(diakrinō)는 '논란을 벌이다'로 번역할 수도 있다. 같은 동사가 미가엘과 마귀의 변론을 묘사하는데 사용되었다(유 9절). 의심하는 자나 논란을 벌이는 이들도 회개한다면 소망이 있다.

다음으로, 신자들은 그들을 "불에서 끌어내어 구원[해야]" 한다. 하나님은 거짓 선생들을 소돔과 고모라에게 닥친 것과 같은 운명인(7절) 영원한 멸망의 "불"에서 구원해 내시는 데에도 그분의 백성을 쓰실 수 있다. 하나님의 백성은 영원한 심판의 불길이 연약한 자들에게 엄습하기 전에 그들을 불에서 '끌어내라'[하르파조(harpazō)]는 부르심을 받는다. 이 동사는 보통 강압적인 행동이라는 의미를 전달한다.[48] 신자들이 거짓 선생들을 기다리는 멸망에서 다른 사람들을 구해 내는 단호한 조치를 취하지 않는 것은 매우 위태로운 일이다.

끝으로, 신자는 그들을 "두려움으로 긍휼히 여[겨야]" 한다. 긍휼히 여기라는 첫 번째 명령이 긍휼을 베풀어야 할 이들을 밝힌다면(22절), 이 명령은 어떻게 긍휼히 여겨야 하는지를 설명한다(23절). 두려움이 필요한 까닭은, 쉽사리 같은 죄에 빠질 수 있기 때문이다(갈 6:1). 신자들은 "그 육체

46　대부분의 해석자는 유다가 거짓 선생들에게 영향을 받은 다른 그룹의 사람들을 가리킨다고 결론 내리지만, 단 한 그룹의 사람들 곧 거짓 선생들을 가리킬 수도 있다. 참고. Darian Lockett, "Objects of Mercy in Jude: The Prophetic Background of Jude 22-23," CBQ 77 (2015): 322-336.

47　22-23a절의 원문 확정은 신약에서 가장 어려운 본문비평 중 하나다. 전체적으로 보아, ESV가 제시한 본문이 아마 옳을 것이다. 참고. Tommy Wasserman, The Epistle of Jude: Its Text and Transmission, ConBNT 43 (Stockholm: Almqvist & Wiksell International, 2006), 320-331의 논의.

48　마 12:29을 보라. 여기서 그 단어는 도둑이 어떤 집을 강탈하는 것을 가리킨다.

로 더럽힌 옷까지도 미워하[면서]" 이 긍휼을 베풀어야 한다. 여기서 말하는 "옷"은 키톤(*chitōn*)인데, 맨살 위에 걸치는 가운 같은 의류로 보통 목에서 무릎이나 발목까지 내려온다. 유다는 그 옷을 "더럽힌 옷"이라고 말함으로써 때 묻은 속옷을 묘사한다.

유다가 말한 이 표현은 스가랴 3:1-4에서 가져온 것이다. 그곳에서 사탄은 주님의 임재 앞에서 대제사장 여호수아를 옷이 아주 더럽다고 고소한다.[49] 하나님은 여호수아를 "불에서 꺼낸 그슬린 나무"(슥 3:2)라 부르시며 사탄을 책망하신다.[50] 여호수아는 하나님의 죄 사함을 상징하는 새 옷을 받는다. 유다는 거짓 선생들이 회개할 때 이 일이 그들에게도 일어날 수 있다고 본다.

〰〰〰 **응답** 〰〰〰

우리는 하나님이 우리를 위해 하신 일을 쉽게 잊어버리기 때문에 스스로를 계속 하나님의 말씀에 노출시켜야 한다. 자주 성경을 읽고, 말씀 선포와 가르침을 듣고, 말씀을 암송하고, 다른 사람과 논의하는 것이 성경에 몰두할 수 있는 몇 가지 방법이다. 우리는 이런 식으로 우리 자신을 세우고 성령으로 기도함으로써, 마지막 날 그분의 긍휼을 기다리며 하나님의 사랑 안에서 우리 자신을 지킨다. 우리의 소망은 우리를 향한 그리스도의 긍휼에 있으므로, 우리는 죄와 속임수에 사로잡힌 이들을 옭아맨 죄에 빠지지 않으면서 그들을 긍휼히 여길 수 있다. 이 모든 일이 가능하려면 의지를 가지고 노력하며 그리스도의 몸에 적극적으로 참여해야 한다.

---

49 Lockett, "Objects of Mercy," 334-336을 보라.

50 암 4:11은 유사한 이미지를 사용하여, 이스라엘의 남은 자를 "불붙는 가운데서 빼낸 나무 조각"으로 묘사한다.

²⁴ 능히 너희를 보호하사 거침이 없게 하시고 너희로 그 영광 앞에 흠이 없이 기쁨으로 서게 하실 이 ²⁵ 곧 우리 구주 홀로 하나이신 하나님께 우리 주 예수 그리스도로 말미암아 영광과 위엄과 권력과 권세가 영원 전부터 이제와 영원토록 있을지어다 아멘

²⁴ Now to him who is able to keep you from stumbling and to present you blameless before the presence of his glory with great joy, ²⁵ to the only God, our Savior, through Jesus Christ our Lord, be glory, majesty, dominion, and authority, before all time¹ and now and forever. Amen.

¹ Or *before any age*

〰〰〰 단락 개관 〰〰〰

유다는 이 서신을 하나님에 관한 감동적인 송영으로 마무리한다. 이 송영은 마지막 날 그분 앞에 신자들을 흠이 없이 서게 하실 때까지 지키시는 하나님의 장엄한 권위와 능력을 강조한다.

〰〰〰 단락 개요 〰〰〰

V. 송영(24 – 25절)

〰〰〰 주석 〰〰〰

24-25절   유다는 이제 과거, 현재, 미래를 거쳐 자기 백성을 지키시는 하나님의 영광스러운 능력을 찬양하는 송영으로 서신을 마무리한다. 먼저, "너희를 보호하사 거침이 없게 하시[는]" 그분의 능력을 찬양한다. 유다는 다시 '지킴'(1, 6, 13, 21절)이라는 개념을 강조하지만, 다른 헬라어 동사 필라소(*phylassō*)를 사용한다. 이 단어는 누군가를 지키거나 보호한다는 의미를 가진다(요 17:11-12; 살후 3:3).[51] 하나님은 신자들에게 "거침"[아프타이스토스(*aptaistos*)]이 없도록 보호하신다고 약속하신다. 이 단어는 드물게 사용되는데, 필론(Philo)이 누구도 평생 죄를 짓지 않고 살 수는 없음을 설명할 때 사용했다(*Quod Deus sit immutabilis* 1.75). 신자들은 하나님이 그들을 보호하시리

---

51 BDAG, s.v. φυλάσσω (2.b).

라는 확신으로, 죄와 세상에 얽히는 일을 피함으로써 그리스도인의 삶을 경주하라는 부르심을 받는다(시 121:1-8; 히 12:1-2).

하나님은 또한 "너희로 그 영광 앞에 흠이 없이 기쁨으로 서게 하실" 수 있다. 하나님의 사랑 안에서 자신을 지키는 이들은 흠 없는 분이신 예수 그리스도를 완벽하게 투영하여 주님 앞에 설 것이다(벧전 1:19). 신자들은 "예수 그리스도의 얼굴에 있는 하나님의 영광을 아는 빛"(고후 4:6)을 보도록 눈이 열리겠지만, 여전히 주님을 얼굴과 얼굴을 맞대고 볼 날을 기다릴 것이다(요일 3:2; 계 22:4). 하나님의 "영광"은 그분의 성품이 가시적으로 드러난 것이다. 이는 보통 그분의 이름으로 전달되지만(출 33:18-34:9), 그분의 아들 예수 그리스도 안에서 가장 완전하게 제시된다(요 1:14; 히 1:3). 하나님이 하신 모든 일이 궁극적으로 그분의 영광을 드러낸다(합 2:14). 그날에 신자들이 누릴 "기쁨"은 그들 안에 있는 그리스도의 기쁨의 절정이다. 우리가 하나님의 약속이 완성되는 것을 축하할 때(사 66:7-14) 그 기쁨이 온전한 실현에 이른다(요 15:11).

유다는 하나님이 찬양 받기에 합당하신 이유를 설명하기 위해 하나님에 대해 몇 가지로 묘사를 한다. 그분은 "홀로 하나이신" 분이다. 이는 그분의 완전한 유일무이함을 강조한다(신 6:4-5). 그분은 "우리의 구주", 곧 신자들을 죄와 영원한 멸망에서 구해 내신 분이다. 이 찬양은 "우리 주 예수 그리스도로 말미암아" 드려진다. 이 표현은 그리스도를 하나님의 복이 우리에게 임하는 통로로 명시하기 위해 신약에서 다양한 형태로 나타난다(롬 5:1; 고전 15:57; 살전 5:9).

유다는 하나님의 네 가지 구체적인 속성이 인정되고 찬양받기를 기도한다. "영광"에 대해서는 위의 해설을 보라. "위엄"[메갈로쉬네(*megalōsynē*)]은 "위대하고 탁월한 상태"[52]를 가리키는 단어로, 신약 다른 데서는 하나님에 관한 칭호로 나온다(히 1:3; 8:1). "권력"[크라토스(*kratos*)]은 합당한 왕으로서

---

52 BDAG, s.v. μεγαλωσύνη.

우주에 대한 하나님의 주권을 강조하며, 보통 송영이나 찬양하는 말에서 하나님께 속하는 것으로 여겨진다(사 40:26; 계 1:6; 5:13). "권세"는 하나님이 창조 세계를 다스리시는 데 행사하시는 능력을 가리킨다. 이러한 속성들은 "영원 전부터 이제와 영원토록" 하나님을 찬양하는 근거다. 하나님은 영원한 과거로부터 찬양받기에 합당하셨고 현재도 찬양받기에 합당하시고 영원히 계속 찬양받기에 합당하실 것이다. 적절한 반응은 그저 "아멘"이다. 그렇게 될지어다!

≈≈≈≈ 응답 ≈≈≈≈

우리를 복음 진리에서 벗어나게 하는 거짓 교훈이 매우 위험하다는 사실을 볼 때, 하나님이 우리를 보호하사 거침이 없게 하시는 분임을 아는 것은 우리로 하여금 안심하게 한다. 하나님은 그분의 영광을 드러내시고 그분의 백성과 영원한 기쁨을 함께 누리시기 위해, 아들이신 예수님을 완벽하게 투영한 그분의 백성을 그분 앞에 서게 하실 것이다. 하나님이 우리 삶에 어떤 것을 끌어오신다 해도 이 소망이 있기에 우리는 충분히 버틸 수 있다.

참고문헌

Bauckham, Richard. *Jude, 2 Peter*. WBC. Waco, TX: Word, 1983.《유다서 · 베드로후서》. WBC 성경주석. 솔로몬.

이 비판적이지만 보수적인 성향의 획기적인 주석은 특히 구약과 유대 배경에 관한 부분에서 강점을 가진다.

Davids, Peter H. *The Letters of 2 Peter and Jude*. PNTC. Grand Rapids, MI: Eerdmans, 2006.

데이비즈는 사려 깊게 학문적으로 접근하면서도 본문에 세심하게 주의를 기울인다.

Green, Gene L. *Jude and 2 Peter*. BECNT. Grand Rapids, MI: Baker, 2008.

그린은 관련된 그리스-로마의 정황과 배경을 설명하는 부분에서 탁월하다.

Moo, Douglas J. *2 Peter, Jude*. NIVAC. Grand Rapids, MI: Zondervan, 1996.《베드로후서 · 유다서》. NIV 적용주석. 솔로몬.

무는 평소의 주해 기량을 펼쳐 보이며, 본문이 제기하는 현대의 이슈들에 대한 유용한 견해를 제공한다.

Schreiner, Thomas R. *1, 2 Peter, Jude*. NAC. Nashville: Broadman & Holman, 2003.

슈라이너는 세심한 주해, 사려 깊은 신학적 성찰, 목회적 적용을 결합하여, 베드로후서와 유다서에 대한 최고의 포괄적인 주석을 썼다.

성경구절 찾아보기

스바냐

1:2–18	240
1:15	224
2:9	214

스가랴

3:1–4	467
3:2	453, 467
10:2	452
14:12	243

말라기

3:3	51
3:5	63
4:2	199

마태복음

2:2	199
3:2	131
3:8	184
3:8–9	107
3:16–17	309
4:3–11	152
4:8	198
5:1	198
5:10	112
5:11	140
5:12	50
5:14–16	94
5:18	240
5:20	188
5:21–22	328
5:25	151
5:27–30	221
5:43–44	110
6:4	100
6:6	100
6:10	242
6:13	216
6:18	100
6:21	222
6:22–23	302
7:6	228
7:7	332
7:15–20	184, 457
7:21	188
7:23	45, 209
7:24–27	250
8:6	215
8:25	237
8:29	215
8:16	118
10:11	133
10:14	380
10:26	241
10:40	133
11:2–15	185
12:29	466
12:33–37	184
12:36	128
12:43–45	226
12:45	227
13:35	64
13:55	430
16:18	166, 176
18:3	188
18:15	105
18:16	370
19:23–24	188
20:3	184
20:6	184
21:32	227
22:14	43
22:37	179
23:16–26	185
24:3	196
24:9–12	228-229
24:9–14	235
24:11	208
24:13–31	236
24:14	242
24:22	43
24:24	43
24:30	195
24:31	43
24:35	240
24:42	151
24:43	240
25:13	151
25:23	273
25:31–46	62
25:34	64
26:28	370
27:45–54	240
27:50	118
28:4	218
28:18–20	234

마가복음

1:10–11	309
1:14	141
1:14–15	131
1:29	165
3:13–19	176
4:39	190
7:22	209
7:24	236
8:31–9:13	198
9:2	166
10:45	63
11:24	332

13:20	43
13:22	43
13:27	43
13:31	68
13:35	151
14:62	195
14:66–72	166
15:43	465

누가복음

1:9	176
1:18–38	450
1:47	50
1:78–79	199
2:25	465
3:21–22	309
4:19	121
4:34	102
6:12	198
6:23	399
6:27–28	110
6:32–35	100
6:43–45	184
7:41–47	284
8:14	220
8:28	215
8:39	121
8:47	236
9:28–36	198
9:31	191
9:34–36	456
9:43	196
9:62	227
10:9	131
11:33–36	278
11:50	64
12:3	121

483

국제제자훈련원은 건강한 교회를 꿈꾸는 목회의 동반자로서 제자 삼는 사역을 중심으로 성경적 목회 모델을 제시함으로 세계 교회를 섬기는 전문 사역 기관입니다.

ESV 성경 해설 주석

베드로전서-유다서

초판 1쇄 인쇄 2021년 12월 13일
초판 1쇄 발행 2021년 12월 20일

지은이 샘 스톰즈(베드로전서)
　　　　메튜 S. 하몬(베드로후서, 유다서)
　　　　레이 반 네스티(요한일·이·삼서)
편　집 이언 두기드, 제이 스클라, 제임스 해밀턴
옮긴이 김명희

펴낸이 오정현
펴낸곳 국제제자훈련원
등록번호　제2013-000170호(2013년 9월 25일)
주소 서울시 서초구 효령로68길 98(서초동)
전화 02) 3489-4300　**팩스** 02) 3489-4329
이메일 dmipress@sarang.org

ISBN 978-89-5731-850-8 94230

　　　978-89-5731-825-6 94230(세트)

※ 책값은 뒤표지에 있습니다. 잘못된 책은 구입하신 곳에서 교환해드립니다.